中国人民大学研究报告系列

中国省市文化产业发展指数报告

2012

REPORT ON DEVELOPMENT INDEX OF
CULTURAL INDUSTRIES IN CHINESE PROVINCES,
AUTONOMOUS REGIONS AND MUNICIPALITIES

主编 彭翊

中国人民大学出版社
· 北京 ·

"中国人民大学研究报告系列"编委会

总　序

陈雨露

当前中国的各类研究报告层出不穷，种类繁多，写法各异，成百舸争流、各领风骚之势。中国人民大学经过精心组织、整合设计，隆重推出由人大学者协同编撰的"研究报告系列"。这一系列主要是应用对策型研究报告，集中推出的本意在于，直面重大社会现实问题，开展动态分析和评估预测，建言献策于咨政与学术。

"学术领先、内容原创、关注时事、咨政助企"是中国人民大学"研究报告系列"的基本定位与功能。研究报告是一种科研成果载体，它承载了人大学者立足创新，致力于建设学术高地和咨询智库的学术责任和社会关怀；研究报告是一种研究模式，它以相关领域指标和统计数据为基础，评估现状，预测未来，推动人文社会科学研究成果的转化应用；研究报告还是一种学术品牌，它持续聚焦经济社会发展中的热点、焦点和重大战略问题，以扎实有力的研究成果服务于党和政府以及企业的计划、决策，服务于专门领域的研究，并以其专题性、周期性和翔实性赢得读者的识别与关注。

中国人民大学推出"研究报告系列"，有自己的学术积淀和学术思考。我校素以人文社会科学见长，注重学术研究咨政育人、服务社会的作用，曾陆续推出若干有影响力的研究报告。譬如自2002年始，我们组织跨学科课题组研究编写的《中国经济发展研究报告》、《中国社会发展研究报告》、《中国人文社会科学发展研究报告》，紧密联系和真实反映我国经济、社会和人文社会科学发展领域的重大现实问题，十年不辍，近年又推出《中国法律发展报告》等，与前三种合称为"四大报告"。此外还有一些散在的不同学科的专题研究报告也连续多年，在学界和社会上形成了一定的影响。这些研究报告都是观察分析、评估预测政治经济、社会文化等领域重大问题的专题研究，其中既有客观数据和事例，又有深度分析和战略预测，兼具实证性、前瞻性和学术性。我们把这些研究报告整合起来，与人民大学出版资源相结合，再做新的策划、征集、遴选，形成了这个"研究报告系列"，以期放大规模效应，扩展社会服务功能。这个系列是开放的，未来会依情势有所增减，使其动态成长。

中国人民大学推出"研究报告系列"，还具有关注学科建设、强化育人功能、推进协同创新等多重意义。作为连续性出版物，研究报告可以成为本学科学者展示、交流学术成果的平台。编写一部好的研究报告，通常需要集结力量，精诚携手，合作者随报告之连续而成为稳定团队，亦可增益学科实力。研究报告立足于丰厚素材，常常动员学生参与，可使他们在系统研究中得到学术训练，增长才干。此外，面向社会实践的研究报告必然要与政府、企业保持密切联系，关注社会的状况与需要，从而带动高校与行业企业、政府、学界以及国外科研机构之间的深度合作，收"协同创新"之效。

为适应信息化、数字化、网络化的发展趋势，中国人民大学的"研究报告系列"在出版纸质版本的同时将开发相应的文献数据库，形成丰富的数字资源，借助知识管理工具实现信息关联和知识挖掘，方便网络查询和跨专题检索，为广大读者提供方便适用的增值服务。

中国人民大学的"研究报告系列"是我们在整合科研力量，促进成果转化方面的新探索，我们将紧扣时代脉搏，敏锐捕捉经济社会发展的重点、热点、焦点问题，力争使每一种研究报告和整个系列都成为精品，都适应读者需要，从而铸造高质量的学术品牌、形成核心学术价值，更好地担当学术服务社会的职责。

前 言

　　文化产业作为文化、科技和经济深度融合的产物，凭借其独特的产业价值取向、广泛的覆盖领域和快速的成长方式在全球蓬勃发展。据联合国统计，全世界文化创意经济现在每天创造220亿美元产值，并以10％的速度递增。文化创意经济渐成浪潮，并伴随着经济全球化席卷世界。我国的文化产业自20世纪80年代中期以来蓬勃兴起，已经历了20多年的发展历程。总体看来，文化产业增长势头强劲，对国民经济的贡献率不断上升、促进作用日益凸显。文化产业发展水平已经逐渐成长为衡量国家竞争力的重要依据。

　　党的十八大报告提出，要推动文化产业快速发展，到2020年全面建成小康社会，文化产业成为国民经济支柱性产业，可见党和国家对文化产业的发展愈加重视。因此，以指数化形式对我国各省市文化产业发展进行直观的分析和评价，厘清地区文化产业发展优势与短板，是非常有益而且必要的，本书即是因应这样的现实而诞生的。

　　在此，需要特别说明的是，本书书名及正文中的"省市"是指除台湾省、香港特别行政区、澳门特别行政区之外的22个省、5个自治区和4个直辖市。

本书是集体智慧的结晶。编委会成员如下：

主任委员：

牛维麟　中国人民大学党委常务副书记、中国人民大学文化产业研究院院长

副主任委员：

彭　翊　中国人民大学文化科技园管委会办公室主任、中国人民大学文化产业研究院执行院长

王　霁　中国人民大学文化产业研究院执行院长

编委：

曾繁文　中国人民大学文化产业研究院院长助理

孙　长　中国人民大学文化产业研究院院长助理

郭林文　中国人民大学文化产业研究院助理研究员

宋洋洋　中国人民大学文化产业研究院助理研究员

印　磊　中国人民大学文化产业研究院助理研究员

侯媛媛　中国人民大学文化产业研究院助理研究员

全书由彭翊负责审定。

最后，希望本书能够使读者开卷有益，为政府相关部门提供决策参考依据，为产业研究人员提供一份基础资料，同时也恳请各界人士批评指正！

本书编委会

2013 年 6 月

目 录 ▶

第一章　文化产业发展总论

随着我国经济的飞速发展，文化软实力的提升逐步成为国家和各级政府关注的重点。党的十七届六中全会通过的《中共中央关于深化文化体制改革、推动社会主义文化大发展大繁荣若干重大问题的决定》明确提出"加快发展文化产业，推动文化产业成为国民经济支柱性产业"，发展文化产业已上升为国家战略。构建现代文化产业体系，形成公有制为主体、多种所有制共同发展的文化产业格局，推进文化科技创新，扩大文化消费，是党中央为推动我国文化产业大发展大繁荣而提出的四项具有伟大战略意义的举措，随着这四大举措的全面推进，我国文化产业的发展进入了一个新的历史阶段。

一、现代文化产业体系的构建工作稳步展开

随着文化在综合国力竞争中的地位和作用愈加凸显，建设现代文化产业体系的目标愈加明晰。《中共中央关于深化文化体制改革、推动社会主义文化大发展大繁荣若干重大问题的决定》明确提出"加快发展文化产业，必须构建结构合理、门类齐全、科技含量高、富有创意、竞争力强的现代文化产业体系"，为加快文化产业发展工作提供了重要的战略支撑和政策保障。另外，《国家"十二五"时期文化改革发展规划纲要》也明确提出了"构建结构合理、门类齐全、科技含量高、富有创意、竞争力强的现代文化产业体系，推动文化产业跨越式发展，使之成为新的经济增长点、经济结构战略性调整的重要支点、转变经济发展方式的重要着力点"，这是党中央对现代文化产业体系创建工作高度重视的又一举措，也是推动现代文化产业体系建设可持续发展的重要保障。

为进一步加快现代文化产业体系的构建,《中共中央关于深化文化体制改革、推动社会主义文化大发展大繁荣若干重大问题的决定》提出"优化文化产业布局,发挥东中西部地区各自优势",通过整合东中西部地区特色文化资源,初步形成了合理、有效的区域发展格局。同时,《决定》提出"加强文化产业基地规划和建设,发展文化产业集群",通过建设各具特色的文化产业园区,进一步提升文化产业规模化、集约化和专业化水平,完善文化产业价值链。另外,《国家"十二五"时期文化改革发展规划纲要》指出,"加大财政、税收、金融、用地等方面对文化产业的政策扶持力度",进一步完善保障政策,并规定在国家许可的范围内,要引导社会资本以多种形式投资文化产业,参与重大文化产业项目实施和文化产业布局优化,参与文化产业园区建设,在信用贷款、土地使用、税收优惠、上市融资等方面给予支持,全面推动文化强国建设步伐。

(一) 全国各地文化产业体系构建彰显成效

近年来,文化产业的发展得到了党中央和国家前所未有的重视。随着党的十七届六中全会的召开,全国各地加大力度推进现代文化产业体系的构建工作,并取得了明显的成果。

国家统计局为进一步推进现代文化产业体系的构建,于 2012 年 7 月发布《文化及相关产业分类 (2012)》,把文化产业分类形成十大文化产业体系,分别是:新闻出版发行服务、广播电视电影服务、文化艺术服务、文化信息传输服务、文化创意和设计服务、文化休闲娱乐服务、工艺美术品的生产、文化产品生产的辅助生产、文化用品的生产和文化专用设备的生产。[①]

其中,新闻出版发行服务包括新闻服务、出版服务和发行服务。近年来,新闻出版发行服务业发展迅猛。《中国文化文物统计年鉴 (2012)》数据显示,2011 年全国出版图书、期刊、报纸总印张为 3 099.23 亿印张。其中出版图书 369 523 种(初版 207 506 种,重版、重印 162 017 种),总印数 77.05 亿册(张),总印张 634.51 亿印张,定价总金额 1 063.06 亿元。与上年相比,图书品种增长 12.53%(初版增长 9.62%,重版、重印增长 16.48%),总印数增长 7.46%,总印张增长 4.65%,定价总金额增长 13.57%。[②] 国家新闻出版与发行等服务总量的稳步增长,反映出我国文化产业体系的构建工作有了良好的进展。

[①] 参见国家统计局设管司:《文化及相关产业分类 (2012)》,2012-07-31。
[②] 参见千讯咨询行业研究中心:《中国图书行业发展研究报告》(2012 版)。

广播电视电影服务包括广播电视服务、电影和影视录音服务。近年来，广播电视电影服务蓬勃发展。据 2012 年广电蓝皮书统计，2011 年广电行业总收入 2 895 亿元。其中，全国广播影视总收入（含财政补助收入）达 2 894.79 亿元，同比增长 17.72%；全国有线广播电视入户率达 49.43%，用户首次突破 2 亿户；全年电影票房超过 131 亿元，增长近 29%，中国电影城市票房连续 9 年以平均 30% 的速度增长，全球罕见。

文化艺术服务包括文艺创作与表演服务、图书馆与档案管理服务、文化遗产保护服务、群众文化服务、文化研究和文化社团服务、文化艺术培训服务以及其他文化艺术服务。《中国文化文物统计年鉴（2012）》数据显示，截至 2011 年底，在图书馆与档案管理服务方面，全国共有公共图书馆 2 952 个，比上年增加 68 个；全国人均拥有公共图书馆藏量 0.52 册，比上年增长 0.06 册，增长 13.0%。在群众文化服务方面，全国共有群众文化机构 43 675 个，比上年增加 293 个；全国平均每万人拥有群众文化设施面积由 2010 年的 188.6 平方米提高到 221.2 平方米，增长 17.3%。在文化艺术培训服务方面，全国群众文化机构共举办展览 10.78 万场，7 752 万人次参观；组织文艺活动 62.06 万次，比上年增长 7.6%；组织各类公益讲座 1.76 万次，比上年增长 44.3%；举办各类训练班 339 883 班次，培训结业 2 414 万人次。在文化研究和文化社团服务方面，全国共有馆办文艺团体 7 927 个，演出 31.23 万场，观众 6 543.38 万人次，群众业余文艺团体 26.78 万个，馆办老年大学 699 个。①

全国文化体系构建成果的取得离不开各地政府的大力支持与积极配合。地方政府为配合现代文化产业体系的构建采取了多项措施，并取得了令人瞩目的成就。

其中，吉林省积极响应党的十七届六中全会精神，通过强化文化产业带、产业基地和产业园区的建设，推动规模化、集约化、专业化发展，加快构建具有吉林特色的现代文化产业体系；加快融资平台建设，促进金融资本、社会资本向文化产业聚集，逐步扩大吉林省文化产业投资基金规模，始终坚持推动文化资本聚集和科技创新；把做大做强重点产业和龙头文化企业作为促进文化产业体系发展的重要抓手，加快将具有吉林特色的"现象"和"亮点"培育成有市场竞争力的优势产业；延伸文化产业链条，在加快推动文化与其他产业融合发展上求突破；把园区建设作为文化产业增量发展的重要载体，全面统筹推进文化产业园区建设等。②

---

① 参见中华人民共和国文化部编：《中国文化文物统计年鉴（2012）》，北京，国家图书馆出版社，2012。
② 参见《吉林构建现代文化产业体系》，见中国吉林网，2011-12-14。

"十一五"期间，河北省文化产业也呈现出蓬勃发展的态势。2004 年至 2011 年，文化产业增加值年均增速达 30%，比全省 GDP 年均增速高出 20 个百分点。在"科学发展观"的引领下，河北省文化产业逐渐与农业、工业、旅游业成功对接，并与传统产业不断融合。省内各地还坚持以规划引领发展、以创意激活资源、以内容打造品牌、以政策优化环境，按照"突出特色、经营强项，小单元、大群体、大产业、大就业"的工作思路，积极实施产业带动战略，推动"企业带基地，基地连农户，农工贸结合"，全省涌现出一大批县域文化产业发展典型。同时，河北省还不断加大对动漫等新兴文化产业的扶持力度，不断加大传统文化产业与科技的融合，注重文化创意、自主创新能力的发展，以点带面，强筋壮骨，有效提升全省文化产业规模化、集约化、专业化水平。

（二）各级扶持政策推动产业加速发展

文化强国已经成为国家的重要战略目标，加快文化体制改革与发展文化产业逐渐成为各省份工作重点，这意味着"文化搭台，经济唱戏"已经成为过去式，现在是各方为文化搭台，让文化来唱大戏。党的十七届六中全会提出，加大财政、税收、金融、用地等方面对文化产业的政策扶持力度，鼓励文化企业和社会资本对接，力求通过资金政策保障，扩大融资规模，加强文化产业投融资服务平台建设，解决信息不对称、制度不健全、服务不完备等问题，促使文化产业体系得到进一步完善。截至 2011 年底，全国已有 2/3 的省份提出"文化大省"、"文化强省"的口号，文化产业园区、动漫产业园区、影视制作基地、数字出版基地等各类项目遍及全国，各种文化产业博览会百花齐放，各类围绕文化产业的论坛、书籍也层出不穷，而这一切都离不开国家层面的政策支持，离不开国家产业政策的导向作用（见表 1—1）。

表 1—1　　　　　　　　2010—2011 年各级文化产业主要规划与政策

序号	名称	发文日期	文号
1	文化部关于开展"平安世博"文化市场专项保障行动的通知	2010.3.19	文市函〔2010〕457 号
2	关于金融支持文化产业振兴和发展繁荣的指导意见	2010.3.19	银发〔2010〕94 号
3	文化部关于进一步做好全国文化信息资源共享工程 2010 年度工作的通知	2010.5.5	文社文函〔2010〕859 号
4	网络游戏管理暂行办法	2010.6.3	中华人民共和国文化部令第 49 号
5	关于加强知识产权质押融资与评估管理支持中小企业发展的通知	2010.8.12	财企〔2010〕199 号

续前表

序号	名称	发文日期	文号
6	著作权资产评估指导意见	2010.12.18	中评协〔2010〕215号
7	互联网文化管理暂行规定	2011.2.17	中华人民共和国文化部令第51号
8	关于延长国家大学科技园和科技企业孵化器税收政策执行期限的通知	2011.8.11	财税〔2011〕59号
9	中共中央关于深化文化体制改革、推动社会主义文化大发展大繁荣若干重大问题的决定	2011.10.18	党的十七届六中全会
10	关于进一步加强公共数字文化建设的指导意见	2011.11.15	文社文发〔2011〕54号
11	关于继续执行宣传文化增值税和营业税优惠政策的通知	2011.12.7	财税〔2011〕92号
12	文化市场综合行政执法管理办法	2011.12.19	中华人民共和国文化部令第52号

在财政支持方面，党的十七届六中全会《决定》明确提出"保证公共财政对文化建设投入的增长幅度高于财政经常性收入增长幅度，提高文化支出占财政支出比例"。截至2011年，全国有26个省（区、市）设立了文化产业发展专项资金，省级财政投入约25亿元。江苏、上海、天津、陕西等10多个省市已经或正在抓紧设立文化产业投资基金或投资公司。

在税收方面，国家为支持文化产业发展，先后在增值税、营业税、所得税、关税及其他税种方面出台了一系列政策。2011年8月国家税务局出台的《"十二五"时期纳税服务工作发展规划》中明确完善了关于文化产业的纳税服务。另外，近年来，国家对出版业给予了降低增值税税率、出版物增值税先征后退、县以下新华书店免征增值税等税收优惠政策。动漫、电影企业也享受到了国家减免增值税、营业税等税收优惠政策。

在金融支持方面，2010年3月，财政部、中国人民银行、文化部、广电总局、新闻出版总署等部门联合下发了《关于金融支持文化产业振兴和发展繁荣的指导意见》，提出要"完善授信模式，加强和改进对文化产业的金融服务"，规定全国各金融机构要增强服务意识，设立专家团队和专门的服务部门，主动向文化企业提供优质的金融服务。同时，文化部、广电总局、新闻出版总署等部门分别与中国银行、中国工商银行、中国农业银行、中国进出口银行等金融机构签订了合作协议，为文化企业向银行贷款创造便利条件。

另外，为响应国家号召，地方政府也积极出台相关扶持政策，力推文化产业发展繁荣。其中，广西壮族自治区通过税收优惠政策，促进文化产业发展壮大。为支持自治区文化产业发展，广西地税局一直以来认真贯彻落实国家、自治区出台的一系列促进文化产业发展、支持文化体制改革的税收优惠政策。以广西电影制片厂为例，该厂在"十一五"期间共获得城镇土地使用税、企业所得税等各类税收减免400多万元。2011年3月，根据相关政策的规定，广西电影制片厂又享受了免征2011—2013年企业所得税的优惠政策。减轻"担子"的广西电影制片厂紧抓机遇，陆续推出一系列高品质的电影和电视剧。有统计数据显示，对文化产业实施税收优惠政策以来，由广西地税部门管理的文化体制改制企业达到130家，已享受减免企业所得税的企业有61家。其中，2008—2010年广西地税部门对符合条件的企业共免征企业所得税近亿元。在税收优惠政策的扶持和推动下，各种转企改制后的集团公司激活了生产经营潜力，在管理体制、运行机制、发展战略、经营管理和技术研发等方面实现了创新与突破。[①]

福建省根据国家大力发展文化产业的要求，制定出台具体扶持政策和标准，支持文化产业发展，规定符合条件的文化企业和文化事业单位，其影视制作、动漫网游、数字出版、非物质文化遗产开发利用、重点文化产业网站建设等，将得到政府给予的贷款贴息，贴息额为贷款的两年利息。福建省除对省重点文化产业基地项目给予一次性补助外，还将每年支持10个省重点文化产业园区建设，每个园区补助资金标准为100万元。同时，对文化产业重点园区和基地内的公共服务平台建设项目给予补助，对举办文化产业领域的全国性、全省性重大活动项目或文化产业论坛等给予资助，对数字影院建设、大型剧目演出、演艺市场院线建设给予支持。在财政奖励方面，重点对获得国家部委授予的"国家级文化产业示范基地"园区给予奖励；对获得国际、国内重要奖项的福建省原创文化精品、优秀出版物等，规划确定的重点题材和能够带动福建省旅游、出版等相关行业产业链发展的影视剧（含动画片）项目创作，当年独立制作并获准发行2 000分钟以上动画节目的影视动画企业给予奖励。[②]

(三) 文化产业区域发展格局初步形成

截至目前，我国大力实施文化产业布局的优化工作，并已初步形成了区域文化产业的分类发展格局。目前，我国文化产业按照东中西区域划分，各区域所擅长的领域各具特色，共同组成了我国文化产业各区域整体的发展格局（见图1—1）。下面以中华人民共和国文化部统计的国家文化产业示范基地发展情况为例，对文化产业各区域发展格局进行分析，时间截止到2011年底。

---

① 参见《广西地税局落实税收优惠政策促文化产业繁荣发展》，见广西新闻网，2011-12-07。
② 参见《福建出台具体财政扶持政策支持文化产业发展》，见福建省人民政府网站，2009-12-16。

其中，东部地区主要以演艺业和数字内容等新兴文化产业为主。截至 2011 年底，由文化部命名的全国 204 家示范基地中，位于东部地区的示范基地有 113 家[①]，占总数的 55.4%，作为传统文化行业但对消费能力要求较高的演艺业，以及以动漫业、游戏业、网络文化、文化产品数字制作与相关服务、文化科技服务业为主的数字内容等新兴文化业态的园区分布明显多于中西部地区。这与东部地区较高的经济发展水平密切相关。其中，演艺业在全国文化产业中比重为 23.4%，东部地区占据 14.7%，远远超出中西部地区的 2.1% 和 6.6%；数字内容等新兴文化产业在全国文化产业中的比重为 14.6%，东部地区占 10.1%，中西部总共只占 4.5%。另外，由于东部地区具备较大的工业基础优势，作为相关文化产业的文化用品、设备及相关文化产品的生产销售等的基地分布也较多，此类文化产业在全国文化产业中的比重为 8.1%，东部地区独占 6.6%，中部地区仅占 0.5%，西部地区占 1.0%（见表 1—2）。

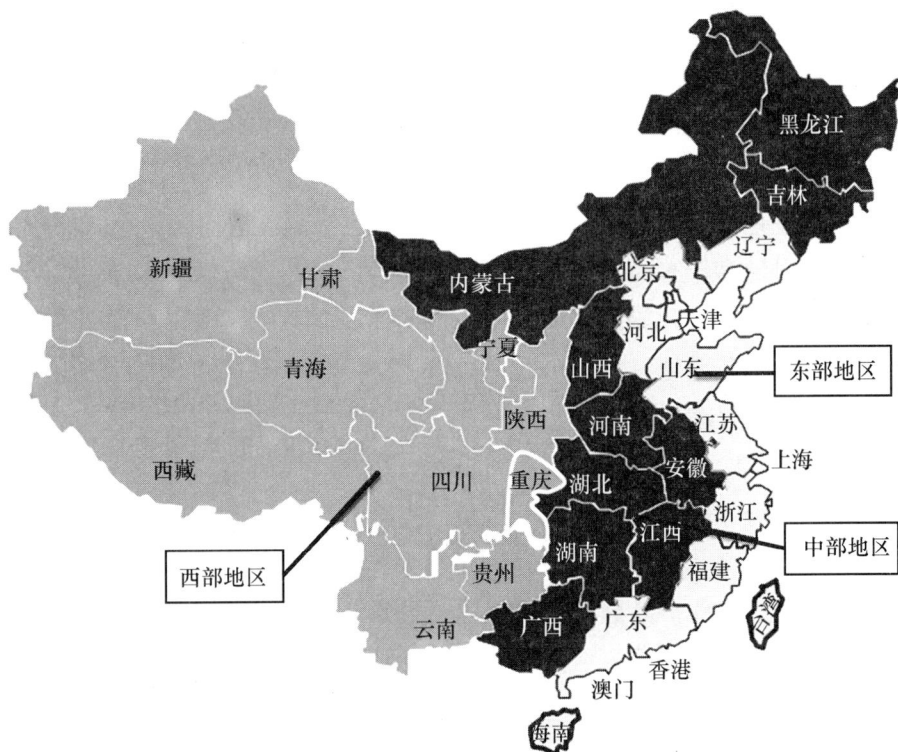

图 1—1 全国文化产业区域发展格局

[①] 2012 年 8 月文化部发布第五批国家文化产业示范基地名单，现共有 269 家，东部地区共有 143 家，占总数的 53.16%。

表 1—2　　　　　按东、中、西部划分的国家文化产业分布情况（2011 年）

行业 ＼ 区域	全国	东部	中部	西部
演艺业	23.4%	14.7%	2.1%	6.6%
动漫业	7.1%	3.6%	3.0%	0.5%
文化娱乐业	4.1%	1.5%	1.5%	1.1%
游戏业	1.5%	1.0%	0.5%	0.0%
文化会展	2.0%	1.0%	0.5%	0.5%
文化旅游	22.3%	9.1%	2.0%	11.2%
艺术品和工艺美术	23.4%	11.3%	3.0%	9.1%
艺术创意和设计	2.0%	1.5%	0.0%	0.5%
网络文化	2.0%	2.0%	0.0%	0.0%
文化产品数字制作与相关服务	1.0%	1.0%	0.0%	0.0%
文化科技服务业	3.0%	2.5%	0.5%	0.0%
文化用品、设备及相关文化产品的生产销售等	8.1%	6.6%	0.5%	1.0%

中部地区文化产业总体发展相对东西部较弱，主要以动漫业、艺术品和工艺美术等文化产业为主。截至 2011 年底，全国 204 家示范基地中，位于中部地区的示范基地有 35 家，占总数的 17.2%。中部地区演艺业、文化旅游、艺术品和工艺美术等七个行业基地数量在东中西部排名最低，其他行业基地均处于第二的位置，没有一个行业的基地多于东西部地区。

西部地区主要以文化旅游产业为主，截至 2011 年底，全国 204 家示范基地中，位于西部地区的示范基地有 56 家，占总数的 27.5%，其中，文化旅游业基地是唯一一类在全国分布最多的基地，文化旅游产业比重为 11.2%，占全国文化旅游产业的 50.22%，这是基于西部地区丰富的自然、历史、民族等文化资源发展的结果。另外，西部地区分布较多的还有艺术品和工艺美术、演艺业等文化产业，这也是由于西部地区的传统文化资源在其中起到了重要作用。其他文化产业业态明显较少，特别是网络文化、文化产品数字制作与相关服务、文化科技服务业这三个科技与文化融合的产业，西部地区没有示范基地，这主要受制于西部地区较低的经济和科技发展水平。

（四）文化产业园区建设成为发展热点

文化产业园区是文化产业中最具活力和竞争力的市场主体，能促成品牌和价值链，带动一系列相关产业集群的发展。近年来，我国文化产业园区获得了快速发展，市场主体不断壮大，产业的规模化、集约化和专业化水平不断提高。截至目前，由文化部、广电总局、新闻出版总署等国家文化行政管理部门认定的文化产业园区（基地）已成规模，各类产业园区极大地带动了新兴文化产业的发展。在文化产业园区发展环境不断优化的同时，文化经济发展的质量也得到了显著提升。

我国文化产业的高速发展壮大，催生出了一批有较强实力、影响力、竞争力和自主创新能力的文化产业园区，为全国文化产业的发展树立了标杆、做出了示范。目前我国文化产业园区已发展成为文化产业的重要载体，尤其是东部沿海城市、中部中心城市高新区、西部城市旅游区等区域的文化产业园区以其蓬勃发展之势，已成为我国文化产业的先行者、探索者和领航者。

例如，自 2004 年起到 2012 年 8 月，文化部先后命名了五批 269 家国家文化产业示范基地、四批 8 家国家级文化产业示范园区、两批 8 家国家级文化产业试验园区等[①]，促使文化产业园区的规模水平不断提高，而且发展速度不断加快。在初创文化企业的孵化工作上，国家于 2010 年分别投入 13.71 亿元和 6.37 亿元用于示范（试验）园区、集聚类基地的建设发展，分别孵化文化企业多达 1 218 家和 1 750 家，同比 2005 年增长近 13 倍，同时投入 143.55 亿元用于示范（试验）园区、集聚类和单体类基地的研发工作，培育壮大了文化产业的市场主体，全面提升了文化产业园区的建设。据统计，2011 年国家级文化产业示范园区（基地）实现总收入 2 500 亿元，年平均增长率超过 40%，总利润高达 365.2 亿元。示范（试验）园区、集聚类和单体类基地总体获得自主知识产权数高达 16 626 项。其中，广东、北京、四川、上海、江苏、辽宁的示范基地数量居全国前 6 位，6 省市的示范基地数量均在 10 家及以上，6 省市基地总数占全国基地总数的比例超过 1/3。另外，浙江也有 9 家示范基地。而海南、宁夏、西藏、新疆四省区都只有 2 家示范基地（见表 1—3）。

表 1—3　　　　　　　　　　示范基地省市分布情况（2011 年）

省市	数量	省市	数量	省市	数量
广东	18	河南	7	甘肃	4
北京	15	安徽	6	广西	4
四川	12	吉林	6	江西	4
上海	11	天津	6	内蒙古	4
江苏	10	云南	6	重庆	4
辽宁	10	福建	5	贵州	3
浙江	9	黑龙江	5	海南	2

① 参见《文化部关于命名第五批国家级文化产业示范（试验）园区的决定》，见中国网"中国国情"栏目，2012-09-05。

续前表

省市	数量	省市	数量	省市	数量
山东	8	湖北	5	宁夏	2
陕西	8	青海	5	西藏	2
湖南	7	山西	5	新疆	2
河北	7	—	—	—	—

其中，北京以 15 家文化产业示范基地（园区）在数量上位居第二，良好的发展势态带动了文化产业的全面快速发展。2011 年北京市文化创意产业增加值高达 1 938.6 亿元，占全市 GDP 比重为 12.1%，全年文化创意产业实现收入突破 9 000 亿元，同比增长超过 20%，产业支柱地位更加稳固。目前，园区产业业态以软件与信息服务、动漫、新媒体及文化旅游等为主，文化精品不断涌现。

上海共有 11 家国家级文化产业示范基地、15 家市级文化产业园、77 家市级创意产业集聚区，文化产业园区发展迅猛，为文化产值的增长打下了坚实的基础。2011 年上海市文化创意产业增加值约达 1 940 亿元，比上年增长 15.8%，占全市 GDP 比重约达 10%，居全国城市第一。其中，园内产业业态重点以数字内容、动漫游戏、软件、创意设计等产业为主，科技创新能力显著提升。

深圳市也拥有了 7 家国家级文化产业示范基地、48 家文化产业园区，年产值逾 500 亿元。2011 年深圳文化创意产业实现增加值 875 亿元，增速为 20.5%，占全市 GDP 的 8%，其中华强科技等十家领军企业平均增速超过 30%。园内产业业态重点以互联网、数字音乐、软件等为主，规模水平不断提高。

二、文化产业格局初步形成

当前形势下，无论对内还是对外，良好的文化产业格局已成为民族凝聚力和创造力的重要源泉，也成为综合国力竞争的重要因素和经济社会发展的重要支撑。党的十七届六中全会提出了"形成公有制为主体、多种所有制共同发展的文化产业格局"的要求，意味着今后我国文化产业发展将更加重视市场和企业发挥作用，机制将更加灵活。随着国家对国有或国有控股的文化企业的培育和扶持，及对各种非公有制文化企业的健康发展的鼓励，引导社会资本以多种形式投资文化产业或参与国有经营性文化单位转企改制，推进公有制为主体、多种所有制共同发展的文化产业格局已初步形成。

（一）转企改制成为文化产业发展重点

胡锦涛同志在党的十七届六中全会上指出，要按照创新体制、转换机制、面向市场、增强活力的要求，加快经营性文化单位转企改制，稳步推进公益性文化事业单位改革，构建统一开放竞争有序的现代文化市场体系，加快推进文化管理体制改革。目前，作为文化体制改革的中心环节，我国国有经营性文化单位转企改制已在积极进行中，国有文化单位缺失市场主体身份的状况已得到明显优化，文化产业格局也得到进一步改善。

根据国家统计局的数据，2010 年我国文化及相关产业共有法人单位 50.2 万个，非法人单位 3 万余个，个体经营户 55.3 万户。到 2011 年 11 月，我国文化产业法人单位达到 50.8 万个。其中，在法人单位中，执行企业会计制度的经营性单位有 42 万左右，执行事业、社团及其他单位会计制度的公益性单位有 6.5 万个，其他单位 2 万多个。

各部门各地区按照重塑文化市场主体的目标，以转企改制为中心环节，加强资源整合，已基本完成国有经营性文化单位转企改制任务。自 2008 年以来，光明日报社和经济日报社连续四届发布的"文化企业 30 强"名单中有半数以上的文化企业是在文化体制改革中转企改制而组建的。四届入选的 20 家文化艺术类企业全部是 2003 年以来在改革中组建的，其中有 6 家已成功改制上市。广播影视类企业累计入选 23 家，其中上海东方传媒集团有限公司和江苏省广播电视集团有限责任公司是通过制播分离改革组建的；5 家有线电视网络公司是通过改革，实现广电传输网络整合而组建的。新闻出版类企业累计入选 23 家，其中有 9 家是通过转制组建的。实践证明，改革是文化产业发展的根本动力。连续四届"文化企业 30 强"是我国文化产业发展的缩影，充分展示了我国文化体制改革的丰硕成果，深刻反映了我国文化产业快速发展的良好态势（见表 1—4）。

表 1—4　　　　　　　　　　四届分别入选的企业数量

	第一届	第二届	第三届	第四届
文化艺术类	10	9	6	5
广播影视类	10	9	7	9
新闻出版类	10	12	10	10
新兴业态类	—	—	7	6

其中，北京市积极推进落实文化事业单位的体制改革工作已经取得了一系列的成果。北京市文化体制改革工作以 2004 年北京市儿童艺术剧团改制为突破口，之后两年间先后公布了 28 家经营性文化事业单位转制为企业名单。2011 年 10 月，北京市确立了 53 家具有独立事业法人资格的非时政类报刊出版单位将定于 2012 年 9 月完成转企改制。北京文化事业单位转企改制工作进程如图 1—2 所示。

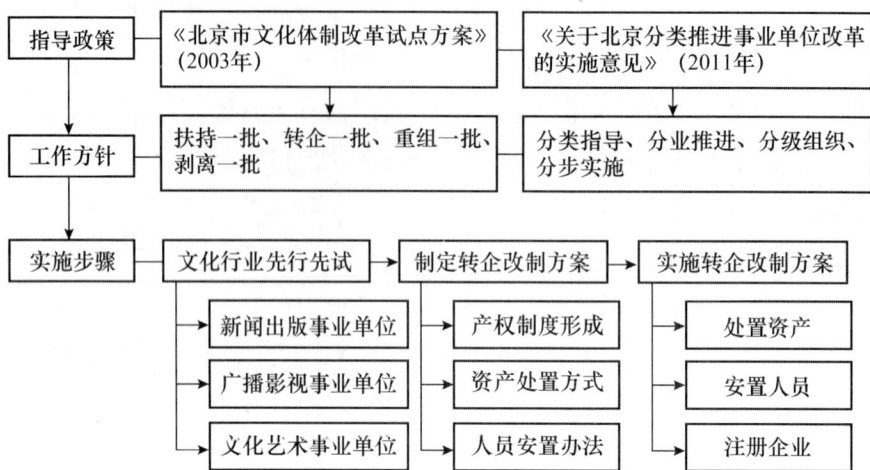

图1—2　北京文化事业单位转企改制工作进程

资料来源：《北京市文化事业单位转企改制对策建议》，见中国经济网，2012-07-02。

（二）多元文化产业格局逐步完善

近年来，经营性文化单位转企改制工作的顺利进行进一步激活了文化市场的活力，促进了文化企业蓬勃发展，多元文化产业格局也得到了逐步完善。一方面，通过大型龙头文化企业的培育和壮大，涌现出一批总资产和总收入超过或接近百亿元的大型文化企业，成为文化产业领域的领军力量和具有国际竞争力的"文化航母"。另一方面，通过政府采购、信贷支持、加强服务等多种形式扶持了一批中小文化企业发展，并呈现出蓬勃发展的态势，繁荣了文化市场，促进了文化产业的发展。通过各项政策扶持，促进了我国大型龙头企业整体规模和实力的快速提升及中小型文化企业的迅猛发展，使得文化产业日益成为经济发展新的增长点，在繁荣社会主义文化、满足人民精神文化需求、创造就业机会、优化产业结构、加快转变经济发展方式、提高国家文化软实力等方面发挥了重要作用。

党的十七届六中全会提出，加快发展文化产业，必须毫不动摇地支持和壮大国有或国有控股文化企业，培育一批核心竞争力强的国有或国有控股大型文化企业或企业集团，在发展产业和繁荣市场方面发挥主导作用。根据中央精神，全国各地积极培育大型文化企业，采取鼓励大型文化企业集团跨区域、跨所有制兼并重组，优化大型文化企业资本结构和组织结构，完善各大企业产业链条发展等措施，推动了我国大型龙头企业整体规模和实力的快速提升（见表1—5）。

表 1—5 　　　　　　　　　　　　　　 "文化企业 30 强"名单

大型龙头文化企业	第三届"文化企业 30 强"名单	第四届"文化企业 30 强"名单
文化艺术类	保利文化集团股份有限公司 杭州宋城旅游发展股份有限公司 辽宁民间艺术团有限公司 中国对外文化集团公司 中国东方演艺集团有限公司 江苏省演艺集团有限公司	保利文化集团股份有限公司 杭州宋城旅游发展股份有限公司 北京演艺集团有限责任公司 中国对外文化集团公司 江苏演艺集团有限公司
广播影视类	上海东方传媒集团有限公司 中国国际电视总公司 江苏省广播电视集团有限责任公司 江苏省广播电视信息网络股份有限公司 湖南电广传媒股份有限公司 中国电影集团公司 北京歌华有线电视网络股份有限公司	本山传媒有限公司 上海东方传媒集团有限公司 江苏广播电视集团有限公司 中国国际电视总公司 中国电影集团公司 江苏广电有线信息网络股份有限公司 湖南电广传媒股份有限公司 广东省广播电视网络股份有限公司 上海东方明珠（集团）股份有限公司
新闻出版类	江苏凤凰出版传媒集团有限公司 中国教育出版传媒集团有限公司 中南出版传媒集团股份有限公司 江西省出版集团公司 浙江出版联合集团有限公司 广州传媒控股有限公司 安徽出版集团有限责任公司 四川新华发行集团有限公司 山东出版集团有限公司 中国出版集团公司	江苏凤凰出版传媒集团有限公司 江西省出版集团公司 浙江出版联合集团有限公司 中国教育出版传媒集团有限公司 安徽出版集团有限责任公司 中南出版传媒集团股份有限公司 山东出版集团有限公司 安徽新华发行（集团）控股有限公司 中国出版集团公司 四川新华发行集团有限公司
文化新业态类	完美世界（北京）网络技术有限公司 深圳华侨城股份有限公司 深圳华强文化科技集团有限公司 汉王科技股份有限公司 北京畅游时代数码技术有限公司 广东奥飞动漫文化股份有限公司 拓维信息系统股份有限公司	西安曲江文化产业投资（集团）有限公司 上海盛大网络发展有限公司 完美世界（北京）网络技术有限公司 深圳华侨城股份有限公司 深圳华强文化科技集团股份有限公司 上海征途信息技术有限公司

1. 江苏凤凰出版传媒集团有限公司

江苏凤凰出版传媒集团有限公司，是中国出版业乃至文化产业唯一资产和销售收入超百亿元的文化企业，也是中国规模最大、实力最强的出版产业集团。集团是首届中国出版政府奖获奖单位，位列第三届和第四届"中国文化企业 30 强"新闻出版类首位。在国家统计局公布的 2009 年度中国最大 1 000 家企业中列 398 名，居全国同行首位。截至 2009 年底，集团销售收入达 120 亿元，实现利润 9 亿元，净资产已超过百亿元。2009 年，集团被中宣部等四部委评为"全国文化体制改革先进企业"。

近年来，集团全力推进三项制度改革。全员聘用制度的推进，解决了员工的能进能出；干部人事制度的改革，解决了干部的能上能下；薪酬分配制度的全面展开，基本解决了员工收入的能高能低。集团所属出版社中有6家被评为全国一级出版单位，与中国出版集团并列全国同行业第一。

2010年1月28日，凤凰置业投资股份有限公司揭牌，标志着国内首家文化地产上市公司借壳成功。集团还与世界排名前列的法国最大出版集团阿歇特公司联合成立了由凤凰集团控股的凤凰阿歇特公司，打开了阿歇特在全球的发行网络，成为"走出去"的重要途径。2011年11月22日，凤凰传媒开始进行网上申购。

2. 广东奥飞动漫文化股份有限公司

广东奥飞动漫文化股份有限公司是中国目前最具实力和发展潜力的动漫文化产业集团公司之一，以发展民族动漫文化产业，为世界创造快乐、智慧和梦想为使命，立志做中国动漫文化产业的领导者。2011年5月13日，其入选第三届"文化企业30强"。

广东奥飞动漫文化股份有限公司为了实现产业的规模扩张和促进企业的现代化管理进程，2007年6月，在原广东奥迪玩具实业有限公司基础上，进行整体股份制改造，正式成立了广东奥飞动漫文化股份有限公司，注册资金12 000万元，下辖四家子公司和三个事业部，分别为广州奥飞文化传播有限公司、广东奥迪动漫玩具有限公司、广州迪文文化传播有限公司、北京中奥影迪动画制作有限公司、形象管理事业部、海外事业部和制造事业部。随着相关子公司和事业部的设立，奥飞股份已经形成一个环环相扣、优势互补的产业链，从动漫内容制作到图书发行、玩具等衍生产品开发制造，乃至形象授权等，奥飞产业链所涵盖的，是一个以动漫文化力量催生市场无限可能的集团型企业。

其中，广州奥飞文化传播有限公司成立于2004年，是奥飞股份旗下以三维动画制作、漫画制作、动画形象设计、版权代理等卡通形象事业为核心业务的动漫文化传播公司，目前已成功出品了《火力少年王1》和《火力少年王2》等优秀影视作品，2008年有4部动漫影视作品推出，在中国动漫影视文化产业中打响了"奥飞文化"品牌。广东奥迪动漫玩具有限公司主要从事动漫玩具的设计、开发、生产与销售，是奥飞股份实现动漫文化产业运营的主力军。广东奥迪玩具实业有限公司正式成立于1993年，经过十余年的发展，奥迪玩具已经成长为中国玩具行业的领导品牌，是中国玩具行业第一家同时获得"中国驰名商标"和"中国名牌产品"两项殊荣的玩具企业。广州迪文文化传播有限公司是与香港一家知名动漫图书出版社合作成立的图书发行企业，主要从事动画、漫画相关图书、音像制品的发行，正式成立于 2007 年。2007 年 9 月，由迪文文化策划制作的青少年漫画期刊《少年漫画王》在全国首发即突破 6 万册，创下行业内的一个新纪录。北京中奥影迪动画制作有限公司是奥飞股份与中国电影集团公司合资成立的控股企业，主要从事动漫电影、电视剧、动画片的创作生产，进一步丰富了奥飞股份的内容创作能力和规模。

3. 中影集团

中国电影集团公司（CFGC）简称中影集团，是中国大陆最具实力的电影公司，成立于 1999 年 2 月，由原中国电影公司、北京电影制片厂、中国儿童电影制片厂、中国电影合作制片公司、中国电影器材公司、电影频道节目中心、北京电影洗印录像技术厂、华韵影视光盘有限责任公司等 8 家单位转企改制组成，中影集团按照现代企业制度的要求，进行业务重组、资产整合和产权制度的改革，逐步建立适应市场需求的运行机制。2007 年，中影集团成功发行 5 亿元企业债券，成为中国第一家发行企业债券的文化企业。2008 年 1 月中旬，有关监管部门原则性批准了中影集团在国内上市的申请。目前，中影集团拥有全资分子公司 15 个，主要控股、参股公司近 30 个，1 个电影频道，总资产 28 亿元。中影集团是中国大陆唯一拥有影片进口权的公司，而且是中国产量最大的电影公司，分别于 2011 年和 2012 年，入选第三届和第四届"文化企业 30 强"。

近年来，中影集团通过多种产业综合发展，拥有国家级专业电影频道，平均收视率和市场占有率连续多年保持在央视各频道的第二名。每天播出 9 部中外影片和各类动画片、美术片、科教片、纪录片、专题片等，播出时间达 19 个小时；开办了《中国电影报道》、《流金岁月》、《佳片有约》等精品栏目；成功承办和转播了国内外主要电影盛会；付费电影频道家庭影院每天播出 10 部影片；VOD 点播频道每天播出 5 部影片；建立了具有永久电视播映权和网络传输权的近 2 000 部影片的国产影片库；以"中国电影频道"的全新姿态加盟北美电视网，24 小时不间断播放优秀国产影片，成为众多海外观众了解中国电影的窗口。中影集团作为大型龙头文化企业，通过转企改制发展取得了丰硕成果，稳坐中国电影行业第一把交椅。

此外，随着文化产业的蓬勃发展，中小文化企业逐渐崭露头角并迅速实现异军突起，《国家"十二五"时期文化改革发展规划纲要》明确提出要支持中小文化企业发展，为中小文化企业的发展壮大提供了有力的政策支撑。中小文化企业的蓬勃发展，不仅为我国文化产业注入了活力，也为缓解社会就业压力、丰富群众精神文化生活、促进文化产业格局完善发挥着重要作用。例如,浙江义乌中小文化企业群和江苏工艺美术企业群等。义乌一直以来因小商品而闻名世界,也因小商品而蓬勃发展,近年来,中小文化企业如雨后春笋般异军突起,促使义乌文化产业蓬勃发展,乃至成为我国的第 10 个经济特区。江苏省中小企业也出现了良好的发展势态,在政府机构的大力支持下,于 2009 年 12 月 1 日在南京成立江苏省中小企业协会,积极配合国家政策开展工作,致力于创造有利于中小企业发展和中小企业家成长的良好环境和条件。

三、文化科技融合工作卓有成效

党和国家历来重视科技进步对文化创新的重要作用,推动文化科技创新是我国文化产业大繁荣大发展的重要内涵。党的十七届六中全会《决定》中提出"要发挥文化和科技相互促进的作用,深入实施科技带动战略,增强自主创新能力",胡锦涛同志在十七大上明确提出"运用高新技术创新文化生产方式,培育新的文化业态,加快构建传输快捷、覆盖广泛的文化传播体系",这些均强调了发挥科技和文化相互促进作用,深入实施科技带动战略,推进文化科技创新工作必将对我国文化产业更好更快地发展、对中华文化的伟大复兴起到积极推动的作用。

(一) 完善政策规划体系,支持文化科技创新

近年来,中央就加强文化科技创新、推进文化与科技融合发展提出了一系列的重要战略思想和指导精神,文化科技创新氛围日益浓厚,科技服务文化事业和文化产业的能力明显得到提升。近期,科技部和文化部联手共同组建文化创新体系,为文化产业发展提供了有力的支撑,进一步提升了国家文化软实力。

2011 年 7 月 26 日在国家博物馆举行了科技部和文化部部际会商议定书签订仪式暨第一次工作会商会议,会商议定书设想在"十二五"期间,科技部和文化部将集成科技与文化的优势资源,共同组织实施专项行动计划,构建有利于文化与科技融合的文化创新体系,研究和探索有效推进文化与科技融合的体制和政策机制,并围绕制定《国家科技与文化融合联合行动计划(2011—2015 年)》,联合认定"科技与文化融合示范基地",启动"文艺演出院线服务关键支撑技术研发与应用示范"重大项目等会商议题展开工作。[1]

---

[1] 参见《科技部、文化部将制定联合行动计划构建文化创新体系》,见人民网,2011-07-26。

文化科技创新工作的逐步完善，为汇聚新能量、优化新结构、推广新成果起到了积极作用。

（二）传统文化产业升级，新兴业态成长迅猛

在计划经济时代，传统文化产业认为文化事业是非产业行业，不会为社会创造物质财富，只局限在满足人们精神文化需求的文化服务行业，主要包括出版发行、影视制作、印刷、演艺和娱乐等方面。从产业运作模式来看，传统文化产业从结构到营销都局限在一种相对固化的稳态工业发展模式上，难以适应市场的发展。近年来，随着现代科技在文化领域的广泛运用，特别是文化与科技融合脚步的加快，不断催生、创新出新的文化业态，尤其是动漫游戏、网络文化和新媒体等新文化产业形态的迅速崛起，为传统文化产业注入了新生活力。新兴业态作为文化产业新的存在方式及生产经营形式，迅速改变着文化的既定格局和发展态势，促进了传统文化产业全面升级。

文化与科技融合创造的文化领域的新业态，作为目前世界经济中增长最快、最有前途的朝阳产业，具有低碳、环保、产值高、容纳劳动人口多和可持续发展等特点，将成为今后我国文化产业新的增长点。

尽管受金融危机的影响，国民经济的发展进入下行通道，但新兴文化产业仍然保持着平稳快速增长，广播、网络、通信等现代传媒产业均有长足的发展，动漫游戏和互联网文化作为文化新业态的另外的分支，也迎来了发展的高峰。据统计，2011 年北京动漫游戏产业产值达 130 亿元，同比增长 30%，居全国前列，出口12.77 亿元，占全国第一。① 从"2011 长沙国际动漫游戏展"新闻发布会获悉，湖南有动漫游戏企业 150 多家，原创人员 8 600 多人，相关从业人员 5 万多人，年原创动漫生产能力近 4 万分钟，动漫游戏衍生产品种类达 17 975 种，产值达 110 多亿元，基本形成了集研发、制作、发行、播出、衍生产品开发为一体的比较完整的产业体系，成长出一支生机勃勃的文化产业大军。② 在经历了高速发展之后，我国的动漫游戏进入了一个调整阶段。截止到 2011 年末，我国互联网上网人数达到 5.13亿人，互联网普及率达到 38.3%，网络已成为人们日常生活中重要的信息渠道。互联网的迅猛发展，带来了传播手段的跨越式发展。总之，新兴业态的迅猛发展，体现了信息时代文化与科技相互交融、彼此促进的良好趋势。

---

① 参见《北京市 2011 年动漫游戏产业产值 130 亿元　位居全国首位》，见中国动漫产业新闻网，2012-06-27。

② 参见《2011 年湖南动漫游戏产值统计情况》，见中国行业研究网，2012-05-10。

（三）文化科技话题深入，引领产业跨越发展

在国家政策引导和产业发展需要的背景下，文化产业与科技融合得到了政产学研资用各界的广泛关注，以此为主题的论坛、会议、沙龙等不同形式的交流活动不断开展，通过经验分享、成果交流、专题研讨等方式，深入开展文化科技融合的交流。

2011 年 11 月 13—14 日，以"文化科技融合与城市产业结构升级"为主题的第三届"文化创意产业与品牌城市"国际论坛在中国人民大学隆重举行。论坛由中国人民大学和文化部文化产业司共同主办，环球时报社联合主办，中国人民大学文化科技园、中国人民大学文化产业研究院承办。论坛是"第六届中国北京国际文化创意产业博览会"的重要论坛峰会之一，开幕式由文化部文化产业司副司长吴江波主持。中国人民大学党委书记程天权，文化部文化产业司司长刘玉珠，文博会组委会副秘书长、北京市委宣传部副部长张淼，北京市文化创意产业促进中心主任、北京市委宣传部副巡视员梅松，文博会组委会办公室副主任、北京市贸促会副会长储祥银，《环球时报》副总编吴杰等出席论坛并发表重要讲话。党的十七届六中全会再次强调要"推动文化产业成为国民经济支柱性产业"，并且进一步提出要"推动文化产业跨越式发展"。以这次全会为标志，我国文化产业发展必将进入新的阶段。当我们站在我国文化产业发展的重要节点时，召开这样一个以"文化科技融合与城市产业结构升级"为主题的国际论坛，具有深刻的理论价值和现实意义。

主论坛由中国人民大学文化科技园管理委员会副主任倪宁教授主持。中国人民大学文化创意产业研究中心执行主任金元浦教授和朝阳规划艺术馆馆长杨军先生展示了朝阳规划艺术馆 3D 创意平台并解读了其所体现的高新科技引领文化创意产业升级换代的精神；美国布诗诺艺术中心副总裁 Yolande Spears 女士做了题为"如何利用文化艺术促进城市的品牌和经济建设"的演讲；中国艺术科技研究所所长白国庆先生做了题为"文化科技融合与城市创新发展"的演讲；美国创新王国文化发展公司总裁 Eduardo Robles 先生具体阐述了在其所专长的建筑设计和影视动漫创作领域如何利用科学提升产业质量，通过文化促进城市升级；深圳华强文化科技集团有限公司总经理李明主要介绍了华强集团如何实践文化与科技融合战略，让文化插上科技的翅膀；美中商盟的主席 Shawn He Yuxun 先生做了题为"从美中角度看地缘品牌是如何产生的"的精彩演讲。

分论坛由中国人民大学文化科技园战略委员会主任王霁教授和中国人民大学文

化创意产业研究中心执行主任金元浦主持。加拿大埃米莉·卡尔艺术学院教授 Sam Carter 做了题为"艺术＋科学＋教育＋娱乐＝创意城市"的演讲；北京市科学技术研究院中国创意产业研究中心主任张京成在演讲中具体提出了实现文化科技融合、推进首都文化产业发展的对接思路和实施举措；英国梅德赛斯大学表演艺术创意中心主任 Christopher Bannerman 先生则提出了艺术家与文化生态学在建设可持续发展城市中的地位和应该起到的作用；深圳市文化创意产业协会执行副会长兼秘书长陆青峰先生以生动翔实的真实案例呈现了文化科技融合推动城市产业结构升级的美好前景；澳大利亚阿德莱德大学副教授 Mary Griffiths 女士提出，发展文化产业可以通过引起人们选择与之前不同的生活方式，进而促进城市规划的变革；中央戏剧学院舞台美术系教授、灯光设计专业教研室主任冯德仲阐述了演艺行业领域文化与科技融合的发展思路和实际案例；世界休闲组织董事会成员 Miklos Banhidi 博士使用数字、统计和图表，有效揭示了休闲产业如何改变欧盟公民的生活方式；台北教育大学人文艺术学院院长林炎旦先生做了题为"提升文化品牌·创造产业价值"的演讲，介绍了台湾当局如何推动具有地方特色的文化产业的发展；江苏省太仓市市委宣传部部长陈雪嵘描绘了太仓市文化产业的发展图景，充分体现出地方政府做大做强文化产业的决心。

第三届"文化创意产业与品牌城市"国际论坛乘党的十七届六中全会胜利召开之东风，探讨"文化科技融合与城市产业结构升级"重要主题，通过中国省市文化产业发展指数（2011）和"最受全球关注中国文化城市"榜单的发布，引起了学界、业界和社会的广泛关注，吸引了包括《人民日报》、人民网在内的众多知名媒体的争相报道，在 2011 年度"最受关注十大论坛"评选中荣膺三甲，与博鳌亚洲论坛 2011 年年会和 2011 中国·青岛蓝色经济发展国际高峰论坛一起赢得了五星的最高关注度。论坛围绕着最具国际性、前瞻性和全局性的重大议题，深入探讨国内外文化产业的发展模式，总结文化科技融合的现实经验，展望其未来发展前景，为文化产业的发展规划、政府决策提供学术和智力支持，进一步推动了文化科技创新工作的全面开展。

四、文化消费水平增长势头强劲

文化消费作为文化产业链的终端环节，既是文化发展的现实基础，又是文化发展的最终目的。其定义具体指人们根据自己的收入水平、价值观念、消费习惯等，采取不同的方式，通过文化产品和文化服务来满足自己的精神需求的一种消费；其内容主要包括文化教育、文化娱乐以及文物、出版读物、体育健身、旅游观光等，也可以概括为文化娱乐消费和教育消费两大方面。[①] 随着党的十七届六中全会提出"开发特色文化消费，扩大文化服务消费，提供个性化、分众化的文化产品和服务，培育新的文化消费增长点"，文化消费被赋予了新的内涵和时代意义。

随着我国宏观经济继续向好和文化事业的持续快速健康发展，国民收入持续增加，生活水平稳步提升，群众的文化需求日趋旺盛，我国已进入了文化消费的快速增长期，文化消费进一步成为体现与衡量社会文明程度和人们生活状况的重要标尺，也成为影响文化产业发展与繁荣文化市场的关键因素。

（一）文化消费规模不断扩大

近年来，我国文化消费规模虽有增长，但巨大的文化消费潜力尚未被充分激发。按照国际经验，人均 GDP 超过 3 000 美元时，文化消费会出现快速增长；接近或超过 5 000 美元时，文化消费则会出现井喷态势。[②] 据国家统计局数据，我国人均 GDP 已由 2002 年的 1 135 美元上升至 2011 年的 5 432 美元[③]，增势迅猛，文化消费市场潜力巨大，文化消费规模呈现膨胀状态。但是，一方面，近两年我国文化消费总量每年仅约 1 万亿元，而实际潜在的文化消费总量应在每年 4 万亿元；另一方面，我国居民文化娱乐服务消费仅占城乡居民消费总额的 10% 左右，而在许多发达国家和地区，居民文化消费占消费总额的 30% 以上。[④] 这些都意味着我国的文化消费还处于起步阶段，同时也意味着我国居民文化消费潜力远未得到释放。

从文化消费规模来看，根据《中国文化文物统计年鉴（2012）》数据，截至 2011 年底，全国文化市场经营单位共有 25.6 万家，从业人员约有 157.3 万人；演出、网吧、网络游戏、艺术品、网络音乐、娱乐六大市场总规模达到 4 155 亿元，成为人民群众文化消费主渠道。其中，2011 年，演艺集聚区建设出现热潮，全国演出市场规模达 233 亿元，全国网吧连锁率达 40%，较 2011 年初增加了 10%；以网吧、网络游戏和网络音乐为代表的新兴文化市场也呈现出迅猛的发展态势，市场规模高达 1 397 亿元，全国网吧已有 14.6 万家，市场规模达到 619 亿元，全国网络

① 参见高明：《期望不一致、游客情绪和游客满意度的关系研究述评》，载《重庆工商大学学报》（社会科学版），2011（5）。

② 参见《文化消费：让文化产品人见人爱》，载《吉林日报》，2012-07-24。

③ 参见《2011 年中国人均 GDP 按平均汇率折算达 5 432 美元》，见中国网，2012-08-15。

④ 参见《文化消费：让文化产品人见人爱》，载《吉林日报》，2012-07-24。

游戏运营企业有 1 293 家，网络游戏虚拟货币交易服务企业有 37 家，市场规模达到 468.5 亿元，网络音乐相关企业已达 452 家，市场规模达到 309 亿元；全国艺术品市场也得到快速发展，2011 年全年艺术品市场交易总额高达 1 959 亿元，促进了艺术创新发展和优秀文化的传承（见图 1—3）。

文化消费规模

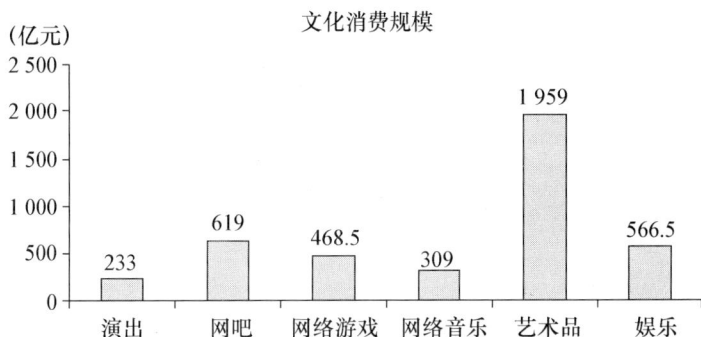

图 1—3　2011 年我国文化消费规模

从文化消费结构上看，2011 年城乡居民文化消费支出总额约 8 203 亿元，占总消费额的 74.2%；政府公共财政文化消费支出 1 424 亿元，占 12.9%；文化产品和服务出口约 820 亿元，占 7.4%；其他文化消费约为 605 亿元，占 5.5%（见图 1—4）。

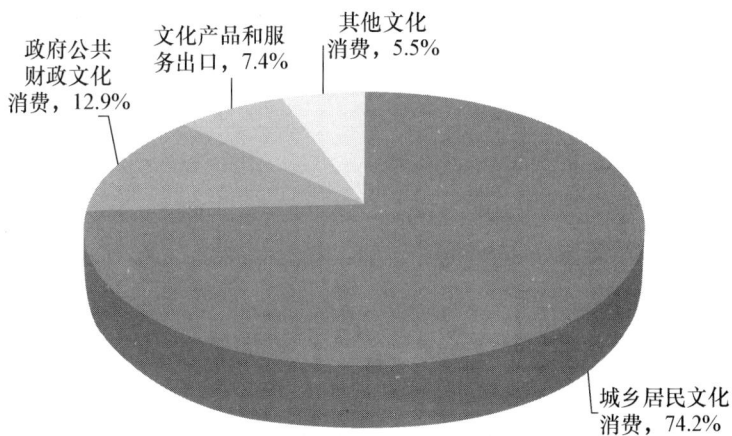

图 1—4　2011 年我国文化消费结构

（二）文化消费条件逐步改善

文化消费条件主要涉及消费者人均可支配收入、文化产品和文化服务的有效供给情况等方面。近年来，消费者人均可支配收入的增加和文化产品生产、销售、服务提供单位的日益发展壮大，为引导和扩大文化消费营造了良好的条件，人民群众不断增长的精神文化需求得到进一步满足。

从消费者人均可支配收入条件来看，根据国家统计局数据，近十年来，随着人们收入水平和可支配收入的不断提高，城乡居民越来越重视文化生活，城乡居民人均文化消费逐年增长，文化消费占消费支出的比重整体上呈现提高趋势（见表1—6）。2011年城镇居民人均可支配收入21 810元，农村居民人均纯收入6 977元，城乡居民人均文化消费分别为1 102元和165元，比2002年分别增长170.8%和251.1%，年均分别增长11.7%和15.1%，年均增长速度分别比人均消费支出高0.9%和2.7%。2011年城乡居民文化消费占消费支出的比重分别为7.3%和3.2%，约比2002年分别提高0.6和0.7个百分点。人均可支配收入的增加为文化消费提供了财力保障。

表1—6　　　　　　　　2002—2011年城乡居民文化消费相关数据　　　　　　　单位：元/人

年份	城镇居民			农村居民		
	可支配收入	消费支出	文化消费	纯收入	消费支出	文化消费
2002	7 703	6 030	407	2 476	1 834	47
2003	8 472	6 511	420	2 622	1 943	53
2004	9 422	7 182	474	2 936	2 185	59
2005	10 493	7 943	526	3 255	2 555	68
2006	11 759	8 697	591	3 587	2 829	74
2007	13 786	9 997	691	4 140	3 224	84
2008	15 781	11 243	736	4 761	3 661	93
2009	17 175	12 265	827	5 153	3 993	108
2010	19 109	13 471	966	5 919	4 382	126
2011	21 810	15 161	1 102	6 977	5 221	165

从文化产品和文化服务的有效供给条件来看，根据国家统计局数据，2010年文化产品生产单位实现增加值4 391亿元，比上年增长23.5%；文化产品销售单位实现增加值724亿元，增长22.2%；文化服务提供单位实现增加值5 987亿元，增长27.9%，文化服务提供单位实现产值增加值为主体部分（见图1—5）。2010年，文化产业法人单位增加值占国内生产总值的比重为2.75%，比上年提高0.18个百分点，比2006年提高0.68个百分点，文化产业增加值在国内生产总值中的比重稳步提高。[1]

---

　①　参见《我国文化产业发展情况》，见文资网，2011-12-30。

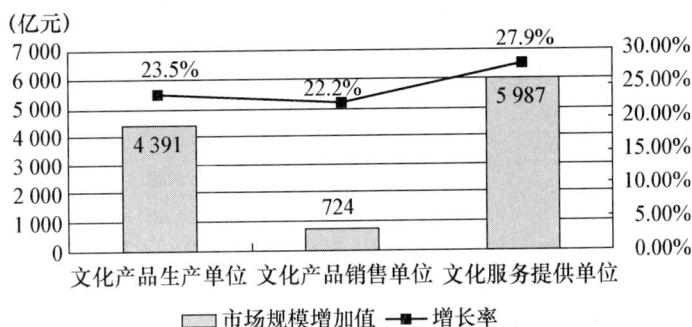

图1—5 2010年我国文化产业各类型单位实现增加值

(三) 文化消费环境日趋优化

营造良好的文化消费环境和氛围,对于提高文化消费水平,促进文化产业繁荣发展,具有重要的意义。近年来,国家为改善文化消费环境,做了大量的工作,包括加大文化消费补贴,建设、改造剧院等文化消费基础设施,鼓励机关、学校和部队的文化设施面向社会开放,发展覆盖主要城市的文艺演出院线,支持全国文化票务网络建设等,并通过党的十七届六中全会提出的"推进国家公共文化服务体系示范区创建"工作,为加强各类公共文化服务设施建设、完善文化消费环境提供了政策保障和组织支撑。

全国各地积极配合完善文化消费服务环境,通过文化消费补贴、展开公共服务体系建设等工作,取得了显著的成效。

广东省通过打造资金产业链,提高文化消费补贴,文化消费环境的优化工作取得了阶段性的成果。从2011年起,东莞市桥头镇将连续5年、每年安排1000万元作为文化建设的专项资金,为当地居民提供每人上限200元的文化消费补贴。佛山市南海区也于2011年开始试行"文化消费补贴计划",通过补贴文化产品的供给方,来引导群众形成良好的文化消费习惯。在广东省各级政府财政对投融资市场的"撬动"下,各金融机构也加快了文化消费投融资体制的研究和开发,其中,中国人民银行广州分行等部门在全国率先下发了《支持文化企业发展与繁荣工作实施意见》,逐步形成了多元化、多渠道的文化金融服务平台[①],为文化消费提供了良好的环境基础。

湖南长沙为改善文化消费服务环境,加强配合公共服务体系的建设,提出了在两年(2011—2012年)的创建周期内,全面完成国家公共文化服务体系示范区创建

---

① 参见《广东打造全产业链 构建现代文化产业体系》,见新华网,2011-10-22。

标准所规定的各项任务，初步建立满足群众需求、具有长沙特色、设施网络广覆盖、服务供给高效能、组织支撑可持续的基本公共文化服务体系，城乡居民基本文化权益得到有效保障，对公共文化服务的满意度明显提高，努力形成"设施网络化、供给多元化、机制长效化、城乡一体化、服务普惠化"的公共文化服务新格局的创建目标①，并已经初步形成了覆盖全市的比较完善的图书馆服务网络，实现了"一卡通"通借通还服务和文献信息资源共建共享等服务，提高了资源建设质量和利用效率。

陕西宝鸡优化文化消费服务环境、完善文化服务体系的工作也取得了阶段性的成果，针对差距问题研究，提出了四个重点工作，即突出"两馆一站"的建设工作、文化基层专职人员的配备工作、公共财物的支持工作及制度的建设工作，强调积极制定有效措施，大力推动示范区建设。目前，宝鸡市创建工作已进入了突破难点、形成亮点的阶段，针对示范区验收标准和创建规划，市政府印发了任务分解表，并明确了70项具体任务的责任单位和完成时限，与各县区负责人签订了创建工作目标责任书，各县区、各部门对各自承担的创建任务进行了进一步细化，倒排时间表，确保按时限完成，创建工作卓有成效②，文化消费服务环境得到进一步完善。

内蒙古鄂尔多斯的文化消费服务环境改善工作也进入了从小到大的阶段，从最初的发展群众文化事业到构建公共文化服务体系，从计划性文化产品的供应到尊重人民群众的文化消费自主性和选择权，使人民群众基本文化权益得到进一步实现。③近年来，鄂尔多斯制定出台并实施了《关于进一步加快文化发展的决定》、《关于加强全市公共文化服务体系建设的意见》和《鄂尔多斯市博物馆事业发展规划》、《鄂尔多斯市公共文化服务体系建设工程计划（2011—2015年)》、《鄂尔多斯市"双骏"文化奖实施办法》等一系列文化建设政策法规性文件，为完善文化消费环境提供了大量组织保障和政策依据，为全面扩大文化消费创造了良好的设施途径和环境空间。

辽宁大连为积极响应党的十七届六中全会精神，扩大文化消费，优化文化消费服务环境，实施公共文化服务体系示范区的创建工作，提出"对照国家公共文化服务体系示范区创建标准，对'公共图书馆、乡镇综合文化站等基础设施及服务供

---

① 参见《长沙全力创建国家公共文化服务体系示范区》，载《长沙晚报》，2011-09-08。
② 参见《宝鸡加快推进公共文化服务体系示范区建设 突破难点 形成亮点》，载《中国文化报》，2012-08-01。
③ 参见《鄂尔多斯市公共文化服务体系建设成就综述》，载《鄂尔多斯日报》，2012-04-18。

给'等达标项目不断完善、巩固和提高，发挥其为民、惠民的最大效用；对未达标项目将分阶段，分市、县两级整改"的主要任务，成立了大连市创建国家公共文化服务体系示范区工作领导小组并建立监督评价机制，全面统筹指导创建国家公共文化服务体系示范区工作，同时为示范区建设经费保障问题提供了大力支持，规定"各级财政要将创建国家示范区整改资金纳入财政预算，保证资金及时足额安排"等①，全面推进公共文化服务体系示范区的创建工作更好更快地进行。

---

① 参见《大连市创建国家公共文化服务体系示范区建设规划》，见大连市政府网站，2012-02-08。

第二章 2010—2011 年中国省市文化产业发展指数

一、创意指数和评价体系理论研究

（一）国外创意指数研究状况

西方对创意产业的研究已经持续了六七十年，在一些产业成熟的国家，学者提出了用"创意指数"来衡量文化创意产业的发展成效，力图建立起一个统一的、全面的统计性框架来评估和考察省市文化产业的发展水平。2004 年，英国学者查尔斯·兰德瑞（Charles Landry）在《创意城市》（*The Creative City*）中提出，创意城市是建立在以下七大因素上的，包括人员质量、意志与领导素质、人力的多样性与各种人才的发展机会、组织文化、地方认同、都市空间与设施以及网络动力关系。兰德瑞将创意城市发展规模分为十个等级。他认为，创意产业少不了评价指标的推动，因为指标能够让人正视问题、不断反思与改进。

世界上一些国际性组织、国家和地区都在研究与探索文化产业发展评价体系并用之计算出指数。

1. 美国：理查德·弗罗里达的创意指数

美国称文化产业为基于版权的产业，包括文化娱乐业、创意产业和信息服务业。美国创意指数是世界上第一个评价文化创意产业发展程度的指数。美国经济学家理查德·弗罗里达是研究区域经济发展的教授，他在其《创意阶层的崛起》（*The Rise of Creative Class*）一书中首次提出创意资本论，对美国创意经济发展特色与趋势进行了描述，同时也建构出一套创意产业发展衡量指标，即"3T"理论。创意指数包括人才指数（talent）、技术指数（technology）以及包容性指数（tolerance）。在此基础之上，他提出了更为具体的次级指标，包括：以创意阶级在就业人口中所占的比例来衡量的人才指数，以每人的专利数目来测量的创新指数、高科技指数，以及以同性恋指数等来测量的综合多元化指数。他提出的其他相关指标还包括波西米亚人数指标、人力指标、外国人数指标、多元组成指标等。其中，波西米亚人数指标是指艺术创意人口数，人力指标是指一个地区具有学士以上学位的人口数，外国人数指标是指一个地区外国人口的比例，多元组成指标则是由三个指标共同组成的一个综合指标。

在"3T"理论的基础上，学者们最终建立了美国创意指数指标框架，主要指标框架如表2—1所示。

表2—1　　　　　　　　　　美国创意指数指标框架

总指标	一级指标	二级指标	测度变量
美国创意指数	技术指数	高科技指数	高科技产业产出占全国高科技产出的比例
			高科技产业产出占当地全部产出的比例
		创新指数	专利申请总量的年增长率
	人才指数		创意阶层人数占总人口的比例
	包容性指数	同性恋指数	某地区同性恋人数占总人口的比例
		波西米亚人数指标	某地区波西米亚人口的比例与全国波西米亚人口的比例
		熔炉指数	外国移民占总人口的比例

美国创意指数中的技术指数包括高科技指数和创新指数，高科技指数引用了美国米肯研究院的TECH-POLE指数，用于衡量一个城市的高科技产业所产生的吸引力。创新指数则主要衡量以商品形式表现的新思想、新创意和新事物。美国经济学家普遍认为人才在创意经济中起着至关重要的作用，根据人力资本论将人才指数作为美国创意指数的衡量指标之一。文化宽容度又可称为文化的开放性，用于表示一个国家或地区的多元化程度，因为自由、包容的生活氛围是创意阶层较为倾向的生活环境，包容性指数具体通过同性恋指数、波西米亚人数（文化从业者）指标和熔炉指数来衡量。

美国创意指数在创意资本论的基础上，结合了美国科技领先、移民社会等实际情况，综合考虑了与美国文化创意产业相关性最强的三个方面的指标，选取了代表性强、测度方便的具体测度变量，并运用相关数据进行了实际分析，为欧洲、香港等地研究制定创意指数提供了重要参考依据。

2. 欧洲创意指数

理查德·弗罗里达在"3T"理论的基础上，与梅隆大学博士艾琳·泰内格莉

(Irene Tinagli) 合作，在《创意时代的欧洲》（*Europe in The Creative Age*）中构建了"欧洲创意指数"（ECI），并将欧洲 14 国和美国进行了对比。欧洲创意指数作为文化创意产业发展现状的衡量工具之一，是目前全球影响最大的创意指数。总体来说，欧洲创意指数包括技术指数、人才指数和包容性指数三个方面。体系如表2—2 所示。

表 2—2　　　　　　　　　　　欧洲创意指数指标框架

	一级指标	二级指标	测量变量
欧洲创意指数	技术指数	创新指数	每百万人口中拥有专利的数量
		高科技创新指数	在研发上的支出占 GDP 的比重
		研发指数	每百万人口在生物技术、信息技术、制药以及航空等高科技领域拥有的专利数
	人才指数	创意层次指数	创意从业人数占整个从业人数的百分比
		人力资源指数	年龄在 24～64 岁的人群中拥有学士或以上学位的人口比重
		科学才能指数	每千名工人中从事研究性工作的科学家与工程师的数量
	包容性指数	态度指数	由"欧洲种族主义和排外仇视监控中心"（EUMC）分类为积极和消极容忍度的感应（RESPOND-ENT）百分比
		价值指数	调查一个国家的人民对如宗教、民族、执政当局、家庭、女权、离婚以及人工流产等问题的态度和价值取向
		自我表达指数	调查人们对自我表达、生活品质、民主、信任、休闲、娱乐和文化的态度

欧洲创意指数相对于美国创意指数，在三大一级指标框架上保持不变，对二级指标和测度变量的选取更加全面与细致。其中，技术指数选取了创新指数、高科技创新指数、研发指数三方面进行衡量，引用了发明专利的数量作为创新指数的测度变量，并借鉴"世界经济论坛"发布的《世界竞争力报告》对创新的考量标准，增加了研发支出占 GDP 的比重，来测度高科技创新指数，同时考虑研发投入对技术进步和创新力提升的内在驱动作用，将研发指数作为技术指数的次级指标之一。人才指数中，保留了美国创意指数中创意阶层占比的衡量指标，并补充人力资源指数和科学才能指数两个指标，从而综合反映一个国家或地区创意人才的数量和质量。包容性指数选取的衡量指标与美国创意指数选取的不同，原因在于欧洲与美国地区传统社会价值观的差别。欧洲包容性指数中的态度指数是指对待少数民族的态度；价值指数是指一个国家将传统视为反现代的或世俗价值观的程度；自我表达指数是指一个民族对个人权利和自我表达的重视程度。

欧洲创意指数中的一级指标——技术指数、人才指数和包容性指数各单项指标的取值范围界定在 0～15 之间，情况最好的国家分值为 15，其他国家通过与最好国家进行比较，得出一个相对分值。

作为一项开创性的工程，欧洲创意指数无疑对研究创意生产力、经济增长和国家竞争力之间的动态关系贡献巨大，对全球创意比较研究也有着指导作用和深远意义。

(二) 国内创意指数研究状况

尽管欧美国家的评价指标体系研究在其文化创意产业研究体系中仍属薄弱环节，但与我国的研究现状相比还是较为成熟。目前，我国尚没有一个统一的权威的文化产业评价指标体系。就现有的文献来看，我国的研究主要以对数据进行量化评估为前提，从国家层面、地区层面以及城市层面展开。

1. 国家层面

国家层面上，不少学者、政府研究机构都意识到了建立全国统一的标准文化产业评估指标系统的必要性，并以此为研究指向开展了相关研究。

较为系统的是《文化蓝皮书——2001—2002年中国文化产业发展报告》中提出的我国城市文化产业综合评价指标体系。该体系包括了政府投入、总量、发展水平、经济效益、市场化程度以及对国民经济共享等指标。在这样的统计框架下，该报告根据相关的统计数据初步勾勒了我国文化产业在经济产出方面的大致图景，却忽视了文化产业中的社会以及文化等因素，因此无法反映出文化产业整体的发展水平，也无助于对文化产业未来的发展趋势作出研判。

此后，不少学者纷纷提出自己对于建立文化产业指标体系的设想。比如，王琳（2005）结合对文化产业属性和特征的考察，构建了中国大城市文化产业综合评价指标体系的结构框架，包括政府投入指标、总量指标、发展水平指标、经济效益指标、市场化程度指标以及对国民经济贡献指标。郭永等人（2007）在对国内外创意指数相关研究进行总结分析的基础上，规定了我国城市创意指数测度指标选取的原则，通过指标初选和修正，构建了我国城市创意指数测度指标体系，包括经济基础、人力资本基础、创意成果、知识产权保护、城市吸引力五个大类，共24个指标。瞿辉（2009）则从产业规模指标、教育科研指标、文化环境指标、政府投入指标、产业就业功能指标等五方面进行评价指标体系的构建，并提出了使用层次分析法来确定各级指标的权重。

就这部分的研究来说，学界对如何建立一个全国统一的评价指标体系的研究还主要停留在定性的规范性研究的初级阶段，研究进展缓慢。其研究开展的主要路径是在总结国外已有体系的基础上，提出建立我国指标体系应该遵循的基本原则，根据这样的原则对指标进行筛选和修正，由此建立起我国城市文化产业发展水平的评价指标体系。这些研究结果普遍反映出同质化的特点，并且由于没有通过可靠的量化分析，这些指标体系并没有太大的说服力。

也有研究采用了量化分析的方法。叶丽君和李琳将其建立的评价指标体系的重点，放在了区域文化产业竞争力上。她们在 2005 年与 2006 年统计数据的基础上，采用因子分析法对全国 31 个省（区、市）文化产业竞争力进行了综合评价。该研究对各地区文化产业评价指标数应用 Q 型层次聚类方法划分，将全国 31 个省（区、市）分为四类：强竞争力类、较强竞争力类、较弱竞争力类、弱竞争力类，同时分析比较了我国东中西部地区的差异。

2. 地区层面

相对于学界对国家层面的统一指标体系的滞后研究来说，对于某一特定区域的文化产业发展水平的评价指标体系研究则显得生机勃勃。

台湾东吴大学受当局的委托，在其"文化创意产业推动绩效指标研究"中提出了评估台湾文化创意产业绩效的评估体系，包括了产业规模、政府投入、经济效益、研究与发展、市场化、竞争力、人力资源以及消费等八大指标。该指标系统以整体的产业体系为对象，强调创意为产业核心，并且其体系的构建紧扣政策发展的行动策略。它参考了大陆评估文化产业的做法，但对大陆未注意到的创意在文化产业发展中的重要性等方面予以了修正。

刘颖（2009）也参考钻石体系和已有的理论，建立了相对完善的文化创意产业的评价体系，并将各类分类指标量化，以测评山东省的文化产业发展水平。她同样采取了 AHP 层次分析法，但其评价指标的权重确定方法则是选取北京和上海来与山东进行比较（分数评价和标准设计），同时也选择了与山东经济发展水平相当的江苏省来进行横向比较，而没有选取专家打分的方法。郑玲玲（2009）也采取类似的方法，评估了杭州市的创意指数，共建立了创意集群、创意人力资本、创意区域文化、文化资本、科技创新资本、生活质量等 6 个一级指标，22 个二级指标以及 152 个三级指标。其中，她确立权重的方法是，一、二级指标的权重由专家赋值，最后取其均值作为权重系数，三级指标则采用平均分配权重的方法。

总的来说，这些指标体系都将人力资本、社会环境、文化环境等作为研究的指向，在研究过程中都采取了量化的方法，值得借鉴。但也存在着一定的问题，比如，香港创意指数虽然涵盖了创意产业中创意供给、创意需求、创意分配等相关环节，但却忽视了各个要素之间的互动以及创意产业链的形成与流动等问题。此外，香港指标体系仍然无法解决部分指标量化难度大的问题。

3. 城市层面

目前我国在城市层面开展的评价指标体系研究的路径和方法与香港、台湾地区的类似。这部分的研究主要采取了量化研究。

有不少研究都遵循上海创意产业评价指标体系的建立和统计思路，着眼于案例城市，开展了相似的研究。

比如，张毅（2007）认为对一个地区文化产业发展状况的评价，归根结底是对其竞争力状态的评价。他在美国哈佛商学院战略管理学家迈克尔·波特的钻石评价体系（Michael Porter Diamond Model）的基础上，将各领域定性指标进行量化，对不同国家和地区在总体和各具体领域做出横向比较，通过比较找出总体和具体领域的差距，据此建立一个适合中国的、具有一定前瞻性的创意产业评价指标体系。在研究中，他选取了英国、日本以及上海的文化产业，将上海作为中国的代表，根据已公布的统计数据进行分析，并采取 AHP 层次分析法，根据国外的文化指数来打分，以确定评价指标的权重。该研究的不足在于，将英国和日本作为标杆来确立上海市评价指标的权重可能不妥。

薛晓光（2007）在其研究中则选取了北京、上海、天津、西宁、重庆、拉萨、唐山 7 个城市，采取改进的 AHP 法，建立有关文化产业发展现状的指标评价体系，并通过各地区文化产业现状的比较分析，勾勒出促进文化产业发展的主要因素，提出了政策建议。他所建立的指标体系包括总量规模、政府投入、发展水平、经济效益、市场化程度、对国民经济的贡献。其数据同样来源于已有统计资料，权重的确立方法则是专家打分。但该研究的不足是，对文化产业的评价指标侧重于文化产业的经济效益，而忽视了影响文化发展的关联因素，虽然这样的指标体系中的指标容易量化，并且在专家打分时受主观因素影响较小，但难以反映地方文化产业发展的全貌。

从上述研究可以发现，我国目前在城市文化产业评价指标体系的量化研究中有以下几点共性：一是指标体系的建立都是根据欧美已有指标体系，再结合地域特点推导而来，这似乎已经成为类似研究的必然路径；二是其进行量化研究的数据都来自已有权威统计数据，统计数据固然比较科学和有说服力，一旦具体的指标难以获得有效统计数据，将影响到评价体系的全面和有效性；三是都采用了 AHP 层次分析法。除了选择地域的差异之外，这些研究的不同点主要体现在确定权重的方法上，比如将国外的文化产业发展水平作为依据、将国内其他城市作为依据、采取专家打分或者平均分配权重等。

综合目前国内外学者的研究我们可以发现，对一个国家、地区或者城市文化产业发展水平进行定性描述并不难，难的是对其要素构成和运行机制的准确分析以及对未来趋势的科学预测。目前我国对城市文化产业发展水平评价指标体系的研究还处在起步阶段，定性研究多过定量研究，而定量研究中以城市层面的研究居多，国家层面的研究则较少。许多研究都缺乏实证基础，数据基本来自统计数据，没有进行实地调查研究。此外，无论是定性还是定量研究，研究的路径取向都大致一致，研究的同质化程度较高，缺乏创新。

然而，现实中，很多国家和地方政府在制定本地文化产业的发展政策时又迫切需要一个科学可行的理论和数量依据。这就为学术界提出了一个重要的理论和实践课题：如何设计一个合适的理论框架，定性和定量地研究文化产业的发展规律，为实际部门提供一个评估体系和改革指导，这也是我们希望通过实地调查研究实现的目的。由于文化产业对我国经济增长的贡献日趋明显，并且随着物质文化的不断丰富和发展，人民群众对文化的需求越来越明显，构建老百姓的精神家园的呼声日益高涨，国内专家学者充分认识到提高文化产业竞争力对发展文化产业的作用，因此，近年来，各界学者基于不同的理论基础或方法，采取不同的变量选取标准，从"竞争力"的角度出发，研究了评价城市文化产业竞争力的指标体系。其中具有代表性的有：国家行政学院的祁述裕等以美国哈佛商学院著名的战略管理学家迈克尔·波特的"钻石模型"为基础建立的，主要以生产要素、需求状况、企业战略、相关产业、政府行为为指标框架的衡量体系；中国人民大学竞争与评价研究中心主任赵彦云从文化产业的运行过程、环境考虑，建立的文化实力、市场收益、文化产出、公共文化消费、人才和研创、政府文化、文化资源和基础设施等方面衡量指标体系；南京航空航天大学国家文化产业研究中心构建的文化资源竞争力、城市旅游资源、公共文化服务力、文化价值转化力、城市文化辐射力、文化创新力六个方面的评价体系；等等。

现以基于"5C"模型的香港创意指数，借鉴欧美、香港指标体系的上海创意指数，南京航空航天大学国家文化产业研究中心构建的城市文化竞争力指标体系为例，介绍国内的文化产业评价体系。

（1）基于"5C"模型的香港创意指数。

之前评价香港在世界经济中所处地位的指标是GDP、年度经济增长、外币储备、公共事业的开支、生活开支、事业率等指标，随着香港知识、技术、创意、信息等因素的日益发展，传统指标已不能较好地衡量香港经济发展的特征。在此背景下，2004年，香港特区政府委托香港大学文化政策研究中心做了一项数量化衡量香港城市创意的研究，用于评价城市中经济活力和竞争力之间的动态关系。该中心将国外研究成果与香港的实际相结合，汲取两者精华（如创意阶层数量、人力资本以及研发支出等指标），拟定了5Cs作为创意指数，即创意效益（成果/产出）、结构/制度资本、人力资本、社会资本与文化资本。香港创意指数一共包含了不同资料来源的88个相关指标，甚至顾及了整个珠三角地区的环境和要素并能适用于亚洲其他城市。

2004年该项研究成果以《香港创意指数研究》（*A Study On Hong Kong Creativity Index*）发表。香港借鉴了弗罗里达以"3T"为基础建立的创意指数，结合香港的实际情况进行调整，形成了自己的"5C"模型，构建了衡量创意发展状况与决定因素的"香港创意指数"（HKCI）。香港是我国最早建立了省市文化产业水平衡量指标体系的城市，为我国研究省市文化产业提供了一个较科学和全面的参考体系。

此外，这项研究在已有的统计数据的基础上，还对指标体系进行了量化。其研究结果表明，香港1999—2004年的整体创意指数显示出正增长，指数由1999年的75.96上升至2004年的100（以2004年作为基准年）。

香港的"5C"模型框架（如图2—1所示）界定了香港创意指数的基本范围，该模型主要表述了影响创意增长的四项决定因素，即结构/制度资本、人力资本、社会资本和文化资本四种资本形式，以及由这些决定性因素的积累效应形成的结果，即创意成果/产出。

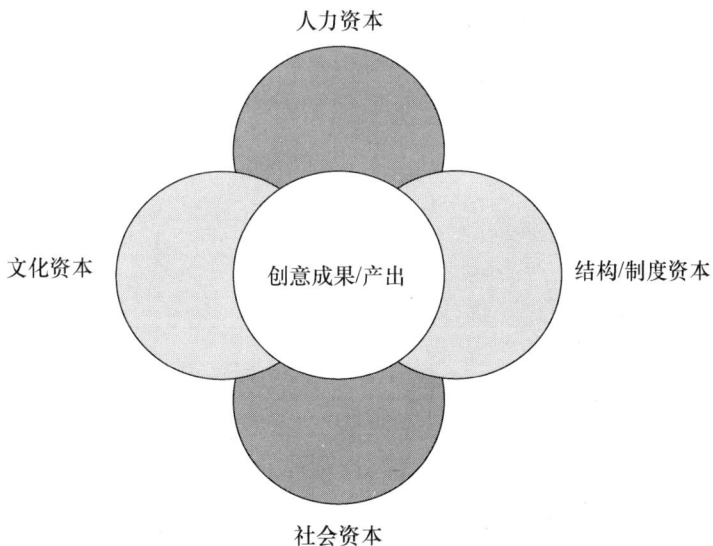

图2—1 香港"5C"模型

香港创意指数"5C"模型的各项要素可进一步通过具体的 119 项指标进行衡量,详见表 2—3、表 2—4、表 2—5、表 2—6、表 2—7。

表 2—3   "创意成果/产出"的指标构架

指标	测度变量
创意经济的贡献指标	香港创意产业增加值占 GDP 的百分比
	从事创意产业的人数占总就业人数的百分比
	创意产业商品贸易占总商品贸易的份额
	创意产业中的服务业占总服务业的份额
	中小型企业在 GDP 中所占百分比的增值
	通过电子商务销售商品、提供服务和信息的营业收入占社会商品销售和服务收入总额的百分比
创意活动的经济成分指标	本地企业在国际市场上销售有商标的产品的计数值
	本地企业获得新技术能力的计数值
	经济成分中生产力的增加值
	每个抽样组申请专利总数
	香港人申请的专利占申请总专利数的百分比
	1991—2003 年平均增加的专利申请数
其他创意活动成果指标	人均每天发行的报纸量
	人均最新出版的图书数
	每个抽样组作曲总数
	每个抽样组填写歌词总数
	每个抽样组制作电影总数
	每个抽样组每年参与当地表演艺术节目制作的总数
	每个抽样组每年参与非当地表演艺术节演出节目的总数
	新设计的建筑总数

表 2—4   "结构/制度资本"的指标构架

指标	测度变量
法律体系在香港的重要性和效率	香港独立法律体系的计数值
	香港法律体系效率的计数值
	香港对财产权保护的计数值
	香港对知识产权保护的计数值
	和一年前相比在香港购买盗版或伪劣产品的计数值
言论自由	香港新闻自由度的计数值
履行国际惯例	批准涵盖人权、艺术和文化等方面的国际性合约数量
信息交流技术基本结构条件	使用个人电脑设施的百分比
	连接互联网设施的百分比
	浏览网站/网页设施的百分比
	使用个人电脑住户的百分比
	连接互联网住户的百分比
	每个抽样组所占手机用户的百分比

续前表

指标	测度变量
社会和文化基础结构的有效性	每 100 人中公共图书馆的登记用户数
	每 100 人在公共图书馆中拥有的图书量
	每个抽样组中表演艺术展馆的座位容量
	每个抽样组中所拥有社区中心的数量
	每 100 000 人所拥有市政中心的数量
	每个抽样组所占公共纪念碑的数量
	每个抽样组所占休闲娱乐设施的数量
	每个抽样组所占宗教聚会地点的数量
	每个抽样组所占非营利性机构的数量
	每 100 000 人所拥有的公共博物馆数
	每个抽样组所占的影院座位数
	每 100 人所占的收音机数量
	每 100 人所占的电视机数量
香港企业和金融基础结构	香港中小型企业总数
	在香港的上市公司总数
	香港股票市场每年的资本增长
	内部直接投资的市场价值
	外部直接投资的市场价值
	在香港政府管理下风险资本的增长率

表 2—5　　　　　　　　　　　　　"人力资本"的指标构架

指标	测度变量
研发开支和教育开支	研发开支（企业部门）在 GDP 中所占百分比
	研发开支（高等教育）在 GDP 中所占百分比
	研发开支（政府）在 GDP 中所占百分比
	政府的教育开支在 GDP 中所占百分比
脑力劳动者人口	15 岁以上教育程度达到第三等级（继小学、中学教育之后的"第三等级教育"）人口所占比例（无学位）
	15 岁以上教育程度达到第三等级人口所占比例（有学位）
	研发人员数量在总工作人口中所占比例
	参加相关职业培训或再培训课程人员数量在总工作人口中所占比例
暂时性/流动性人力资本	暂时性人口（流动人口）相对于总人口所占百分比
	在国外的留学生数量
	每个工作抽样组中工作签证的数量
	游客增长总数
	每年增长游客数
	每个抽样组中当地离港居民总数
	当地离港居民增加数量
	每个抽样组中估算香港移居外国人数

表 2—6   "社会资本"的指标构架

指标	测度变量
衡量社会资本的发展	企业捐赠除以税前盈余
	企业捐赠的增长率
	每次个人慈善捐赠的总价值
	个人慈善捐赠的增长率
	企业和个人慈善捐赠在 GDP 中的百分比
	社会福利支出在总公共支出中所占的比例
	用于社会福利的公共支出占 GDP 的百分比
衡量系统的质量：规范和价值	从"世界价值调查"处得到的关于一般化信任的指数
	从"世界价值调查"处得到的关于制度性信任的指数
	从"世界价值调查"处得到的关于互惠的指数
	从"世界价值调查"处得到的关于效用感的指数
	从"世界价值调查"处得到的关于合作的指数
	从"世界价值调查"处得到的关于对变化和包容性接受程度的指数
	从"世界价值调查"处得到的关于对少数民族态度的指数
	从"世界价值调查"处得到的关于传统和现代价值观对抗的指数
	从"世界价值调查"处得到的关于自我表达的指数
衡量系统的质量：社会参与程度	从"世界价值调查"处得到的关于参与社会活动的指数
	从"世界价值调查"处得到的关于社会参与障碍的指数
	俱乐部、机构和协会会员数量
	运用时间模式的指标
	社会交流频率和强度的指标
	参与志愿者工作的指标
	每次活动志愿者的总数量

表 2—7   "文化资本"的指标构架

指标	测度变量
衡量文化支出和供给	"艺术和文化"支出在总公共支出中的比例
	"艺术和文化"支出在 GDP 中的比例
	文化领域的"经常性支出"（公共）
	文化领域的"资本支出"（公共）
	文化领域的"经常性收入"（公共）
	总共慈善捐赠中企业对艺术和文化捐赠的百分比
	总共慈善捐赠中个人对艺术和文化捐赠的百分比
	用于文化产品和服务的消费占家庭总消费的百分比
	家庭消费中艺术教育的百分比
衡量系统的质量：规范与价值	创意活动的重视程度
	对学龄儿童创意活动的重视程度
	对日常生活和个人发展中艺术与文化的重视程度
	对鼓励文化参与的环境的重视程度
	关于购买盗版产品的道德观的重视程度
	对于保护人权以发展当地创意产业的重视程度

续前表

指标	测度变量
衡量系统的质量：文化参与程度	过去一年中，15 岁或以上人口文化活动的参与度
	15 岁或以上人口以业余身份参加文化艺术活动的比例
	过去一年中，学龄儿童文化活动的参与度
	不同场合参与文化活动的小时数
	每一百个使用者所借图书的数量
	付给香港作曲家及作词家协会（CASH）的版权费除以总人口（不包括海外收入）
	过去一年中出于休闲目的阅读的次数
	每周看电视的小时数
	每周听收音机的小时数
	每周用于私人上网的小时数
	访问博物馆的人数除以总人口
	参加表演的人数除以总人口
	观看电影和录像艺术的人数除以总人口

香港创意指数的出发点是：一项创意行动可以应用"创意活动循环"的概念加以描述，"5C"模型中的社会资本、人力资本、文化资本代表创意产业发展的三方面影响因素，这些因素进而受到结构/制度资本（硬件、机制、市场、社会能力等）的促进或制约，创意成果/产出是这四种资本形式的积累效应和相互影响的结果。

（2）借鉴欧美、香港指标体系的上海创意指数。

上海是我国内地第一个发表创意指数的城市，上海创意指数是在欧洲创意指数、香港创意指数出台后，上海创意中心参考统计局公布的数据而编制的，借鉴了美国、欧洲和香港的创意指数体系，选取了对上海创意产业发展具有重要影响的因素作为评价指标。2006 年制定的《上海城市创意指数》是内地首个具有综合性和可比性的创意产业指标体系，包括产业规模、科技研发、文化环境、人力资源和社会环境五大指标体系。以上的五大指标又被细化成 33 个分指标。在数据的编制过程中，根据各个指标对创意产业发展的重要程度，各指标被赋予不同的权重，由此计算得出综合的加权创意指数。体系把 2004 年设为基准年，把 2004 年的城市创意指数设为参考值 100。根据研究结果，上海 2005 年的创意指数为 109.1，比 2004 年增长 9.1%。

2007 年，该指标体系经过重新修订，更加关注科技发展对文化、经济活动的深刻影响，强调文化、技术和经济三者的深度融合。上海创意指数框架具体如表2—8 所示。

表 2—8　　　　　　　　　　　　　　**上海创意指数框架**

指数	测度变量
产业规模指数	创意产业的增加值占全市增加值的比重
	人均 GDP
科技研发指数	研发经费支出占 GDP 比重
	高技术产业自主知识产权产品实现产值占 GDP 比重
	高技术产业自主知识产权拥有率
	每 10 万人发明专利数
	每 10 万人专利申请数（按常住人口计算）
	市级以上企业技术中心数
文化环境指数	家庭文化消费占全部消费的百分比
	公共图书馆每百万人拥有量
	艺术表演场所每百万人拥有量
	博物馆、纪念馆每百万人拥有量
	人均报纸数量
	人均期刊数量
	人均借阅图书馆图书的数量
	人均参观博物馆的次数
	举办国际展览会项目数
人力资源指数	新增劳动力人均受教育年限
	高等教育毛入学率
	每万人高等学校在校学生数
	户籍人口与常住人口比例
	国际旅游入境人数
	因私入境人数
	外省市来沪旅游人数
社会环境指数	全社会劳动生产率（按常住人口计算）
	社会安全指数
	人均城市基础设施建设投资额
	每千人国际互联网用户数
	宽带接入用户数
	每千人移动电话数
	环保投入占 GDP 百分比
	人均公共绿地面积
	每百万人拥有的免费开放公园数

　　上海创意指数五大指标体系中，产业规模指数包括创意产业的增加值占全市增加值的比重和人均 GDP，共 2 个分指数；科技研发是创意产业的重要组成部分之一，科技研发水平体现了一个城市的创新能力，该指数主要包括研发经费支出占 GDP 比重、高技术产业自主知识产权产品实现产值占 GDP 比重等 6 个分指标；文化环境是指一个有利于文化参与的环境，能够促使新思想的诞生，从而提高社会的

创造力，该指数主要包括家庭文化消费占全部消费的百分比，公共图书馆每百万人拥有量，艺术表演场所每百万人拥有量，博物馆、纪念馆每百万人拥有量等 9 个分指标；人力资源的层次越高、流动性越强，越有助于社会的文化交流、技术转移和知识流通，该指数主要包括新增劳动力人均受教育年限、高等教育毛入学率、每万人高等学校在校学生数等 7 个分指标；社会环境指数用于衡量一个城市是否拥有能够吸引、动员和维持创意的社会环境，对创意经济体系是非常重要的，该指数主要包括全社会劳动生产率（按常住人口计算）、社会安全指数、人均城市基础设施建设投资额等 9 个分指标。

上海创意指数考虑到了产业、人、软环境等，甚至细分到全社会劳动生产率、社会安全指数、人均城市基础设施建设投资额等方面，具有一定的细化意义和可操作性。但是上海创意指数仍然具有很强的地域性，无法普及开来作为我国城市创意指数的统一评价指标体系，而且有的指标也难以量化。

（3）南京航空航天大学国家文化产业研究中心构建的城市文化竞争力指标体系。

南京航空航天大学指标体系简要阐述基于"文化竞争力"考虑的指标体系的特点。该研究中心从文化产业的内涵出发，构建了城市文化竞争力的指标体系，框架如图 2—2 所示。

第一层指标，即形成城市文化竞争力内涵的六个主要方面，包括文化资源竞争力、城市旅游资源、公共文化服务力、文化价值转化力、城市文化辐射力、文化创新力。针对六个一级指标，选取相应变量，构成二级和三级指标，此体系具体的测度变量如下：

1）文化资源竞争力。

a. 城市物质文化遗产

● 世界文化遗产数量

● 国家重点文物保护单位数量

● 省级重点文物保护单位数量

b. 城市非物质文化遗产

● 国家级非物质文化遗产数

● 省级非物质文化遗产数

c. 城市历史知名人物

●《大不列颠百科全书》中出现的人物数量

●《中国大百科全书》和《辞海》中出现的人物数量

```
                                    ┌─ 城市物质文化遗产 ──── 3个测度变量
                  ┌─ 文化资源竞争力 ─┼─ 城市非物质文化遗产 ── 2个测度变量
                  │                  └─ 城市历史知名人物 ──── 2个测度变量
                  │
                  ├─ 城市旅游资源 ──── 4个测度变量
                  │
 城                │                  ┌─ 公共文化基础设施 ──── 8个测度变量
 市                ├─ 公共文化服务力 ─┼─ 社区文化服务建设 ──── 3个测度变量
 文                │                  └─ 文化行政效率和政府文化投入 ── 6个测度变量
 化                │
 竞  ─────────────┼─ 文化价值转化力 ── 6个测度变量
 争                │
 力                │                  ┌─ 产业的文化化 ──────── 4个测度变量
 指                ├─ 城市文化辐射力 ─┼─ 文化传播媒介 ──────── 4个测度变量
 标                │                  ├─ 文化活动 ──────────── 4个测度变量
 体                │                  └─ 文化对外贸易与交流 ── 4个测度变量
 系                │
                  │                  ┌─ 文化多元性和开放性 ── 4个测度变量
                  └─ 文化创新力 ─────┼─ 人才与研究实力 ────── 10个测度变量
                                     └─ 文化的号召力 ──────── 6个测度变量
```

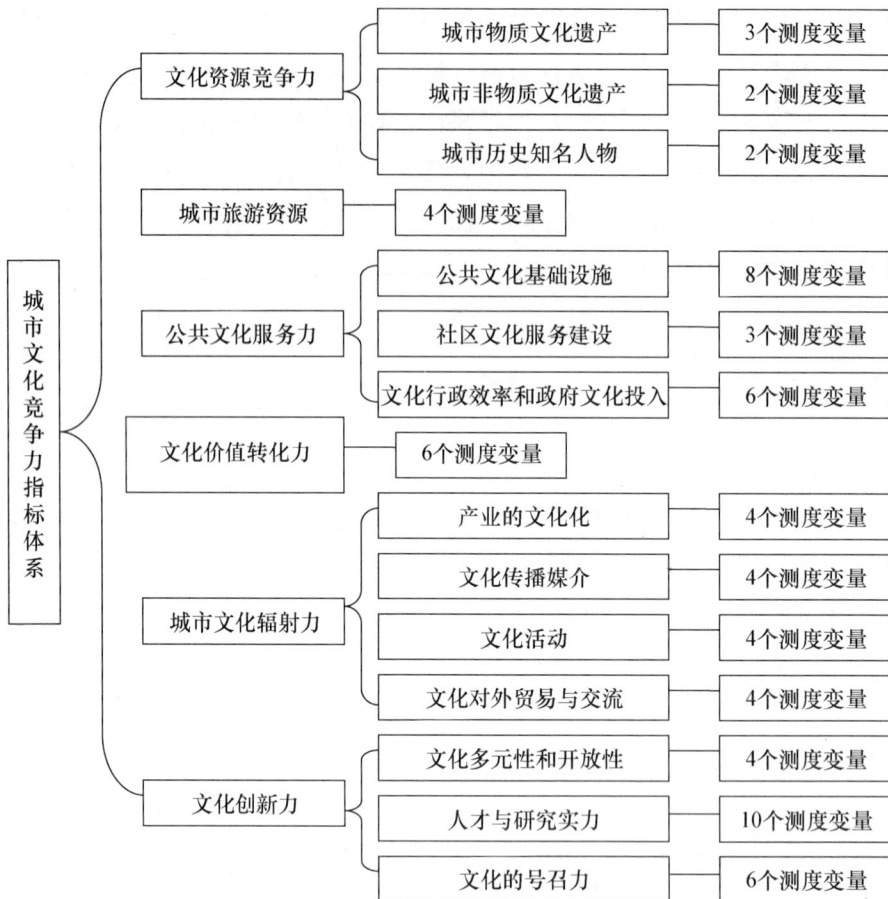

图 2—2　城市文化竞争力指标体系

2）城市旅游资源。

- 世界自然遗产数量
- 国家森林公园数量
- 省级以上自然保护区数量
- 3A 级以上风景名胜区数量

3）公共文化服务力。

a. 公共文化基础设施

- 馆藏国家三级以上文物数量
- 图书馆藏书量
- 文化馆数量
- 体育场馆座位席数
- 展览馆的规模（占地面积）

- 公共文化艺术馆固定资产数量
- 当地电视频道、电台频道自办节目总时长
- 平均入户带宽

b. 社区文化服务建设

- 社区文化服务人员数
- 社区文化站固定资产规模
- 群众性的文化社团和文艺演出团体数量

c. 文化行政效率和政府文化投入

- 政府文化事业财政补助占全部财政支出的比重
- 政府行政成本
- 文化行政审批平均周转部门数量
- 文化事业单位经费自给率
- 政府文化事业年度总投入绝对量
- 文化管理机构的行政人员本科以上比例

4）文化价值转化力。

- 文化产业增加值占 GDP 比重
- 产业集中度
- 报纸发行数量
- 音像图书发行数量
- 文化专项基金的数额
- 文化产业从业人员

5）城市文化辐射力。

a. 产业的文化化

- 零售业奢侈品（高档名牌服装、首饰、手表、汽车等）销售收入增加值占 GDP 比例
- 中国名牌产品、中国驰名商标的数量
- 省级名牌的数量
- 专利和版权交易收入的总额

b. 文化传播媒介

- 企业年均广告投入
- 中央电视台新闻联播报道次数
- 当地全国发行刊物数量

- 网络用户数

c. 文化活动

- 省级以上的展览数量

- 承办、主办各类省级以上体育赛事活动

- 拍卖规模在百万元以上的艺术品拍卖会的次数

- 大型节庆活动数量

d. 文化对外贸易与交流

- 文化产品对外贸易总额

- 文艺团体对外演出数量

- 境外文艺团体演出场次

- 电影院票房收入

6）文化创新力。

a. 文化多元性和开放性

- 国际学术会议的数量

- 国际知名企业和机构的分支数量

- 外来移民人口比例

- 非本地电台、电视台和期刊的数量

b. 人才与研究实力

- 新增专利数量

- 文化与科研单位拥有高级职称人数

- 科研单位获国家、省部级奖项的科研项目

- 每年新出版图书、新拍戏曲、拍摄影视剧的数量

- 高等教育机构在校生的数量

- 国家 985 高校的数量

- 211 高校的数量

- 其他普通本科、专科高校的数量

- 国家级示范高中的数量

- 人均受教育年限

c. 文化的号召力

- 学术期刊的权威性（被一流研究型大学列为核心刊物和重要核心刊物的数量）

- 名人：当地全国文化名人数量（体育、文艺、文学、影视、艺术等）

- 一线流行歌手和外地知名艺术团体演出数量
- 获国际、国内重大的文艺、文学奖项数量
- 驰名商标和品牌产品的销售总额在同行业中排名综合值
- 每年旅客到访人数

4. 研究结论

通过国内外的文化产业发展相关评价体系比较研究可以看出，指标体系有一定的借鉴意义，但也存在以下的问题：

首先，弗罗里达提出的创意指数虽然比较具体，也有较强操作性，但是不能完全适应中国的现实国情。比如，它以同性恋指数来衡量地区的多元化、开放性和包容程度，认为同性恋作为社会多元化的最后界限，如果能接受同性恋，则表明社会多元化程度比较高，这样的指数难以在中国得到确切统计结果。再比如，它的态度指数、价值指数等主观性都比较强，难以在大范围的地区进行数据搜集，也不能保证其结果的准确性。

其次，兰德瑞的创意指数相对更具体，也更值得借鉴，但是它注重的是一个城市发展创意产业的潜力，而没有对现有的规模、优劣势等做出评价。

总的来说，国外对文化创意产业的评估指标体系主要侧重于创意，在指标的选取上也有一定的同质性，包括产业资本、人才资本、科技资本、文化资本、文化基础设施、信息通信基础设施等评价指标。这些共同要素指标主要是评估产业发展的硬性指标，值得我们借鉴。

从研究方法上来看，国外的研究仍然流于抽象和一般性，这是目前有关研究的一个缺陷。需要说明的是，国内也曾经有学者引用过上述的几个指标体系，但是存在以下问题：没有根据中国的实际情况来做适当的修改，即使有变化，也缺乏理由；评价体系中权重的设计，普遍采用平均分配的方法，缺乏数理依据和经济依据。

国内外的指标体系，都是根据各自研究对象的具体情况和研究目的来构建各自的指标与测度变量。由于当今的文化产业概念已经远远超越了传统意义上的产业范畴，合并和综合了诸多行业的特征，这使得构建文化产业发展水平的评价指标框架、分析各国之间文化产业的差距与异同显得十分繁杂。但由于我国文化产业发展尚处于初级阶段，在构建我国城市文化产业发展水平评价指标的过程中，国内外现有的指标体系仍具有重要的参考价值。

理查德·弗罗里达开创的"3T"理论，以及基于该理论发展建立的美国创意指数和后来极具影响力的欧洲创意指数，对研究创意生产力、经济增长和国家竞争力

的动态关系具有重大意义，对研究世界文化创意产业的比较标准也具有深远的指导意义和重要的参考价值。但欧美文化创意产业的内涵与我国现行的文化创意产业的内涵有明显差异，且欧美的衡量指标中部分变量基于当地的传统价值观，与我国的实际情况不相符合。

香港创造性地构建了"5C"模型，并提出了顺应香港经济发展趋势的香港创意指数。该指标框架对研究亚洲地区的创意发展状况具有指导意义和相对较强的适用性，但部分指标量化后的准确性曾遭到质疑。上海创意指数体系借鉴了欧美、香港等国家和地区的经验，结合了中国国情和上海特点而建立，具有一定的地域倾向性和偏重。重要的是，香港和上海创意指数的研究出发点是用于衡量城市创意发展的程度，除研究对象内涵上的差异外，前者侧重于影响"创意"的诸多因素的研究，并未从产业学的角度提出对文化产业发展水平的综合衡量标准。

国内城市文化产业竞争力评价指标体系的构建基于"城市文化竞争力"这一概念，即以城市为竞争的行为主体，与其他处于相同层次上的行为主体竞争获取资源，并推动该地区可持续发展，提升城市形象和知名度的独特能力，这种能力同时体现在它对经济、政治和社会生活等各方面产生的影响力与辐射力上。此类指标体系中虽然有学者运用了与产业学相关的"钻石模型"作为理论基础，但仅仅反映了文化产业的某个方面，不能作为全面衡量城市文化产业发展水平的指标体系。

(三) 中国省市文化产业发展评价体系的理论基础

一个科学的评价体系，必须有坚强的理论基础作为支撑。所谓理论基础，是指对构建评价体系的理论与方法起支撑或指导作用的理论。对于文化产业发展状况的评价，我们从指标框架、测度变量、产业链结构三方面考虑，选取 UNESCO Jodhpur 论坛所提出的亚太区域国家文化产业评价框架、波特的钻石评价体系和芮佳莉娜·罗玛 (Rajia-Leena Luoma) 的文化产业的金字塔模型作为理论依据。

1. 指标框架理论基础

目前，国内外并未对文化产业进行明确界定，对文化产业发展的评价指标也缺乏全面、权威的研究。我国省市文化产业发展评价体系的构建，既要立足于文化产业的整体发展状况，又要符合产业目前的现实情况，同时还要立足于市场经济。在构建评价体系的过程中，我们考虑权威性、科学性、持续性等多方面要求，选取 UNESCO Jodhpur 论坛所提出的亚太区域国家文化产业评价框架作为指标构建的理论基础。

2005 年 2 月，联合国教科文组织与联合国工业发展组织、世界知识产权组织、世界银行和亚洲开发银行在印度的焦特布尔（Jodhpur）召开了一次高级专家研讨会（UNESCO Jodhpur 论坛），目的是为促进亚太地区各国家的文化产业发展制定一项长期的发展战略。UNESCO Jodhpur 论坛提出，评价文化产业的发展应该从文化资产（资本）、基础设施及政策环境、文化产出（产品及服务）三个方面来考虑。可以概括为是从投入、产出两个角度来考虑。其中，投入表现为文化资产、基础设施建设及政策环境，产出表现为文化产品及服务。

论坛提出主要用产业影响力来衡量文化产业的产出状况。文化产业的影响力主要通过其在三个方面的影响力来体现：经济方面的影响，主要是指其产值、对国民经济的贡献以及产出效率等；社会影响，主要体现在文化产品与服务的消费、文化产品与服务的多样性、文化活动的参与及艺术创造这三方面；介于社会与经济之间的影响，主要是从就业以及从业人员的收入方面来衡量。

文化产业的投入状况用文化产业发展的五大驱动力来衡量：社会组织与价值，人力资源的开发，文化资产管理，技术发展，政策环境与基础设施（法律框架、机构组织框架、融资框架、物理基础设施）。对于目前国际上没有确定和统一政策指导的文化产业，论坛文件中强调的政府在文化产业发展中所扮演的角色非常重要。

2. 测度变量理论基础

测度指标的选用标准为科学性、可操作性、可比性。文化产业的测度指标需要具备测量方便，易于量化，能够对各种规模、类型的区域（包括省、自治区和直辖市）进行比较等特点。本书研究的中国省市文化产业发展评价体系所产生的指数（UCII）测度变量的选取主要依据波特钻石理论模型（见图 2—3）。

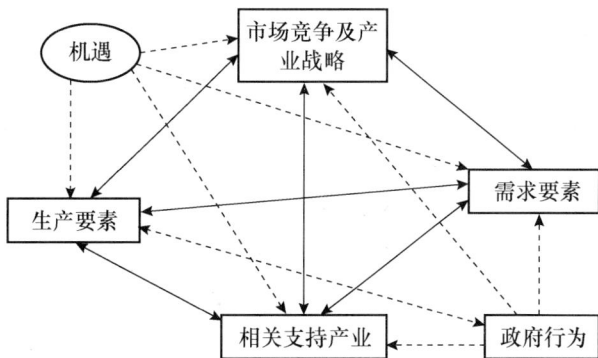

图 2—3　波特钻石理论模型

钻石评价体系由美国哈佛商学院著名的战略管理学家迈克尔·波特提出，用于分析一个国家某种产业为什么会在国际上有较强的竞争力。波特对多个国家、多个产业的竞争力进行深入研究后认为，产业竞争力是由生产要素、需求要素、相关支持产业、市场竞争及产业战略以及政府行为这五要素，另外加上机遇等辅助因素共同作用而形成的。其中，前四个因素是产业竞争力的主要影响因素，构成"钻石模型"的主体框架。五个因素之间彼此相互影响，形成一个整体，共同决定产业竞争力水平的高低。钻石评价体系构筑了全新的竞争力研究体系，提出的竞争优势理论包含了比较优势原理，并大大超出了后者的解释范围。

文化产业具有产业属性，具有产业发展的一般规律，因此在评价文化产业的发展时，可以参考"钻石模型"的构成要素。

3. 产业链结构理论基础

产业链的结构特征是衡量省市文化产业发展状况必不可少的部分。在技术经济不断更新的条件下，产业链始终处于不断变化的过程中。产业链的变化实质上是产业分工的变化，是以知识分工协作为基础，通过知识的分工和知识共享创造递增报酬，从而使得产业不断发展演化的价值链和知识链结合。关于文化产业产业链结构的确定，主要依据芬兰学者芮佳莉娜·罗玛的金字塔模型（见图2—4）。

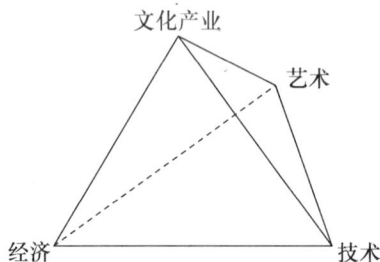

图2—4 文化产业的金字塔模型

罗玛认为，文化产业有双重含义，包括文化的产业化和产业的文化化。文化产业形成于不同势力组成的一种环境中，哪一种势力会成为主导力量并不具有预先的确定性。在金字塔模型中，文化产业处于金字塔的顶端，由处于塔底的经济、技术和艺术组成的三角支撑了文化产业。当一件产品通过技术被生产出来并且在商业上有利可图时，它可能就具有文化产业的性质（文化产业、经济和技术三角）。当一种产品通过技术生产出来却在商业上无利可图，但有艺术上的创新时，它也可能具有文化产业的性质（文化产业、艺术和技术三角）。即使一件产品不存在技术方面（不能再生产），却能够在市场上成功销售，比如一种流行的现场表演，那么它也可能具有文化产业的特性（文化产业、艺术和经济三角）。艺术、经济和技术都在文化产业中发挥着不同的作用，成功的偶然性也正在于此。罗玛以一种"螺母外壳"的方式展现了文化产业概念的历史，同时站在整个社会系统角度考察文化产业及其支撑要素，揭示了文化产业的内部复杂性，克服了单纯从产业化要求角度划分文化产业范围带来的文化产业范围过窄的不足，从而较好地阐释了文化产业的复数形式。

芮佳莉娜·罗玛的金字塔模型很好地展现了构成文化产业产业链各个组成部分的循环作用机制，但该模型不足之处在于，它只揭示了文化产业的概念来源，并未进一步揭示文化产业作为一个产业集合的动力机制，特别是模型中缺少了"人"这一重要因素。

4．中国省市文化产业发展评价体系

集百家之长，方可创自家之新。目前，国际国内或将文化产业作为产业门类来计算，或将其分解为若干个领域，分别并入其他产业，缺乏科学、系统的统计依据和评价体系。根据上述理论基础，以联合国教科文组织提出的评价框架为基础，根据文化产业金字塔模型确定文化产业的产业链结构，再综合钻石评价体系及中国的实际国情进行测度变量的选取，我们构建出中国省市文化产业发展评价体系（见图2—5），以科学的量化标准，全面衡量各省市文化产业发展水平。

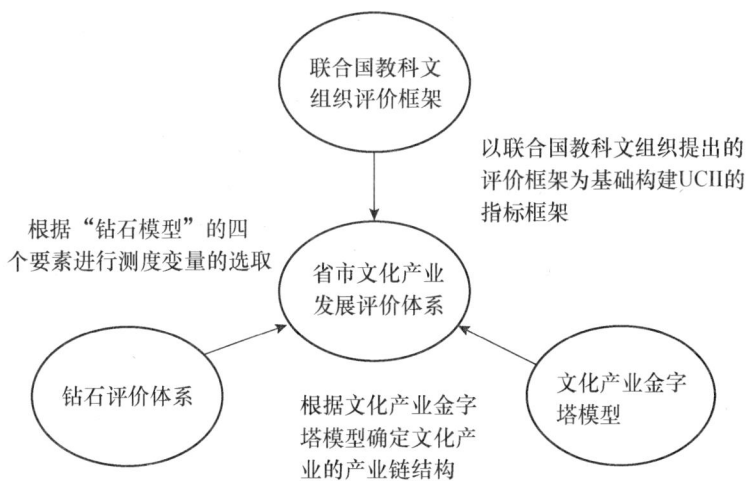

图2—5　体系构成示意图

(四) 中国省市文化产业发展评价体系的设计原则

对省市文化产业发展状况进行综合评价的关键，是确定其现实竞争力、发展潜力、产业支撑力、产业影响力和贡献力评价的指标体系。指标体系设计是否科学、恰当，直接关系到评价的质量。这就要求指标体系不仅要客观、合理，而且要尽可能全面反映影响文化产业可持续发展的主要因素。文化产业可持续发展指标体系不是一系列指标的简单堆积和随意组合，设计该指标体系应遵循以下基本原则：

第一，客观性原则。客观性是构建文化产业发展指数指标体系的首要要求。指标体系作为一个整体，应当能够真实准确地反映文化产业发展的主要方面和基本特征，从而为决策和实际运作提供依据。然而，作为文化产业评估主体的人，受其价值观、思维定式和所生活的社会环境的影响，必然会影响文化产业评价的客观性。这就要求我们不仅选取指标要较少受人为因素的干扰，而且要利用客观化评价方法来降低个人对文化产业评价的影响力，既不能依靠单个样本来评价整体，也不要过分依赖某权威的意见。

第二，科学性原则。这就是说，指标的设计和取舍、指标体系结构的构建、各指标权重的设计等都要有科学的依据。对于指标的设计，一方面，选取的指标必须科学地反映文化产业的发展水平，并尽可能地保持指标间的独立性；另一方面，指标设计在名称、含义、内容、时空以及计算的范围、单位和方法等方面必须科学明确，没有歧义，以减少统计数据收集和计算工作中的误差。只有坚持科学性的原则，获取的信息才具有可靠性和客观性，评价的结果才具有可信度。

第三，系统性原则。这是要求指标体系的设计能综合反映文化产业的总体状况，文化产业的各个层次和基本方面都应该得到体现，而且得到应有的重视。指标的设计采取绝对量和相对量相结合，尽可能全方位地反映文化产业发展的总体态势。

第四，可比性原则。这要求设计指标体系时，同一层次的指标应该满足可比性的要求，能够进行纵向或横向对比，指标体系中的各项指标应当尽可能地保持相互独立。同时，指标内容在一定的时期内应保持相对稳定，这样才能比较和分析文化产业的发展过程并预测其发展趋势。

第五，可操作性原则。指标体系在相对比较完备的情况下，指标的数目应尽可能压缩，以易于操作。要尽可能利用量化的指标和现有统计系统公开的统计数据，以保证评价的可操作性和公开性。要考虑文化产业的发展现状，所选取的指标应尽量与表现文化产业发展的现有数据相衔接，必要的新指标应及时增加、客观采集。而且，指标的内容不应太繁太细，否则会给评价工作带来很大的麻烦。

第六，规范性与特殊性相结合原则。文化产业发展具有产业发展的一般规律，数据统计具有通行的规范，但为了日后此文化产业发展指数指标体系能够在全国范围内进行推广，具体到不同城市时，应考虑该省市文化产业发展的实际状况及差异性，选择对于当地文化和经济发展具有明显影响力的因子。同时，注意设法降低个人和单个样本对文化产业评估的影响力，尽量取得统计学概念上的评价结论，以增强最终评价结论的客观性。

第七，现实性与前瞻性相结合原则。文化产业的发展评价指标既包括历史积淀、现实功能，也包括未来的发展走向。文化产业的各种资源进入市场是多种环境因子构成的动态综合体，各项要素随时间而变化。在选取评价指标时，既要注重现实，又要兼顾动态的变化趋势。

第八，定量分析与定性分析相结合，以定量分析为主的原则。应尽可能地减少评价中的主观因素，使评价结果尽可能的客观、真实。根据指标内涵的不同，对于可度量的指标应尽可能地给出定量标准；对于定性的指标，应制定适当的评价标准，并借助调查问卷和相关的评价方法取得可以衡量的分值。

二、中国省市文化产业发展指数及其结构分析

(一) 中国省市文化产业发展指数的理论模型

要发展文化产业，需要有投入和外界驱动力。发展文化产业是欲求其对国家做出贡献，对社会、经济产生积极影响，同时要体现效率。图 2—6 为中国省市文化产业发展指数的理论模型图。

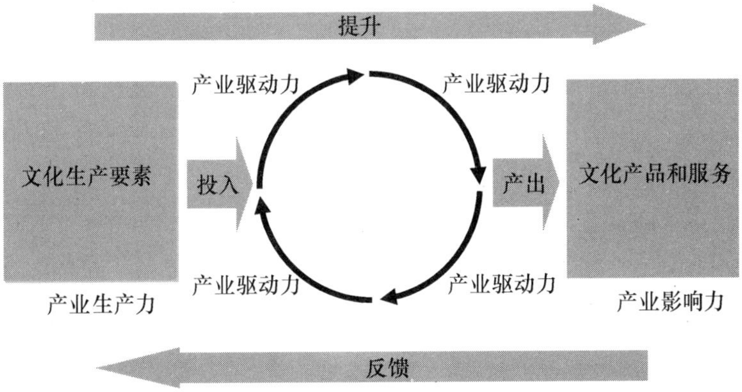

图 2—6 理论模型图

从图 2—6 可看出，本框架主要是从投入、驱动、产出这三个角度来构造的。投入是指生产要素的投入，主要包括文化产业的自身资源（文化资源、文化资本、人力资源）。驱动主要是指文化产业的外部环境，包括基础资源、社会价值观和行业组织、政策环境、产业公共管理和产业技术与创意。产出是指文化产业产出的产

品和服务，主要体现了文化产业的影响力，包括在经济上的影响和在社会上的影响。投入、驱动、产出三者之间还存在着循环推动的关系：产出的产品和服务中的一部分通过文化产业的产业链作用可以反馈为文化产业的投入，形成新的文化生产要素，并能够增强文化产业的驱动力，影响下一阶段的投入和产出。这种循环推动使得产业规模扩大、产业效率提高，整个产业在不断提升的状态中发展。

(二) 中国省市文化产业发展指数的结构框架

1. 总框架

本评价体系以 2005 年 UNESCO Jodhpur 论坛所提出的亚太区域国家文化产业评价框架为基础，综合波特"钻石模型"的要素和文化产业金字塔模型，并结合中国实际国情，遵循前述原则，提出了指标总框架，如图 2—7 所示。

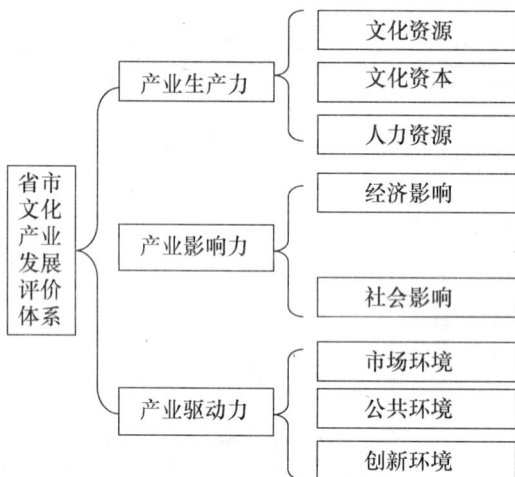

图 2—7　指标总框架图

2. 各子框架细述

(1) 产业生产力框架。

产业生产力框架主要衡量文化产业内部生产要素的投入情况，主要包括三个方面：文化资源、文化资本和人力资源（见图 2—7）。

第一，文化资源。

文化资源主要是指狭义上的文化资源，包括有形的物质资源（物质文化遗产、图书馆、博物馆、电影院与档案馆等）和无形的精神资源（人类口头和非物质遗产等），可分为场馆类资源（文化娱乐场所、艺术表演场馆、艺术馆、图书馆、博物馆等）、人文类资源（非物质文化遗产等）和文化产业基地/园区三类。

第二，文化资本。

文化资本是能为人们带来持续收益的特定价值观体系，它是决定经济增长的一种关键性生产要素和最终解释变量。[1]

第三，人力资源。

人力资源（智力资源）是发展文化产业的核心要素，因为文化产业属于智力密集型产业，文化产业的竞争常常表现为优秀人才资源的竞争。

（2）产业影响力框架。

产业影响力框架主要衡量文化产业的产出状况，通过经济、社会两方面的影响来体现（见图 2—7）。

第一，经济影响。

经济方面的影响，主要从文化产业的经济规模、收入水平和集聚效应三个角度来考虑。经济规模主要是指总产出，主要表现形式为总量指标；收入水平主要是指文化产业人均收入；集聚效应用于考察区域文化产业集群产生的效应。

第二，社会影响。

社会影响，这主要是指文化产品和服务对市民或消费者的影响，体现在文化参与、文化形象等方面。

（3）产业驱动力框架。

外部发展环境对于文化产业发展与持续发展起到至关重要的作用，因而我们提出文化产业发展驱动力模型，用其来评价政府在市场体系、公共服务、创新机制几个方面所作的努力，进而为政府后续政策制定提供借鉴作用与数据支持。考虑到我国实际国情以及收集数据的难易程度，本模型拟从市场环境、公共环境和创新环境三个方面来构造产业的驱动力（见图 2—7）。

第一，市场环境。

市场环境是指企业生产经营活动所处的社会经济环境中不可控制的因素。主要有法律、市场需求、市场供给、产品流通等方面的因素。

第二，公共环境。

公共环境主要指公共管理部门和公共服务部门为整个产业提供的发展环境。

第三，创新环境。

文化产业要快速发展与传播，高度依赖于相关技术的发展。创新环境主要考虑

---

[1]　参见高波、张志鹏：《文化资本：经济增长源泉的一种解释》，载《南京大学学报》（哲学·人文科学·社会科学版），2004（5）。

区域文化产业的技术投入水平和创新能力。

（4）小结。

综上所述，中国省市文化产业发展评价指标体系从涉及文化产业的投入、驱动、产出三个环节出发，在揭示了文化产业发展的内在因素与动力的基础上，综合考虑了经济、社会、政治等影响，结合三大理论基础，构建了产业生产力、产业影响力、产业驱动力三大一级评价指标，文化资源、文化资本、人力资源、经济影响、社会影响、市场环境、公共环境、创新环境等8个二级评价指标，并具体选取46个测度变量进行实证研究，对指标进行了具体解释。数据主要来源于主管单位、文化局、统计局相关资料，以及经济普查数据、统计年鉴、调研数据等，根据本指标框架所收集的数据可以较好地为决策提供依据。

本评价指标体系中的三个一级指标既相互关联、综合反映省市文化产业的发展状况，又各自侧重于文化产业的投入、驱动和产出，可分别独立成一个体系的指标，各城市可根据自身情况有侧重地选取三大单项指标体系中的任意组合进行重点研究和分析。如对照前述省市文化产业发展模式，对于文化资源型城市，产业生产力指标框架是研究重点；对于开放交流型城市，产业影响力指标框架有较好的研究意义；而对于政府主导型城市，产业驱动力则更有研究价值。但为综合衡量一个省市文化产业的发展状况，并进行城市间的比较与借鉴，完整的指标框架仍然至关重要。

(三) 中国省市文化产业发展指数的计算方法

1. 指标类型及数据来源

（1）总量指标和相对指标。

总量指标是反映某种社会经济现象在一定时间、空间和条件下的总规模、总水平或工作总量的综合指标，如全社会固定资产投资、国内生产总值、工业增加值、年末人口数等，这些都是说明全国每年在生产建设和人口方面的总规模或总水平的总量指标。由于总量指标的表现形式为绝对数，因此，总量指标又叫统计绝对数。

相对指标是说明现象之间数量对比关系的指标，用两个或两个以上有联系的指标数值对比来求得，其结果表现为相对数，故也将相对指标称为相对数。

（2）指标数据的来源。

中国省市文化产业发展指数指标的构成分为两大类：定量指标与定性指标。

定量指标指来源于《中国文化文物统计年鉴》，《中国统计年鉴》，《中国旅游年鉴》，《中国广播电视年鉴》，《中国出版年鉴》，《中国版权年鉴》，《中国广告年鉴》，以及文化部、国家统计局发布的定期报告等的客观统计数据，通过直接计算法（对研究对象用直接的计数、点数和测量等方法，登记各单位的具体数值，加以汇总）或间接推算法（采用社会经济现象之间的平衡关系、因果关系、比例关系或利用非全面调查资料进行推算的方法）获得。

定性指标则通过调研获得，整个调研方案的设计原则如下：

1）科学性：符合科学的抽样原则。采用与规模成比例的多阶段抽样方法（PPS），样本有可测量性。

2）高效率：在一定经费条件下取得较高的精确度。确定合理的样本量以及样本在各级的分配，采用多层次、多变量深度的分层。

3）可行性：考虑经费利用效率和易于操作性。综合考虑经费、人员和控制非抽样误差等因素，确定样本点的数量和分布。

抽样原则具体如下：

1）采用多阶段随机的抽样方法与访谈法相结合的调查方法。

2）各省（自治区）的样本具有代表性。

3）科学化原则，严格遵循抽样的原则和方法，保证科学性。

4）节约化原则，在保证科学性的基础上，抽取最少的样本，以节约成本。

5）可操作性原则，在保证科学性的基础上，充分考虑实际情况，以保证抽样实施的可操作性。

整个调研的方案由两个主要部分构成：问卷调查部分和访谈部分。问卷设计主要包括两个部分，一个是对市民（文化产品消费者）的抽样，一个是对当地文化企业（文化产品生产者）的抽样，市民和文化企业是文化市场供需的主体。

1）对市民的抽样设计如下：

先抽出各省（自治区）的地级市，再抽取区（县）、街道、居民户。

首先抽取城市。针对各省（自治区）的城市所采取的抽样方法是：第一阶段在该省（自治区）所有地级市中，抽出省会城市和非省会城市，考虑到省会城市在各省（自治区）经济、政治、文化方面的重要性和代表性，必须调研；非省会城市按人口规模进行PPS抽样，考虑到各省（自治区）的地级市数量不一样，含20个地级市以上（包括20个）的省（自治区）再抽三个地级市，含10～19个地级市的省（自治区）再抽两个地级市，含10个以下地级市的省（自治区）再抽一个地级市。

经过上述步骤抽出调研城市后，每个城市的市民所采取的抽样方法是：首先，确定每个城市行政划分的区（县），采用简单随机抽样的方法抽取几个区（县），每个城市抽取的区（县）数目根据该市所辖区（县）数目而定，按1/2的比例抽取，根据PPS抽样原则，实行不等概率抽样，即区（县）的人口规模越大，被抽中的可能性就越大；其次，从所抽区（县）中随机抽出街道，同样进行不等概率抽样，考虑到调研的可操作性和样本量以及专家的建议，项目组规定了每个区（县）所抽街道的数目；最后在抽取出的街道中对居民户进行简单随机抽样。

其具体抽样流程图如图2—8所示。

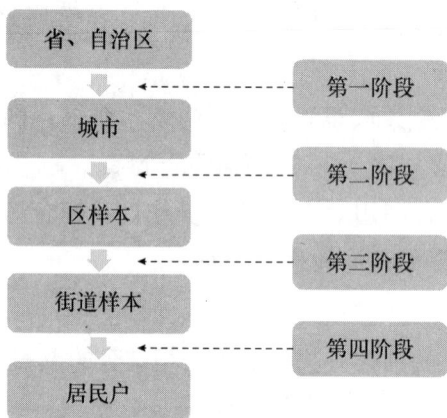

图2—8　市民抽样流程图

对抽取到的市民，采用目前国际上先进的计算机辅助电话调查（CATI）系统，以电信局号码作为抽样框，随机生成电话号码的后四位，由访问员进行访问，并利用CATI系统的配额控制模块，控制样本的性别年龄配额，以保证最终的样本构成特征接近于总体人口的构成特征。

2）对文化企业的抽样设计如下：

文化企业是指按照工业标准从事生产、再生产、储存以及分配文化产品和服务等一系列活动的企业或公司。项目组原计划对企业和市民采用同样的抽样方法，但由于并不是一个省（自治区）人口多，文化产业就发达，综合考虑统计数据的获取途径和调研成本，项目组决定按人均GDP进行各省（自治区）的企业抽样。

当前初步确定的具体抽样方法如下：考虑到省会城市在各省（自治区）经济、政治、文化方面的重要性和代表性，必须调研；非省会地级城市按人均GDP进行PPS抽样，考虑到各省（自治区）的地级市数量不一样，含20个地级市以上（包括20个）的省（自治区）按分层抽样方式，把各省的地级市按人均GDP从高到低排列，平均分为三层，每层内通过随机抽样抽一个地级市，共抽三个地级市，再在每个城市的文化园区和文化企业随机抽取33个样本；以同样方法，含10～19个地级市的省（自治区）抽两个，含10个以下地级市的省（自治区）抽一个。以广东为例，其具体流程图如图2—9所示。

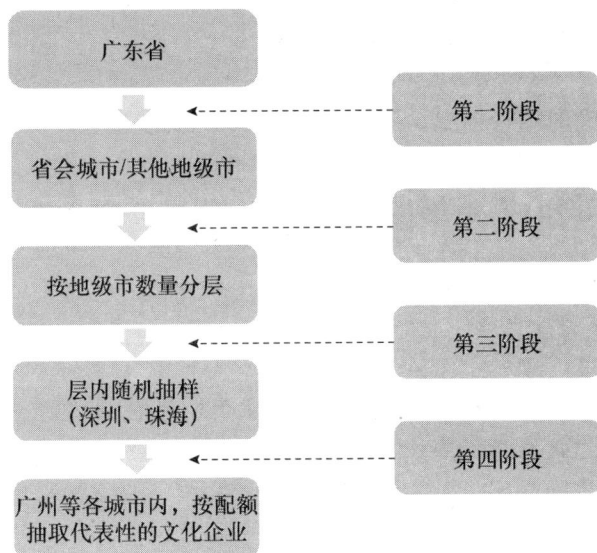

图 2—9　企业抽样流程图

对企业的访问也采用电话调查的形式，由访问员对企业经理级别以上的高层管理人员进行访问。督导在现场全程监督和指导访问员，并借助系统严格控制问卷质量和数据的真实性。

访谈部分主要是通过专家法来确定访谈对象，对该年度全国文化产业发展影响力较大的地区和企业进行访谈调研，对地区政府领导和企业管理人员访谈，了解其发展思路、成效、困难等相关信息，与数据调查部分的信息相互补充，这能够帮我们更好地了解地区文化产业发展情况。

数据的录入规范就是根据实际调查结果，按照对应指标，如实录入。

2．指标的无量纲化方法

中国省市文化产业发展指数的计算方法是定权累加法，权重的确定是通过指数自身的设计框架和专家的意见相结合确定的，目前国际主流评价体系如"联合国电子政府的评价"等都是采取定权累加。我们通过不同计算方法测算，结合专家意见，最终确立定权累加这一方法。中国省市文化产业发展指数指标无量纲化数学模型为：

$$X_i' = [X_i - \mathrm{Min}(X_i)]/[\mathrm{Max}(X_i) - \mathrm{Min}(X_i)] \times 40 + 60$$

式中，X_i' 是单项指标标准值；X_i 是单项指标实际值；$\mathrm{Max}(X_i)$ 是单项指标各城市最大值；$\mathrm{Min}(X_i)$ 是单项指标各城市最小值。

指数合成模型为：

$$Y = \sum_{j=0}^{m} X_j / m$$

式中，Y 是评价对象的综合指数；X_j 是评价指标；权重为等权。

三、2010—2011 年中国省市文化产业发展指数结果分析

（一）2010 年指数结果分析

将 2010 年统计数据及调研数据代入指标体系，并通过定权累加的方法，得到各省市综合指数、产业生产力指数、产业影响力指数、产业驱动力指数，结果如表 2—9 所示。

表 2—9 　　　　　　　　　2010 年部分省市文化产业指数结果表

综合指数排名	综合指数	省市	生产力	影响力	驱动力	变异系数
1	78.6	北京	83.0	82.8	69.9	0.10
2	76.2	上海	78.6	82.0	67.9	0.10
3	75.1	广东	79.1	78.8	67.4	0.09
4	74.8	浙江	77.2	83.0	64.4	0.13
5	73.8	江苏	73.3	84.6	63.6	0.14
6	70.8	辽宁	74.2	78.0	60.4	0.13
7	70.5	福建	68.8	75.5	67.3	0.06
8	70.4	天津	69.7	76.0	65.6	0.07
9	70.3	山东	72.1	76.4	62.2	0.10
10	69.9	山西	75.3	68.3	66.0	0.07

说明：本表只显示 2010 年我国省市文化产业综合指数排名前 10 位的省市文化产业发展指数结果。

1. 总体分析

（1）北京和上海文化产业处于领先地位。

从文化产业发展综合指数情况来看：北京、上海同属第一梯队，综合指数得分大于 76，其中，北京市以 78.6 位列第一，上海市以 76.2 紧随其后；广东、浙江、江苏分列三到五位，相互差距不大，得分均大于 73；辽宁、山东两省则凭借产业生产力（文化资源、文化资本、人力资源等）、产业影响力（经济影响、社会影响）两大指标的出色表现跻身综合排名前十；山西省则在产业生产力、产业驱动力（市场环境、公共环境、创新环境）两大指标上优势明显；天津、福建两地则是依靠较高的产业驱动力带动综合排名进入前十。

（2）文化产业发展与经济发展同步。

从结果来看，经济较发达和人民生活水平较高的省市在文化产业的发展上同样也有一定的优势。北京、上海、广东等地经济相对最为发达，文化产业表现也最为突出。排名前十的省市除山西省外，其他全部为东部省市，经济相对欠发达的中西部地区指数排名都相对较低（见图2—10）。对于中西部地区来说，为文化产业发展创造更好的环境，推动文化产业的发展，是提升其经济实力的有效途径。

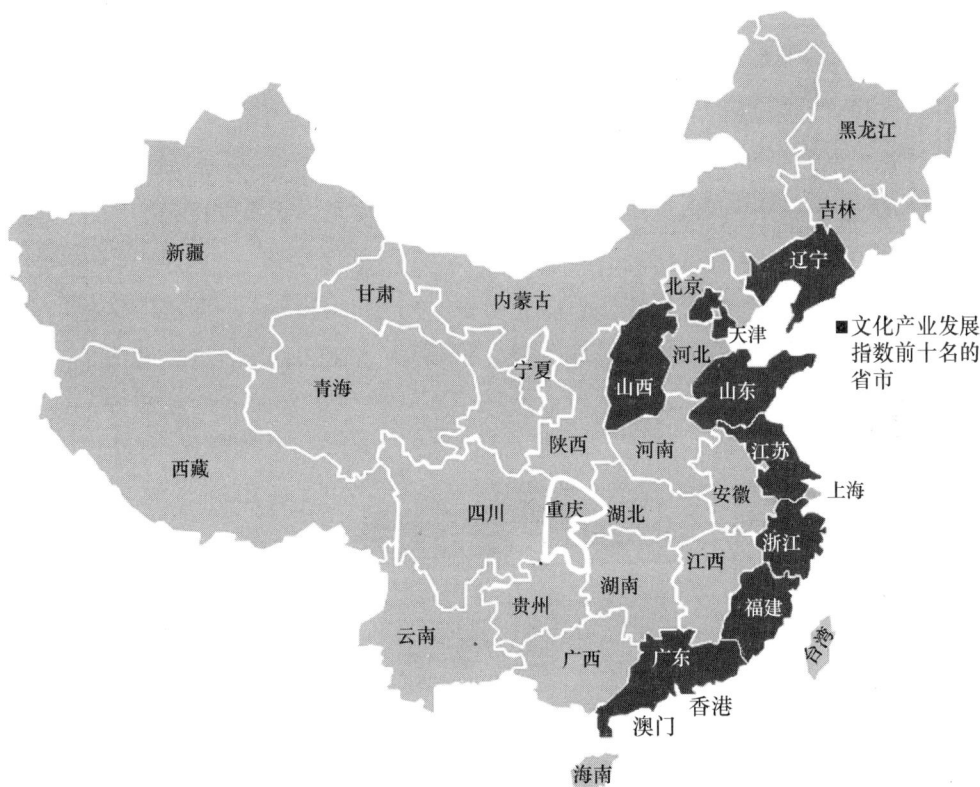

图2—10 2010年省市文化产业发展指数前十名

（3）区域结构特征——聚类分析的结果。

聚类分析以发展指数为基本信息，对生产力、影响力、驱动力三个要素指数进行聚类，聚合为三类时达到较好的组间区分。第一类包含北京、上海、广东、江苏、浙江，其总指数得分均值最高，除驱动力指数优势一般，生产力指数和影响力指数都有非常明显的优势，均衡度普遍较好，这里将其定义为强势地区。第二类包含安徽、福建等21个省市，均衡度较差，表明此类内部各省市仍处于快速变化中，此处将其定义为普通地区（见表2—10）。

表 2—10　　　　　　　　2010 年中国省市文化产业发展指数聚类特征表

类别	省市	特征值	生产力	影响力	驱动力	总分
强势	北京、广东、江苏、上海、浙江	均值	78.2	82.2	66.6	75.7
		均衡度	0.045	0.026	0.039	0.024
普通	安徽、福建、广西、贵州、海南、河北、河南、湖北、湖南、吉林、江西、辽宁、内蒙古、宁夏、山东、山西、陕西、四川、天津、云南、重庆	均值	69.4	72.8	62.5	68.2
		均衡度	0.039	0.040	0.047	0.024
劣势	其他省市	均值	67.9	66.1	59.1	64.4
		均衡度	0.036	0.022	0.029	0.015

说明：此表通过 SPSS 统计分析软件对文化产业发展指数进行聚类分析得到，后同。

（4）文化产业发展不均衡现象明显。

通过各地区指数的变异系数可以看出多数省市文化产业发展指数变异系数偏大，文化产业发展不均衡。下面以北京、上海、天津、重庆四直辖市为例具体分析。

图 2—11 是这四个城市一级指标分指数的地势图，是依据四直辖市文化产业评价体系一级指标计算得出的指数绘制而成。地势图的高低反映了对应城市某一指标指数的大小，地势图的坡度反映了对应城市三个一级指标发展的均衡程度，坡度越平缓，发展越均衡。

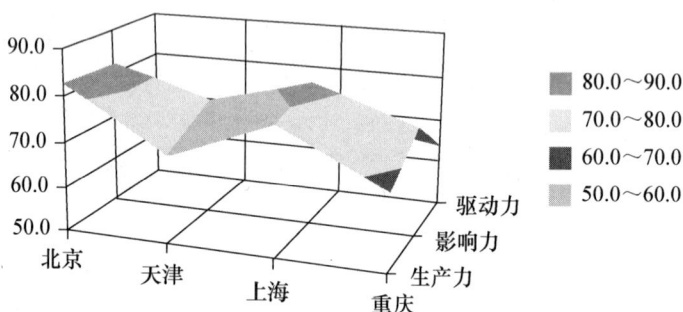

图 2—11　四直辖市一级指标指数地势图

北京市文化产业生产力指数为 83.0，在四所城市排名中位列第一；产业影响力指数为 82.8，横向比较排名亦为第一；产业驱动力指数为 69.9，居四所城市之首。北京市文化产业评价体系一级指标地势图坡度较大，海拔最高，反映了北京市文化产业发展总体水平较高，但三大要素比例相对较为不均衡，前两个指数均在 82～83 区间内波动，第三个指数还不到 70.0。其中，产业影响力得分最高，说明北京市文化产业的发展的产出效应较为明显，市场化程度比较高，对我国产业发展整体示范和带动能力较强。而产业驱动力指数为 69.9，相对另两个分指数来讲有些偏低，说明北京市文化产业发展政策支持力度还可以进一步提高。

上海市文化产业生产力指数为78.6，在四所城市排名中位列第二；产业影响力指数为82.0，在四所城市排名中位居第二；产业驱动力指数为67.9，排名第二。上海市文化产业评价体系一级指标地势图坡度较大，海拔较高。由此可以看出，上海市文化产业具有较高的产出效应，虽然其资源禀赋比较优势并不明显，产业生产力指数为78.6，但是产业影响力指数超过80.0，并且，上海市的政府支持力度也比较大，产业驱动力指数排在第二位。因此，上海市文化产业产出模式值得学习。但是，较大的坡度说明上海市文化产业评价体系各要素之间平衡度不够，会影响到未来文化产业的平稳发展。

天津市文化产业生产力指数为69.7，在四所城市排名中位居第三；产业影响力指数为76.0，排名第三；产业驱动力指数为65.6，也是排在第三位。天津市文化产业评价体系一级指标地势图坡度较大，总体海拔不算高。这三个指数结果表明：天津市具有较为良好的文化产业资源影响效应，其产业影响力指数达到76.0。但是，相对良好的文化产业资源影响力却并没有为天津市带来相应的产出效应，产业生产力指数为69.7，位居第三。同样，天津市的政府支持力度也有待进一步提高，产业驱动力指数为65.6，是四所城市当中得分偏低的。因此可以看出，鉴于天津市具有较为明显的资源比较优势，天津市文化产业发展的潜力巨大，但是政策支持力度以及市场化运作程度亟待加强，这样才能完全发挥其资源优势，实现文化产业总体发展程度质的飞跃。

重庆市文化产业生产力指数为67.4，排在四所城市最末位；产业影响力指数为74.6，排名第四；产业驱动力指数为64.3，排名亦为第四。重庆市文化产业评价体系一级指标地势图坡度较小，海拔亦很低。就分指数结果来看，目前重庆市文化产业发展总体水平不高，无论从投入、产出角度还是从政府支持力度角度看，重庆市的文化产业竞争力度都不够理想。因此，重庆市需要整合文化产业资源，加大文化产业市场化力度，同时政府要大力支持文化产业发展，从而全方位提升文化产业发展水平。

2. 文化产业生产力

文化产业生产力主要衡量文化产业内部生产要素的投入情况，主要包括三个方面：文化资源、文化资本和人力资源。结合表2—11，从文化产业生产力综合指数看：

（1）区域特征明显。

其中，北京市文化产业生产力排名第一，处于第一梯队，其他省市的数值与它具有较大差距。在文化产业生产力排名前十的省市中，除了四川、山西，其他均为东部地区省市，中西部地区文化产业生产力相对落后。而且各省市之间文化产业生产力指数差距明显，其中排名第一的北京市与排名末位的省份之间指数值差距将近20。

（2）多数省市文化产业生产力发展不均衡。

通过变异系数可以看出多数省市文化产业生产力指数变异系数偏大，文化产业生产力发展不均衡。

（3）区域结构特征——聚类分析的结果。

聚类分析以生产力指数为基本信息，对文化资源、文化资本、人力资源三个要素指数进行聚类，聚合为三类时达到较好的组间区分。第一类为广东省，其生产力指数最高，人力资源要素指数有非常明显的优势，均衡度较好，这里将其定义为强势地区。第二类包含北京、海南、辽宁、内蒙古、山东、天津6个省市，文化资本要素指数有非常明显的优势，均衡度较差，表明此类内部各省市仍处于快速变化中，此处将其定义为普通地区。第三类包含安徽、福建等22个省市，生产力指数和要素指数较低，指数均衡度较差，此类省市在整体上处于弱势，定义为劣势地区（见表2—12）。

表2—11　　　　　　　　　2010年部分省市文化产业生产力指数结果表

省市	文化产业生产力	文化产业生产力排名	文化资源	文化资源排名	文化资本	文化资本排名	人力资源	人力资源排名	变异系数
北京	83.0	1	86.1	1	81.9	2	75	6	0.07
广东	79.1	2	75.2	5	69.7	8	100.0	1	0.20
上海	78.6	3	82.4	2	75.5	5	70.4	8	0.08
浙江	77.2	4	77.8	3	66.6	15	86.0	3	0.13
山西	75.3	5	71.1	15	66.7	14	96.5	2	0.21
辽宁	74.2	6	75.9	4	74.5	6	68.6	15	0.05
江苏	73.3	7	73.7	8	67.8	10	77.2	5	0.06
海南	73.0	8	67.4	25	100.0	1	62.5	26	0.27
山东	72.1	9	67.4	26	81.0	3	77.5	4	0.09
四川	71.6	10	75.1	6	63.2	25	69.5	11	0.09

说明：（1）表中海南和山东对应的"文化资源"指数均为67.4，但由于这是四舍五入后的结果，也即小数点后面不止一位，所以二者"生产力排名"实际并不同。（2）本表只显示2010年我国文化产业生产力排名前10位的省市文化产业生产力指数结果。

表 2—12　　　　　　　　2010 年中国省市文化产业生产力指数聚类特征表

类别	省市	特征值	文化资源	文化资本	人力资源	生产力
强势	广东	均值	75.1	73.6	100.0	79.8
		均衡度	—	—	—	—
普通	北京、海南、辽宁、内蒙古、山东、天津	均值	73.2	93.7	67.2	76.1
		均衡度	0.095	0.051	0.106	0.052
劣势	其他省市	均值	71.0	69.2	66.8	69.8
		均衡度	0.058	0.064	0.081	0.049

3. 文化产业影响力

文化产业影响力框架主要衡量文化产业的产出状况，通过经济、社会两个方面的影响来体现。结合表 2—13，从文化产业影响力综合指数看：

（1）区域特征明显。

江苏、浙江、北京、上海处于第一梯队，四省市差距不大，文化产业影响力指数均超过 82，处于第一梯队，优势明显。说明其文化产业的发展的产出效应较为明显，市场化程度比较高，对我国产业发展整体示范和带动能力较强。在文化产业影响力排名前十的省市中，除了四川、河南，其他均为东部地区省市。中西部地区文化产业影响力相对落后，经济影响和社会影响都没能达到预期的指标，文化产业需要进一步发展。各省市之间文化产业影响力指数差距明显，其中排名第一的江苏省与排名末位的省份之间指数值差距将近 20。

（2）部分省市文化产业影响力发展不均衡。

通过变异系数可以看出部分省市文化产业影响力指数变异系数偏大，文化产业影响力发展不均衡。

以上海市为例，其变异系数高达 0.22。上海市经济影响力排名第一，但社会影响力较低，位列第 19，发展不太均衡，需要进一步提升文化产业社会影响力。

（3）区域结构特征——聚类分析的结果。

聚类分析以影响力指数为基本信息，对经济影响、社会影响两个要素指数进行聚类，聚合为三类时达到较好的组间区分。第一类为北京、上海、江苏、浙江，其影响力指数最高，经济影响要素指数有非常明显的优势，均衡度较好，这里将其定义为强势地区。第二类包含安徽、广东、福建、重庆等 14 个省市，影响力指数和经济影响、社会影响要素指数一般，均衡度较差，表明此类内部各省市仍处于快速变化中，此处将其定义为普通地区。第三类的省市，影响力指数和两个要素指数较低，指数均衡度较差，此类省市在整体上处于弱势，定义为劣势地区（见表 2—14）。

表 2—13　　　　　　　　　　2010 年部分省市文化产业影响力指数结果表

省市	文化产业影响力	文化产业影响力排名	经济影响	经济影响力排名	社会影响	社会影响力排名	变异系数
江苏	84.6	1	91.1	3	78.1	2	0.11
浙江	83.0	2	87.3	4	78.7	1	0.07
北京	82.8	3	92.0	2	73.5	5	0.16
上海	82.0	4	94.8	1	69.3	19	0.22
广东	78.8	5	81.1	8	76.5	3	0.04
辽宁	78.0	6	83.1	6	72.8	7	0.09
四川	76.7	7	82.9	7	70.5	12	0.11
山东	76.4	8	80.1	10	72.7	8	0.07
天津	76.0	9	86.1	5	65.8	26	0.19
河南	75.6	10	77.8	13	73.4	6	0.04

说明：本表只显示我国文化产业影响力排名前 10 位的省市文化产业影响力指数结果。

表 2—14　　　　　　　　　2010 年中国省市文化产业影响力指数聚类特征表

类别	省市	特征值	经济影响	社会影响	影响力
强势	北京、江苏、上海、浙江	均值	91.3	74.9	83.1
		均衡度	0.034	0.059	0.013
普通	安徽、福建、广东、广西、贵州、河南、湖南、辽宁、山东、陕西、四川、天津、云南、重庆	均值	79.2	70.7	75.0
		均衡度	0.042	0.048	0.029
劣势	其他省市	均值	69.5	68.0	68.8
		均衡度	0.032	0.032	0.029

4. 文化产业驱动力

文化产业驱动力主要反映文化产业发展环境（政府行为）。结合表 2—15，从文化产业驱动力综合指数看：

（1）区域特征。

在政府行为方面，各省市差距不大，第一名的北京和排名末位的省份之间指数值只相差 10 左右，各地政府在文化产业的专项资金支持和政策支持上相差不大。

（2）指数数据偏低。

与生产力和影响力指数相比，驱动力指数较低，这表明与文化产业发展相比，各省市对文化产业的支持力度还需要进一步加大。文化产业的发展仍需要中央及各地政府进行政策支持和合理规划，继续积极推动文化产业科学发展，使文化产业成为国民经济支柱产业。

（3）大部分省市文化产业驱动力发展均衡。

通过变异系数可以看出大部分省市文化产业驱动力指数变异系数正常，文化产业驱动力发展均衡。

（4）区域结构特征——聚类分析的结果。

聚类分析以驱动力指数为基本信息，对市场环境、公共环境、创新环境三个要素指数进行聚类，聚合为三类时达到较好的组间区分。第一类为北京、上海、广东、福建、宁夏、山西、陕西这7个省市，创新环境要素指数有非常明显的优势，均衡度较好，这里将其定义为强势地区。第二类为海南省和天津市，其市场环境、社会环境要素指数较高，均衡度一般，表明这两省市仍处于快速变化中，此处将其定义为普通地区。第三类为安徽、江苏、重庆等20个省市，各要素指数较低，尤其是公共环境要素指数偏低，指数均衡度较差，在整体上处于弱势，定义为劣势地区（见表2—16）。

表2—15　　　　　　　2010年部分省市文化产业驱动力指数结果表

省市	文化产业驱动力	文化产业驱动力排名	市场环境	市场环境排名	公共环境	公共环境排名	创新环境	创新环境排名	变异系数
北京	69.9	1	71.2	1	66.3	3	71.3	6	0.04
上海	67.9	2	70.5	2	63.0	11	71.6	5	0.07
广东	67.4	3	62.4	16	67.1	2	74.1	2	0.09
福建	67.3	4	65.3	7	63.5	9	75.1	1	0.09
宁夏	67.0	5	70.4	3	63.4	10	72.0	4	0.07
海南	66.3	6	69.3	4	68.1	1	63.1	23	0.05
山西	66.0	7	64.8	8	64.3	7	72.2	3	0.07
天津	65.6	8	68.7	5	64.3	6	64.5	18	0.04
陕西	65.5	9	61.9	20	64.9	5	71.1	7	0.07
浙江	64.4	10	62.0	19	61.9	14	70.1	8	0.07

说明：（1）表中山西和天津对应的"公共环境"指数均为64.3，但由于这是四舍五入后的结果，也即小数点后面不止一位，所以二者"公共环境排名"实际并不同。（2）本表只显示2010年我国文化产业驱动力排名前10位的省市文化产业驱动力指数结果。

表2—16　　　　　　　2010年中国省市文化产业驱动力指数聚类特征表

类别	省市	特征值	市场环境	公共环境	创新环境	驱动力
强势	北京、福建、广东、宁夏、山西、陕西、上海	均值	66.6	64.6	72.5	67.3
		均衡度	0.060	0.024	0.021	0.021
普通	海南、天津	均值	69.0	66.2	63.8	66.0
		均衡度	0.006	0.040	0.016	0.008
劣势	其他省市	均值	61.7	59.8	64.1	61.0
		均衡度	0.030	0.050	0.049	0.035

（二）2011年指数结果分析

将2011年统计数据及调研数据代入指标体系，并通过定权累加的方法，得到部分省市综合指数、产业生产力指数、产业影响力指数、产业驱动力指数，结果如表2—17所示，西藏、新疆两自治区由于调研采集数据问题没有纳入。

表2—17 　　　　　　　　　2011年部分省市文化产业发展指数表

综合指数排名	省市	综合指数	生产力	影响力	驱动力	变异系数
1	北京	79.0	83.3	83.2	70.4	0.09
2	广东	76.7	79.8	80.8	69.6	0.08
3	上海	76.5	77.4	83.3	68.7	0.10
4	浙江	76.1	76.8	82.4	69.1	0.09
5	江苏	76.1	76.1	81.3	70.8	0.07
6	山东	75.7	76.2	76.9	74.0	0.02
7	天津	75.5	74.8	73.6	78.1	0.03
8	四川	73.8	73.1	75.4	72.9	0.02
9	辽宁	73.4	76.6	72.7	70.4	0.04
10	福建	73.3	70.2	75.3	74.4	0.04

1. 总体分析

（1）区域发展依然不平衡。

从区域的聚类分析结构来看，文化产业还存在不均衡的现象，东部及沿海地区综合表现远高于其他地区，综合指数前十名除了四川是西部省份以外，其他全部集中于东部及沿海地区（见图2—12）。北京综合指数连续两年保持排名第一，广东、上海、浙江和江苏稳定处于前五位，位置有些小变化，山东和天津较去年进步比较大，四川是首次进入综合排名前十。其中生产力、影响力两个指数排序与2010年相比变化不大，但是产业驱动力有一些区位的变化比较大，原因在于现在各省、自治区、直辖市地方政府都非常重视文化产业的发展，支持力度增强，对于文化企业和市民的感受来说，宏观的文化产业发展环境优化速度提高较快。

文化产业生产力（资源投入水平）方面，东部地区凭借海量文化资源和巨大的文化资本投入、文化人才资源投入，在前十中占据八个席位。四川和内蒙古由于文化产业投入水平增幅较大而进入前十。以内蒙古为例，其文化产业固定资产投资额117.62亿元，高于全国101亿元的平均水平，已达到东部沿海地区标准（见图2—13）。

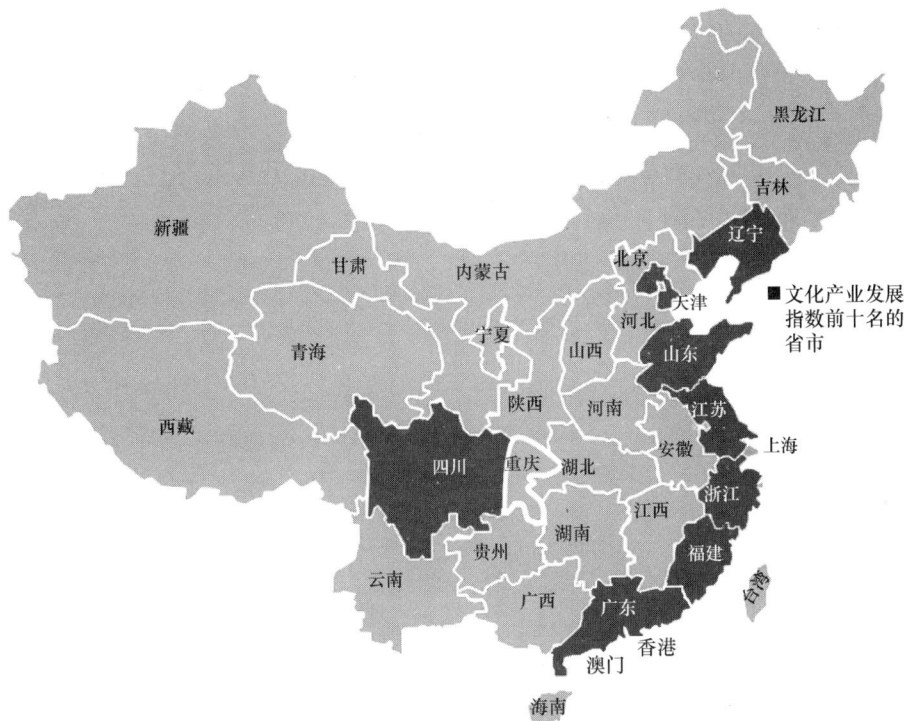

图2—12 2011年省市文化产业发展指数前十名

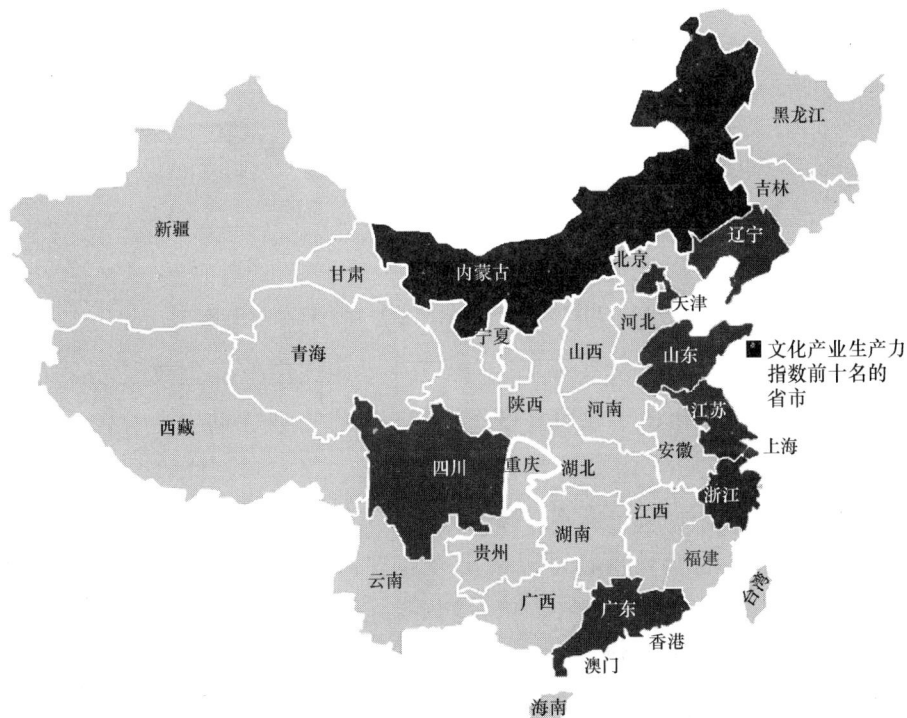

图2—13 2011年省市文化产业生产力指数前十名

绩效方面，东部沿海地区文化产业经济效益极为显著，京、沪、广、苏、浙、鲁等地文化产业产值都已超过 1 000 亿元，其中广东更是以 2 501 亿元的产值遥遥领先。同时值得一提的是，湖南、安徽、陕西等地由于更为重视公共文化服务以及文化形象，取得了良好的社会效益，经济效益也稳步上升，最终这三个省份文化产业影响力进入前十（见图2—14）。

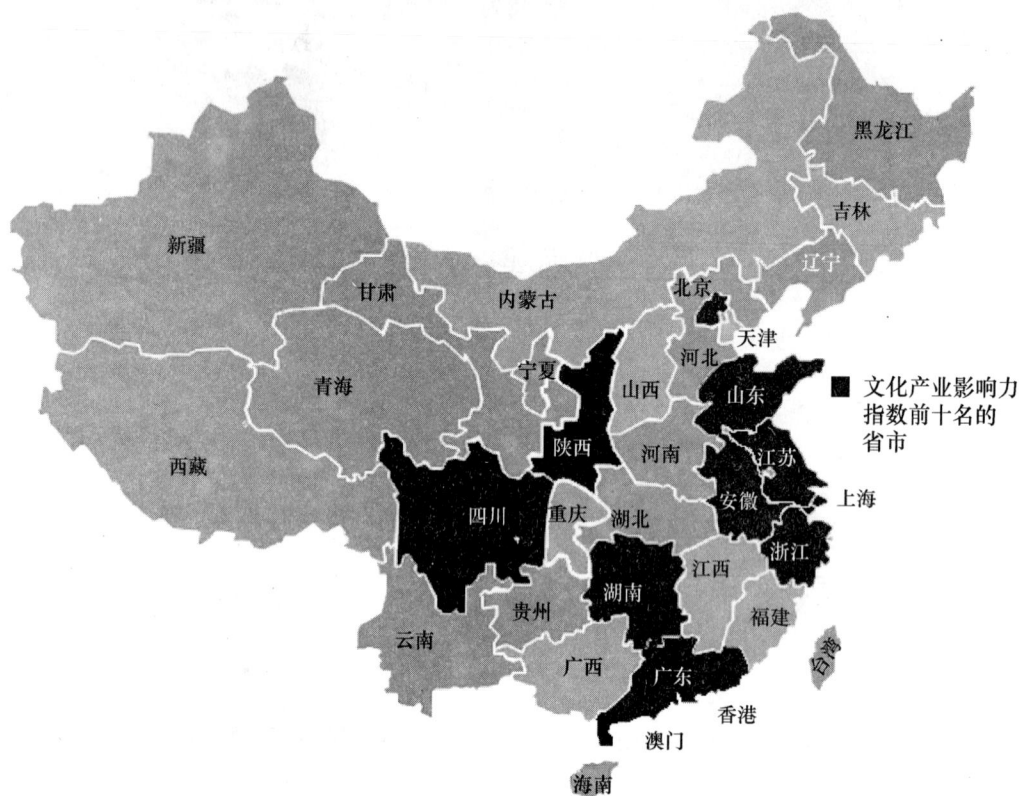

图 2—14　2011 年省市文化产业影响力指数前十名

文化产业驱动力（产业发展环境）与 2010 年相比序位变化较大，文化产业发展相对薄弱的中西部省市由于政府高度重视与支持，产业驱动力上升较为快速（见图2—15）。

（2）各省市文化产业发展整体均衡性提升。

通过各地区指数的变异系数可以看出多数省市文化产业发展指数变异系数适中，文化产业发展均衡性有所提升。只有部分省市变异系数偏大，文化产业发展不均衡，其中北京、上海、广东、浙江等排名前几位的省市和海南、甘肃等排名末位的省市变异系数偏大，影响了其文化产业的进一步发展。

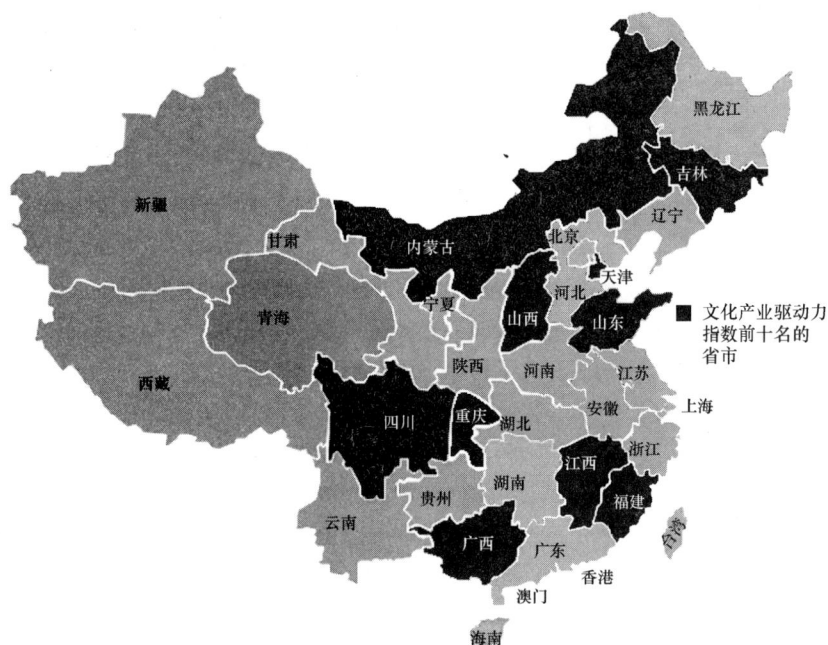

图 2—15　2011 年省市文化产业驱动力指数前十名

（3）区域结构特征——聚类分析的结果。

聚类分析以发展指数为基本信息，对生产力、影响力、驱动力三个要素指数进行聚类，聚合为三类时达到较好的组间区分。第一类包含北京、上海、广东、江苏、浙江，其发展指数最高，除驱动力指数优势一般，生产力指数和影响力指数都有非常明显的优势，均衡度普遍较高，这里将其定义为强势地区。第二类包含安徽、福建等 22 个省市，发展指数和要素指数都在 70 左右，均衡度较差，表明此类内部各省市仍处于快速变化中，此处将其定义为普通地区。第三类省市，发展指数和各一级指数均值较低，影响力指数均衡度较好，此类省市在整体上处于弱势，定义为劣势地区（见表 2—18）。

表 2—18　　　　　　　　2011 年中国省市文化产业发展指数聚类特征表

类别	省市	特征值	生产力	影响力	驱动力	总分
强势	北京、广东、江苏、上海、浙江	均值	78.7	82.2	69.7	76.9
		均衡度	0.037	0.014	0.013	0.016
普通	安徽、福建、广西、贵州、河北、河南、黑龙江、湖北、湖南、吉林、江西、辽宁、内蒙古、宁夏、青海、山东、山西、陕西、四川、天津、云南、重庆	均值	69.9	73.0	71.6	71.5
		均衡度	0.046	0.041	0.053	0.032
劣势	其他省市	均值	69.7	64.0	54.9	62.9
		均衡度	0.046	0.019	0.083	0.035

2. 文化产业生产力

文化产业生产力主要衡量文化产业内部生产要素的投入情况，主要包括三个方面：文化资源、文化资本和人力资源。结合表 2—19，从文化产业生产力综合指数看：

（1）区域特征明显。

1）北京市文化产业生产力水平具有领先优势。

北京市文化产业生产力继续排名第一，其他省市的数值与它具有较大差距，它是唯一指数值在 80 以上的省市。北京市丰富的文化资源确保了其文化产业生产力的优势地位，文化资本和人力资源相对不足，需要进一步提高。

2）东部地区的总体排名较高。

在文化产业生产力指数排名前十的省市中，除了四川、内蒙古，其他均为东部地区省市。其中广东、上海、浙江、辽宁、山东、江苏、天津分列第 2～8 位，整体优势明显。

3）中西部地区的总体排名相对落后。

中西部地区文化产业生产力仍然相对落后，中西部省市指数值普遍低于 70，文化资源、文化资本以及文化产业人力的劣势地位仍然没有改变。

4）省市之间差距明显。

各省市之间文化产业生产力指数差距明显，其中排名第一的北京市与排名末位的省份之间差距将近 20。

（2）区域结构特征——聚类分析的结果。

聚类分析以生产力指数为基本信息，对文化资源、文化资本、人力资源三个要素指数进行聚类，聚合为三类时达到较好的组间区分。第一类为广东省，其生产力指数最高，人力资源要素指数有非常明显的优势，均衡度较好，这里将其定义为强势地区。第二类包含北京、海南、辽宁等 6 个省市，文化资本要素指数有非常明显的优势，均衡度较差，表明此类内部各省市仍处于快速变化中，此处将其定义为普通地区。第三类包含安徽、福建等 22 个省市，生产力指数和要素指数较低，指数均衡度较差，此类省市在整体上处于弱势，定义为劣势地区（见表 2—20）。

（3）部分省市文化产业生产力发展不均衡。

通过表 2—19 各地区生产力指数的变异系数可以看出，大部分省市文化产业生产力指数变异系数适中，均衡度较高。只有部分省市变异系数偏大，文化产业生产力发展不均衡，其中广东、辽宁、山东、内蒙古、海南和天津等省市变异系数偏大，影响了其文化产业的进一步发展。

以海南省为例，其文化资本指数为95.5，排名第2位，文化资源指数为67.9，人力资源指数为60.5，分列第22位和第27位，数据严重失衡。文化资源的缺失，文化产业人才的匮乏，严重制约了海南省文化产业的发展。

表2—19　　　　　　　　　2011年部分省市文化产业生产力指数表

省市	文化产业生产力	文化产业生产力排名	文化资源	文化资源排名	文化资本	文化资本排名	人力资源	人力资源排名	变异系数
北京	83.3	1	86.1	1	85.9	6	72.3	5	0.10
广东	79.8	2	75.1	6	73.6	9	100.0	1	0.18
上海	77.4	3	81.8	2	71.6	12	70.1	6	0.09
浙江	76.8	4	78.8	3	66.5	23	81.0	2	0.10
辽宁	76.6	5	75.4	4	91.0	5	65.9	14	0.16
山东	76.2	6	67.3	26	100.0	1	78.9	4	0.20
江苏	76.1	7	75.2	5	75.1	8	79.9	3	0.04
天津	74.8	8	72.1	11	94.4	4	63.2	22	0.21
内蒙古	73.7	9	70.5	16	95.2	3	62.1	25	0.23
四川	73.1	10	74.9	7	71.4	13	69.4	8	0.04

说明：本表只显示2011年我国文化产业生产力排名前10位的省市文化产业生产力指数结果。

表2—20　　　　　　　　2011年中国省市文化产业生产力指数聚类特征表

类别	省市	特征值	文化资源	文化资本	人力资源	生产力
强势	广东	均值	75.1	73.6	100.0	79.8
		均衡度	—	—	—	—
普通	北京、海南、辽宁、内蒙古、山东、天津	均值	73.2	93.7	67.2	76.1
		均衡度	0.095	0.051	0.106	0.052
劣势	其他省市	均值	71.0	69.2	66.8	69.8
		均衡度	0.058	0.064	0.081	0.049

3. 文化产业影响力

文化产业影响力框架主要衡量文化产业的产出状况，通过经济、社会两方面的影响来体现。结合表2—21，从文化产业影响力综合指数看：

（1）区域特征明显。

上海、北京、浙江、江苏、广东五省市差距不大，文化产业影响力指数值均超过80，处于第一梯队，优势明显。其中广东省以80.8名列第5位，超过第6位的湖南省约3个点。中西部地区文化产业影响力排名相比2010年有所提升，湖南、陕西、安徽、四川都挤进前十名，但是整体而言中西部省市与东部省市之间的差距仍然较大。各省市之间文化产业影响力指数差距比较明显，其中排名第一的上海市与排名末位的省份之间差距达到20。

（2）区域结构特征——聚类分析的结果。

聚类分析以影响力指数为基本信息，对经济影响、社会影响两个要素指数进行聚类，聚合为三类时达到较好的组间区分。第一类为北京、上海、广东、江苏、浙江，其影响力指数最高，经济影响和社会影响要素指数都有非常明显的优势，均衡度较好，这里将其定义为强势地区。第二类包含安徽、福建、广西等18个省市，影响力指数和经济影响、社会影响要素指数一般，均衡度较差，表明此类内部各省市仍处于快速变化中，此处将其定义为普通地区。第三类包含6个省市，影响力指数和要素指数较低，指数均衡度较差，此类省市在整体上处于弱势，定义为劣势地区（见表2—22）。

（3）大部分省市文化产业影响力发展均衡。

通过表2—21各地区影响力指数的变异系数可以看出大部分省市文化产业生产力指数变异系数适中，均衡性较好。只有极个别省市变异系数偏大，文化产业影响力发展不均衡，其中北京、上海两地经济影响力远超社会影响力，变异系数过大。上海经济影响力指数为92.0，排名首位，但是社会影响力指数仅有74.6，排名第13位。如何提升社会影响力，是上海市文化产业今后发展的重点。

表 2—21 　　　　　　　　　2011 年部分省市文化产业影响力指数表

省市	文化产业影响力	文化产业影响力排名	经济影响	经济影响排名	社会影响	社会影响排名	变异系数
上海	83.3	1	92.0	1	74.6	13	0.15
北京	83.2	2	90.9	2	75.4	11	0.13
浙江	82.4	3	80.5	5	84.4	1	0.03
江苏	81.3	4	81.6	4	81.0	2	0.01
广东	80.8	5	85.6	3	76.0	9	0.08
湖南	77.6	6	76.5	9	78.8	4	0.02
山东	76.9	7	77.6	7	76.2	8	0.01
陕西	76.3	8	73.7	14	78.9	3	0.05
安徽	75.9	9	75.2	11	76.6	6	0.01
四川	75.4	10	74.0	13	76.8	5	0.03

说明：本表只显示2011年我国文化产业影响力排名前10位的省市文化产业影响力指数结果。

表2—22　　　　　　　2011年中国省市文化产业影响力指数聚类特征表

类别	省市	特征值	经济影响	社会影响	影响力
强势	北京、广东、江苏、上海、浙江	均值	86.1	78.3	82.2
		均衡度	0.061	0.054	0.014
普通	安徽、福建、广西、河北、河南、黑龙江、湖北、湖南、吉林、江西、辽宁、山东、山西、陕西、四川、天津、云南、重庆	均值	73.5	74.5	74.0
		均衡度	0.043	0.036	0.028
劣势	其他省市	均值	66.5	67.1	66.8
		均衡度	0.060	0.050	0.036

4. 文化产业驱动力

产业驱动力主要反映产业发展环境（政府行为），结合表2—23，从文化产业驱动力综合指数看：

（1）总体分析。

1）中西部地区总体排名较高。

在政府行为方面，中西部地区对文化产业的支持力度较大，前十名中除了天津、福建、山东三省市，其他省市均位于中西部地区，其中山西、江西、重庆等中西部省市的驱动力指数得分已经超过了北京、上海等地。这表明，随着文化产业的持续升温，中西部地区政府部门对文化产业的支持力度逐步加大，市场环境和公共环境逐步改善，这些将有助于文化产业的发展。

2）指数数据提升明显。

与生产力和影响力指数相比，除了极个别省市，大部分省市的驱动力指数有了显著提高。2011年度驱动力指数均值为70.1，相比2010年度驱动力指数均值62.8有显著的提高。另外，相比2010年度，2011年度生产力指数均值71.4、影响力指数均值73.9，差距明显缩小。这表明各地区政府支持力度逐渐增强，文化产业已经成为政府扶持的热点行业。

（2）区域结构特征——聚类分析的结果。

聚类分析以驱动力指数为基本信息，对市场环境、公共环境、创新环境三个要素指数进行聚类，聚合为三类时达到较好的组间区分。第一类为北京、上海、广东、江苏、浙江等27个省市，市场环境和公共环境要素指数都有非常明显的优势，均衡度较好，这里将其定义为强势地区。第二类为海南省，市场环境、社会环境和创新环境要素指数一般，均衡度较差，表明海南省仍处于快速变化中，此处将其定义为普通地区。第三类省市，各要素指数较低，尤其是公共环境要素指数过低，指数均衡度较差，在整体上处于弱势，定义为劣势地区（见

表 2—24）。

（3）文化产业驱动力发展均衡。

通过表 2—23 各地区驱动力指数的变异系数可以看出，除甘肃省外，全国各省市文化产业驱动力指数变异系数适中，均衡性较好。

表 2—23   2011 年部分省市文化产业驱动力指数表

省市	文化产业驱动力	文化产业驱动力排名	市场环境	市场环境排名	公共环境	公共环境排名	创新环境	创新环境排名	变异系数
天津	78.1	1	81.7	1	81.1	1	71.4	11	0.07
山西	76.3	2	75.6	4	77.1	5	76.1	3	0.01
江西	76.2	3	74.4	8	79.0	2	75.1	4	0.03
吉林	75.5	4	74.7	7	78.9	3	72.9	7	0.04
福建	74.4	5	74.3	9	71.4	12	77.6	1	0.04
山东	74.0	6	75.5	5	77.3	4	69.2	16	0.06
广西	73.9	7	73.5	11	75.1	8	73.1	6	0.01
重庆	73.8	8	76.8	2	76.5	6	67.9	18	0.07
内蒙古	73.6	9	75.7	3	75.1	7	69.9	13	0.04
四川	72.9	10	75.2	6	74.1	9	69.3	15	0.04

说明：（1）表中广西和内蒙古对应的"公共环境"指数均为75.1，但由于这是四舍五入后的结果，也即小数点后面不止一位，所以二者"公共环境排名"实际并不同。（2）本表只显示2011年我国文化产业驱动力排名前10位的省市文化产业驱动力指数结果。

表 2—24   2011 年中国省市文化产业驱动力指数聚类特征表

类别	省市	特征值	市场环境	公共环境	创新环境	驱动力
强势	安徽、北京、福建、广东、广西、贵州、河北、河南、黑龙江、湖北、湖南、吉林、江苏、江西、辽宁、内蒙古、宁夏、青海、山东、山西、陕西、上海、四川、天津、云南、浙江、重庆	均值	72.4	71.4	69.8	71.2
		均衡度	0.049	0.068	0.061	0.049
普通	海南	均值	57.9	56.5	60.0	58.2
		均衡度	—	—	—	—
劣势	其他省市	均值	52.1	41.2	61.8	51.7
		均衡度	—	—	—	—

（三）2010—2011 年度指数结果总体情况分析

1. 文化产业总体保持增长

和 2009 年相比，2010 年我国文化产业发展的地区分布格局变动不大。从总体态势来看，各省市文化产业发展指数年增长速度基本呈现为一个正增长的趋势，只有极个别的两个省市是下降了，普遍都是在上涨。2010年综合指数的平均分是69.12，2011年是71.82，年均增长达到了3.91%，全国文化产业呈现出蓬勃发展的趋势。

从综合指数增长率来分析，增长最快的十个省市当中，有五个省市位于中西部，两个省市位于东北老工业基地。文化产业的发展基本符合国家西部大开发战略、振兴东北老工业基地战略（见图2—16）。

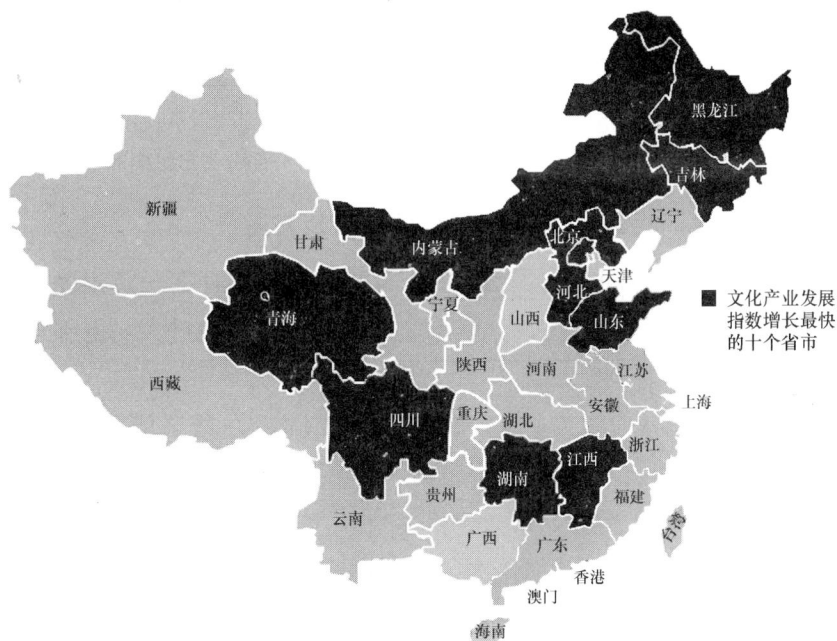

图2—16　2010—2011年中国文化产业发展指数增长最快的十个省市

2. 文化产业总体发展格局变化不大，区域差距依然明显

2011年中国省市文化产业发展指数结果表明，我国区域文化产业综合发展格局基本稳定，各省市综合指数（综合发展水平）排序与2010年相比变化不大，我国文化产业的发展在东、中、西部存在着严重的不平衡性，东部地区文化产业的发展速度最快，中部地区次之，西部地区较差。

从年度纵向变化看，2011年北京综合指数连续两年保持第一；广东、上海、浙江和江苏稳定处于前列，分别位于第二、三、四、五位；山东、天津较2010年进步较大；四川首次进入综合排名前十（见图2—17）。

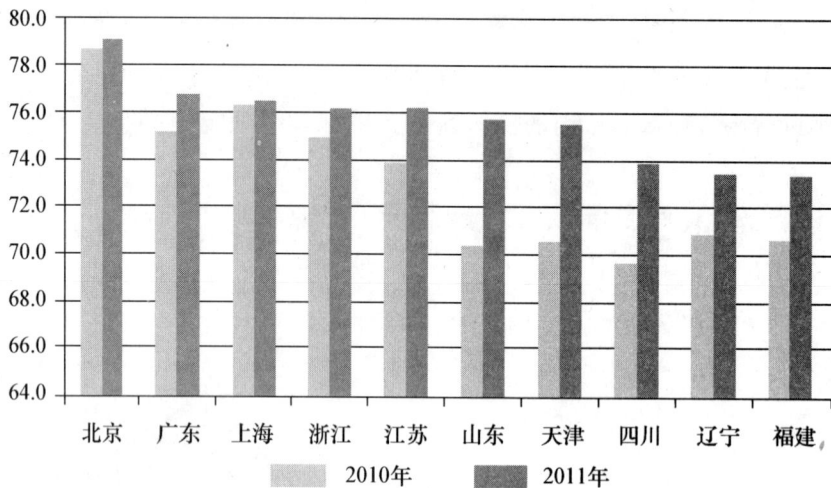

图 2—17　2010—2011 两年度指数结果分析——部分省市纵向变化

3. 部分地区依然存在一定程度的发展不均衡问题

中国省市文化产业发展指数监测表明，部分地区依然存在一定程度的发展不均衡问题，最直观的反映就是京、沪、广等发达地区变异系数过大，内部短板因素明显（见图 2—18）。

以北京市为例，如表 2—25 所示，北京市各三级指标的排名情况为：北京市文化产业发展指数位列全国首位，其文化资源要素指数排名第一，人力资源要素指数和文化资本要素指数分列第五、第六位，表明北京市在文化产业生产力方面具有明显的优势。北京市经济影响要素指数排名第二，但是社会影响指数仅位列第 11 位，表明北京市文化产业的产出高，但是社会影响不够。北京市市场环境和创新环境均位列第 12 位，公共环境更是排名第 21 位，这些严重影响了北京市驱动力指数的排名，是北京市文化产业发展的短板，需要进一步克服，以提升北京市文化产业发展的均衡度。

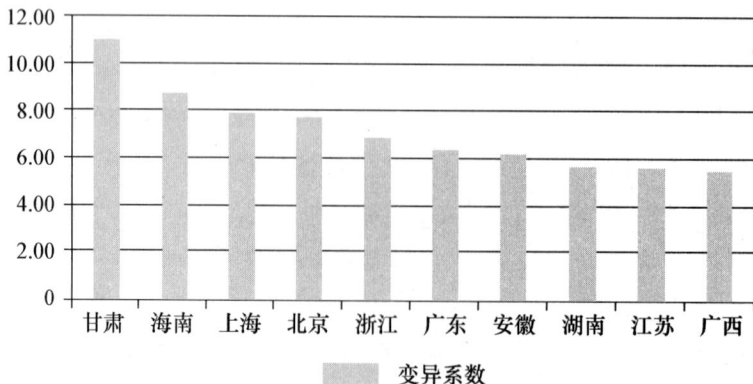

图 2—18　变异系数最大的前十位省市

表 2—25　　　　　　　　　北京市三级指标排名情况表

优势指标			劣势指标		
指标名称	得分	排名	指标名称	得分	排名
文化资源	86.1	1	社会影响	75.4	11
人力资源	72.3	5	市场环境	73.1	12
经济影响	90.9	2	公共环境	67.5	21
文化资本	85.9	6	创新环境	70.7	12

第三章 2010—2011 年中国省市文化产业发展指数动态分析

2010—2011 年中国省市文化产业发展指数基本上全部呈现增长态势。本章通过纵向对比，就中国省市文化产业发展指数的动态趋势展开分析，揭示了各省市文化产业发展的态势和速度，并对各指数的变动原因展开深入分析，以便更好地掌握中国省市文化产业发展指数及其各分指数的变化关系。在此基础上，发掘影响各省市文化产业发展能力的关键因素，深入剖析关键因素的变动趋势，寻求中国省市文化产业发展能力的决定要素。

前文已经介绍，中国省市文化产业发展综合指数是由生产力指数、影响力指数以及驱动力指数三个分指数简单平均得出来的，因此本章先对三个分指数逐一进行分析，主要围绕各省市文化产业指数得分的数值、排名及增长速度三个方面展开，然后再分析三个分指数综合作用下的中国省市文化产业综合指数的变动特征及其变动原因。

一、中国省市文化产业生产力指数变动特征及其原因分析

本章的前三节逐一分析中国文化产业三个分指数的变动特征及其变动原因。这些分析旨在找出影响中国省市文化产业发展能力的关键因素及制约性要素，以便在未来文化产业发展过程中，能够做到有的放矢，针对关键环节，进行重点建设。通过深入挖掘各省市发展的短板要素，我们可以集中力量减弱甚至消灭短板因素，以保证中国各省市文化产业发展的均衡和稳定性，求得中国各省市文化产业的全面长远发展。首先，让我们来对 2010—2011 年中国省市文化产业生产力指数进行分析。

（一）中国省市文化产业生产力指数变动特征

生产力指数是省市文化产业发展评价体系的一级指标，它从文化产业内部生产

要素的投入情况以及省市的资源禀赋等方面来反映省市文化产业的发展状况，产业生产力指数能够客观、直观地反映一个省市文化产业现时发展实力以及未来发展潜力。

1. 生产力指数数值变动特征

（1）总体变动情况。

从总体上看，2011 年与 2010 年相比，生产力指数数值变化不大。大多数省市生产力指数得分处于上升状况，但是涨幅较弱，2011 年省市生产力指数均值比 2010 年仅增长 0.6（见表 3—1、图 3—1、图 3—2）。

表 3—1　　　　　　　2010—2011 年部分省市文化产业生产力指数数值变动情况表

变动值排名	省市	2010 年	2011 年	变动值
1	天津	69.7	74.8	5.1
2	山东	72.1	76.2	4.1
3	内蒙古	70.0	73.7	3.7
4	江苏	73.3	76.1	2.8
5	吉林	68.7	71.3	2.6
6	辽宁	74.2	76.6	2.4
7	四川	71.6	73.1	1.5
8	福建	68.8	70.2	1.4
9	重庆	67.4	68.6	1.2
10	湖北	68.3	69.2	0.9
均值	—	70.8	71.4	0.6

说明：本表只显示我国 2010—2011 年文化产业生产力指数变动值排名前 10 位的省市文化产业生产力指数变化情况。

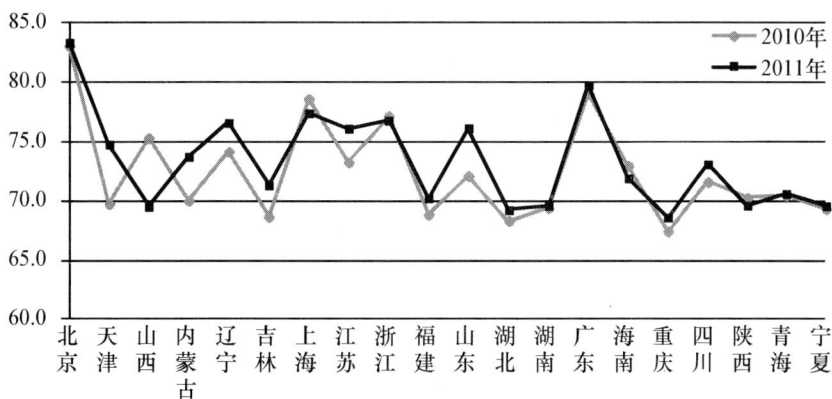

图 3—1　2010—2011 年部分省市文化产业生产力指数变动图

说明：本图只显示我国 2010—2011 年文化产业生产力指数变动值排名前 20 位的省市文化产业生产力指数结果。

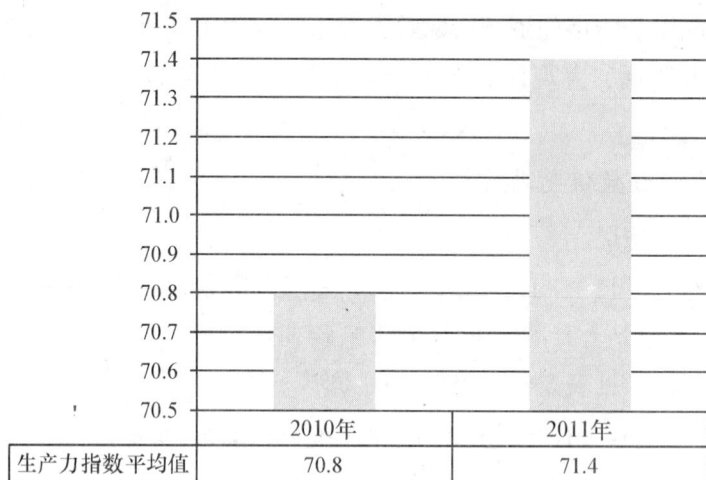

	2010年	2011年
生产力指数平均值	70.8	71.4

图3—2　2010—2011年中国省市文化产业生产力指数平均值对比图

（2）具体变动情况。

北京、天津、内蒙古、辽宁、吉林等共20个省市生产力指数数值增加，即全国超过2/3的省市文化产业生产力有所提高。其中，北京、江西、安徽、贵州、宁夏等省市前后两年的曲线几乎重合，说明这些省市2011年的生产力指数增幅不大。天津、内蒙古、辽宁、江苏、山东增幅明显，又以天津最为显著。天津生产力指数数值由2010年的69.7上升到74.8，增长5.1，远高于全国平均增幅（0.6）。

近1/3的省市文化产业生产力指数数值有所降低，多数省市降幅较小。仅甘肃省，2010年和2011年生产力指数数值保持不变。

（3）区域变动情况。

生产力指数数值增长靠前的省市为天津、山东、内蒙古、江苏、吉林和辽宁，除内蒙古属于西部地区外，其余省市均为东部地区。可见，东部地区文化产业生产力相对于中西部地区来说，呈现出较为明显的上升状态。

生产力指数数值降低较多的省市为陕西、海南、云南、上海和山西，除上海属于东部地区外，其余省市均属于西部地区。可见，西部地区文化产业生产力相对于东中部地区来说，呈现出较为明显的下降状态。

因此，总体来说，我国文化产业生产力指数呈现"东增西降"的状态，文化产业生产力不均衡状态更为显著。

2. 生产力指数排名变动特征

如表3—2所示，总体上来看，省市文化产业生产力指数2010年和2011年排名变动较小，中国省市文化产业发展生产力指数的数值变动也不大。29个省市中，排名前十位的省市和排名后十位的省市前后两年几乎没有变化，有13个省市排名不变。排名变化的省市变化幅度较小，大部分在 5 位以内。

表 3—2 2010 年和 2011 年部分省市文化产业生产力指数对比表

2010 年			2011 年				
排名	省市	生产力指数	排名	省市	排名变动	生产力指数	数值变动
1	北京	83.0	1	北京	—	83.3	↑
2	广东	79.1	2	广东	—	79.8	↑
3	上海	78.6	3	上海	—	77.4	↓
4	浙江	77.2	4	浙江	—	76.8	↓
5	山西	75.3	5	辽宁	↑1	76.6	↑
6	辽宁	74.2	6	山东	↑3	76.2	↑
7	江苏	73.3	7	江苏	—	76.1	↑
8	海南	73.0	8	天津	↑6	74.8	↑
9	山东	72.1	9	内蒙古	↑4	73.7	↑
10	四川	71.6	10	四川	—	73.1	↑
11	青海	70.5	11	海南	↓3	71.9	↓
12	陕西	70.3	12	吉林	↑7	71.3	↑
13	内蒙古	70.0	13	青海	↓2	70.6	↑
14	天津	69.7	14	福建	↑4	70.2	↑
15	云南	69.5	15	湖南	↑1	69.6	↑

说明：本表只显示我国文化产业生产力指数排名前 15 位的省市的生产力指数情况。

具体来说，吉林、天津、福建、内蒙古等 9 个省市排名上升，其中，吉林位次上升最大，为 7 位。内蒙古和天津生产力提升也比较明显，进入文化产业生产力指数排名前十名的位置（见表 3—2）。

山西、海南、陕西、云南等 7 个省市排名下降，整体下降幅度较小。

全国共有 13 个省市生产力指数排名保持不变，值得一提的是，排名前四位和后六位的省市 2010 年和 2011 年位次保持不变。北京连续两年保持第一，两年生产力指数数值均在 80 以上，也是全国生产力指数数值唯一超过 80 的省市，这显示了北京对文化产业内部要素进行了较多投入；广东、上海、浙江 3 省市紧随其后，得分稳定地处于前四名的行列，前后两年得分均超过 75，2010 年和 2011 年生产力指数得分前四名的排名没有变化。但是需要注意的是，生产力指数排名分列第三、四位的上海、浙江，2011 年的生产力指数较 2010 年稍有下降，这两个省市也是仅有的排名靠前得分却下降的省市。辽宁、江苏、山东、四川等省市，也稳定地位于排名前十的行列。贵州、广西、黑龙江、安徽、河南、甘肃 6 个省市，连续两年生产力指数得分排名均位于比较靠后的行列，说明这些省市文化产业生产力内部投入不足，文化产业要想进一步发展，还需要大量投入内部要素，促进文化产业生产力的提升。

3. 生产力指数增长速度变动特征

2010—2011 年中国省市文化产业增长速度基本上分为 4 个梯队，第一梯队为天津、山东、内蒙古、江苏、吉林、辽宁6个省市,这些省市生产力水平增长速度非常快,增长幅度均在3%以上(见表3—3、图3—3);第二梯队为四川、福建、重庆、黑龙江、湖北、安徽、广东、河南8个省市,这些省市增长速度略逊于第一梯队,但还是保持很好的增长势头;第三梯队为宁夏、北京、江西、湖南、青海、广西、甘肃7个省市,这些省市增长速度已经很缓慢,个别省市甚至接近零增长;最后一个梯队包括贵州、河北、浙江等省市,这些省市是文化产业生产力指数负增长的省市,但文化产业生产力指数下降幅度不是很明显。

表3—3 2010—2011年部分省市文化产业生产力指数增速表

增速排名	省市	2010年	2011年	增速
1	天津	69.7	74.8	7.32%
2	山东	72.1	76.2	5.69%
3	内蒙古	70.0	73.7	5.29%
4	江苏	73.3	76.1	3.82%
5	吉林	68.7	71.3	3.78%
6	辽宁	74.2	76.6	3.23%
7	四川	71.6	73.1	2.10%
8	福建	68.8	70.2	2.03%
9	重庆	67.4	68.6	1.78%
10	黑龙江	65.7	66.6	1.37%

说明:(1)表中数据均为四舍五入的结果。(2)本表只显示2010—2011年我国文化产业生产力指数增速排名前10位的省市的生产力指数情况。

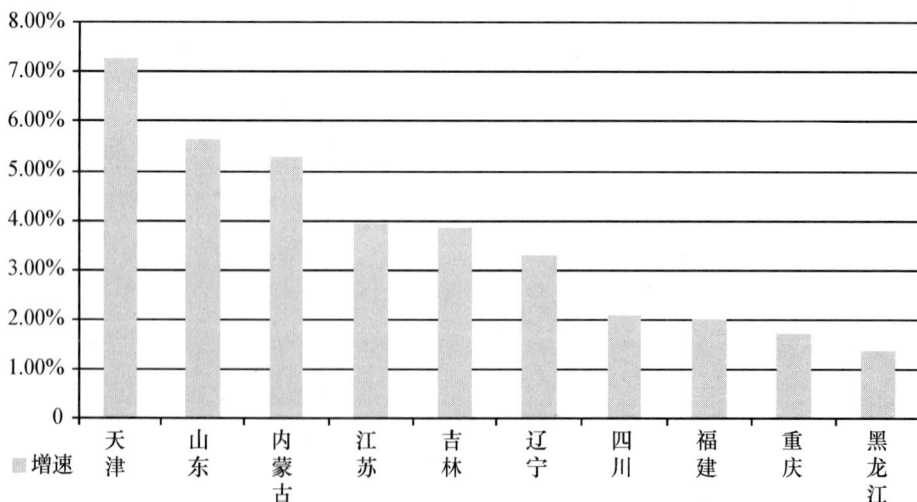

图3—3 2010—2011年部分省市文化产业生产力指数增速图

说明:本图为示意图,只显示我国排名前10位的省市文化生产力指数增速。

4. 生产力指数变异系数变动特征

（1）总体变动情况。

如图3—4所示，从总体上看，2011年与2010年相比，生产力指数变异系数变化不大。大多数省市生产力指数变异系数得分处于上升状况，但是涨幅较弱，2011年省市生产力指数均值比2010年增长0.01，可见，省市之间文化产业发展的不均衡性有所增大。

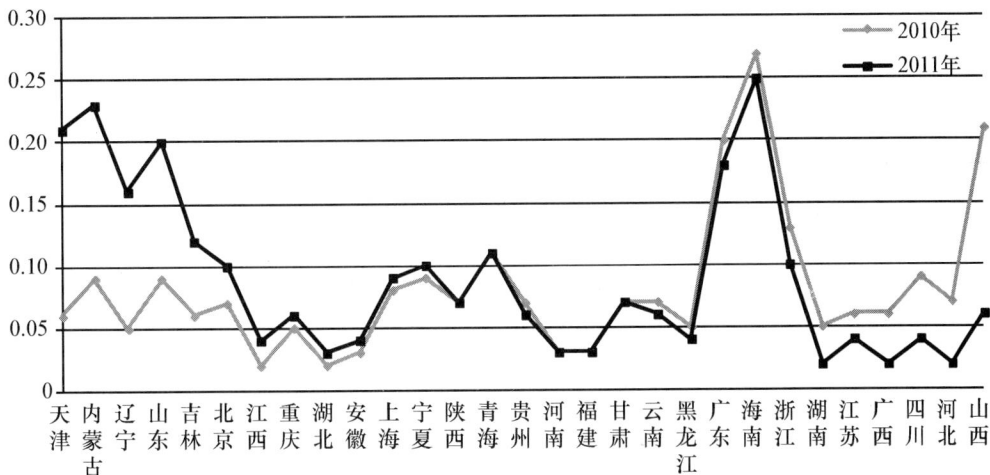

图3—4 2010—2011年部分省市文化产业生产力指数变异系数变动情况图

（2）具体变动情况。

由表3—4可知，天津、内蒙古、辽宁、山东、吉林、北京等12个省市文化产业生产力变异系数增大。其中，天津、内蒙古、辽宁、山东4省市变动明显，超过0.1，又以天津的变动最为显著，2011年比2010年增加了0.15，远高于全国省市变异系数的平均水平0.01。可见这几个省市的文化产业生产力发展的不均衡性有所增强。

陕西、青海、甘肃、河南、福建5省市的生产力变异系数两年间保持不变。除青海的生产力变异系数高于全国平均水平外，其他4省市的变异系数均低于全国平均水平，发展均衡性较好。

山西、河北、四川和广西等12个省市的生产力变异系数降低。其中，山西的变异系数变化最为明显，从0.21减小到0.06，说明山西文化产业生产力发展的均衡性显著增强。但是，海南和广东虽然变异系数有所降低，但是仍处于较高水平，远高于全国平均水平，存在很大的改进空间。

表 3—4　　　　2010—2011 年部分省市文化产业生产力指数变异系数变动情况表

省市	2010 年	2011 年	增加值
天津	0.06	0.21	0.15
内蒙古	0.09	0.23	0.14
辽宁	0.05	0.16	0.11
山东	0.09	0.20	0.11
吉林	0.06	0.12	0.06
北京	0.07	0.10	0.03
江西	0.02	0.04	0.02
重庆	0.05	0.06	0.01
湖北	0.02	0.03	0.01
安徽	0.03	0.04	0.01
上海	0.08	0.09	0.01
宁夏	0.09	0.10	0.01
陕西	0.07	0.07	0.00
青海	0.11	0.11	0.00
贵州	0.07	0.06	−0.01
河南	0.03	0.03	0.00
福建	0.03	0.03	0.00
甘肃	0.07	0.07	0.00
云南	0.07	0.06	−0.01
黑龙江	0.05	0.04	−0.01
广东	0.20	0.18	−0.02
海南	0.27	0.25	−0.02
浙江	0.13	0.10	−0.03
湖南	0.05	0.02	−0.03
江苏	0.06	0.04	−0.02
广西	0.06	0.02	−0.04
四川	0.09	0.04	−0.05
河北	0.07	0.02	−0.05
山西	0.21	0.06	−0.15
平均值	0.08	0.09	0.01

（二）中国省市文化产业生产力指数变动原因分析

产业生产力指各地区对文化产业的投入水平，主要包括投入文化产业的资源情况（文化资源、文化资本、人力资源等），反映各地区发展文化产业的潜力。在中国省市文化产业发展能力评价指标体系中，文化产业投入方面又可以从 26 个变量进行考察。通过对生产力指数各个分指标的对比，我们可以找出生产力指数变动的原因。

从表 3—5 中的数据可以看出，各省市文化资源前后两年几乎没有变化，两年的平均值也是一样的；文化资本 2011 年在 2010 年的基础上增加了 8.14％，增幅比较明显；而人力资源 2011 年与 2010 年相比却有所下降，减少幅度达到 3％左右。由此可以得出结论：文化产业生产力指数的上升，不是由于各省市文化产业有形的物质资源或者是无形的精神资源的增加带来的，而是由文化资本的增加和人力资源的减少的综合作用造成的。下面让我们来看一下各省市文化资源、文化资本以及人力资源三个分指标两年变化趋势的折线图，以便进行具体的分析。

表 3—5　　　**2010—2011 年中国省市文化产业生产力指数二级指标得分平均值对比表**

平均值	文化资源		文化资本		人力资源	
	2010 年	2011 年	2010 年	2011 年	2010 年	2011 年
	71.6	71.6	68.8	74.4	70.2	68.0

1. 文化资源分析

文化资源是指狭义上的文化资源，主要包括有形的物质资源和无形的精神资源，可分为场馆类资源、人文类资源和文化产业基地/园区三类。

如图 3—5 所示，2010 年和 2011 年两年文化资源得分的折线图几乎重合，这也与前文所分析的各省市文化资源几乎没有变化的结论相吻合。北京、上海、浙江、辽宁四个省市连续两年保持前四名的位置，说明这些省市文化产业无论是物质资源还是精神资源均比较丰富。相反，安徽、河南、广西、贵州等省市则连续两年在文化资源方面得分比较靠后。文化资源得分的这些特征也基本上反映了生产力指数的排名特征。分析一下文化资源指标的具体变量，我们就不难理解以上现象的原因。

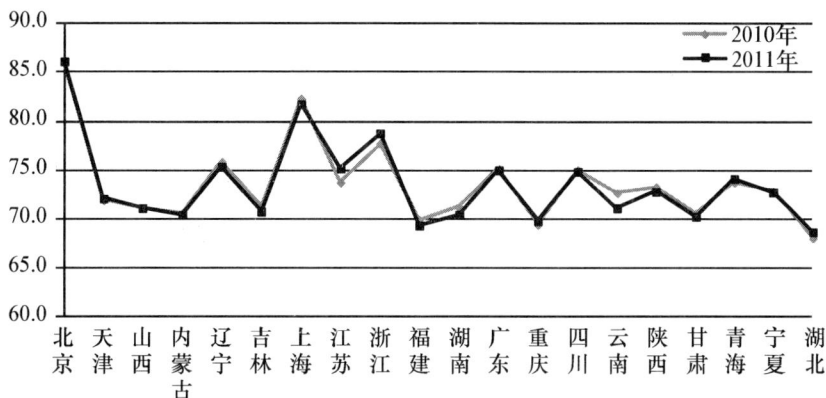

图 3—5　2010—2011 年部分省市文化产业文化资源得分对比折线图

各省市的文化娱乐场所数量、高等院校数量、博物馆文物藏品量等，大多数情况下前后两年会保持不变，一般不会出现数量骤增或是数量骤减的情况。北京、上海、浙江等省市，由于大学数量、博物馆文物藏品数量、图书馆馆藏以及文化产业基地数量等各个文化资源方面的优势，使得这些省市连续两年文化资源得分位于前列；文化资源得分位于末位的几个省市，则要归因于文化产业物质以及精神资源的匮乏。

北京市文化资源指标前后两年绝对数量变化微弱，计算得分时，结果更是几乎没有变化，前后两年平均值近乎相等。因此，我们可以得出结论：2010 年及 2011 年两年，文化资源的变化对文化产业生产力指数变化的影响力几乎为零，探究这两年文化产业生产力指数的变化还需从其他指标寻找原因。

2. 文化资本分析

文化资本是能为人们带来持续收益的特定价值观体系，它是决定经济增长的一种关键性生产要素和最终解释变量，主要用各类文化产业固定资产投资情况来衡量。

从图 3—6 中我们可以看出，2010 年、2011 年两年文化资本得分情况波动比较明显。大部分省市的文化资本指标得分处于上升状态，文化资本得分上升的共有北京、天津、河北、内蒙古等 23 个省市；也有少数几个省市文化资本指标得分处于下降状态，它们是上海、浙江、海南、陕西和青海五个省市，文化资本得分的下降也是导致上海、浙江两省市生产力指数得分下降的主要原因；仅贵州省前后两年文化资本得分保持不变，而且贵州省前后两年文化资本得分都处于相对比较靠后的位置，还有较大进步空间。天津、内蒙古、辽宁、山东、吉林等省市文化资本得分增幅明显，这也与这些省市文化产业生产力指数的涨幅明显的变动特征相呼应。以吉林省为例，2010 年文化资本得分排名为第 20 位，2011 年上升至第 7 位，排名上升速度较快。

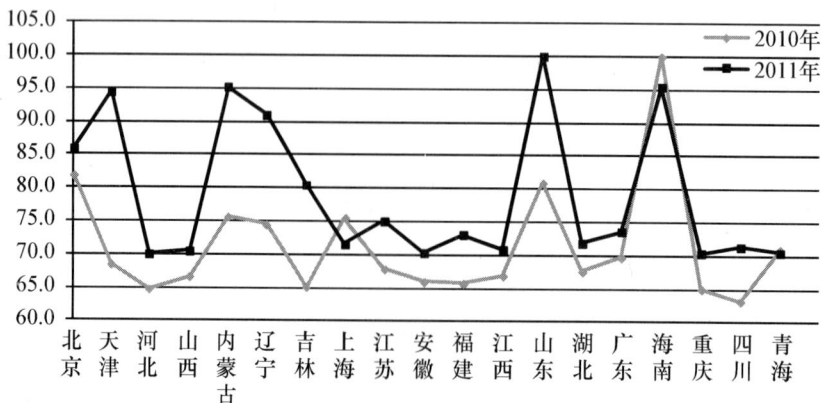

图 3—6　2010—2011 年部分省市文化产业文化资本得分对比折线图

2009 年我国文化产业固定资产的投资总额已经达到 2 365.5 亿元，文化产业发展已经有了良好的势头。根据 2010 年统计数据，2010 年我国文化产业固定资产投资总额达到 2 935.3 亿元，相比 2009 年上涨了 24％，这个涨幅还是相当明显的，正是由于各省市如此加大文化产业投入，使得文化产业更具发展潜力。生产力指数增速最快的天津、山东、内蒙古、吉林等几个省市，2010 年文化产业固定资产投资增长速度也名列前茅，其中，天津市 2009 年固定资产投资额为 24.2 亿元，2010 年投资额则达到了 60.0 亿元，增幅高达 148％，位列文化产业固定资产投资额增幅最快的省市之首；吉林省 2009 年文化产业固定资产投资额为 37.2 亿元，2010 年达到了 83.1 亿元，增幅也超过了 100％，为 123％；内蒙古 2009 年文化产业固定资产投资额为 79.3 亿元，低于当年全国文化产业固定资产平均投资额 81.6 亿元的水平，2010 年内蒙古文化产业固定资产投资额高达 117.6 亿元，高于当年全国文化产业固定资产投资额 101.2 亿元的平均水平，内蒙古也凭借强大的文化产业固定资产投入，跃居文化产业生产力指数前十的位置。

一个奇特的现象就是文化产业生产力指数排名靠前的北京、上海、浙江几个省市，2010 年较 2009 年的文化产业固定资产投资额均有所下降。北京文化产业固定资产投资额由 77.4 亿元下降至 71.9 亿元，下降幅度为 7％。上海、浙江两省市文化产业固定资产投资额下降幅度明显，均超过 10％，上海由 2009 年的 62.5 亿元下降至 45.5 亿元，下降幅度甚至达到了 27％，这也是直接导致上海、浙江两省市文化产业生产力指数 2011 年较 2010 年有所下降的原因。文化产业生产力指数处于下降状态的海南、甘肃等省市，文化产业固定资产投资额也有大幅度的减少，减少幅度均超过了 20％，海南固定资产投资额减少幅度则更大一些。

比较特殊的是山西省，山西省 2009 年文化产业固定资产投入为 55.9 亿元，2010 年投入为 66 亿元，增长了 18％，涨幅还算明显，但是，山西省 2011 年文化产业生产力指数较 2010 年文化产业生产力指数却下降了 7.69，这个变化充分说明了生产力指数的变化不是仅仅由固定资产投资的变化造成的，而是生产力指数的各分指标综合作用的结果。山西省生产力指数下降的决定性因素，将在下面分析人力资源分指标时进行深入分析。

以内蒙古为例，具体看一下文化产业固定资产投资额对文化产业生产力分指数的影响。2006—2009 年，内蒙古全区文化设施投资项目 513 个，比"十五"时期增加 394 个。从 2007 年起，国家和自治区共安排 101 个旗县区支中心文化信息资源共享工程建设经费 6 868 万元，到 2009 年建成并交付使用 74 个。文化共享工程村嘎查基层点与组织部农村党员远程教育工程共建，2009 年已为 5 964 个村嘎查配备了设备。乡镇综合文化站建设工程至 2009 年已建成和正在建的有 479 个，完成项目总数的 47%。重大文化设施建设力度不断加大，以内蒙古博物院、会展中心、乌兰恰特大剧院为代表的一大批标志性文化设施建成并投入使用。全区各盟市旗县区都建设了一批地方特色鲜明的图书馆、文化馆、文化活动中心，基本形成了覆盖全区城乡的公共文化服务网络。全区有 21 个旗县被文化部评为国家级先进文化县。

近年来，自治区民族文化产业逐步成为内蒙古重要的经济增长点之一，文化产业增加值占全区 GDP 的比重逐年上升，对国民经济的贡献率不断提高。目前，全区文化市场经营单位已达近 20 000 个，文化娱乐场所 1 万余个，从业人员已超 10 万人。文化产业主体框架已经形成，文化产业骨干企业不断涌现，产业关联作用和社会效益逐步发挥，产业链逐步延伸，带动了其他现代服务业的发展。其中，民族文化产业占据着举足轻重的地位。自治区文化旅游、广播电影电视业、出版业、演艺娱乐业、餐饮与服饰文化产业、工艺礼品和创意设计与软件开发业等方面都取得了一定的发展。按可比价格计算统计，2000 年全区第三产业生产总值 605.74 亿元，占国民经济总产值的 39.3%，人均生产总值 6 502 元；2008 年全区第三产业生产总值 2 583.79 亿元，占国民经济总产值的 33.3%，人均生产总值 32 214 元。按 1952 年等于 100 的可比价格计算，2000 年全区第三产业生产总值指数为 10 422.5，人均生产总值指数为 1 130.6；2008 年全区第三产业生产总值指数为 35 421.1，人均生产总值指数为 4 075.1。

3. 人力资源分析

人力资源（智力资源）是发展文化产业的核心要素，因为文化产业属于智力密集型产业，文化产业的竞争常常表现为优秀人力资源的竞争。

中国 29 个省市 2011 年人力资源得分情况与 2010 年相比较几乎都处于下降状态，仅有江苏、福建、山东以及湖南四省市人力资源得分处于上升状态，其余 25 个省市人力资源得分均处于下降状态。但是除山西省外，大部分省市得分下降幅度不明显（见图 3—7）。从文化产业就业人员数量的具体数字来看，2009 年全国文化产业就业人员的数量为 977.7 万人，而 2010 年全国文化产业就业人员的总数减少至 696.5 万，减少幅度接近 29%，其中，山西省就业人员数减少量就占了 100 万左右。山西省 2011 年人力资源得分下降幅度较大，这也是造成山西省 2011 年生产力指数下降的决定性原因。山西省就业人员数量的巨大减少，冲减了山西省文化产业固定资产投入增加的效果，使得山西省文化产业生产力指数下降速度最快、生产力指数排名波动最大。

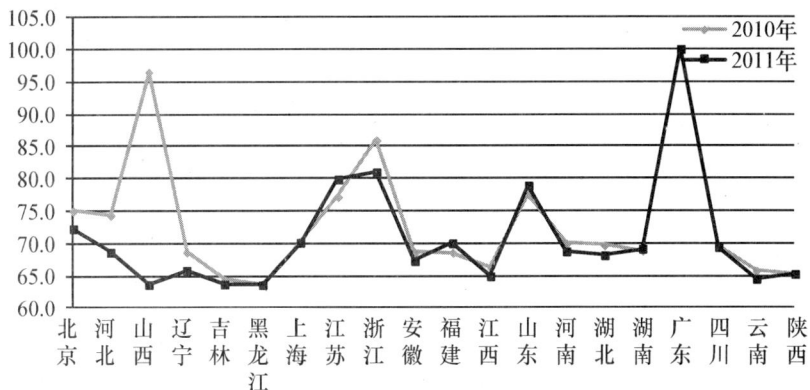

图 3—7 2010—2011 年部分省市文化产业人力资源得分对比折线图

出现这种现象的原因，主要是由于 2008 年开始的经济危机，对我国经济造成了一定的影响，造成全社会各行业的就业人口数量有所下降。有关数据显示，2009 年底全社会就业人口数量为 77 995 万，2010 年底则下降为 76 105 万，在这种大环境的影响下，文化产业就业人数自然有所下降。另一方面，就 2010 年文化产业就业人数减少的山西省分析，据山西省第二次经济普查数据，2008 年山西省文化及相关产业有从业人员 25.47 万人，比 2004 年增加 2.28 万人，占第二、第三产业全部从业人员（838.24 万人）的 3.04%，比 2004 年增加 0.19 个百分点。2009 年山西省大力推进人才工作取得了显著的成效：专业技术人才队伍的整体实力得到显著增强，高层次专业技术人才队伍不断发展壮大；引进人才，特别是引进海外高层次人才工作成绩突出。一系列的工作使得文化产业人才队伍迅速壮大，但是山西省产业重型化、产品初级化、高度依赖煤炭的格局并没有从根本上转变，山西人民生活水平仍然较低，城镇居民人均支配收入长期位于全国后三位。这样，使得山西省不得不继续面临文化人才大量流失的现实。

而对于文化产业人力资源得分上升的几个省市，这无疑是经济危机大环境下文化产业给这些省市带来的良好经济发展契机。以 2011 年人力资源得分上升的江苏省为例，近年来，江苏省劳动力资源呈持续增长趋势，就业压力成为影响社会稳定的主要因素之一。文化产业中的许多行业是吸纳就业人数较多的行业，一直以来为江苏省提供了大量的职位，为解决江苏省就业难题贡献了不小的力量。据统计，2010 年江苏省文化产业法人单位从业人员为 111.9 万人，文化产业岗位吸纳的从业人员数比 2009 年增长了 1.75%，明显超过全社会从业人员数增长 0.6% 的幅度。文化产业从业人员占全社会从业人员的比重为 2.35%，比 2009 年提高 0.02 个百分点。文化产业已成为能为国民经济发展提供较多就业机会的重要行业。2009 年文化产业岗位吸纳的从业人员数比 2008 年增长了 1.6%，文化产业从业人员占全社会从业人员的比重为 2.4%，比 2008 年提高 0.07 个百分点。2009 年江苏全社会从业人员数比上年增长 0.6%，文化产业从业人员增幅明显超过全社会从业人员增长幅度，文化产业人均创造增加值也继续呈提升之势。2007 年江苏全省文化产业从业人员为 107.1 万人，文化产业岗位吸纳的从业人员比 2006 年的 90.1 万人净增加了 17 万人；文化产业从业人员占江苏省全省全部从业人员（4 618.14 万人）的比重为 2.32%，比 2006 年提高 0.35 个百分点；2007 年江苏全社会从业人员增长 1.2%，文化产业从业人员增幅明显超过全社会从业人员增长幅度。2010 年，江苏省文化产业人均创造增加值继续比上年提升。据统计，2004 年江苏省文化产业从业人员人均创造增加值 3.3 万元，2008 年人均创造增加值达到 7.3 万元，2009 年人均创造增加值达到 8.8 万元，2010 年人均创造增加值达到 10.6 万元，文化产业人均创造增加值呈逐年提升态势。

(三) 小结

经过以上分析，我们可以得出以下结论：2009—2010 年，中国 29 个省市大学数量、博物馆文物量等人文资源，以及文化产业基地数量和文化场馆资源基本没有变化，所以 2010 年和 2011 年文化资源得分基本没有变化，文化资源变化对文化产业生产力指数变化基本没有影响；与 2009 年相比，2010 年大多数省市增加了文化产业固定资产的投入，使得 2011 年文化资本指标得分有所上升；而 2010 年几乎所有的省市文化产业就业人员都呈现减少的状态，使得 2011 年的人力资源指标得分有所下降，最终综合作用的结果是 2011 年生产力指数的得分比 2010 年有微弱的提升，我国文化产业发展实力还是处于提升状态。

北京市 2010 年和 2011 年文化资源排名均位于第 1 位，加之文化资本、人力资源排名也位于前六名的行列，综合起来，北京市连续两年生产力指数排在第 1 名的位置；广东省虽然文化资源以及文化资本在 2010 年和 2011 年两年只是处于前十名的行列，但是广东省人力资源指数连续两年位于第一的位置，人力资源因素也是广东省连续两年生产力指数排名第二的决定性因素；上海市是由文化资源连续两年第二的稳定排名保证了生产力指数第 3 名的位置，上海市生产力指数绝对数值的下降则是由上海市文化产业固定资产投资额的下降造成的；浙江与上海情形相似，文化资源得分稳定处于第 3 位，但是文化资本得分有所下降，最终生产力指数得分虽然排名不变，但是得分绝对值有所下降；辽宁、江苏、山东和四川 4 个省市，生产力指数的各个分指标前后两年排名变动不大，这 4 个省市 2010—2011 年生产力指数得分和排名情况也比较稳定，连续两年处于前十名的行列；内蒙古凭借大量的文化产业固定资产的投入，使得生产力指数进步较快，进入了前十的行列，但是由于内蒙古人才资源比较贫乏，连续两年排名仅为第 25 位，综合作用的结果使得内蒙古的排名仅仅是刚进入前十；贵州、广西、河南、甘肃、黑龙江和安徽这 6 个省市，或者文化资本排名最后，或者文化资源排名最后，再或者人力资源排名最后，而且 2011 年较 2010 年没有较大的改善，有些省市甚至情况更加退步，最终的结果是这些省市生产力指数得分连续两年位于后六名的行列。生产力指数得分下降的几个省市中，山西省 2010 年文化资源和文化资本得分均稍有上升，但是山西省人力资源排名由 2010 年的第 2 位降至 2011 年的第 19 位，这个变化最终导致山西省生产力指数下降较为明显；海南省文化资源得分稍有上升，但是文化资本和人力资源得分两项稍有下降，结果海南省 2011 年文化产业生产力指数得分也是稍有下降；云南省则是由于文化资源和人力资源两项的得分稍有下降，导致生产力指数得分下降；陕西省文化资源和文化资本得分下降，人力资源得分保持不变，综合作用的结果是陕西省生产力指数得分略有下降。需要指出的是，这几个省市生产力指数下降幅度不大，变动情况不明显。

二、中国省市文化产业影响力指数变动特征及其原因分析

(一) 中国省市文化产业影响力指数变动特征

影响力指标是指各地区文化产业的效益水平，包括经济影响和社会影响两方面，影响力指数主要用来衡量文化产业的产出状况，衡量一个省市文化产业的发展绩效。表 3—6 反映的是中国 10 个省市 2010 年和 2011 年文化产业影响力指数的变动情况。

1. 影响力指数数值变动特征

表 3—6　　　　2010—2011 年部分省市文化产业影响力指数数值变动情况

变动值排名	省市	2010 年	2011 年	变动值
1	陕西	70.8	76.3	5.5
2	河北	70.6	75.4	4.8
3	山西	68.3	73.1	4.8
4	湖南	73.6	77.6	4.0
5	安徽	72.7	75.9	3.2
6	青海	65.2	68.4	3.2
7	黑龙江	67.8	70.6	2.8
8	江西	70.7	73.1	2.4
9	湖北	71.1	73.3	2.2
10	广东	78.8	80.8	2.0

（1）总体变动情况。

从图3—8和图3—9中我们可以看出，中国省市文化产业影响力指数还很不稳定，2010年、2011年前后两年数值波动比较明显，影响力指数数值上升的省市和下降的省市几乎达到各占一半的水平，2011年省市文化产业影响力指数均值比2010年仅增长0.2。在29个省市中，共有16个省市影响力指数数值处于上升状况，13个省市影响力指数得分处于下降状况。

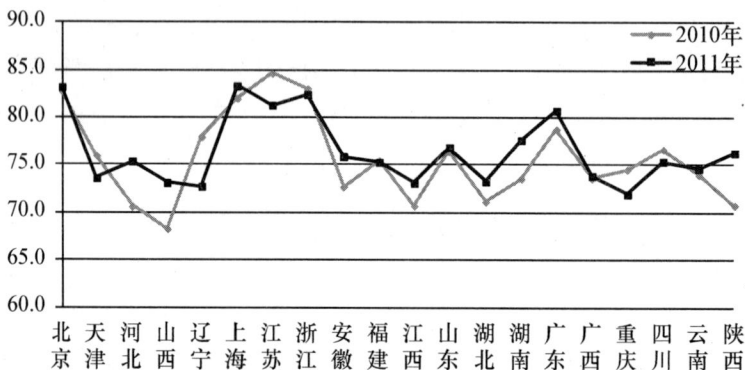

图3—8　2010—2011年部分省市文化产业影响力指数变动图

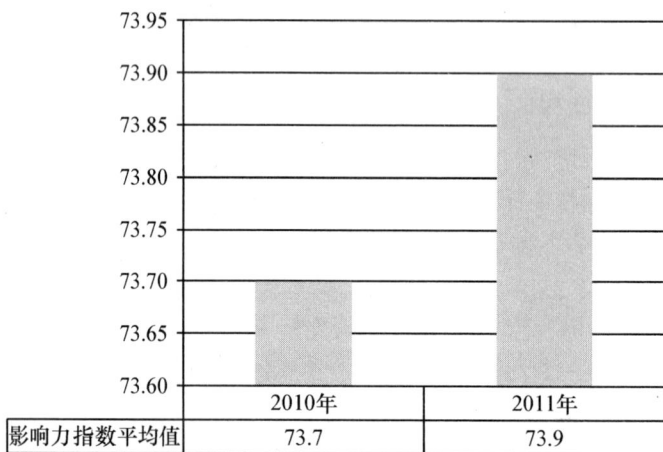

	2010年	2011年
影响力指数平均值	73.7	73.9

图3—9　2010—2011年中国省市文化产业影响力指数平均值对比图

（2）具体变动情况。

陕西、河北、山西、湖南、安徽、青海、黑龙江、江西等共16个省市影响力指数数值增加，占到总体的1/2左右。其中，陕西、河北、山西、湖南、安徽、青海增幅明显，又以陕西最为显著。北京、广西、山东、云南等省市前后两年的曲线几乎重合，说明这些省市的影响力指数增幅不大。

福建、甘肃、浙江、四川、内蒙古、天津、宁夏、重庆、江苏、贵州、河南、辽宁、海南共 13 个省市影响力指数数值处于下降状态，即近 1/2 的省市文化产业影响力有所降低，多数省市降幅较小，但是，海南降幅稍明显，还有较大进步空间。

（3）区域变动情况。

影响力指数数值增长靠前的省市，包括陕西、河北、山西、湖南、安徽、青海、黑龙江、江西等，有 1/2 属于中西部地区，有 1/2 属于东部地区。可见在经济不甚发达的中西部地区，进步还是非常明显的。

影响力指数数值降低较多的江苏、贵州、河南、辽宁、海南等省市，有 6 个来自西部地区，占到总体的 46.1%。

因此，总体来说，在文化产业影响力的变动方面，我国东、中、西部没有形成很大差异。

2. 影响力指数排名变动特征

如表 3—7 所示，中国省市文化产业影响力指数 2010 年、2011 年前后两年的排名变动不大，前十名及后十名包含的省市大部分不变，只是内部排名稍有变化。29个省市中，有 5 个排名不变，12 个排名上升，12 个排名下降。排名变化的省市的变动幅度也相对较小，大部分在 5 位以内。

表 3—7　　　　　　　　　2010 年和 2011 年部分省市文化产业影响力指数对比表

2010 年			2011 年				
排名	省市	影响力指数	排名	省市	排名变动	影响力指数	数值变动
1	江苏	84.6	1	上海	↑	83.3	↑
2	浙江	83.0	2	北京	↑	83.2	↑
3	北京	82.8	3	浙江	↓	82.4	↓
4	上海	82.0	4	江苏	↓	81.3	↓
5	广东	78.8	5	广东	—	80.8	↑
6	辽宁	78.0	6	湖南	↑	77.6	↑
7	四川	76.7	7	山东	↑	76.9	↑
8	山东	76.4	8	陕西	↑	76.3	↑
9	天津	76.0	9	安徽	↑	75.9	↑
10	河南	75.6	10	四川	↓	75.4	↓
11	福建	75.5	11	河北	↑	75.4	↑
12	重庆	74.6	12	福建	↓	75.3	↓
13	云南	74.0	13	云南	—	74.7	↑
14	广西	73.6	14	广西	—	73.9	↑
15	湖南	73.6	15	天津	↓	73.6	↓

说明：本表只显示我国文化产业影响力指数排名前 15 位的省市的影响力指数情况。

29 个省市中，湖南、安徽、山西、河北和陕西是影响力指数排名上升较多的省市，湖南、陕西和安徽还进入了影响力指数排名前十的行列，排名也都上升了 10 名左右。河北排名进步较大，由第 21 名的位置上升至第 11 名的位置；山西由第 26 名上升至第 17 名；江西也上升了两个位次，由第 20 名上升至第 18 名，脱离了影响力指数排名后十名的行列。

影响力指数排名下降较多的是辽宁、贵州、河南、天津 4 个省市，这些省市在影响力方面还是存在一定的问题，需要及时发现原因，及时解决。

29 个省市中，有 5 个省市——广东、云南、广西、吉林、甘肃排名不变。北京、上海、浙江、江苏、广东依然包揽了影响力指数的前五名，除广东外，其余四省市两年影响力指数数值均超过 80，广东省 2011 年影响力指数数值也超过 80，这些省市文化产业的影响力继续在全国领跑，北京、上海两市 2011 年影响力指数数值和排名两方面均上升，上海还成为 2011 年影响力指数排名第一的省市，浙江和江苏却成为影响力指数和排名双下降的省市，但只是稍有下降，还是位于排名前列的位置；四川、山东也是连续两年进入全国影响力前十的行列，显示了这些省市强大的文化产业产出能力；福建、广西这两个省市文化产业影响力比较稳定，连续两年处于指数排名中间的行列，文化产业发展潜力巨大；吉林、内蒙古、海南、甘肃、黑龙江、青海、宁夏这 7 个省市则是连续两年位于指数排名后十名的行列，这些省市无论是文化投入还是文化产出均比较薄弱，文化产业尚不发达，影响力不足，这些省市文化产业的发展任重道远。

3. 影响力指数增长速度特征

2010—2011 年影响力指数的增长情况呈现了有趣的现象。2011 年与 2010 年相比，29 个省市的增长率图像几乎呈现对称形状，即上升的省市和下降的省市的个数近乎相等。影响力指数的增长速度大体上可以分为五个梯队：第一梯队的为河北、陕西、山西 3 个省市，这 3 个省市影响力指数增长速度遥遥领先，2010—2011 年影响力指数增长率均超过 6%（见表 3—8、图 3—10）；第二梯队的范围比较广，包含吉林、青海、安徽、黑龙江、湖南、江西、湖北、广东、上海共 9 省市，这些省市影响力指数增长速度均超过 1%，增速略逊于第一梯队，但是也呈现良好的增长态势；第三梯队的情况比较复杂，既包含山东、北京、广西 3 个影响力指数正增长的省市，也包含福建、浙江和甘肃 3 个影响力指数负增长的省市，这些省市归为一个梯队是因为它们的影响力指数变动十分微弱，上升或者下降幅度都很小，变动幅度的绝对值都不超过 1%；第四个梯队包括云南、四川、内蒙古、天津、重庆、宁夏、江苏和贵州 8 个省市，它们的下降幅度超过 1%，但没有达到 5%。河南、辽宁和海南3个省市影响力指数下降速度较快,下降幅度超过5%。需要注意的是,影响力指数排名靠前的浙江、江苏出现了负增长的情况,以及前文提到的浙江、江苏出现了得分、排名双下降的情况,说明我们不仅要关注各省市影响力指数值和排名的绝对数值的情况,还要注意它们相对的变动情况,这样有助于把握各省市影响力指数的变动趋势,及时发现各省市文化产业发展过程中文化产出方面的短板因素。

表3—8 2010—2011年部分省市文化产业影响力指数增速表

增速排名	省市	2010年	2011年	增速
1	陕西	70.8	76.3	7.77%
2	山西	68.3	73.1	7.03%
3	河北	70.6	75.4	6.80%
4	湖南	73.6	77.6	5.43%
5	青海	65.2	68.4	4.91%
6	安徽	72.7	75.9	4.40%
7	黑龙江	67.8	70.6	4.13%
8	江西	70.7	73.1	3.40%
9	湖北	71.1	73.3	3.10%
10	广东	78.8	80.8	2.54%

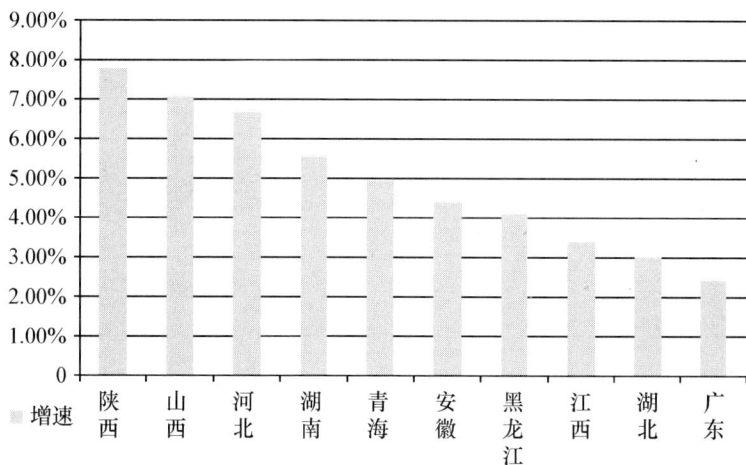

图3—10 2010—2011年部分省市文化产业影响力指数增速图

4. 影响力指数变异系数变动特征

(1)总体变动情况。

如表3—9、图3—11所示,从总体上看,2011年与2010年相比,影响力指数变异系数变化不大。12个省市处于上升状态,17个省市处于下降状态,其中3个省市变化极其微弱。2011 年省市影响力指数变异系数均值比 2010 年下降 0.022，可见，省市之间文化产业发展的不均衡性稍有减弱。

表 3—9　　　　2010—2011 年部分省市文化产业影响力指数变异系数变动情况表

省市	2010 年	2011 年	增加值
甘肃	0.034	0.099	0.065
黑龙江	0.021	0.076	0.055
内蒙古	0.023	0.073	0.050
广东	0.041	0.084	0.043
吉林	0.003	0.040	0.037
江西	0.014	0.033	0.019
广西	0.034	0.051	0.017
云南	0.004	0.019	0.015
宁夏	0.017	0.028	0.011
青海	0.022	0.027	0.005
海南	0.027	0.031	0.004
河北	0.032	0.033	0.001
湖北	0.037	0.035	−0.002
山西	0.016	0.014	−0.002
河南	0.041	0.030	−0.011
北京	0.158	0.132	−0.026
重庆	0.067	0.028	−0.039
浙江	0.073	0.033	−0.040
湖南	0.063	0.020	−0.043
安徽	0.061	0.013	−0.048
山东	0.068	0.013	−0.055
福建	0.076	0.019	−0.057
辽宁	0.093	0.032	−0.061
上海	0.220	0.148	−0.072
陕西	0.130	0.048	−0.082
四川	0.114	0.027	−0.087
天津	0.189	0.092	−0.097
江苏	0.108	0.005	−0.103
贵州	0.146	0.010	−0.136
平均值	0.067	0.045	−0.022

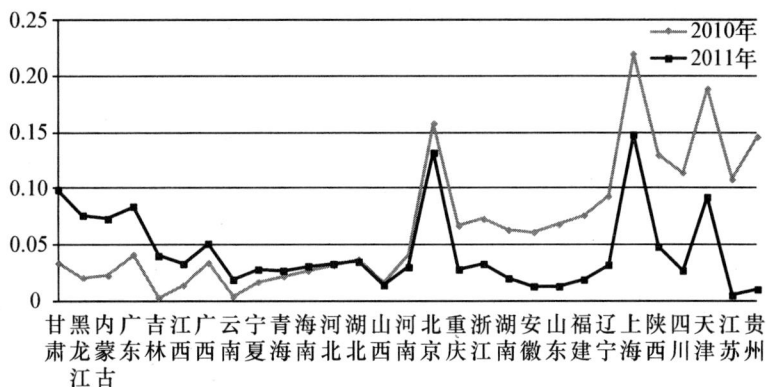

图 3—11　2010—2011 年部分省市文化产业影响力指数变异系数变动情况图

（2）具体变动情况。

甘肃、黑龙江、内蒙古、广东、吉林、江西、广西、云南、宁夏共 9 个省市文化产业影响力指数变异系数增大。其中，甘肃、黑龙江、内蒙古、广东四省市变动稍明显，超过 0.04，又以甘肃的变动最为显著，2011 年比 2010 年增加了 0.065，远高于全国省市变异系数的平均水平—0.022。可见这几个省市的文化产业影响力发展的不均衡性有所增大。

河北、青海、湖北、海南、山西 5 省市的影响力指数变异系数两年间基本保持不变，变化程度小于 0.01。从 2011 年指标看，这 5 省市的变异系数均大幅低于全国平均水平，发展均衡性较好。

湖北、山西、河南、北京、重庆、浙江、湖南、安徽、山东、福建、辽宁、上海、陕西、四川、天津、江苏、贵州 17 省市的影响力变异系数降低。其中，贵州的变异系数变化最为明显，从 0.146 减小到 0.010，说明贵州文化产业影响力发展的均衡性显著增强。但是，北京和上海虽然变异系数有所降低，仍处于较高水平，分数均高于 0.1，远高于全国的平均水平 0.045，存在很大的改进空间。

（二）中国省市文化产业影响力指数变动原因分析

中国省市文化产业影响力指数主要从经济影响和社会影响两方面来衡量。

从表 3—10 中的数据我们可以看出，与 2010 年相比，2011 年各省市经济影响力有所下降，下降幅度为 3.89%，而社会影响力略有上升，上升幅度为 4.69%，综合作用的结果是影响力指数得分几乎不变，仅有 0.24% 的微弱上升。经济影响力指标得分下降，表明各文化产业产出能力较 2010 年有所下降，而社会影响力指标得分的上升则是由于文化形象的提升以及公众对文化产业参与的增加。下面通过文化产业影响力两个分指标的折线图来具体分析文化产业影响力指数变动的原因。

表 3—10　　　2010—2011 年中国省市文化产业影响力指数二级指标得分平均值对比表

平均值	经济影响		社会影响	
	2010 年	2011 年	2010 年	2011 年
	77.2	74.2	70.3	73.6

说明：表中 2010 年、2011 年数据均为保留 1 位小数之后的结果。

1. 经济影响分析

经济方面的影响，主要从文化产业的经济规模、收入水平和集聚效应三个角度来考虑。经济规模主要是指其总产出，主要表现形式为总量指标。产出能力较强的省市，则文化产业规模效应较大，经济影响力也较大。收入水平主要是指文化产业人均收入，文化产业人均收入水平高的省市，经济影响力水平也较高。集聚效应是为了考察区域文化产业集群产生的效应。

前文已经提到，经济影响力指标 2011 年得分与 2010 年得分相比是下降的，下面从文化产业总产出、文化产业人均收入、文化产业集聚效应三个方面来举例分析文化产业经济影响力得分下降的原因，进而分析经济影响对生产力指数的影响。

（1）文化产业总产出分析。

与 2010 年相比，2011 年 29 个省市的文化产业总产出均处于下降状态，2010 年 29 个省市文化产业总产出为 39 176.90 亿元，2011 年这个数值则减少至 15 138.43 亿元，减少幅度高达 61%，这就在一定程度上揭示了文化产业经济影响力指标得分下降的原因。由于文化产业产出对影响力有着重要的影响，文化产业产出下降幅度较大的省市往往也是影响力指数得分下降较多的省市。下降幅度较大的包括江苏、浙江等省，这也与这两省的影响力指数得分下降较多的特征相呼应；河北、吉林两省文化产业总产出下降最少，下降幅度均不超过 30%，这样就为这两个省影响力指数得分最终处于上升状态奠定了基础（见图 3—12）。

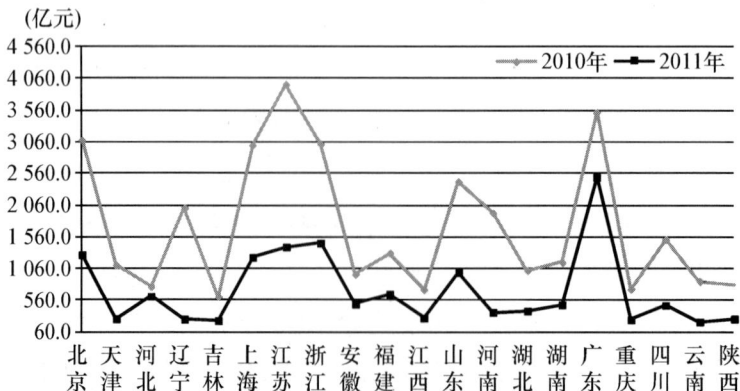

图 3—12　2010—2011 年部分省市文化产业总产出对比图

下面分析一下文化产业总产出的得分情况。

2011年文化产业总产出得分情况与2010年相比整体都处于下降态势，下降的省市个数达到25个，仅有河北、宁夏、广东三个省市文化产业总产出得分处于上升状况，还有就是青海省两年得分保持不变。2010年文化产业总产出平均得分值为72.98，2011年这个数值下降至低于70，仅为68.06。这表明各省市在文化产业方面虽然投入了很大的资本，但是产出结果却不尽如人意，大多数省市产出的绝对值都有所下降，产出得分情况也是处于下降状况（见图3—13）。得分上升的三个省市中，广东上升得最快，上升幅度达到4.71%，河北其次，上升幅度为3.87%，宁夏上升幅度最小，仅为0.33%，这些省市总产出得分的上升是由于其文化产业总产出数值下降得较少。

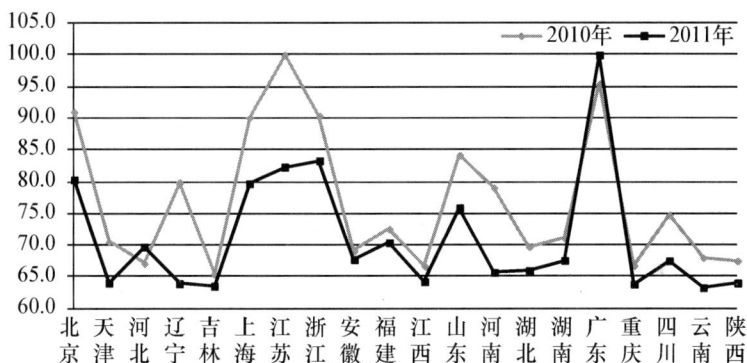

图3—13　2010—2011年部分省市文化产业总产出得分对比图

（2）文化产业人均收入分析。

下面来看一下文化产业人均收入得分的对比情况。

从图3—14中我们可以看出，与2010年相比，2011年中国省市文化产业人均收入得分总体还是处于下降状况的（见图3—14）。2010年文化产业人均收入得分的平均值为76.5，2011年得分平均值下降为71.8，下降幅度为6.14%，考虑到2009—2010年29个省市文化产业总产出的下降状况，我们也就不难理解这种变化。2009年29个省市文化产业人均收入的平均值为44.8，2010年这个数值减少至19.9，减少幅度也过半了。共22个省市得分处于下降态势，仅有北京、河北、山西、上海、浙江、安徽和广东7个省市文化产业人均收入得分是上升的。得分下降较快的省市，也是人均收入数值下降较快的省市，这些省市需要在政策上加强引导，提高文化产业从业人员待遇水平，从而对文化产业从业人才形成吸引力。

得分上升的省市中，河北上升幅度最大，由2010年的63.7上升为2011年的77.9，得分增长了22.29%；广东其次，得分增长了9.68%。往后依次为北京、浙

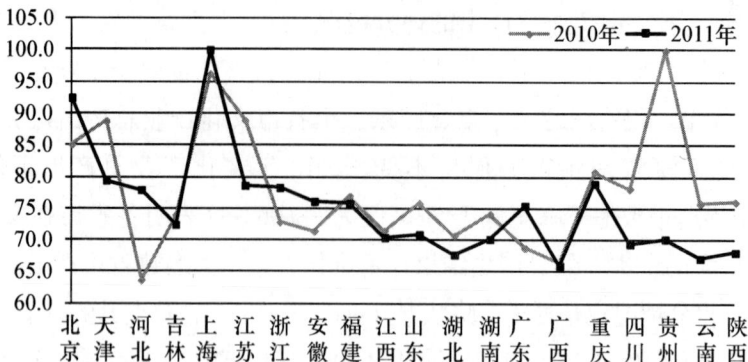

图 3—14　2010—2011 年部分省市文化产业人均收入得分对比图

江、山西、安徽和上海。与前面的原因相类似，文化产业人均收入得分上升的省市一般也是文化产业人均收入增加或者减少得较少的省市。这 7 个省市中，仅有河北和山西二省文化产业人均收入是增加的。河北省 2009 年文化产业人均收入为 16.8 元，2010 年增加为 24.9 元，增加幅度为 48.2%；山西省 2009 年文化产业人均收入为 8.7 元，2010 年增加至 13.53 元，增加幅度达到 55.5%，成为文化产业人均收入增长最快的省。河北省文化产业人均收入的增加，一方面是由于河北省是少数的几个 2010 年省市文化产业总产出下降幅度较小的省市之一，另一方面是由于在文化产业就业人数方面，河北省 2009 年为 46.7 万人，2010 年仅为 25.1 万人，减少了将近一半的就业人员，相比文化产业总产出的下降，就业人数的下降幅度更明显，因此河北省文化产业人均产出结果是上升的；山西省文化产业人均收入的增加则更体现了文化产业就业人数对人均收入的重要影响。

（3）文化产业集聚效应分析。

从图 3—15 中我们可以看出，2011 年中国省市文化产业集聚效应得分与 2010 年相比波动还是比较剧烈的。29 个省市中，得分上升的省市和得分下降的省市各占一半，均有 14 个，剩余一个得分前后两年持平的是北京市，北京市前后两年集聚效应排名都是第一位，得分均为 100。从得分的总体情况来看，2010 年和 2011 年文化产业集聚效应得分的平均值几乎没有变化，2010 年数值为 82.16，2011 年数值为 82.82，两年得分平均值几乎相等。但是从各省市集聚效应排名来看，变动就比较明显了，例如，2010 年集聚效应得分排名后十的省市中，内蒙古、山西、江西以及云南 4 个省市 2011 年排名都上升了十多位，进入了文化产业集聚效应排名前十的行列，相反，2010 年排名第 3 位的浙江省，2011 年排名下降至第 20 位的位置。得分上升较快的省市是内蒙古、黑龙江、青海、江西、山西、云南 6 个省市，这些省市文化产业集聚效应得分增长率都超过了 10%，内蒙古的增长率更是达到了

36.29％，位列文化产业集聚效应增长速度最快的省市之首；文化产业集聚效应下降较快的是浙江省。

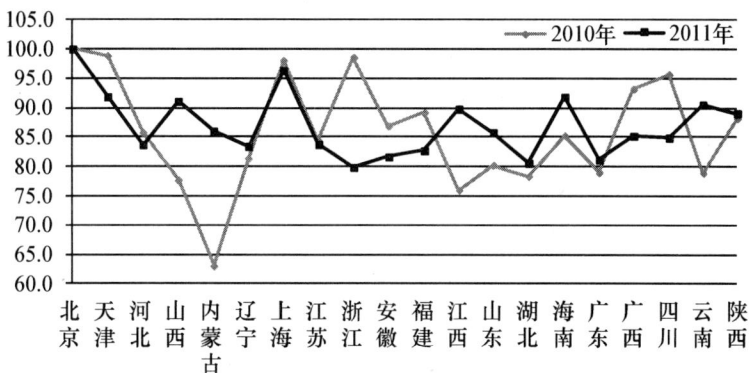

图 3—15 2010—2011 年部分省市文化产业集聚效应得分对比图

以文化产业集聚效应上升最快的内蒙古为例。2010 年 3 月，内蒙古包头市积极筹划文化产业园区建设，建设了包头市文化产业园区和包头燕家梁文化产业园区，同时还筹备建设燕家梁遗址博物馆，续建包头固阳秦长城文化产业园区和包头敕勒川文化产业园区，扶持"华之声"影视传媒公司拍摄 18 集连续剧《青水沟》和扶持"五猫"影视传媒公司拍摄 36 集连续剧《憨蛋》，推动包头市草原文化传播公司制作的工艺美术金箔画"成吉思汗"、"五当召"、"美岱召"等作品走向市场。2010 年 6 月，内蒙古达茂旗准备通过招商引资，建设内蒙古草原古道文化产业园区。这个文化产业园区规划占地 3 000 亩，拟建设历史文化博物园、草原古道文化园、革命老区文化园、非遗文化展示区和草原英雄小姐妹园区等 12 个部分。2010 年 10 月，《内蒙古敕勒川文化产业园区总体规划》通过论证。内蒙古开始建设敕勒川文化产业园区，该园区定位为"敕勒川文化产业园区是挖掘、继承和弘扬敕勒川文化的富有地方特色的综合性文化产业园区，是文化艺术集中展示的场所和产品集散地，是敕勒川文化的代表性产业园区，是呼包鄂区域富有特色的文化休闲体验旅游的活动中心"。园区设计为"一主园、四辅园，共 59 个项目"，目标是 2020 年完成投资 23 亿元，年收入达到 58 亿元。2011 年，内蒙古正蓝旗打造民族特色产业新型园区，园区项目于 2011 年 9 月开始实施，占地面积 340 余亩，建筑面积 64 454 平方米，总投资 9 850 万元。该园区整体是集蒙元风情广场、蒙元奶食城、糖果加工基地、风干肉加工基地、蒙古包加工基地、民族服饰、展览中心、检测中心、酒店接待中心和民俗休闲区为一体的综合园区，目前已经进行一期的厂房建设，已完成投资 300 万元，预计该园区建成后将有 30 余家特色企业入驻园区。2010 年内蒙古这些产业园区的建设对于推动文化资源与产业要素的交换流通、整合集聚，拓展和优化文化产业链，实现规模化发展、集约化经营，以及提升文化产业发展水平具有重大意义，这些园区的建设无疑提升了内蒙古文化产业集聚效应，从而也就很好地解释了内蒙古文化产业集聚效应得分上升幅度最快的结果。

（4）经济影响分析小结。

经过以上对经济影响各个变量指标的详细分析，我们就可以解释文化产业经济影响力指标变动的原因了。与 2010 年相比，除了河北、山西、内蒙古、广东、江西、青海六个省市外，其余 23 个省市 2011 年文化产业经济影响力指标得分均处于下降状态，图 3—16 显示了 2011 年文化产业经济影响力排名前 20 位的省市得分情况。

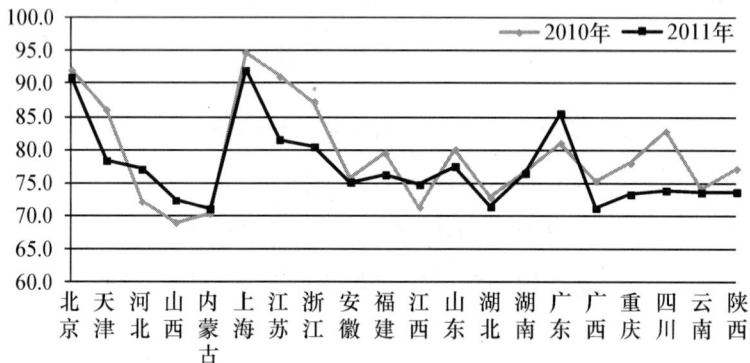

图 3—16 2010—2011 年部分省市文化产业经济影响力得分折线图

得分上升的这六个省市，上升幅度从大到小的顺序依次为：河北、广东、山西、江西、青海、内蒙古。河北省虽然聚集效应得分稍有下降，但是凭借文化产业总产出以及人均产出得分的突出优势，由 2010 年经济影响力排名第二十的位置上升至 2011 年排名第八的位置；广东省影响力指数得分发展比较均衡，文化产业总产出以及人均产出得分优势比较明显，此外就是集聚效应得分稍有提升，综合作用的结果是广东省经济影响力指标得分 2011 年排名上升至第三的位置；山西省则是由于文化产业人均收入得分的提升以及集聚效应得分的提升，使得经济影响力指标得分由 2010 年的 69.1 上升至 2011 年的 72.4，排名也相应地由第二十五上升为第十七；江西省经济影响力指标得分的上升完全归功于集聚效应的提升，因为江西省其余两个评价项目的得分是处于下降状态的；青海省文化产业总产出得分没有变化，但是人均产出得分下降幅度较大，而集聚效应得分提升较多，二者作用的结果是青海省 2011 年文化产业经济影响力指标得分稍有上升。

经济影响力指标的三个子要素相互作用、相互影响，决定了经济影响力指标得分的变动情况。整体来看，与 2010 年相比，2011 年文化产业总产出以及文化产业人均收入的下降趋势比较明显，文化产业的集聚效应得分几乎没有变化。因此，文化产业经济影响力指标得分下降的趋势主要是由总产出以及人均收入的下降决定的。通过前文经济影响力指标得分下降较快的省市分析也可以印证上述结论。

2. 社会影响分析

社会影响，主要是指文化产品与服务对市民或消费者的影响，体现在文化参与、文化形象等方面。

2010 年社会影响力指标得分平均值为 70.3，2011 年则上升为 73.6，上升幅度为 4.70%，说明我国文化产业的文化产品与服务的影响力方面 2011 年比 2010 年有所提高。接下来，我们从社会影响力指标的几个测度变量入手对这个变化进行举例分析。

（1）影响人次分析。

2011 年影响人次指标的分变量得分的平均值与 2010 年相比，均处于下降状态。其中，艺术表演观众人次得分下降幅度较小，为 2.1%，这一指标得分下降的直接原因就是 2011 年各省市文化产业艺术表演人次数量的下降，2010 年 29 个省市艺术表演人次的平均数量为 28 392.31，而 2011 年这个数值仅为 7 835.2；各地区公共图书馆书刊文献总流通人次得分下降幅度为 3.55%，2011 年得分下降至 70 以下，与艺术表演观众人次得分下降的原因相似，各地区公共图书馆查看文献总流通人次得分的下降也是由于这个指标绝对数值的整体下降趋势造成的；下降趋势最为明显的是艺术馆、文化馆、文化站活动量得分情况，2010 年这个得分高达 77.16，已经比较接近 80，而 2011 年这个得分下降至 70 以下，仅为 68.07，下降幅度高达 11.78%，从艺术馆、文化馆、文化站活动量的数值看，也印证了上述变化趋势。2010 年，各省市艺术馆、文化馆、文化站活动量的平均值达到了 32 769.2，而 2011 年这个数值仅有 4 898，减小幅度明显。影响人次变量的全面下降必然对文化产业社会影响力指标得分造成一定的冲击。

（2）文化氛围分析。

文化氛围指的是居民对本地文化氛围是否浓厚的总体评价。2010 年文化氛围得分平均值为 65.22，2011 年文化氛围得分平均值就上升至 75.91，上升幅度达到 16.4%，说明我国各省市文化氛围总体上处于提升的状态。文化氛围得分的上升幅度，也是文化氛围、文化包容度、文化形象三个上升的指标中上升幅度最大的。

29 个省市中，除宁夏、海南和内蒙古三个省市外，其余各省市文化氛围得分均处于上升状态，这也就决定了文化氛围总体得分提升的局面。文化氛围得分上升最快的是四川、陕西、河北三个省市，这三个省市文化氛围得分上升幅度均超过了

30%，文化氛围提升明显（见图 3—17）。文化氛围排名变动情况也比较剧烈，四川、陕西以及河北三个省市，凭借省市文化氛围的大幅提升，纷纷跻身文化氛围得分排名前十的行列。

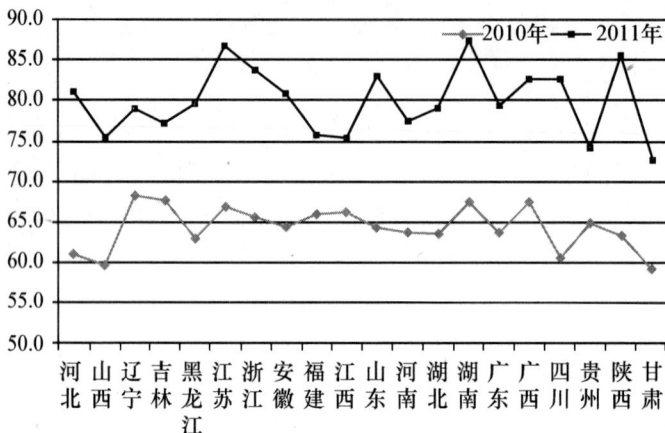

图 3—17　2010—2011 年部分省市文化产业文化氛围得分对比折线图

以陕西省为例，看看陕西省在加强省市文化氛围的建设方面做了哪些努力。

从 2011 年 7 月 1 日起，陕西 5 家美术馆、112 家公共图书馆、120 家文化馆、1 611 家乡镇文化站全部面向社会免费开放。至此，陕西公共文化设施基本全免费。民众不仅能免费参观美术馆、公共图书馆、文化馆以及乡镇文化站这"三馆一站"，还能免费使用阅览室、报告厅、自修室、多功能厅、展览厅、辅导培训教室、学习室、娱乐活动室等公共空间设施场地，免费享受文献资源借阅、检索与咨询、公益性讲座和展览、流动服务、普及性的辅导培训、公益性群众文化活动、数字文化信息服务、时政法制科普教育、体育健身、青少年校外活动等基本文化服务项目以及免费办证、存包等。公共图书馆还将在降低图书借阅证押金、减少遗失补办借阅证工本费、建立读者和图书管理员互动及读者自律机制等方面，全面提升服务水平。2011 年 7 月 1 日起，陕西省艺术馆面向社会免费开放多功能活动厅、民俗工艺品展销厅、辅导培训教室、非物质文化遗产展览馆、音乐舞蹈综合排练厅等文化活动设施，同时开展未成年人艺术培训，举办基层文化馆（站）干部和业余文艺骨干培训班、公益性文化艺术讲座等。

党的十七届六中全会提出，要加强文化基础设施建设，完善公共文化服务网络，让群众广泛享有免费或优惠的基本公共文化服务。陕西省加大力度，把文化基础设施建设的触角向基层特别是农村延伸，加快推进城乡文化一体化发展，在构建公共文化服务体系中让文化更惠民。例如，陕西省三原县农家书屋工程在 2011 年已经提前实现行政村全覆盖。有了农家书屋，喜欢读书看报的"老书迷"就不用自己花钱订报了，这大大改善了居民文化产业基础条件，使得更多的人有机会进行文化活动，有助于省市文化氛围的提升。在农村公共文化设施加大惠民力度的同时，在省市打工的农民工也成为文化阳光普惠的对象。从2007年10月至2011年，陕西省戏曲研究院每天为农民工免费赠送30张戏票。陕西省还采取了一系列政策措施，着力推进重点文化工程建设，组织开展形式多样的农村文化活动，积极培育农村文化市场，广泛开展文化科技卫生"三下乡"，使得农民群众精神文化生活得到改善，农村文化建设呈现较好的发展局面。经过这样一些工作，全省文化建设有了较好的成果，文化氛围有了较大的提升。

（3）文化包容度分析。

文化包容度从一个省市应该包容多种文化以及他人的习惯、传统应当得到理解和尊重两个方面进行考察。2010年文化包容度得分平均值为70.67，2011年则上升至74.38，上升幅度为5.25％，说明我国省市文化包容程度有了一定的提升，不同国家和民族、不同文化背景的人能够更好地和谐相处，这是有利于文化产业发展的，有利于提升文化产业社会影响力。

如图3—18所示，2010—2011年中国省市文化产业文化包容度得分大多处于上升状况。29个省市中，得分上升的省市达到22个，仅有北京、天津、内蒙古、上海、海南、重庆、宁夏7个省市文化产业包容度得分是下降的。在得分下降的省市中，海南、北京等省市下降幅度不太明显，宁夏下降幅度为8.43％，天津下降6.04％，内蒙古下降5.86％，上海和重庆下降幅度均不超过5％。在得分上升的省市中，陕西省以32.36％的增幅遥遥领先，陕西省2010年文化产业包容度得分仅为61.5，2011年得分就超过了80，达到81.4；增长幅度紧随其后的依次为四川、湖南、江苏、山东，这几个省市文化包容度得分增长率均超过10％。

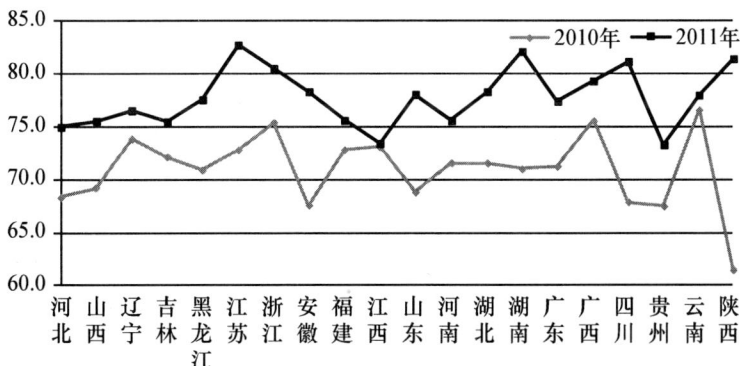

图3—18　2010—2011年部分省市文化产业文化包容度得分对比折线图

（4）文化形象分析。

2011 年中国省市文化产业文化形象得分整体来看处于上升状态。29 个省市中，24 个省市文化形象得分是上升的，仅有 5 个省市文化形象得分是下降的。2010 年文化形象平均得分为 71.05，2011 年上升至 74.52，上升幅度为 4.88%。上升速度最快的还是陕西省，文化形象得分增长率高达 29.89%，其次是湖南、湖北、上海等省市（见图 3—19）。

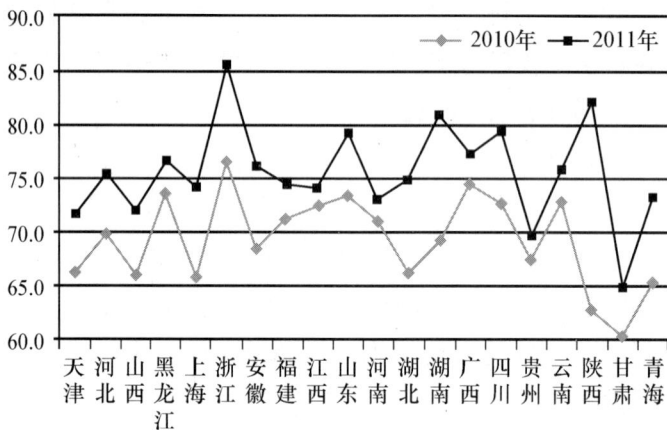

图 3—19　2010—2011 年部分省市文化产业文化形象得分对比折线图

以文化形象上升幅度最大的陕西省为例进行分析，可以看到陕西省在提升文化形象方面做了很多的努力。例如，在保护文化遗产形象方面，陕西分主题奋力打造世界级文化遗产项目。陕西省一直在加快推进华山景区申报世界自然与文化双遗产工作，陕西省政府还成立了华山申遗领导小组，按照申遗标准积极开展景区整治。华山已被建设部列入国家自然与文化双遗产名录，住房和城乡建设部与国家文物局已确定将华山申遗项目作为我国 2011 年申报项目。华山景区第二轮总体规划已上报国务院待批，这大大促进了陕西省文化形象的提升及塑造。

2011 年，欧亚经济论坛"遗产保护与旅游发展分会"于 9 月 19 日至 21 日在陕西西安大唐西市举行，这次会议对于保护人类历史遗产，传承民族优秀文化，推动欧亚地区特别是丝绸之路沿线国家的遗产保护、旅游合作与经济可持续发展具有重要意义。随着欧亚国家间的合作日渐成熟，合作范围逐渐扩展，文化遗产的保护传承与人文旅游的发展方面的合作已成为欧亚国家合作的另一重要领域。欧亚经济论坛"遗产保护与旅游发展分会"的召开促进了陕西省文化交流形象的提升。

（5）社会影响分析小结。

由图 3—20 我们可以看出，与 2010 年相比，2011 年中国省市文化产业社会影响力指标得分大部分还是处于上升状态。29 个省市中，得分上升的省市共有 23 个，仅 6 个省市社会影响力指标得分处于下降状态。2010 年，29 个省市社会影响力指标得分平均值为 70.26，2011 年为 73.64，上升幅度为 4.81%。社会影响力指标得分的上升也奠定了中国省市文化产业影响力指标得分上升的基础。

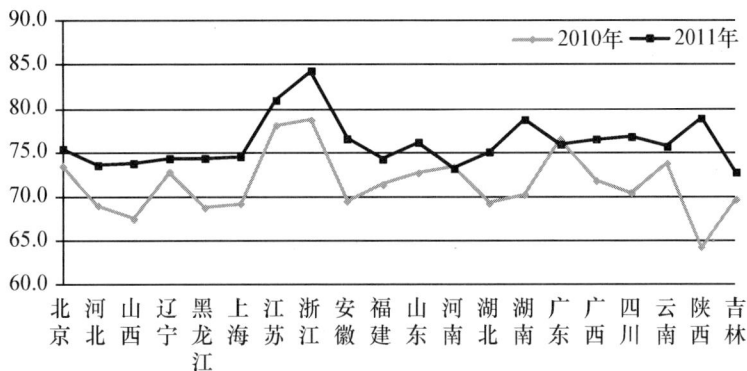

图 3—20　2010—2011 年部分省市文化产业社会影响力得分对比折线图

社会影响力指标得分上升的省市中，陕西省虽然在影响人次指标得分上稍有下降，但是凭借其在文化氛围、文化包容度以及文化形象三个指标上得分的大幅度提升，使得陕西省社会影响力指标得分上升幅度遥遥领先，上升幅度达到 22.71%，陕西省也由 2010 年社会影响力指标得分排名第二十七的位置一跃至排名第三的位置；湖南省也是凭借文化氛围、包容度和文化形象三方面的稳步提升，结果 2011 年社会影响力指标得分上升了 12.09%，排名由第十三位上升至第四位。社会影响力指标得分上升的省市中，或者影响人次得分上升，或者影响人次得分下降，但是无疑这些省市都在文化氛围、文化包容度和文化形象方面有很好的表现，这三方面得分的提升对社会影响得分起了决定性的作用。

3. 影响力指数分析

产业影响力方面，东部沿海地区文化产业经济效益极为显著，2011 年北京、上海、广东、苏州、浙江、山东等地文化产业产值都已超过 1 000 亿元，其中广东更是以 2 501 亿元的产值遥遥领先。

影响力指数上升最快的河北省，由于其经济影响和社会影响两项指标得分均处于上升状态，起决定性因素的还是河北省在经济影响方面的良好表现，尤其是文化产业总产出以及文化产业人均收入方面的表现，结果使其占据了增速最快的位置，排名也上升了 10 位；山西省社会影响力指标得分上涨不突出，仅为 9.33%，但是加之以山西省经济影响力指标得分的突出优势，最终山西省也成为影响力指数得分增长速度位居前列的省市；陕西省经济影响力指标得分虽然处于下降状态，但是前文已经提到陕西省由于更为重视公共文化服务以及文化形象，取得了良好的社会效益，是社会影响力指标得分上升最快的省市，因此，综合作用的结果是陕西省影响力指数上升幅度也处于前三名的行列。

三、中国省市文化产业驱动力指数变动特征及其原因分析

（一）中国省市文化产业驱动力指数变动特征

外部发展环境对于文化产业发展与持续发展起到至关重要的作用，文化产业驱动力指数用来反映文化产业发展的外部环境和态度。

1. 驱动力指数数值变动特征

（1）总体变动情况。

2010—2011年中国省市文化产业驱动力指数得分的上升趋势比较明显。大部分省市2011年文化产业驱动力指数得分的曲线均在2010年的基础上整体上移了一大截，这表明几乎所有的省市文化产业驱动力指数都处于上升状态，说明各省市文化产业发展的外部环境正在逐年改善（见表3—11、图3—21）。大多数省市增长幅度明显，29个省市文化产业驱动力指数的平均增长高达7.3（见图3—22）。

表3—11　　　　2010—2011年部分省市文化产业驱动力指数数值变动情况表

变动值排名	省市	2010年	2011年	变动值
1	江西	62.1	76.2	14.1
2	内蒙古	60.5	73.6	13.1
3	吉林	62.7	75.5	12.8
4	天津	65.6	78.1	12.5
5	四川	60.5	72.9	12.4
6	黑龙江	57.2	69.5	12.3
7	山东	62.2	74.0	11.8
8	河北	59.9	70.9	11.0
9	云南	59.9	70.4	10.5
10	辽宁	60.4	70.8	10.4

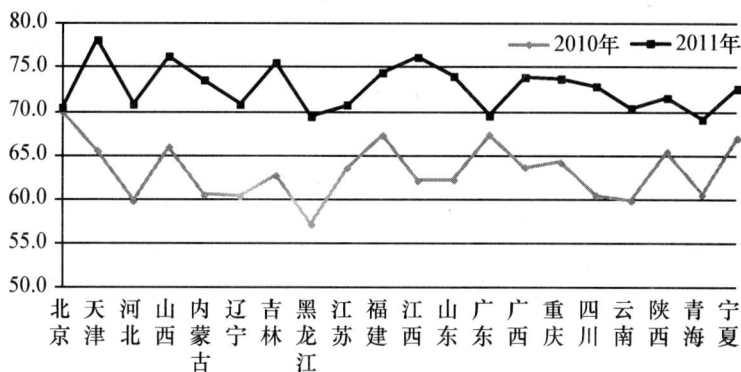

图 3—21 2010—2011 年部分省市文化产业驱动力指数变动图

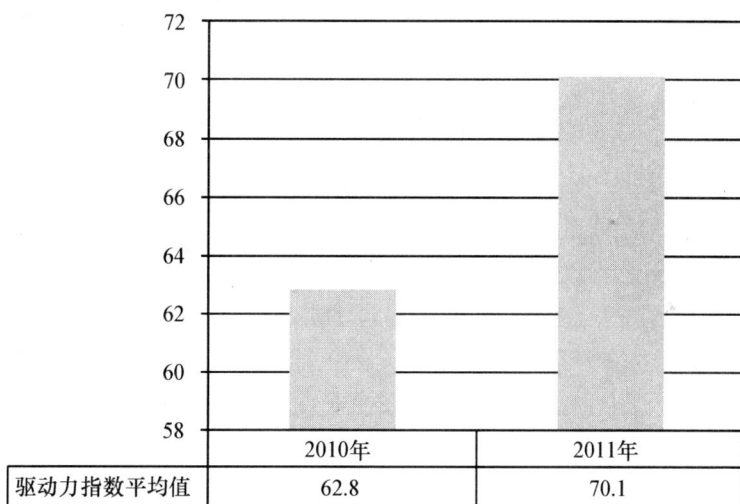

	2010年	2011年
驱动力指数平均值	62.8	70.1

图 3—22 2010—2011 年中国省市文化产业驱动力指数平均值对比图

（2）具体变动情况。

由表 3—11、图 3—21 可知，江西、内蒙古、吉林、天津、四川、黑龙江、山东、河北、云南、辽宁、山西、广西等共 27 个省市驱动力指数增加，即全国超过 93％的省市文化产业驱动力有所提高。北京、上海的前后两年的曲线几乎重合，说明两市两年的驱动力指数几乎没有变化。江西、内蒙古、吉林、天津、四川、黑龙江增幅明显，又以江西最为显著。江西驱动力指数由 2010 年的 62.1 上升到 76.2，增长 14.1，远高于全国平均增幅（7.3）。

（3）区域变动情况。

驱动力指数增长前十名的省市为江西、内蒙古、吉林、天津、四川、黑龙江、山东、河北、云南、辽宁，有四个来自西部地区，且驱动力增加较多的多为经济不甚发达地区。可见，西部地区文化产业驱动力指数相对于调查总体来说，呈现出较为明显的上升状态。

驱动力指数降低较多的省市，应当给予文化产业更多的重视，营造出适宜文化产业发展的良好环境。

因此，总体来说，我国文化产业驱动力指数较往年都有大幅度的提升。

2. 驱动力指数排名变动特征

总体上来看，29 个省市文化产业驱动力指数 2010 年和 2011 年排名波动比较大，中国省市文化产业发展驱动力指数的数值变动也相对较大，排名前十位的省市和排名后十位的省市前后两年有很大差异，没有排名不变的。排名变化的省市中，变动幅度也较大，大部分在 3 位以上（见表 3—12）。

表 3—12　　　　　　2010 年和 2011 年部分省市文化产业驱动力指数对比表

2010 年			2011 年				
排名	省市	驱动力指数	排名	省市	排名变动	驱动力指数	数值变动
1	北京	69.9	1	天津	↑	78.1	↑
2	上海	67.9	2	山西	↑	76.3	↑
3	广东	67.4	3	江西	↑	76.2	↑
4	福建	67.3	4	吉林	↑	75.5	↑
5	宁夏	67.0	5	福建	↓	74.4	↑
6	海南	66.3	6	山东	↑	74.0	↑
7	山西	66.0	7	广西	↑	73.9	↑
8	天津	65.6	8	重庆	↑	73.8	↑
9	陕西	65.5	9	内蒙古	↑	73.6	↑
10	浙江	64.4	10	四川	↑	72.9	↑
11	重庆	64.3	11	宁夏	↓	72.7	↑
12	广西	63.7	12	陕西	↓	71.6	↑
13	江苏	63.6	13	河北	↑	70.9	↑
14	吉林	62.7	14	辽宁	↑	70.8	↑
15	山东	62.2	15	江苏	↓	70.8	↑

具体来说，天津、山西、江西、吉林、山东等 14 个省市排名上升，其中，江西位次上升最大，从第 16 位上升到第 3 位的位置。有 5 个省市上升幅度大于或等于 10 位。内蒙古和吉林驱动力提升也比较明显，进入文化产业驱动力指数排名前十的位置。

湖北、浙江、北京、广东、上海、海南等 13 个省市排名下降，整体下降幅度不大。总体上，这些地区还需要更重视文化产业驱动力的各个要素的提升。

驱动力指数排名的波动较其他两个二级指标明显得多。各省市驱动力指数排名变动较剧烈，2011 年和 2010 年驱动力指数的排名情况相比，只有福建、山西、天津三个省市连续两年处于前十名的行列；2010 年排名中游的省市，2011 年很多已经跻身前十的行列；只有排名靠后的省市大部分还是处于后十名的行列，这说明这些省市还是没有对文化产业形成足够的重视，文化产业发展的良好的外部环境还是没有形成。内蒙古、江西、吉林、山东、四川五个省市，2011 年均由驱动力指数排名中游的位置跻身排名前十的行列，这些省市驱动力指数排名都上升了 10 名左右；北京、上海、广东等传统驱动力指数排名靠前的省市，2011 年无一例外的驱动力指数排名大幅下降；江苏、福建、重庆和陕西 4 个省市，驱动力指数排名比较稳定。

3. 驱动力指数增长速度变动特征

2010—2011 年中国省市文化产业增长速度基本上分为三个梯队，第一梯队为江西、内蒙古、黑龙江、四川、吉林、天津、山东、河北、云南、辽宁、广西、山西、重庆、湖南、青海、河南、江苏、安徽、贵州、福建 20 个省市，这些省市驱动力水平增长速度非常快，增长幅度均在 10% 以上（见表 3—13、图 3—23），可见各省市领导对发展文化产业的重视；第二梯队为陕西、宁夏、浙江、湖北、广东、上海、北京 7 个省市，这些省市增长速度略逊于第一梯队，但还是保持很好的增长势头；第三梯队共 2 个省份，这些省份增长速度已经很缓慢，个别省份甚至接近零增长。

表 3—13　　　　　　2010—2011 年部分省市文化产业驱动力指数增速表

增速排名	省市	2010 年	2011 年	增速
1	江西	62.1	76.2	22.71%
2	内蒙古	60.5	73.6	21.65%
3	黑龙江	57.2	69.5	21.50%
4	四川	60.5	72.9	20.50%
5	吉林	62.7	75.5	20.41%
6	天津	65.6	78.1	19.05%
7	山东	62.2	74.0	18.97%
8	河北	59.9	70.9	18.36%
9	云南	59.9	70.4	17.53%
10	辽宁	60.4	70.8	17.22%

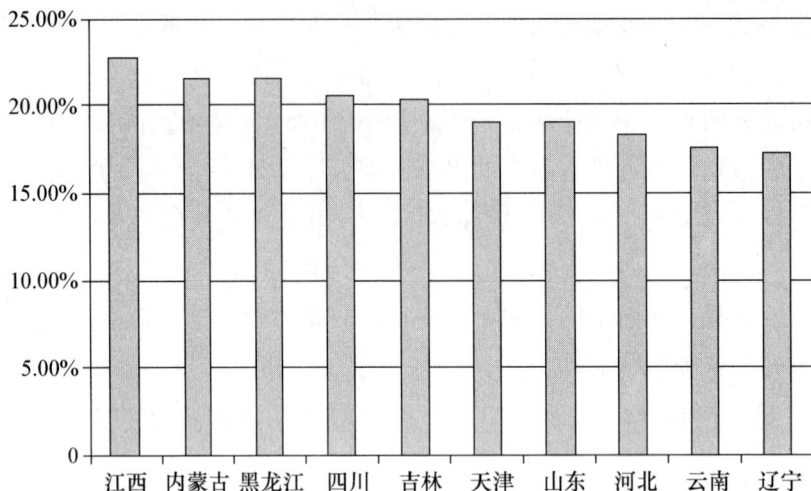

图3—23　2010—2011年部分省市文化产业驱动力指数增速图

4. 驱动力指数变异系数变动特征

（1）总体变动情况。

如表3—14和图3—24所示，从总体上看，2011年与2010年相比，文化产业驱动力指数变异系数变化不大。大多数省市文化产业驱动力指数变异系数得分处于下降状况，但是降幅较弱，2011年省市文化产业驱动力指数变异系数均值比2010年降低了0.004，可见省市之间文化产业发展的不均衡性有所减小。

表3—14　　　2010—2011年部分省市文化产业驱动力指数变异系数变动情况表

省市	2010年	2011年	增加值
甘肃	0.088	0.200	0.112
重庆	0.012	0.069	0.057
湖南	0.007	0.059	0.052
山东	0.007	0.057	0.050
安徽	0.006	0.053	0.047
江苏	0.019	0.062	0.043
天津	0.038	0.074	0.037
河北	0.012	0.043	0.031
贵州	0.047	0.060	0.013
吉林	0.039	0.041	0.002
北京	0.041	0.040	－0.001
湖北	0.037	0.025	－0.011
内蒙古	0.056	0.043	－0.013
上海	0.069	0.051	－0.018
海南	0.049	0.030	－0.019
宁夏	0.067	0.046	－0.021

续前表

省市	2010 年	2011 年	增加值
黑龙江	0.060	0.038	−0.023
青海	0.077	0.054	−0.023
云南	0.043	0.019	−0.025
四川	0.069	0.043	−0.026
浙江	0.072	0.043	−0.029
广西	0.044	0.014	−0.031
广东	0.086	0.053	−0.033
河南	0.053	0.020	−0.033
江西	0.067	0.032	−0.034
福建	0.091	0.042	−0.049
陕西	0.071	0.018	−0.053
辽宁	0.070	0.015	−0.055
山西	0.066	0.010	−0.056
平均值	0.050	0.047	−0.004

说明：表中 2010 年、2011 年数据均为小数点后保留三位之后的结果，所以"增加值"项对应的数据也为四舍五入后的结果。

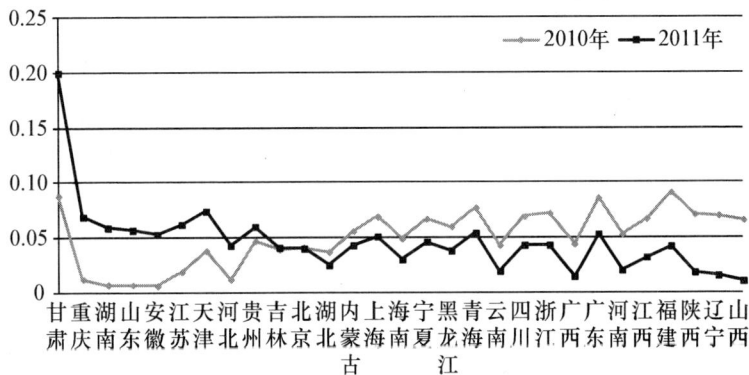

图 3—24　2010—2011 年部分省市文化产业驱动力指数变异系数变动情况图

（2）具体变动情况。

由表 3—14 可知，甘肃、重庆、湖南、山东、安徽、江苏、天津、河北、贵州、吉林共 10 个省市文化产业驱动力指数变异系数增大。其中，甘肃变动明显，从 2010 年的 0.088 到 2011 年的 0.2，增幅超过 0.112，远高于全国省市指数变异系数的平均水平−0.004，可见甘肃的发展的不均衡性增大较多。而其他省市的指数变异系数略有增大。

吉林和北京的驱动力指数变异系数的变动幅度小于 0.01，说明这两个省市在均衡度方面这两年没有很大变动。

江西、福建、陕西、辽宁、山西等共 19 个省市的驱动力指数变异系数降低。其中，山西的变异系数减小最为明显，从 0.066 减小到 0.010，说明山西文化产业驱动力发展的均衡性显著增强。河南、江西、福建、陕西、辽宁等在文化产业发展驱动力均衡度方面也有很大提高。

（二）中国省市文化产业驱动力指数变动原因分析

文化产业驱动力指各地区文化产业的外部环境，用其来评价政府在市场体系、公共服务、创新机制几个方面所作的努力，进而为政府后续政策制定提供借鉴作用与数据支持。文化产业驱动力指数反映各地区发展文化产业的环境与态度，可以通过市场环境、公共环境和创新环境三个方面的指标来分析。

表 3—15　　　　2010—2011 年中国省市文化产业驱动力指数二级指标得分平均值对比表

平均值	市场环境		公共环境		创新环境	
	2010 年	2011 年	2010 年	2011 年	2010 年	2011 年
	63.4	71.3	61.4	69.9	66.1	69.2

从表 3—15 中数据可以看出，2011 年驱动力指数的三个评价指标均处于上升状态，其中，市场环境上升 12.46%，公共环境上升 13.84%，创新环境上升 4.69%，这三方面共同作用使得驱动力指数大幅度上升。产业驱动力（产业发展环境）与 2010 年相比序位变化较大，文化产业发展相对薄弱的中西部省市由于政府高度重视与支持，产业驱动力上升较为快速。

1. 市场环境分析

市场环境是指企业生产经营活动所处的社会经济环境中不可控制的因素，主要包括法律、市场需求、市场供给、产品流通等方面的因素。下面我们通过典型指标具体分析。

（1）文化消费支出分析。

2010—2011 年文化消费支出得分大部分省市还是处于上升状态，其中，得分上升的省市有 19 个，得分下降的省市有 10 个。2010 年文化消费支出得分的平均值为 70.31，而 2011 年文化消费支出得分的平均值为 70.2，前后两年得分总体情况基本不变。

得分上升的省市中，广东、江苏和浙江三省市上升幅度比较明显，均超过 20%，广东省上升幅度甚至达到了 33.85%（见图 3—25）。青海、宁夏、海南的得分有所下降。

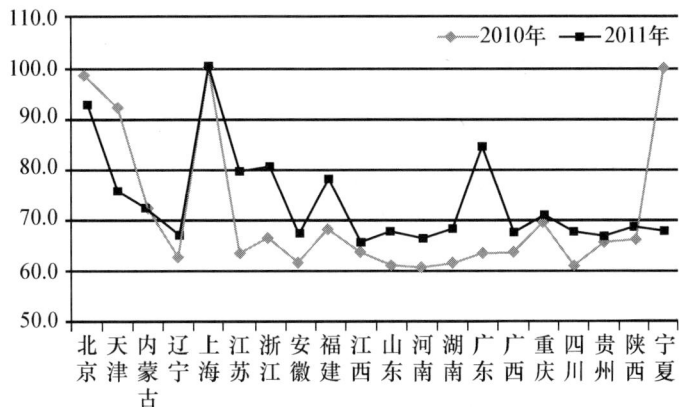

图 3—25 2010—2011 年部分省市文化产业文化消费支出得分对比折线图

（2）行业协会所起作用。

如图 3—26 所示，2011 年大部分省市行业协会所起作用得分呈上升状态，2010 年行业协会所起作用平均得分为 56.8，2011 年上升为 66.2，上升了 16.55%；仅有四个省市文化产业行业协会组织所起作用得分有所下降。行业协会组织所起作用得分上升的省市中，天津得分上升幅度最大，2010 年这个得分的数值仅为 56.2，2011 年则上升至 83.2，上升幅度达到 48.04%；随后依次为江西、山东和云南三省，这四个省市行业协会组织所起作用得分增长幅度均超过了 30%。

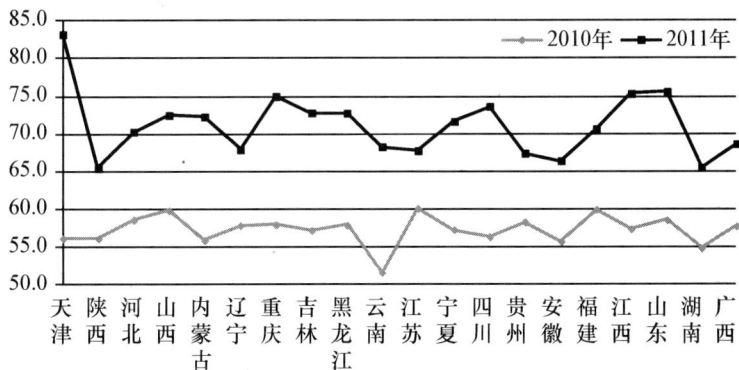

图 3—26 2010—2011 年部分省市文化产业行业协会所起作用得分对比折线图

文化产业经济的发展，离不开行业协会的协调统筹。随着中国市场经济体制的日益建立，政府职能、经济结构发生重大调整变化，市场的资源配置作用日益加强，"政府—行业协会—企业"的管理格局正在形成。行业协会作为连接政府和行业的自律性服务组织，在社会和经济发展中发挥的作用越来越明显，各省市纷纷加快文化产业行业协会组织的建立，谋求文化产业的进一步发展。截至 2010 年 12 月

27日广东省文化创意产业促进会成立，全国已有1/3的省市建立起省级文化产业行业协会。天津市文化产业协会于2010年9月26日正式成立，并召开第一次会员大会。文化产业行业协会具有提供服务、规范行为、反映诉求等重要职能，发挥着教育、监督、约束文化市场经营单位自觉遵守法律法规的积极作用。在市场经济条件下，加强文化产业行业协会建设，有利于文化行政部门从管理微观事务中解脱出来，实现行政审批制度改革与完善文化产业行业协会作用的有机结合，推进管理职能的转变；有利于依靠行业协会实行行业自律管理，有效降低行政管理成本，促进文化行业的发展，进一步活跃文化市场、繁荣文化产业。行业协会等市场中介组织在扩大行业规模、推动产业链延伸、培育市场品牌、提升行业整体素质等方面扮演着重要角色，成为市场发展的"助推器"。重视促进文化行业协会的建设，可以有效地培育文化市场主体，引导文化企业做大做强，促进城乡两个市场的协调发展，壮大和发展文化产业，同时也是规范文化市场经营秩序的重要保证。行业协会是行业自律的组织保障和制度平台，有利于建立文化市场长效监管机制，充分发挥包括文化产业行业协会在内的各方面的积极作用，真正实现政府依法管理、行业依法调节、企业依法经营，确保文化市场规范有序。

（3）知识产权保护满意度。

图3—27清楚地显示：与2010年相比，2011年公民对知识产权保护的满意度得分几乎全部处于上升状态。2010年知识产权保护满意度得分平均值为63.05，2011年为72.71，上升幅度为15.32%，涨幅明显。四川、天津、内蒙古分列增长速度最快的前三位，四川知识产权保护满意程度得分增长率甚至超过了40%，天津和内蒙古增长速度也超过了30%。吉林、黑龙江、江西、重庆、青海几个省市知识产权保护满意度得分增长速度均超过了20%。仅有三个省市的知识产权保护满意度得分呈下降状态，这与文化产业驱动力指数增长率的特征相吻合。

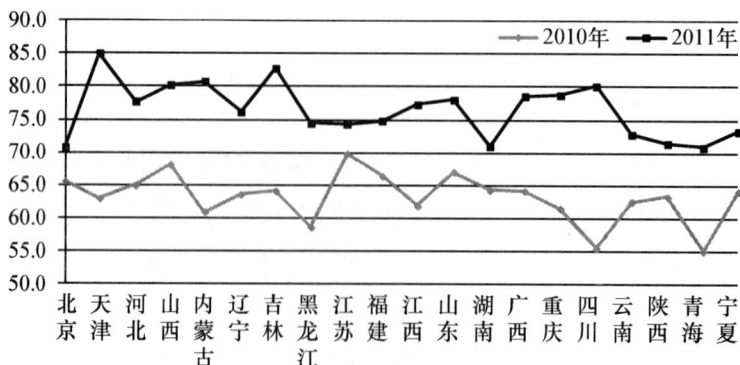

图3—27　2010—2011年部分省市文化产业知识产权保护满意度得分对比折线图

以四川省为例，2010年，四川省知识产权工作领导小组办公室制定了2010年四川省知识产权战略实施年度推进计划。2010年4月20日至26日，按照国家知识产权局、中宣部等25部门联合下发的《关于印发2010年全国知识产权宣传周活动方案的通知》和《四川省2010年知识产权宣传周活动方案》，四川省知识产权工作领导小组在全省范围内组织开展了知识产权宣传周活动，举行了2010年知识产权宣传周暨集中宣传咨询活动启动仪式，召开了四川省保护知识产权新闻发布会，发布了《2009年四川省知识产权保护状况》白皮书和《2009年四川省知识产权保护典型案例》；继续加强知识产权重点培训，完成了第二批16家省级知识产权试点园区轮训。2010年全年全省组织开展知识产权集中宣传活动273次，发放宣传资料20多万份；共举办各类培训班、专题讲座、报告会、论坛等2 071期（个），培训县处级以上党政领导干部4 068人（次），培训企事业单位专业技术人员、管理人员111 438人（次），培训行政管理人员和行政执法人员2 170人（次）。

四川全省知识产权行政执法和司法部门按照省政府打击侵犯知识产权和制售假冒伪劣商品专项行动领导小组统一部署，认真组织开展全省知识产权执法保护专项行动。

1）专利行政保护。深入开展"雷雨"、"天网"专项行动，加强展会知识产权保护工作。先后进驻第十一届中国西部博览会等15个大型展会，开展执法保护工作。积极开展知识产权维权援助，先后指导帮助成都康弘药业集团公司、四川天齐锂业股份有限公司等6家企业开展维权工作，为企业上市、应对知识产权纠纷、巩固市场竞争优势保驾护航。2010年全年四川全省开展专利执法检查316次，开展联合执法89次，出动执法人员1 454人次，检查商业场所1 164个，检查商品167 321件，受理专利案件46件，结案45件，结案率97.8%。

2）商标行政保护。以保护涉农商标、地理标志、食品商标、药品商标、涉外商标为重点，继续加大商标行政执法力度，严厉打击商标侵权假冒行为，开展了"世博会"、"亚运会"标志保护专项行动，保护知名企业知名品牌专项执法行动，商标代理机构专项整治行动和商品展会的商标监管，等等。2010年全年四川全省各级工商行政管理机关共查处各类商标违法案件1 634件，没收和销毁侵权商标标识111 923件，没收和销毁侵权商品41 855件。

3）著作权行政保护。2010年全年四川全省版权管理部门开展了网络版权行政执法"剑网专项行动"和"打击侵犯知识产权和制售假冒伪劣产品专项行动"，成都市成为国家版权局授予的版权保护示范城市，成立了四川省世博会版权保护联络小组，严厉查处侵权案件。2010年全年四川全省版权管理部门共查处侵权盗版案件 343 起，端掉制售盗版窝点 44 个，向司法机关移送案件 18 起。

4）植物品种权行政保护。四川在全省范围内开展了品种权保护和大小春供种季节种子市场专项执法检查，向社会公布了植物新品种侵权举报电话。全年全省农业部门共出动车辆 6 300 多台（次），执法检查人员 15 000 余人（次），抽查种子经营单位 1 946 个，抽检样品 3 517 个，涉及品种 671 个，对违法违规种子经营单位进行了查处。

5）海关知识产权保护。成都海关继续加大海关知识产权保护，2010 年 5 月，在成都双流机场出口查验环节查获一批涉嫌侵犯美国卡罗来纳赫雷拉有限公司注册商标的 PU 革手提包共 342 个，价值约 1.4 万元人民币。

6）公安机关严厉打击侵犯知识产权犯罪。2010 年，四川全省公安机关共立侵犯知识产权犯罪案件以及与侵犯知识产权相关的生产、销售伪劣产品案件 341 起，破案 243 起，抓获犯罪嫌疑人 384 人，涉案金额 21 571.05 万元，挽回经济损失 6 243.92 万元，成功破获了一大批涉案金额巨大、影响恶劣、群众反映强烈的大案要案，打掉了一批违法犯罪团伙，摧毁了一批生产、储运、运输、销售窝点和犯罪网络。

7）知识产权司法保护。2010 年全年四川全省检察机关批准逮捕侵犯知识产权犯罪案件 83 件共 200 人，起诉侵犯知识产权犯罪案件 68 件共 168 人。全省各级法院受理一、二审知识产权民事、行政、刑事案件 1 079 件，其中民事案件 973 件，行政案件 9 件，刑事案件 97 件，公正、高效地审结了一批社会关注度高的案件。

省工商局重视推动"商标强企"工程。2010 年，全省企业共开展商标国际注册 512 件。省知识产权局、省经济和信息化委员会不断推动 22 个省级知识产权试点园区工作，初步形成一批创新要素汇聚、自主创新活跃、知识产权保护有力的产业园区。省知识产权局全面完成了四川省"7＋3"优势产业 10 个行业专利信息数据库的建设目标。2010 年，四川省"7＋3"优势产业新申请专利 10 789 件，同比增长 78.3%。继续加强成都、德阳、绵阳、攀枝花、宜宾五市国家知识产权试点示范省市工作，2010 年，五市新申请专利 35 016 件，占全省专利申请总量的 87%，同比增长 21%。郫县、广汉市、宜宾县新增为第二批国家知识产权强县工程试点县。截至 2010 年底，四川省有国家级知识产权强县工程试点县和传统知识保护试点县 10 个。

（4）市场需求。

如图 3—28 所示，大部分省市 2011 年文化产业市场需求指标得分均比 2010 年要高。2010 年文化产业市场需求得分平均值为 68.47，2011 年该数值就上升为 77.38，上升幅度为 13.01%。与前几个变量指标略有不同，市场需求指标上升最快的是云南省，接下来依次是陕西、山西、青海各省市，这些省市文化产业市场需求增长速度均超过了 20%，表明了这些省市参与文化消费活动时间、次数及文化消费频繁度均有较明显的增长。

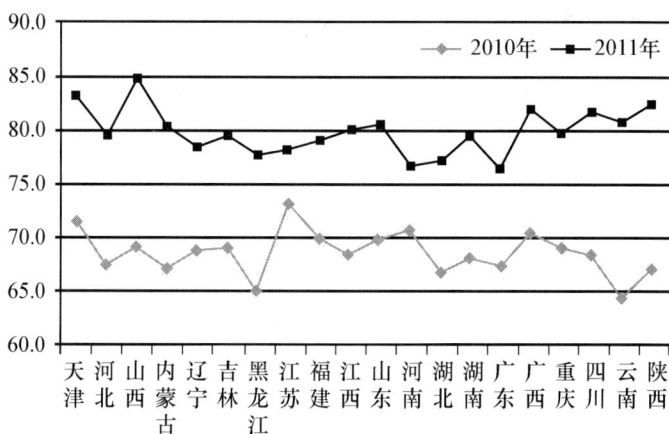

图 3—28　2010—2011 年部分省市文化产业市场需求得分对比折线图

（5）融资渠道。

从图 3—29 中我们可以看出，融资渠道指标的变动情况基本上和市场需求指标变动趋势保持一致。2010 年融资渠道得分平均值为 58.48，2011 年就上升为 69.78，上升幅度高达 19.32%，也是市场环境几个变量指标中上升幅度最大的指标。2011 年仅有海南和甘肃两省得分有所下降，其余省市得分均有所上升，黑龙江融资渠道得分上升幅度最大，达到 41.43%，上升幅度超过 30% 的还有天津、内蒙古、河北、上海、江西、四川等几个省市。

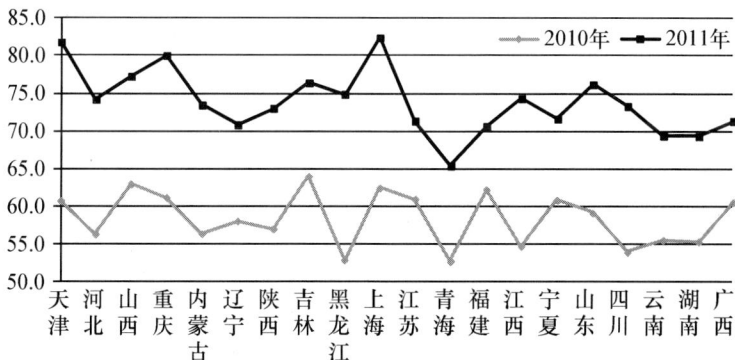

图 3—29　2010—2011 年部分省市文化产业融资渠道得分对比折线图

以融资渠道得分上升幅度最大的黑龙江省为例。黑龙江省开辟多种融资渠道，为文化产业发展提供资金支持。发展文化产业，资本和创意同等重要，资本是文化资源中最具活力和流动性的重要资源。在政府加大财政投入的同时，拓宽融资渠道，实现文化产业投资主体多元化，变文化部门办文化产业为社会办文化产业，鼓励和吸收民营资本进入文化投资领域，积极参与产业项目的开发和文化产品的生产经营。积极推动建立文化产业投融资担保机构，为重大文化产业项目和中小文化企业提供风险投资与贷款担保服务，从而有效解决文化企业可供抵押的担保物较少、无形资产评估难、抵押担保难等问题，为文化产业银行信贷、无形资产入股、转让等提供专业咨询，积极发挥无形资本的融资功能。

（6）市场环境小结。

根据以上对市场环境五个变量的分析，我们可以得出结论：市场环境的五个评价变量得分平均值均处于上升状态，因此，决定文化产业发展的市场环境也是处于提升的状态。上海由于在行业协会组织所起作用和知识产权保护满意度方面得分下降，但是在融资渠道方面表现较好，最终作用的结果是市场环境指标得分略有上升；市场环境得分上升最快的是四川省，增长率达到27.5%。通过以上分析不难发现，四川省在以上五个方面增长速度均排在前列，综合作用的结果自然是四川省文化产业市场环境有较大的提升，四川由2010年市场环境排名第29位上升至2011年排名第6位；市场环境提升较快的还有内蒙古、黑龙江、江西、重庆、云南等几个省市，云南省市场环境的改善主要归功于其市场需求指标的提升，其余省市在以上五个方面的综合作用下，文化市场环境最终得到了较大的提升（见图3—30）。

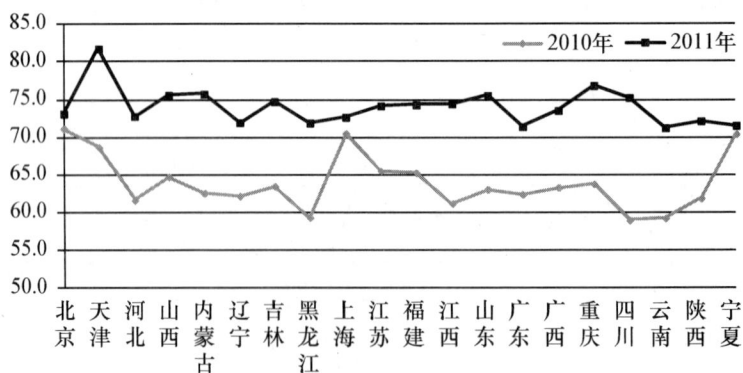

图3—30 2010—2011年部分省市文化产业市场环境得分对比折线图

2. 公共环境分析

公共环境主要指公共管理部门和公共服务部门为整个产业提供的发展环境。

前文已经提到的驱动力指数的三个分指标中，公共环境指标得分上升 13.76%，是三个指标中得分上升幅度最大的指标。下面，通过几个重要测度变量来分析一下公共环境指标变动的具体原因。

（1）专项基金支持力度。

设立专项基金对于推动文化产业快速发展和结构升级，对于转变政府职能和规范政府文化投资行为，对于充分发挥政府在文化产业发展中引导、扶持、推动、调控和服务作用起到了举足轻重的作用。

如图 3—31 所示，大部分省市专项基金支持力度得分处于上升状态。2010 年专项基金支持力度得分的平均值为 56.04，2011 年这个数值上升为 64.69，上升幅度达到 15.44%。上升最快的为江西省，上升幅度为 42.52%。上升幅度超过 30% 的省市大多数集中在中部及东北老工业基地，它们是内蒙古、黑龙江、辽宁、吉林和山东，体现了国家对这些地区文化产业的支持（见图 3—31）。海南和甘肃专项基金支持力度得分下降比较明显，北京、上海、广东三个省市文化产业专项基金支持力度得分稍稍下降。

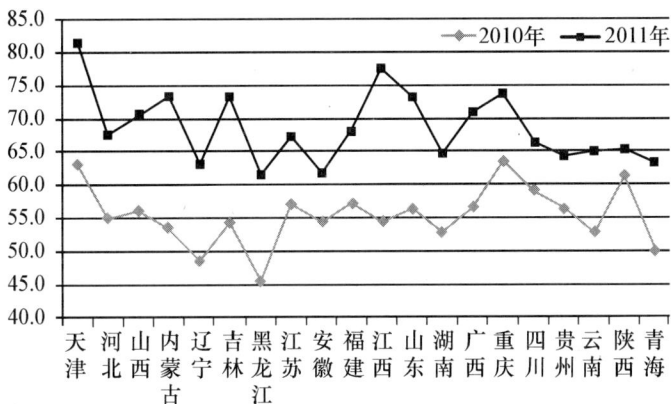

图 3—31　2010—2011 年部分省市文化产业专项基金支持力度得分对比折线图

自 2003 年云南省政府最先设立每年 1 500 万元的专项资金起，到 2006 年，国家和地方政府纷纷设立文化产业发展的专项基金。来自文化部的数据显示，截至 2006 年底，全国已经有 13 个省市设立了专项资金，如：深圳 6 000 万元，珠海 1 000 万元，南京 1 500 万元，河南 2 000 万元，山东 5 000 万元，江苏 1 亿元，北京 5 亿元。至 2011 年，全国大部分省份及部分省会城市已经设立了专项资金，一些经济发达地区的二三级城市乃至一些县级市也设立了专项基金。清科数据库资料显示，2011 年，已经成立的中国文化创意产业专项基金数量为 13 只，同年的中国文化创意产业投资事件为 35 起。其中，超过 5 只的专项基金已展开投资，尤以华映文化产业基金及中国文化产业投资基金表现最为突出。这些基金通过一次性补助、贷款贴息、陪同投入、配套投入、奖励等多种形式，通过具体的项目带动，对演艺业、娱乐业（主要是电子娱乐业）、文化会展业、网络文化产业等新兴文化产业以及独具地方特色的文化产业，还有包括原创研发环节、原创作品的产业化环节、品牌塑造和推广环节、产品推广和营销环节以及国际营销环节等进行了重点资助，有力地推动了当地文化产业的发展。

以专项基金支持力度上涨幅度最大的江西为例，江西宜丰县设立竹加工产业发展专项基金。宜丰县是首批荣获"中国竹子之乡"称号的县，县内拥有独特的森林资源。近几年，该县依托县域资源优势，做大做强竹产业，全面提升传统竹产业的水平。县财政部门在财力十分紧张的情况下，每年挤出 100 万元，设立竹加工产业发展专项基金，专项用于发展全县的竹加工产业，并成立县竹加工产业招商小分队，围绕竹加工产业开展招商，引进大项目、高附加值项目、产业关联度强的项目，着力建设宜丰县特色竹加工产业项目区，大力开展全县竹文化建设。从 2009 年起，江西省设立全省文化产业发展专项基金，推进江西文化产业项目工程建设，目标为到 2012 年建立收入超过十亿元的文化企业。

（2）政策支持。

2011 年，除广东、海南、甘肃外，其余各省市政策支持得分均处于上升状态。2010 年文化产业政策支持得分平均值为 61.85，2011 年得分为 70.44，上升幅度为 13.9％。政策支持上升幅度位居前几位的省市依次为四川、内蒙古、江西，这些省市上升幅度都超过了 30％，四川省更是达到了 39.31％，接近 40％；上升幅度超过 20％的省市有天津、河北、黑龙江、吉林、辽宁、山东、重庆、青海、宁夏这 9 个省市，大批的省市政策支持得分上涨显著，可见政府对文化产业的重视程度（见图 3—32）。

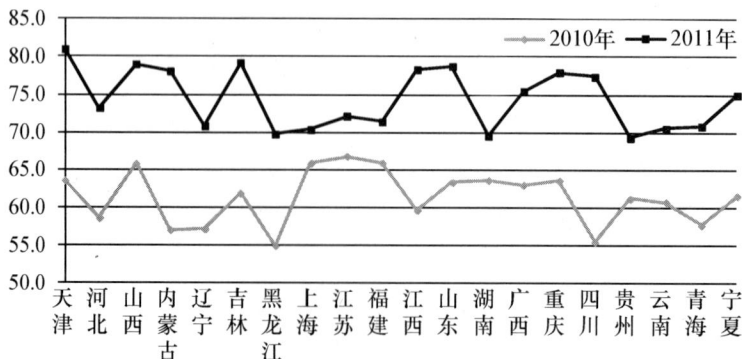

图 3—32　2010—2011 年部分省市文化产业政策支持得分对比折线图

政策支持为文化产业生存和发展提供了重要的保障，是文化产业成长和壮大的强大推动力。近年来，我国接连出台多个涉及文化产业的政策性文件，在财税、金融、准入、土地等多方面给予优惠，扶持文化产业发展。党的十七届六中全会后，文化产业更是被提到战略性位置，提出将于2020年发展成为我国支柱性产业的目标，支持文化产业发展的财税政策迎来密集发布期。例如：《国家"十二五"时期文化改革发展规划纲要》、《文化部"十二五"时期文化产业倍增计划》发布，新闻出版总署出台10条新政推动出版"走出去"，财政部、海关总署、国家税务总局联合发布《关于鼓励科普事业发展的进口税收政策的通知》，等等。这一系列的政策无疑有力地提升了文化产业竞争力，促进了文化产业竞争力可持续发展。下面，以驱动力增长较快的四川省为例，具体分析一下政策的支持对文化产业的促进作用。

党的十七届六中全会以后，四川省为大力发展文化产业，制定了一系列政策性文件，发布了《四川省人民政府关于加快推进文化产业发展的意见》。《意见》指出，四川省将全面贯彻落实党的十七届六中全会和省委九届九次全会精神，深化文化体制改革，转变文化发展方式，打造一批具有鲜明四川特色的重点文化产品，建成一批具有强大集聚效应的重点文化产业项目，培育一批具有明显比较优势的骨干文化企业，进一步优化文化产业发展环境，推动文化产业逐步成为四川省国民经济支柱性产业。预计到2015年，四川省文化产业增加值达到1 200亿元以上，占全省地区生产总值的比重达到4%以上，文化企业上市公司达到5家以上，培育总资产或总收入超过100亿元的文化企业（集团）3家以上、超过50亿元的5家以上、超过10亿元的20家以上。

（3）公共服务满意度。

公共服务满意度主要是指对公共服务环境的满意度。公共服务环境是为文化产业提供支持的重要主体，是文化产业发展的主要后备力量。公共服务环境包含要素较多，如基础设施（交通、通信、空间等）、行政服务、产业协会服务等。

2010—2011年中国省市文化产业公共服务满意度得分的变动特征仍然与政策支持指标变动情况相似，大部分省市公共服务满意度均处于上升状态。2010年文化产业公共服务满意度得分平均值为66.43，2011年上升为74.57，上升幅度达到12.25%。公共服务满意度上升最快的还是四川省，上升幅度达到35.36%（见图3—33），其余公共服务满意度提升幅度超过20%的省市依次为云南、吉林、天津、内蒙古、江西、黑龙江、重庆。

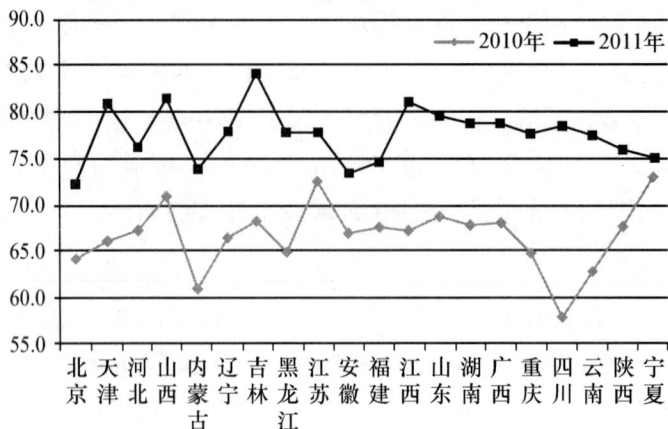

图3—33　2010—2011年部分省市文化产业公共服务满意度得分对比折线图

（4）公共环境小结。

通过对公共环境三个度量变量的分析，现在我们可以分析文化产业公共环境的变化。图3—34是2010—2011年部分省市文化产业公共环境得分对比折线图，如图所示，2011年文化产业公共环境得分整体是处于上升状态的，这与前文分析的文化产业公共环境的三个分指标均处于上升状态的结论也是一致的。四川省在这三个变量的评价中表现都良好，四川、内蒙古、江西和吉林几个省市在2011年公共环境的排名中均排进了前十的行列。公共环境提升较快的是内蒙古，紧随其后的分别是江西和四川，这三个省市凭借三方面的良好表现均跻身文化产业公共环境前十名的行列。

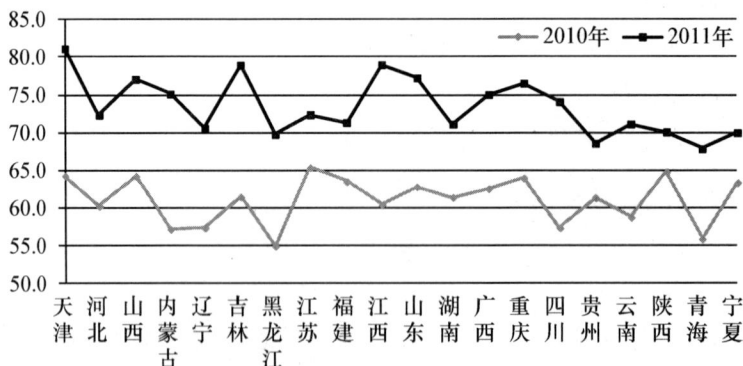

图3—34　2010—2011年部分省市文化产业公共环境得分对比折线图

3．创新环境分析

文化产业要快速发展与传播，高度依赖于相关技术的发展。创新环境主要考虑区域文化产业的技术投入水平和创新能力。

2010 年创新环境指标得分值为 66.1，2011 年为 69.2，数据显示主要指标前后两年基本没有变化。下面通过国际交流指标数据来看创新环境的变动情况。

（1）国际交流。

国际交流指标 2010 年得分值为 53.37，2011 年为 62.47，上升幅度为 17.05%，国际交流指标得分的上升也符合文化产业创新环境提升的特征。

2011 年，29 个省市中，北京、上海、广东、甘肃、海南 5 个省市国际交流指标得分下降，其余 24 个省市国际交流指标得分均处于上升状态。国际交流指标得分上升的省市上升幅度均较明显，青海省上升幅度遥遥领先，达到了 59.81%，青海也因此从 2010 年国际交流得分排名第二十九位一跃成为 2011 年排名第五，然后依次是江西、河北、吉林三省，这些省市国际交流指数得分上升幅度均超过 40%，江西和吉林两省分别跻身国际交流得分的前十名（见图 3—35）。

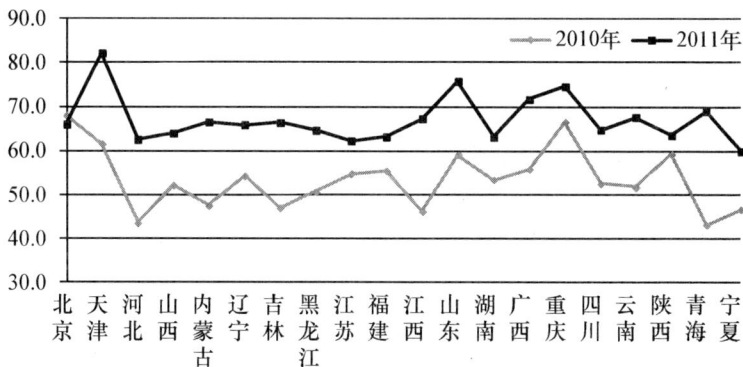

图 3—35　2010—2011 年部分省市文化产业国际交流得分对比折线图

（2）创新环境小结。

如图 3—36 所示，创新环境的变动特征基本上与文化产业国际交流指标的变动情况保持一致。经过前文的分析，我们不难理解此现象。

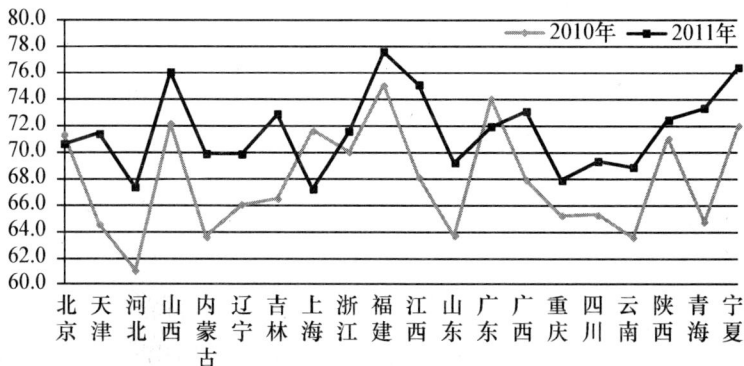

图 3—36　2010—2011 年部分省市文化产业创新环境得分对比折线图

4. 驱动力指数影响因素分析

前面分别对驱动力指数的三个分指标——市场环境、公共环境以及创新环境进行了详细的分析，由此可以对各省市驱动力指数的变动原因作出分析。江西、吉林、内蒙古、四川四省市由于政府在资金、政策等方面的大力扶持，使得这四个省市在文化产业市场环境、公共环境和创新环境三方面都涨幅明显，进而进入驱动力指数排名前十的行列，其他省市在政府支持力度方面还需再加强。

四、中国省市文化产业发展综合指数动态变化特征及其原因分析

2010—2011年中国省市文化产业发展指数的变动情况，反映了我国文化产业发展的变动状况，以及不同要素对各省市文化产业发展的影响，据此可以发现各省市文化产业发展的优势与短板，为全面了解中国省市文化产业发展特征提供依据。

(一) 中国省市文化产业发展综合指数变动特征

中国省市文化产业发展综合指数从整体上反映一个省市文化产业发展的综合水平。近年来，我国文化产业综合发展稳定上升。2010—2011年两年间，中国省市文化产业发展指数基本上全部呈现正增长态势（见表3—16）。

1. 综合指数数值变动特征

表3—16　　　　2010—2011年部分省市文化产业发展综合指数得分变动情况表

省市	2010 年	2011 年	变动值
江西	66.8	72.4	5.6
吉林	67.1	72.5	5.4
山东	70.3	75.7	5.4
黑龙江	63.6	68.9	5.3
河北	66.4	71.5	5.1
天津	70.4	75.5	5.1
内蒙古	66.6	71.6	5.0
湖南	67.6	71.9	4.3
四川	69.6	73.8	4.2
青海	65.4	69.4	4.0
平均值	69.1	71.8	2.7

（1）总体变动情况。

2010—2011 年中国省市文化产业发展综合指数得分的上升趋势比较明显（见图 3—37）。除海南和甘肃外，其余省市文化产业发展综合指数均处于增长状态。从总体增长速度来看，29 个省市年均增长达 2.7（见图 3—38），说明各省市文化产业发展水平正在逐年提升。

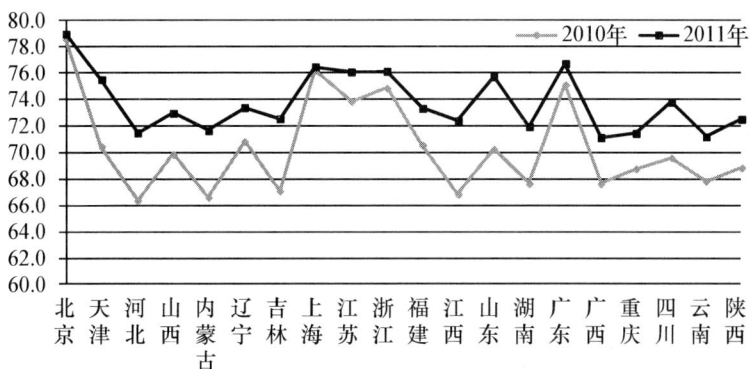

图 3—37 2010—2011 年部分省市文化产业发展综合指数得分变动图

	2010年	2011年
综合指数平均值	69.1	71.8

图 3—38 2010—2011 年中国省市文化产业发展综合指数得分平均值对比图

（2）具体变动情况。

29 个省市中，江西、吉林、山东、黑龙江、河北、天津、内蒙古、湖南、四川、青海等共 27 个省市综合指数得分增加，即全国超过 93％的省市文化产业总体发展水平有所提高。其中，北京、上海前后两年的曲线几乎重合，说明它们两年的综合指数几乎没有变化。江西、吉林、山东、黑龙江、河北增幅明显，又以江西最为显著。江西综合指数得分值由 2010 年的 66.8 上升到 2011 年的 72.4，增长 5.6，远高于全国平均增幅（2.7）。

甘肃和海南两省综合指数得分均有所下降，两省应该积极思考相应措施，把文化产业越办越好。

（3）区域变动情况。

综合指数数值增长前十名的省市有江西、吉林、山东、黑龙江、河北、天津、内蒙古、湖南、四川、青海，有五个来自中西部地区，说明经济不甚发达地区在文化产业上有了一定程度的发展。可见，中西部地区文化产业相对于调查总体来说，呈现出较为明显的上升状态。

因此，总体来说，我国文化产业发展综合指数较往年有大幅度的提升。

2．综合指数排名变动特征

总体来看，29个省市文化产业发展综合指数2010年和2011年排名波动比较大，排名前十位的省市没有很大差异（见表3—17），而排名后十位的省市2010年和2011年相比有很大不同。

表3—17　　　　　　　　2010年和2011年部分省市文化产业发展综合指数对比表

2010年			2011年				
排名	省市	综合指数	排名	省市	排名变动	综合指数	数值变动
1	北京	78.6	1	北京	—	79.0	↑
2	上海	76.2	2	广东	↑	76.7	↑
3	广东	75.1	3	上海	↓	76.5	↑
4	浙江	74.8	4	浙江	—	76.1	↑
5	江苏	73.8	5	江苏	—	76.1	↑
6	辽宁	70.8	6	山东	↑	75.7	↑
7	福建	70.5	7	天津	↑	75.5	↑
8	天津	70.4	8	四川	↑	73.8	↑
9	山东	70.3	9	辽宁	↓	73.4	↑
10	山西	69.9	10	福建	↓	73.3	↑
11	四川	69.6	11	山西	↓	73.0	↑
12	海南	69.4	12	吉林	↑	72.5	↑
13	陕西	68.8	13	陕西	—	72.5	↑
14	重庆	68.8	14	江西	↑	72.4	↑
15	宁夏	68.6	15	湖南	↑	71.9	↑

说明：表中2010年栏内陕西和重庆对应的"综合指数"均为68.8，但由于这是四舍五入后的结果，也即小数点后面不止一位，所以二者"综合指数"对应的排名实际不同。2011年栏内浙江和江苏对应的"综合指数"均为76.1但排名不同、吉林和陕西对应的"综合指数"均为72.5但排名不同，均同此道理。

具体来说，天津、江西、吉林、山东等11个省市排名上升，其中，江西位次上升最大，从第21名上升到第14名的位置。有4个省市上升幅度大于5位，分别为内蒙古、河北、吉林、江西。山东和四川综合指数提升也比较明显，进入文化产业发展综合指数排名前十的位置。

总体上有13个省市排名下降，整体下降幅度不大。

从表3—17中我们可以清楚地看到，2011年各省市综合指数的排序与2010年相比变化不大。其中，北京连续两年保持第一，得分值均在78以上，这显示了北京强大的文化产业发展能力。广东、上海、浙江和江苏紧随其后，稳定位居前列，分别位于第二、三、四、五位，这些省市2010年及2011年得分值也超过70，显示了这些省市文化发展的强劲势头。而甘肃、贵州、青海、安徽、黑龙江等省市，2011年稍显落后，文化产业有待大力发展。陕西、重庆、云南、湖南、吉林等省市这两年均位于发展能力中游地带，这些省市文化产业发展潜力较大，文化产业有待进一步提升，而且这些省市文化产业的发展能力的进步，对于我国文化产业整体能力的提升有重大影响。山东和天津2011年较2010年进步较大，两省市2011年综合指数得分值均超过了75。值得指出的是，2011年四川取代了山西，首次进入综合指数得分排名前十名的位置，这与四川贯彻国家大力发展文化产业的方针政策、加大文化产业投入密不可分。2011年较2010年排名进步较大的省市有河北、内蒙古、吉林、江西，其中河北由第24名上升至第17名，内蒙古由第22名上升至第16名，吉林由第19名上升至第12名，江西也由第21名上升至第14名。

3. 综合指数增长速度变动特征

2010—2011年中国省市文化产业发展综合指数增速基本上分为4个梯队，第一梯队为天津、山东、内蒙古、江苏、吉林、辽宁6个省市，这些省市文化产业发展水平增长速度非常快，增长幅度均在3%以上（见表3—18、图3—39）；第二梯队为四川、福建、重庆、黑龙江、湖北、安徽、广东、河南8个省市，这些省市增长速度略逊于第一梯队，但还是保持很好的增长势头；第三梯队为宁夏、北京、江西、湖南、青海、广西、甘肃7个省市，这些省市增长速度已经很缓慢，个别省市甚至接近零增长。

表3—18　　　　2010—2011年部分省市文化产业发展综合指数增速表

增速排名	省市	2010年	2011年	增速
1	天津	69.7	74.8	7.32%
2	山东	72.1	76.2	5.69%
3	内蒙古	70.0	73.7	5.29%
4	江苏	73.3	76.1	3.82%
5	吉林	68.7	71.3	3.78%
6	辽宁	74.2	76.6	3.23%

续前表

增速排名	省市	2010 年	2011 年	增速
7	四川	71.6	73.1	2.09%
8	福建	68.8	70.2	2.03%
9	重庆	67.4	68.6	1.78%
10	黑龙江	65.7	66.6	1.37%
	均值	70.8	71.4	0.85%

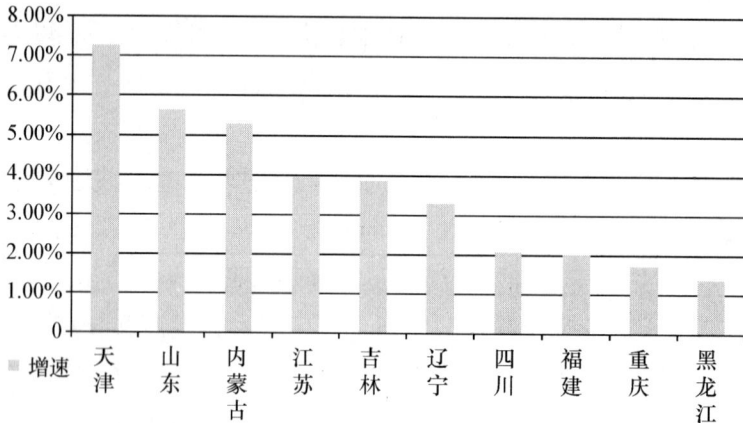

图3—39　2010—2011 年部分省市文化产业发展综合指数增速图

4. 综合指数变异系数变动特征

(1) 总体变动情况。

如图3—40 所示，从总体上看，2011 年与2010 年相比，大多数省市综合指数变异系数得分处于下降状况，降幅还是比较明显的。2011 年省市综合指数变异系数均值比2010 年降低了0.031（见表3—19），可见，省市之间文化产业发展的不均衡性有所减小。

表3—19　　　2010—2011 年部分省市文化产业发展综合指数变异系数变动情况表

省市	2010 年	2011 年	增加值
甘肃	0.064	0.137	0.073
海南	0.048	0.108	0.060
宁夏	0.019	0.042	0.023
陕西	0.043	0.047	0.004
上海	0.097	0.096	−0.001
北京	0.095	0.094	−0.001
江西	0.065	0.058	−0.007
广东	0.089	0.081	−0.008

续前表

省市	2010 年	2011 年	增加值
广西	0.078	0.068	−0.010
湖北	0.073	0.055	−0.018
安徽	0.098	0.078	−0.020
吉林	0.057	0.036	−0.021
山西	0.070	0.046	−0.024
福建	0.062	0.037	−0.025
内蒙古	0.079	0.049	−0.030
湖南	0.103	0.069	−0.034
河北	0.086	0.050	−0.036
浙江	0.127	0.088	−0.039
重庆	0.077	0.037	−0.040
天津	0.074	0.031	−0.043
黑龙江	0.088	0.030	−0.058
青海	0.076	0.016	−0.060
云南	0.106	0.045	−0.061
贵州	0.109	0.040	−0.069
江苏	0.142	0.069	−0.073
山东	0.104	0.020	−0.084
河南	0.140	0.050	−0.090
辽宁	0.131	0.040	−0.091
四川	0.119	0.019	−0.100
平均值	0.087	0.056	−0.031

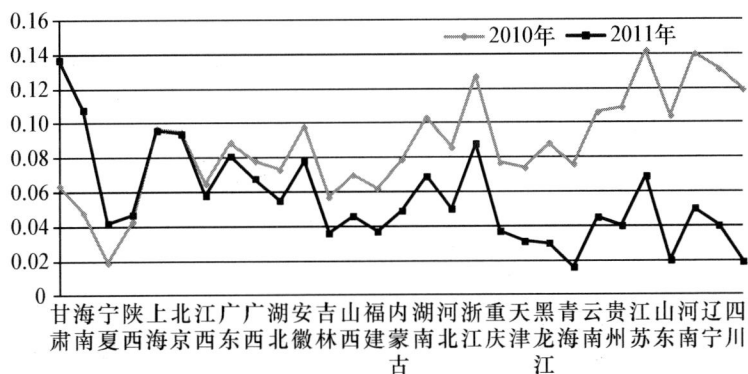

图 3—40   2010—2011 年部分省市文化产业发展综合指数变异系数变动情况图

（2）具体变动情况。

由表3—19可知，甘肃、海南、宁夏、陕西共4个省市文化产业发展综合指数变异系数增大。其中，甘肃变动明显，从2010年的0.064到2011年的0.137，增幅达0.073，远高于全国省市变异系数的平均水平—0.031，可见甘肃的发展不均衡性增大较多。而其他省市的变异系数的变动幅度略有增大。

上海的综合指数变异系数的变动幅度小于0.01，说明其在均衡度方面这两年没有很大变动。

天津、黑龙江、青海、云南、贵州、江苏、山东、河南、辽宁、四川等共25省市的综合指数变异系数降低。其中，四川的变异系数减小最为明显，从0.119减小到0.019，说明四川文化产业发展的均衡性显著增强。天津、黑龙江、青海、云南、贵州、江苏、山东、河南、辽宁等在文化产业发展均衡度方面也有很大提高。

（二）中国省市文化产业发展综合指数变动原因分析

1. 综合指数变动原因分析

文化产业发展评价总体指数，是由三个文化子要素（产业生产力、产业影响力、产业驱动力）等权平均得出的，它系统地反映了一个省市文化产业发展的综合水平。文化产业综合指数的变动特征是三个子要素变动综合作用的结果。通过本章前三节对文化产业三个子要素的变动特征及其原因的分析，我们也就不难解释本节综合指数变动特征。

由于四川省产业驱动力指数的大幅度上升，使得四川省综合指数排名大幅提升，四川省也因此首次进入综合指数排名前十的位置。内蒙古由于文化产业固定资产投入量的增加以及驱动力指数的上升，综合指数也有较大提升，由2010年的排名第22位上升至2011年的第16位，但是内蒙古由于影响力指数的下降，最终没能进入前十的行列。河北省由于影响力指数和驱动力指数的双重作用，综合指数由2010年的66.4增加至2011年的71.5，排名也由2010年的第27位上升至2011年的第17位。

2. 变异系数变动原因分析

文化产业发展不均衡始终是我国文化产业发展面临的一个严峻的问题。综合指数排名靠前的几个省市，变异系数较大，存在较严重的短板因素。以文化产业发展综合指数排名前三的上海市为例，综合指数得分值两年均在76以上，属于文化产业发展的领军省市，但是存在如下制约因素：

（1）在文化产业结构上，呈现去核心化趋势。

上海文化产业内部结构不合理，正在向去核心化、边缘化发展。表 3—20 给出了上海文化产业核心层、外围层及相关层的构成。核心层主要包括新闻服务、出版发行和版权服务、广播电视电影服务以及文化艺术服务；外围层主要指网络文化服务、文化休闲娱乐服务等其他文化服务；相关层主要包括文化用品、设备及相关文化产品的生产与销售。不难发现，上海文化产业核心层的比重在逐年下降，而外围层的比重在上升，这在一定程度上制约了上海文化产业核心竞争力的提高。

表 3—20　　　　　　　　2003—2009 年上海文化产业增加值分层构成表

年度	核心层（％）	外围层（％）	相关层（％）
2003	17.2	44.6	38.2
2004	16.2	44.7	39.1
2005	16.5	43.9	39.6
2006	16.8	44.8	38.4
2007	15.5	48.4	36.1
2008	14.9	46.4	38.7
2009	15.6	49.2	35.2

资料来源：上海市政府信息公开网站。

（2）对地区产业结构调整贡献率偏低，产业增速后劲不足。

数据表明，上海文化产业在地区产业结构调整中的地位与西部欠发达地区的云南省大致相同。2003—2009 年，上海文化产业占 GDP 的比重不足 6.0％，比重增幅不足 0.25％。2004—2007 年，北京的文化创意产业占 GDP 的比重超过了 10％；2007 年、2008 年广东省文化产业占地区生产总值比重分别达到 6.2％和 6.8％。尽管从历年上海文化产业总值来看形势比较乐观，但若从发展趋势来看，上海市文化产业发展令人担忧。上海文化产业增长率近年来保持稳定，2004—2009 年文化产业年均增长率是 13.23％。然而，2004—2007 年，北京文化创意产业年均增长17％。2001—2005 年，湖南省文化产业增加值年均增长 25.4％。2001—2005 年，云南省文化产业总产值年均增长 23.52％。显然，上海文化产业增速显得后继乏力。

（3）上海文化产业原创人才紧缺。

目前，一些国际大都市文化产业活动的从业者占全部就业人数的 1.5％～3.5％，如纽约和伦敦的文化产业的从业者都超过 20 万，占城市就业人口的 5％。而上海文化从业人员为 6 万，仅占就业人口的 0.5％。人才紧缺成了提升上海文化产业原创力的一大瓶颈。

第四章 2011 年中国文化产业发展区域分析

一、中国文化产业发展区域特征

(一) 中国文化产业发展区域现状

从 2011 年文化产业发展综合指数（100 分为标准）来看，区域发展指数呈阶梯状分布（见图 4—1）。29 个省市中，北京、广东、上海、浙江、江苏、山东、天津、四川、辽宁、福建的得分值在 73 以上，这些是我国文化产业比较发达的区域；宁夏、安徽、青海、湖北、黑龙江、河南、贵州、海南、甘肃的得分值在 70 以下，这些是我国文化产业比较落后的区域；而山西、吉林、陕西、江西、湖南、内蒙古、

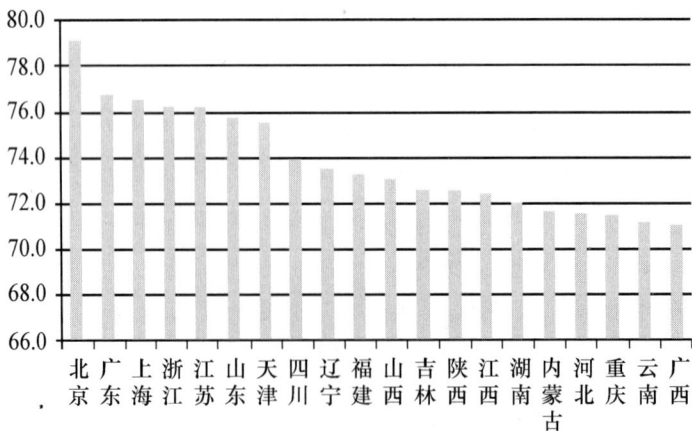

图4—1 2011 年部分省市文化产业发展综合指数得分图

河北、重庆、云南、广西是我国文化产业处于中间水平的区域。从图4—1中可以看出，文化产业发展综合指数排名靠前的省市大多是经济发展水平比较高的地区，如排名靠前的10个省市中有9个来自经济相对发达的东部地区；文化产业发展综合指数排名靠后的省市大多是经济发展水平比较低的地区。

从前面章节的阐述中可知，文化产业发展综合指数是产业生产力指数、产业影响力指数、产业驱动力指数三个一级要素指标等权平均得到的。图4—2展示了2011年部分省市三个一级指标指数的折线图。

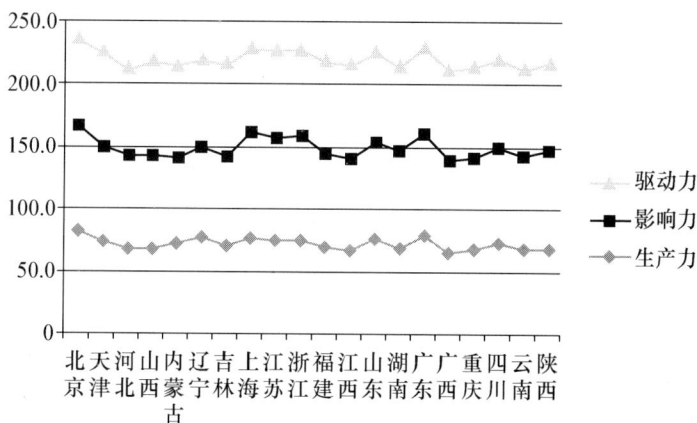

图4—2 2011年部分省市一级指标指数折线图

总体来看，各个一级指标指数和综合指数的变动方向大体一致，但各个指标内部也存在不同程度的波动，且呈现出不同的特征。

1. 生产力指数

生产力指数主要衡量的是文化产业生产要素的投入情况。整体来看，生产力指数得分值主要集中于65～80之间，总体得分比综合指数得分要高，这说明我国用于投入的文化产业资源相对来说比较丰富，有利于我国文化产业的发展。北京的得分值超过80，为83.3，这说明北京在文化投入方面具有明显的优势（见图4—3）；贵州的得分值低于65，为64.9，这说明贵州省的文化投入资源很匮乏，这极大地制约了其文化产业的发展。生产力指数的排名总体上和综合指数的排名相一致，尤其是位于生产力指数前四名的北京、广东、上海、浙江，它们的排名和综合指数的排名完全一致。此外，生产力指数排名靠前的十个省市中，有九个进入了综合指数前十名之列，这充分说明了生产力投入对文化产业发展的影响作用，文化产业发达的地区大多有雄厚的资源条件。值得注意的是，生产力指数和综合指数在某些省市也存在较大的差异。其中，差距最大的是海南省，海南省的生产力指数排名为第十一，而综合指数却排名第二十八，这说明海南省在发展文化产业的过程中具有良好的可投入的资源，而综合排名过低一方面可能是因为海南省没有利用好自己的资源优势，另一方面可能是因为影响综合指数的其他因素过低。下面将根据影响生产力指数的三个子指标，对各省市的特征进行进一步分析。

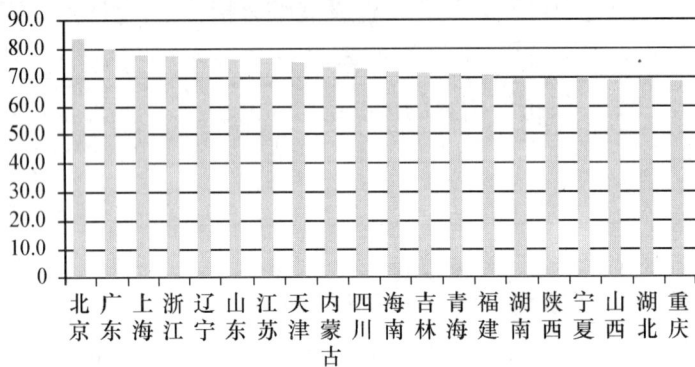

图4—3　2011年部分省市生产力指数得分图

（1）文化资源。

文化资源是各种有形资源和无形资源的集合。有形资源主要包括物质文化遗产、图书馆、博物馆、电影院及档案馆等；无形资源主要包括人类口头的和非物质遗产等。文化资源丰富与否的衡量指标是各种文化资源的数量。从图4—4中可以看出，北京、上海的文化资源得分值超过80，处于领先位置，紧随其后的是浙江、辽宁、江苏、广东、四川，得分值均超过75。其中，北京市在大学数量、博物馆文物藏品量及文化产业基地的数量等方面具有绝对优势地位，上海则在图书馆藏书数量以及艺术表演场馆坐席数量方面竞争力显著，丰富的非物质文化遗产是浙江省的最大优势，辽宁省和广东省的文化产业基地建设均取得良好效果。文化资源得分值在70~75的省市有11个，其中在非物质遗产数量方面，青海、宁夏、云南优势明显；在文化场馆数量方面，陕西、山西、内蒙古有很高的水平。文化资源得分值在70以下的省市有11个，其中海南、山东、河南、安徽、广西排名比较靠后。广西除了文化场馆的数量和文化娱乐场所的数量之外，在其余评价文化资源的各因素上均处于劣势地位。安徽省在图书馆藏书量和文化产业基地数量方面劣势明显。河南省在博物馆文物藏品量、图书馆藏书量及文化场所数量方面均排名倒数第一。

（2）文化资本。

文化资本从各省市对文化产业人均固定资产投资高低的角度来衡量产业生产力

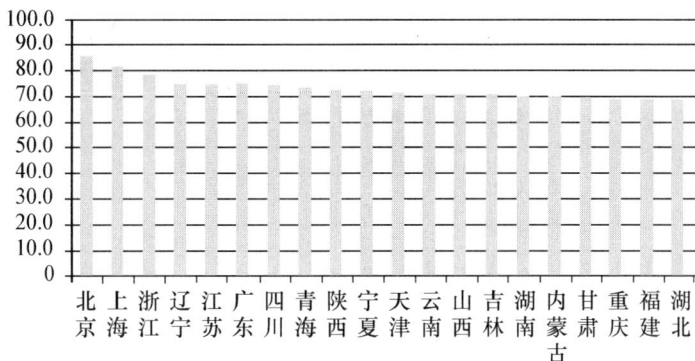

图4—4 2011年部分省市文化资源指数得分图

水平，进而影响各地文化产业发展水平。2011年，29个省市中，文化资本指数差异巨大，得分最高的山东省与得分最低的贵州省指数值相差40，这说明各省市之间文化产业人均固定资产投资差异巨大。北京、海南、内蒙古、天津、辽宁也是文化资本的强势省市，文化资产指数值在80以上，上海、山西、江苏、福建等省市指数值均在70~80区间，其余省市均小于70。从总体上看，文化资本的得分普遍小于文化资源的得分，得分值在70以下的省市有10个，说明我国文化产业的人均固定资产投资水平不足，这种情况制约了我国文化产业的发展。因此，加大文化产业固定资产投资额会增加文化产业的内动力，从而推进我国文化产业发展水平。

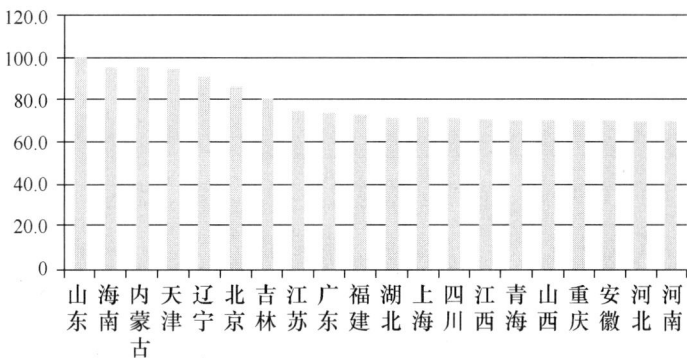

图4—5 2011年部分省市文化资本指数得分图

（3）人力资源。

人力资源指数是从本地区文化产业就业人员数量方面来衡量产业生产力，由于文化产业大多属于智力密集型企业，因此相关专业人才的多少对各地区文化产业的发展有着举足轻重的作用。从图4—6中可以看出，广东省在人力资源指数方面表现最好，这一方面是因为广东省的文化产业规模比较大，相应地就需要更多的文化产业方面的人才，可以提供更多的文化产业就业机会，另一方面是因为广东省的经济发展水平一直在全国名列前茅，相应地它可以给人才提供更好的物质生活条件和职业发展机会，因此对文化产业方面的人才有较大的吸引力，其他省市的优秀人才可能会流向广东省。浙江紧随广东，指数值超过 80，也是人力资源比较丰富的地区，山东、江苏、北京、河北、上海、河南等的指数值在 70～80 区间。值得注意的是，北京市的人力资源指数值为 75，远低于其文化资源和文化资本指数值，这说明人力资源是北京市发展文化产业的短板，北京市应该采取措施吸引更多的优秀人才，促进本地区文化产业的发展。除此之外，有 20 个省市的人力资源指数值在 60～70 区间，贵州、宁夏、青海三省市分列后三位，这与此三省市的文化产业规模和经济发展水平有关。

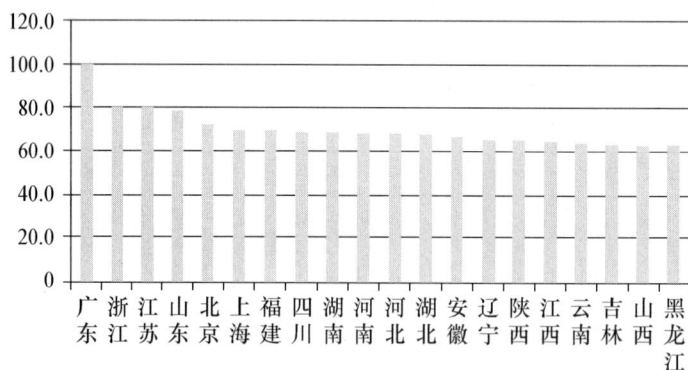

图 4—6　2011 年部分省市文化产业人力资源指数得分图

2. 影响力指数

产业影响力指数衡量的是文化产业的产出状况，主要包括经济影响和社会影响两个方面。如图 4—7 所示，在产业影响力方面，上海、北京、浙江、江苏、广东是强势区域，指数值超过 80，上海影响力指数值为 83.3，高居榜首。值得注意的是，此五省市恰巧也是综合指数排名的前五名，这体现了产业影响力与文化产业发展的一致性。指数值在 70～80 区间的省市有 18 个，分别为湖南、山东、陕西、安徽、四川、河北、福建、云南、广西、天津、湖北、山西、江西、辽宁、重庆、河南、吉林、黑龙江。指数值在 60～70 区间的省市有 6 个，分别为贵州、青海、内蒙古、宁夏、甘肃、海南，其中海南为 63.2，排名最后一位。从总体上看，影响力指数值普遍高于综合指数值，这说明我国文化产业的产出状况良好，对文化产业的发展起到了巨大的推动作用。虽然影响力指数与综合指数的趋势大体相同，但在某些省市也存在很大的差异。例如，湖南省的影响力指数值为 77.6，排名第 6 位，而综合指数为 71.9，排名第 15 位，这说明产业影响力是湖南省发展文化产业的优势因素。与之相反的是,辽宁省的影响力指数排名第19位,而综合指数排名第9位,这说明产业影响力是辽宁省发展文化产业的劣势因素,应该采取措施增加文化产业的产出。由于产业影响力通过经济影响和社会影响两方面来衡量,所以下文中将针对这两个二级指标进行进一步分析。

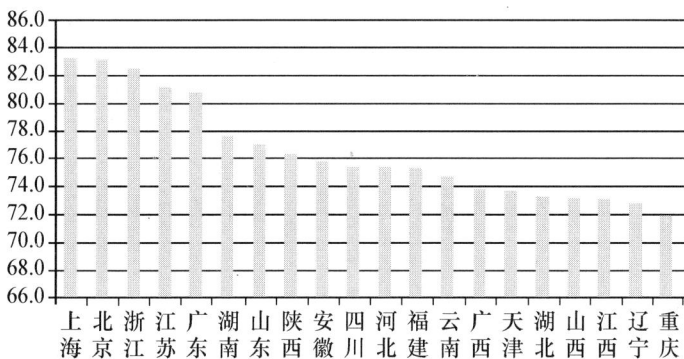

图4—7 2011年部分省市文化产业影响力指数得分图

(1) 经济影响。

经济影响指标主要考察文化产业的经济规模、从业人员人均收入水平以及文化企业之间表现出来的地域上的集聚和相互合作、共享资源的情况。从图4—8可以看出,上海和北京的经济影响指数值均超过90,位列第一、二位。上海市的文化产业总产出、文化产业人均收入均超过90,特别是人均收入指标高达96.2,这两方面决定了上海在经济影响力方面的优势地位。广东、江苏、浙江的经济影响指数值在80~90区间。福建、湖南等18个省市的经济影响指数值在70~80区间,其中山西、河北在集聚效应方面具有优势,河南在人均收入方面具有优势。宁夏、海南、甘肃、吉林、黑龙江、青海六省市指数值在60~70区间,在文化产业总产出方面,六省区得分值均在60左右,说明六省市在文化产业经济规模方面均处于劣势。

(2) 社会影响。

社会影响主要衡量的是文化产品与服务对消费者的影响,主要表现在文化形象、文化包容度、文化参与等方面。从图4—9中可以看出,浙江省社会影响指数值为84.4,排名第一位,公共图书馆书刊文献总流通人次和文化形象两个指标居各个省市首位。江苏省社会影响指数值为81.0,排名紧随浙江省之后,该省在文化氛围、文化包容度方面具有绝对优势。浙江、江苏两个省市的社会影响指数值在80~90区间。社会影响指数值在70~80区间的有20个省市,值得注意的是,北京、上海这两个文化产业最发达的地区均属于此区间,两地的文化包容度得分均在75左

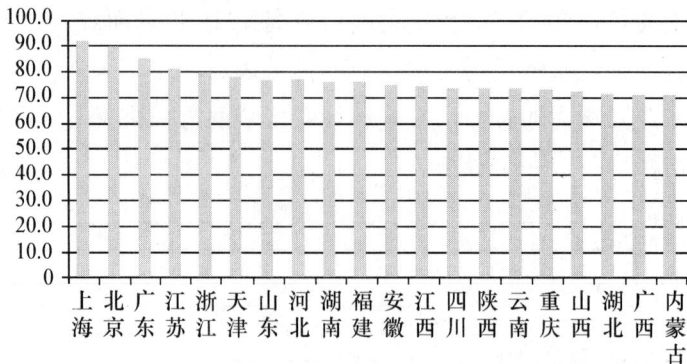

図 4—8　2011 年部分省市文化产业经济影响指数得分图

右，其他因素指标得分普遍不高，这说明两地区在社会影响方面有很大提升空间。宁夏、内蒙古、海南的社会影响指数值在 60～70 区间，其中海南在文化站活动量、文化包容度、文化形象方面均排在各省市末位，宁夏在文化氛围方面劣势最明显，内蒙古各影响因素数值比较均衡，水平均不高。

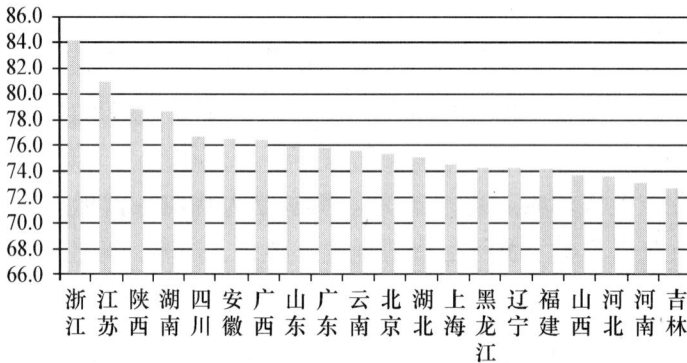

図 4—9　2011 年部分省市文化产业社会影响指数得分图

3. 驱动力指数

驱动力指数主要衡量的是外部环境对文化产业发展所起到的推动作用，主要包括市场环境、公共环境和创新环境三个方面。从图 4—10 中可知，在驱动力指数方面，天津以 78.1 的成绩名列第一位，山西、江西、吉林紧随其后，得分值均超过 75。它们是产业驱动力方面的强势区域，这与地方政府制定的政策措施和对文化产业的支持力度有很大关系。例如，天津市对特定文化企业实施税收优惠政策，实施海外留学人员、高校师生、科技人员等创办科技型中小文化企业"零首付"政策，鼓励和引导银行业金融机构加大对文化企业的信贷资金投入以及聘请外国文化产业专家来本市讲学等。福建、山东、广西等 13 个省市的驱动力指数值在 70～75 区间，广东、黑龙江等 10 个省市的指数值在 60～70 区间，其中广东、浙江、上海均属于文化产业发达地区，综合指数排名均位于前五名，而驱动力指数排名均处于第 20 名左右，这说明产业驱动力是这几个省市发展文化产业的短板，政府应该采取相应措施创造有利于文化产业发展的良好外部环境。海南、甘肃的产业驱动力水平最低，均不到 60，与倒数第 3 名的河南省之间也存在很大差距，这说明此二省的外部环境极大地限制了地区文化产业的发展。从总体上看，驱动力指数水平明显低于生产力指数和影响力指数，说明文化产业所处的外部环境还有待进一步改善。此外，驱动力指数排名和综合指数排名之间的一致性较弱，中西部省市虽然文化产业发达程度普遍不高，但驱动力指数却名列前茅，从这里可以看出当地政府为发展文化产业所做出的努力。

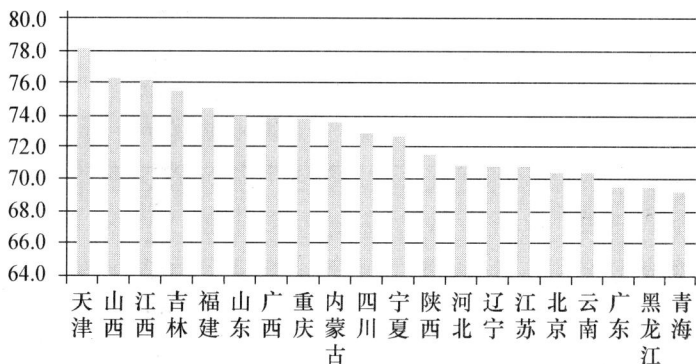

图 4—10　2011 年部分省市文化产业驱动力指数得分图

（1）市场环境。

市场环境指数反映了文化企业所处的社会经济环境的优劣程度，主要通过文化消费支出、行业协会组织所起作用、知识产权保护满意度、市场需求和融资渠道五个方面来衡量。从图 4—11 中可以看出，天津市的市场环境指数值超过 80，名列第一位，该市在行业协会组织所起作用、知识产权保护满意度和融资渠道方面均名列首位，具有绝对的竞争优势。重庆、内蒙古、山西、山东、四川的指数值在 75～80 区间，紧随天津之后，也是市场环境方面的优势区域。其中，山东、重庆在行业协会组织所起作用方面有很强的竞争力，山西在市场需求方面有绝对竞争力，内蒙古和四川在知识产权保护满意度方面优势明显。指数值在 70～75 区间的省市最多，共有 15 个。安徽、上海等 6 个省市指数值在 60～70 区间。海南、甘肃两省排名最后两位，指数值均不足 60，两省在行业协会所起的作用、市场需求、知识产权保护、融资渠道方面均相对较弱，甘肃省的各分指标指数均匀。

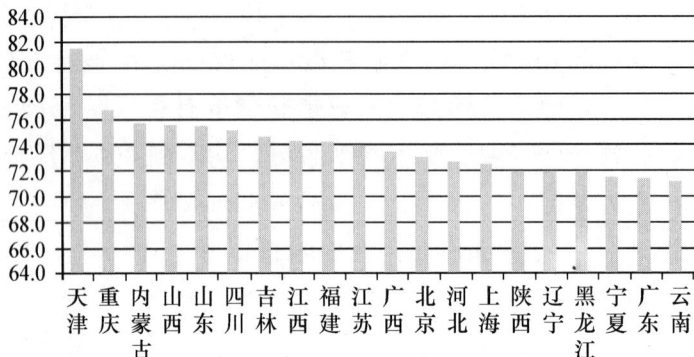

图 4—11　2011 年部分省市文化产业市场环境指数得分图

（2）公共环境。

公共环境主要反映的是公共管理部门和公共服务部门为整个产业提供的发展环境，主要通过专项基金支持力度、政策支持、公共服务满意度三方面来衡量。2011年，29 个省市文化产业指数差异较大，在 40～90 区间分布。天津市是唯一一个指数值超过 80 的地区，其在专项资金支持力度和政策支持上具有优于其他省市的优势（见图 4—12）。江西、吉林等 16 个省市的指数值在 70～80 区间，江西、吉林、山东、山西在政策支持上有显著优势，山西、吉林在公共服务满意度上竞争力较强。黑龙江、贵州等 10 个省市指数值在 60～70 区间，海南的指数值为 56.5，排名倒数第二位，甘肃的指数值为 41.2，排名倒数第一。

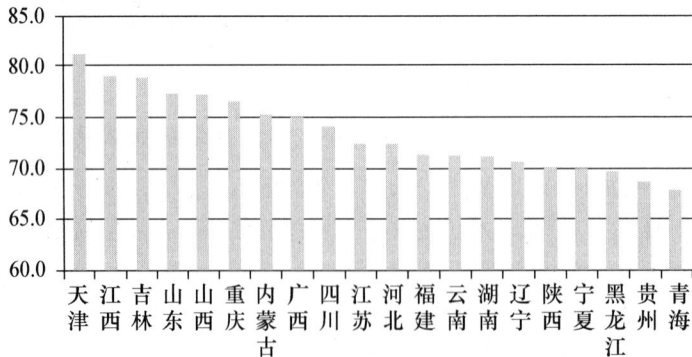

图 4—12　2011 年部分省市文化产业公共环境指数得分图

（3）创新环境。

创新环境主要衡量区域文化产业的技术投入水平和创新能力，主要通过文化科研单位人均科研经费、文化部门科研机构高级职称从业人员每百万人数量、国际交流情况获悉。从图 4—13 中可知，全国各省市间指数差异不大，在 60～80 区间波动。福建、宁夏、山西、江西、青海、广西、吉林、陕西、广东、浙江、天津、北京的指数值在 70～80 区间，其中，福建指数值为 77.6，排名第一，这主要是因为福建省的人均科研经费指标表现优异，而其科研机构高级职称人数指标处于劣势，还应加强。宁夏的指标值排名第二，和福建省相似，其分指标并不均衡，排名较高的原因是高级科研人才指标有很大优势，而人均科研经费指数却有待提高。相反，广西、江西二省市排名相对靠前并不是由于在某个分指标方面具有绝对优势，而是因为各分指标表现比较均衡。内蒙古、辽宁等 16 个省市的指标在 60～70 区间，甘肃、贵州、海南分列后三位。

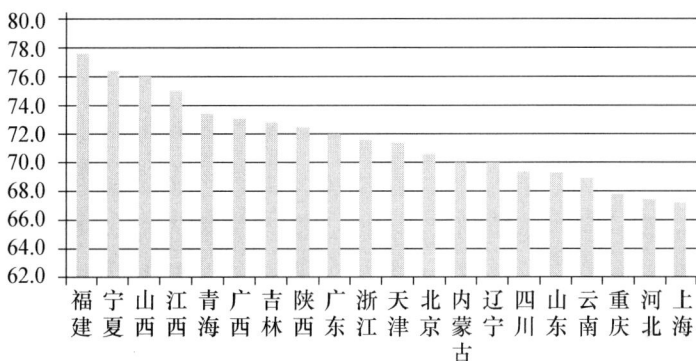

图 4—13 2011 年部分省市文化产业创新环境指数得分图

(二) 中国文化产业发展区域特征

1. 中国的文化产业总体发展不平衡

我国的文化产业总体水平呈现出东部发展较快、中部居中、西部偏弱的特征。在 2011 年文化产业发展指数中，排名前十名的省市中有九个来自东部地区，分别为北京、广东、上海、浙江、江苏、山东、天津、辽宁、福建，且排名靠前的五位均被东部省市包揽；西部地区仅有四川省进入前十名，排名第八；中部地区没有省市进入前十名。从排名靠后的十个省市的情况看，东部地区中只有海南省位列其中，中部地区有三个省市位列其中，分别为安徽、湖北、黑龙江，西部地区有六个省市位列其中，分别为广西、宁夏、青海、河南、贵州、甘肃。从平均指数的角度出发，表 4—1 反映的是东、中、西部各省市文化产业发展总指数和各一级指标的平均情况。在综合指数方面，东部地区平均值为 74.4，远高于中部地区的 70.7 和西部地区的 69.9；在生产力指数方面，东部地区平均值为 75.6，中西部地区指数值均在 70 以下；在影响力指数方面，东、中、西部分列第一、二、三名，其中东部地区为 77.1，表现出很大的优势；在驱动力指数方面，东部地区仍排名第一，但东、中、西部差距并不明显。总体上看，东部地区之所以在文化产业方面比较发达，主要得益于其较为丰富的资源禀赋和较好的投入产出效益。中部地区比西部地区的文化产业略微发达，但优势并不明显。

表 4—1 各地区综合指数及一级指标指数排名表

地区	综合指数	生产力指数	影响力指数	驱动力指数
东部地区	74.4	75.6	77.1	70.5
中部地区	70.7	68.5	73.3	70.3
西部地区	69.9	69.2	71.0	69.5

2. 总体上看，各区域影响力水平普遍较高，而驱动力水平普遍偏低

从上文文化产业发展一级指标的情况来看，各省市影响力指数普遍比较高，而驱动力指数普遍比较低。表 4—2 反映的是各个一级指标的平均值，从表中可以看出，影响力指数的平均值为 73.9，在三个指数值中排名第一，驱动力指数的平均值为 70.1，在三个指数值中排名最后一位。影响力指数反映的是投入各种资源的产出效益和产出水平，驱动力指数反映的是文化产业所处的外部环境的好坏和政府对文化产业的扶持程度。表中数据反映了在我国目前的文化产业发展水平下，文化的投入产出效益状况较为良好，各省市普遍善于将文化投入转化为文化产出，文化产业的经济影响和社会影响较为显著。但是值得注意的是，我国的文化产业所处的外部环境还不够健全，这会阻碍文化产业的快速发展，因此政府应该出台相应的政策措施，规范行业环境，加大扶持力度，为文化产业发展扫清障碍。

表 4—2 一级指标全国平均值

一级指标指数	生产力指数	影响力指数	驱动力指数
全国平均值	71.4	73.9	70.1

3. 我国文化发展与经济发展水平有一定的相关性

我国的经济发展水平呈现出东、中、西部阶梯状发展态势，其中东部地区尤其是东部沿海地区最为发达，而西部地区最为落后，这在一定程度上与文化产业的发展表现出较高的一致性。由于人均 GDP 消除了人口因素，因此一般用区域人均 GDP 来反映该地区的经济发展水平。表 4—3 反映的是 2011 年各省市人均 GDP 的实际值。在人均 GDP 排名前十位的省市中，有八个省市在文化产业发展指数中排名前十位，此八个省市分别为天津、上海、北京、江苏、浙江、广东、辽宁、福

建；在人均GDP排名靠后的十个省市中，有七个省市在文化产业发展指数上进入排名靠后的十位，这七个省市分别为青海、河南、海南、广西、安徽、甘肃、贵州。这些数据表明，从总体上看，文化发展水平与经济发展水平呈现出正相关性，但在少数省市中，也存在不一致性，例如，四川省2011年文化产业发展指数综合排名第八位，成为唯一进入前十名的中西部省市，而四川省2011年人均GDP为4 048美元，在所有省市中位列后十名之内，说明经济发展水平是影响文化产业的重要因素，但其他影响因素的作用也不容忽视。

表4—3　　　　　　　　　　　　　　2011年各省市人均GDP值表

地区	GDP（亿元）	常住人口（万人）	人均GDP（元）	人均GDP（美元）
天津	11 190.99	1 294	86 496	13 392
上海	19 195.69	2 302	82 560	12 784
北京	16 000.4	1 961	80 394	12 447
江苏	48 000	7 866	61 022	9 448
浙江	31 800	5 443	58 791	9 115
内蒙古	14 000	2 471	56 666	8 773
广东	52 673.59	10 430	50 500	7 819
辽宁	22 025.9	4 375	50 349	7 795
福建	17 500	3 689	47 433	7 344
山东	45 000	9 579	46 976	7 273
吉林	10 400	2 746	37 870	5 863
重庆	10 011.13	2 885	34 705	5 373
湖北	19 594.19	5 724	34 233	5 300
河北	24 228.2	7 185	33 719	5 221
陕西	12 391.3	3 733	33 197	5 140
宁夏	2 060	630	32 692	5 062
黑龙江	12 503.8	3 831	32 637	5 053
山西	11 000	3 571	30 802	4 769
新疆	6 600	2 181	30 257	4 685
湖南	19 635.19	6 568	29 893	4 628
青海	1 622	563	28 827	4 463
河南	27 000	9 402	28 716	4 446
海南	2 515.29	867	29 012	4 429
江西	11 583	4 457	25 988	4 226
四川	21 026.7	8 042	26 147	4 048
广西	11 714	4 603	25 449	3 945
安徽	15 110.3	5 950	25 395	3 932
西藏	605	300	20 152	3 120

续前表

地区	GDP（亿元）	常住人口（万人）	人均 GDP（元）	人均 GDP（美元）
甘肃	5 020	2 558	19 628	3 009
云南	8 750.95	4 597	19 038	2 952
贵州	5 600	3 475	16 117	2 495
全国	471 564	133 972	35 198.57	5 449.71

资料来源：根据国家统计局网站、各地统计局网站及各省市 2012 年政府工作报告综合整理。

二、中国文化产业发展强势区域特征及决定要素

本章第一部分以文化产业发展指数为基准，对我国各个省市的文化发展特征进行了详细的介绍。由此可知，我国省市间文化产业发展不平衡，一般来说，东部沿海地区文化产业比较发达，西部地区文化产业相对落后。在此后两部分内容中，通过综合分析和对比分析，本书把文化产业发展指数较高的北京、广东、上海、浙江和江苏五个省市作为文化产业发展的强势区域，把文化产业发展指数较低的黑龙江、河南、贵州、海南和甘肃五省作为文化产业发展的弱势区域，通过对两区域内部文化产业发展特征的分析，揭示其产业发展现状的深层次原因。

（一）中国文化产业发展强势区域特征

1. 强势区域总指数分析

产业生产力、产业影响力和产业驱动力三个指标共同构成了文化产业发展评价总指数。表 4—4 是五省市的文化产业总指数数值、总指数增速和总指数变异系数以及五省市相关数据的平均值和全国相关数据的平均值。

表 4—4　　　　　　　　　　强势区域文化产业总指数

地区	总指数数值	总指数增速	总指数变异系数
北京	79.0	0.51％	0.094
广东	76.7	2.13％	0.081
上海	76.5	0.39％	0.096
浙江	76.1	1.74％	0.088
江苏	76.1	3.12％	0.069
区域均值	76.9	1.56％	0.086
全国均值	71.8	3.91％	0.056

说明：表中总指数增速均为四舍五入后小数点后保留两位。后面各表同此情况。

（1）数值比较。

由表4—4可知，强势区域中，北京的文化产业总指数得分最高，为79.0，浙江和江苏都是76.1，是强势区域中最低的，强势区域的平均值为76.9，总体趋于平稳。全国的平均值为71.8，比强势区域低5.1，可见强势区域的文化产业整体发展水平高出全国平均发展水平很多（见图4—14）。

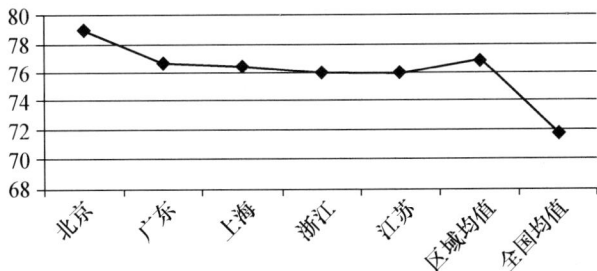

图4—14 强势区域文化产业总指数

（2）增速比较。

由图4—15可知，强势区域的文化产业总指数增速呈现出不一致的趋势，增速有快有慢，其中，江苏的增速为3.12%，而上海的只有0.39%。强势区域的增速均值为1.56%，相比全国3.91%的平均增速低了2.35%，可见由于强势区域已经发展到一定程度，增速已经慢下来，而全国由于整体水平比较低，有较大的发展空间和发展动力。

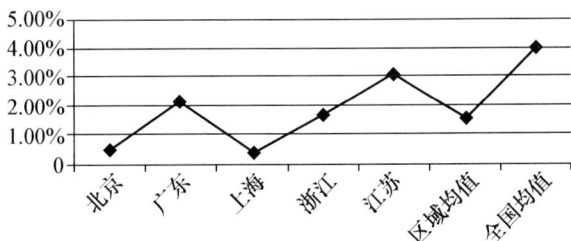

图4—15 强势区域文化产业总指数增速

（3）变异系数比较。

由图4—16可知，强势区域中，总指数变异系数基本相当，北京、上海变异系数相对于其他三个省市略微偏高，可见北京、上海虽然文化产业总指数最高，但是文化产业发展的不均衡性也最大。整体而言，强势区域变异系数均值为0.086，较全国平均水平0.056高出不少，说明我国文化产业发展强势区域不均衡度显著高于其他地区。

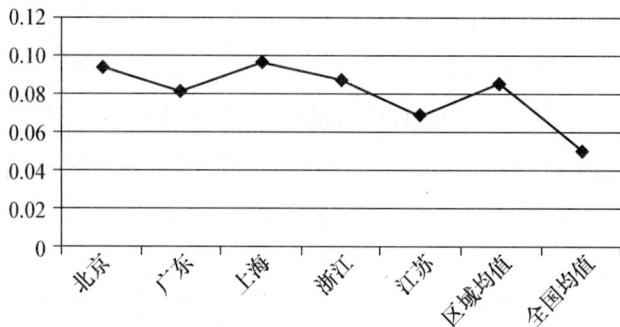

图 4—16 强势区域文化产业总指数变异系数

2. 强势区域一级指标分析

文化产业发展评价体系的三个一级指标分别是产业生产力、产业影响力和产业驱动力，这三个指标分别从文化产业的投入情况、产出状况和产业环境三方面来衡量一个地区的文化产业发展水平。

（1）产业生产力。

表 4—5 　　　　　　　　　　　　　　强势区域文化产业生产力指数

地区	生产力指数	生产力指数增速	生产力指数变异系数
北京	83.3	0.36%	0.097
广东	79.8	0.88%	0.182
上海	77.4	−1.53%	0.091
浙江	76.8	−0.52%	0.103
江苏	76.1	3.82%	0.041
区域均值	78.7	0.60%	0.102
全国均值	71.4	0.85%	0.093

1）数值比较。

在产业生产力方面，强势区域中北京市指数值最高，达到 83.3，江苏省指数值最低，为 76.1，强势区域平均值为 78.7，比全国平均值高出 7.3（见图 4—17）。这说明强势区域产业生产力状况比较好，可供投入文化产业的要素资源比较丰富，这是本区域发展文化产业的优势要素，促进了本区域文化产业的快速发展。例如，北京市 2011 年全年旅游人数突破 2 亿人次，同比增长 15%；入境过夜游人数突破 500万人次，同比增长 6% 左右；旅游总收入突破 3 000 亿元，同比增长 16%，旅游产业已成为拉动北京市经济增长的主要动力之一。北京市的旅游人数和旅游收入之所以如此之多，主要得益于北京市丰富的历史文化资源和自然资源。首先，北京在历史上是六朝古都，拥有世界上最多的皇家园林、宫廷建筑和帝王陵墓，也使得北京城本身有一种历史的厚重感。北京的名胜古迹不计其数，如长城、故宫、周口店北京人遗址、明十三陵、颐和园、圆明园都是外地游客观光的必到之处。其次，北京市也具有丰富的非物质文化遗产资源。在民间音乐方面，北京有智化寺京音乐、天坛神乐署中和韶乐；在民间舞蹈方面，有门头沟京西太平鼓、昌平后牛坊村花钹大鼓；在民间杂技与竞技方面，有天桥中幡、抖空竹、围棋、中国象棋；在传统戏剧方面，有昆曲、京剧、河北梆子。这些都是老北京几千年来留下的宝贵财富，极大地增加了北京这座城市对游客的吸引力。

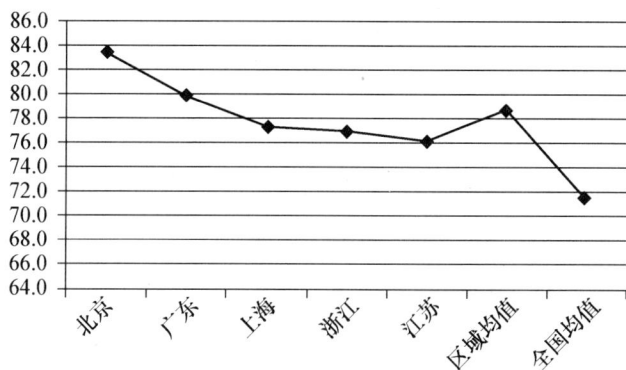

图 4—17　强势区域文化产业生产力指数

2）增速比较。

产业生产力指数增速呈现不稳定的趋势，江苏的产业生产力指数增速达到3.82%，而上海和浙江产业生产力指数为负值，分别为−1.53%和−0.52%，由此可见，强势区域产业生产力增长存在显著差异。强势区域的产业生产力指数增速均值为0.60%，低于全国0.85%的均值，全国文化产业总体投入力度要大于强势区域（见图4—18）。

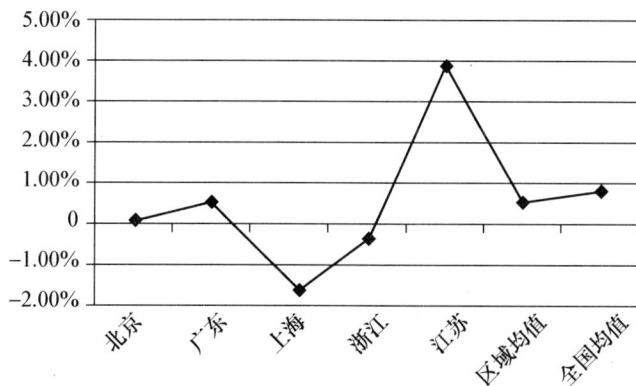

图 4—18　强势区域文化产业生产力指数增速

3）变异系数比较。

如图4—19所示，强势区域中，产业生产力指数变异系数相差较大，广东省产业生产力指数变异系数最大，显著高于其他省市，达到0.182，高于强势区域均值0.102，江苏省产业生产力变异系数最小，仅为0.041。从整体看，强势区域生产力均值略高于全国产业生产力指数变异系数均值，可见强势区域产业生产力的均衡有待提高。

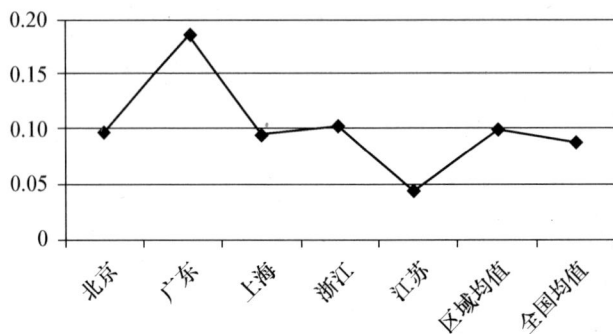

图4—19　强势区域文化产业生产力指数变异系数

（2）产业影响力。

表4—6　　　　　　　　　　　　强势区域文化产业影响力指数

地区	影响力指数	影响力指数增速	影响力指数变异系数
北京	83.2	0.50%	0.132
广东	80.8	2.54%	0.084
上海	83.3	1.59%	0.148
浙江	82.4	−0.72%	0.033
江苏	81.3	−3.90%	0.005
区域均值	82.2	0	0.080
全国均值	73.9	0.24%	0.045

1）数值比较。

在产业影响力方面，强势区域中所有省市指数值均超过80，平均值达到82.2，远高于全国指数平均值73.9。在区域内部，上海市的指数值最高，达到83.3，广东省的指数值最低，为80.8（见表4—6、图4—20）。五省市的平均值比全国平均水平高出将近10分，说明强势区域的产业影响力水平发展状况良好，这一因素是促成其文化发展水平较高的关键因素。强势区域内部各省市指数值均超过80，说明强势区域的产业影响力水平已达到世界上比较先进的水平，文化产业具有很好的投入产出效益。例如，上海市目前已有100多个文化产业集聚区，如国家数字出版基地、中国（上海）网络视听产业基地、国家音乐产业基地、国家绿色创意印刷示范园区等一批国家级的文化产业基地建设，与其他省市相比，上海的文化产业园区起步较早、数量较多、规模较大，产业集聚区正向产业门类集聚、功能定位清晰、部门合作共建的方面发展。同时，产业园区的管理不断完善，许多园区已从一般房屋租赁发展到提供完备物业服务，并逐步发展到帮助企业孵化、开展各类咨询、提供金融服务、参与企业发展等注重园区服务能级提升和园区运营模式创新的管理。这样的聚集规模加强了各个文化产业之间的交流、合作，使上海的文化产业呈现出欣欣向荣的景象，文化产业的产出水平也在不断增加。

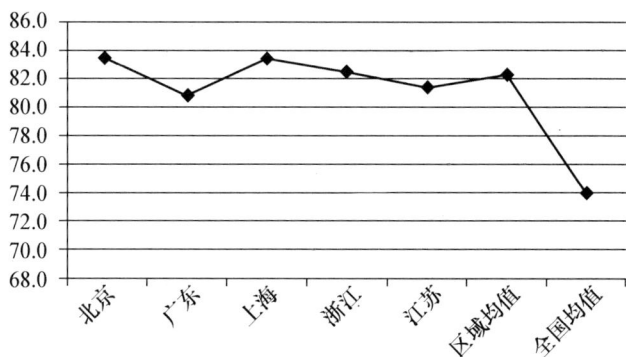

图4—20　强势区域文化产业影响力指数

2）增速比较。

强势区域产业影响力指数增速差异较大，其中广东增速为2.54%，为最高值；浙江和江苏分别为-0.72%和-3.90%。强势区域产业影响力指数增速均值近似为0，低于全国均值。从全国范围来看，产业影响力还是存在缓慢的增长（见图4—21）。

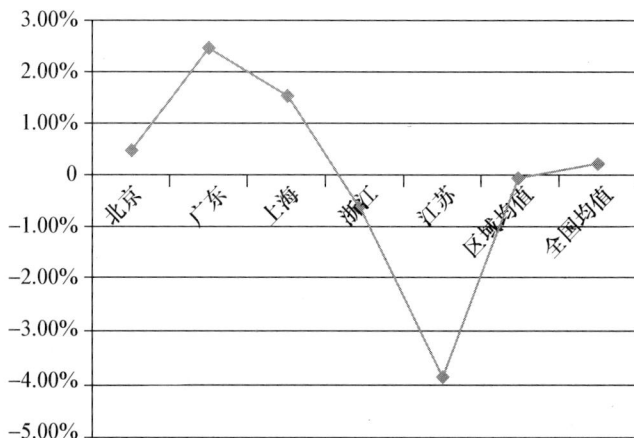

图4—21　强势区域文化产业影响力指数增速

3）变异系数比较。

强势区域中产业影响力变异系数较大的是上海和北京，系数分别为0.148和0.132，说明作为全国经济总量最大的两大城市，在文化产业影响力的均衡性方面还需再提高。而江苏省作为强势区域中文化产业影响力均衡性最强的城市，变异系数仅为0.005。从整体看，强势区域和全国的文化产业影响力变异系数相差不大。

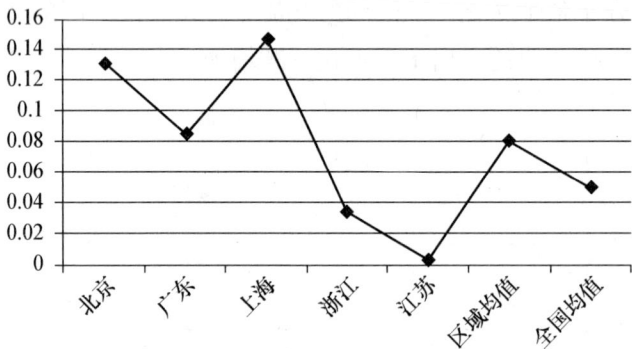

图4—22　强势区域文化产业影响力指数变异系数

（3）产业驱动力。

表4—7　　　　　　　　　　强势区域文化产业驱动力指数

地区	驱动力指数	驱动力指数增速	驱动力指数变异系数
北京	70.4	0.72%	0.040
广东	69.6	3.26%	0.053
上海	68.7	1.18%	0.051
浙江	69.1	7.30%	0.043
江苏	70.8	11.32%	0.062
区域均值	69.7	4.76%	0.050
全国均值	70.1	11.62%	0.047

1）数值比较。

在产业驱动力方面，强势区域的指数平均值为69.7，低于全国的平均值70.1。这表明强势区域在产业驱动力方面还达不到全国平均水平，产业驱动力是强势区域发展文化产业的劣势所在，强势区域内的文化产业外部环境和政府的扶持力度还有待进一步改善（见图4—23）。据调查，在上海市，无论园区还是企业，都要求政府加大对文化创意园区发展的政策引领、扶持力度，在税收、融资等方面给园区和园区企业更多优惠。

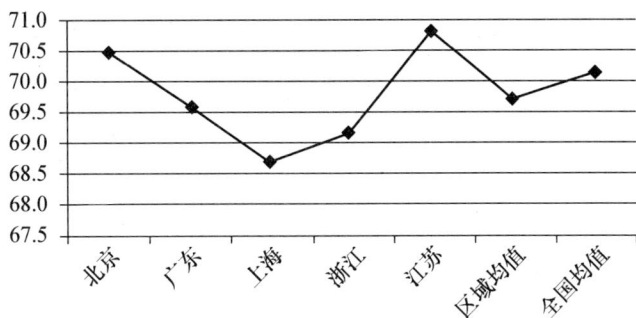

图4—23　强势区域文化产业驱动力指数

2）增速比较。

强势区域的产业驱动力增速存在较大的差异，其中，浙江、江苏产业驱动力指数增速分别达到7.30％、11.32％，相比之下，北京只有0.72％，而上海也只有1.18％。强势区域产业驱动力指数增速均值为4.76％，呈现出比较高的增长趋势，可见文化产业的驱动力在逐步提升。相比之下，全国的均值为11.62％，文化产业在全国范围内的驱动力正在快速扩大（见图4—24）。

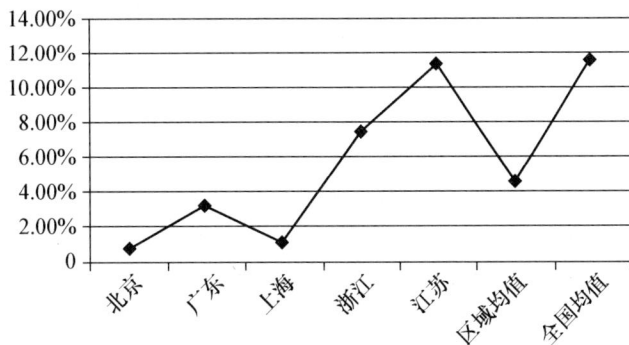

图4—24　强势区域文化产业驱动力指数增速

3）变异系数比较。

强势区域中，产业驱动力指数变异系数相差不大，其中江苏指数较高，为0.062；北京稍低，为0.040（见图4—25）。从整体来看，强势区域驱动力均值和全国相比没有明显差异。

综上，强势区域的产业生产力指数和产业影响力指数的均值都超过全国均值，存在明显的优势，但也正因为其发展到一定程度，在增长方面相对于全国均值相对缓慢，这可以说明全国总体发展呈现一个良好的增长趋势。而由于全国其他地区对文化产业的重视程度持续提高，强势区域的产业驱动力优势不明显，指数均值小于全国均值。

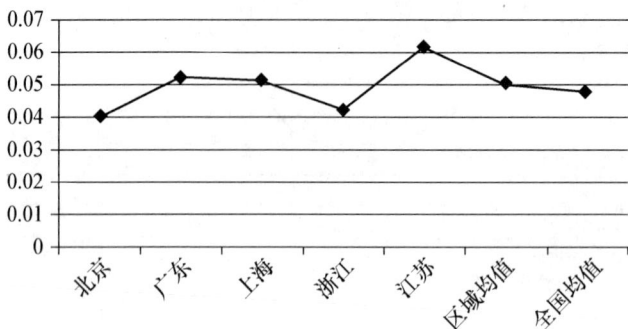

图 4—25 强势区域文化产业驱动力指数变异系数

3. 强势区域二级指标分析

根据本书第二章的介绍，文化产业发展指数体系的二级指标一共有 8 个，分别是文化资源、文化资本、人力资源、经济影响、社会影响、市场环境、公共环境、创新环境。强势区域二级指标指数值及区域平均值和全国平均值如表 4—8 所示。

表 4—8　　　　　　　　强势区域二级指标指数值及区域平均值和全国平均值

二级指标	北京	上海	江苏	浙江	广东	区域平均值	全国平均值
文化资源	86.1	81.8	75.2	78.8	75.1	79.4	71.6
文化资本	85.9	71.6	75.1	66.5	73.6	74.6	74.4
人力资源	72.3	70.1	79.9	81.0	100.0	80.7	68.0
经济影响	90.9	92.0	81.6	80.5	85.6	86.1	74.2
社会影响	75.4	74.6	81.0	84.4	76.0	78.3	73.6
市场环境	73.1	72.7	74.2	70.0	71.4	72.3	71.3
公共环境	67.5	66.1	72.4	65.8	65.3	67.4	69.9
创新环境	70.7	67.2	65.8	71.6	72.0	69.5	69.2

根据表 4—8 中反映的指数值情况，我们可以把强势区域二级指标大体分为三类：第一类是强势区域平均值远高于全国平均值的要素，也可以称之为优势要素，包括文化资源要素、人力资源要素、经济影响要素。第二类是强势区域平均值略高于全国平均值的要素，也可以称之为平均要素，包括文化资本要素、社会影响要素、市场环境要素、创新环境要素。第三类是强势区域平均值低于全国平均值，也可称之为弱势要素，在这里是指公共环境要素。下面依据此分类对文化产业发展二级指标进行介绍。

第一类指标：文化资源要素、人力资源要素和经济影响要素。

（1）文化资源要素。

表 4—9   强势区域文化资源指数

地区	文化资源指数	文化资源指数增速
北京	86.1	0.04％
上海	81.8	−0.72％
江苏	75.2	2.02％
浙江	78.8	1.31％
广东	75.1	−0.17％
区域均值	79.4	0.46％
全国均值	71.6	0

1）数值比较。

强势区域文化资源指数存在差异，北京为最高值86.1，紧接着是上海81.8，江苏和广东的75.2和75.1相对较低。强势区域的文化资源指数均值为79.4，高于全国均值，且强势区域内部各省市指数值均在全国平均水平之上，这说明强势地区的文化资源要素非常丰富，对本区域的文化产业发展做出了很大的贡献（见图4—26）。

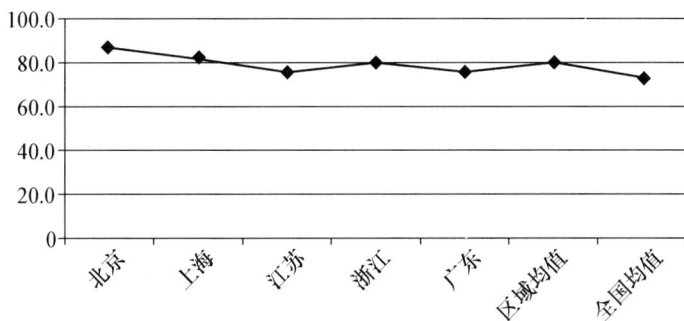

图 4—26 强势区域文化资源指数

2）增速比较。

强势区域文化资源指数增速这一指标，江苏为2.02％，说明江苏省加大了资源的挖掘与整合力度；浙江为1.31％，增速也比较理想；广东和上海出现了负值，分别为−0.17％和−0.72％。强势区域的文化资源指数增速均值为0.46％，相对于全国的零增速还是值得肯定的（见图4—27）。

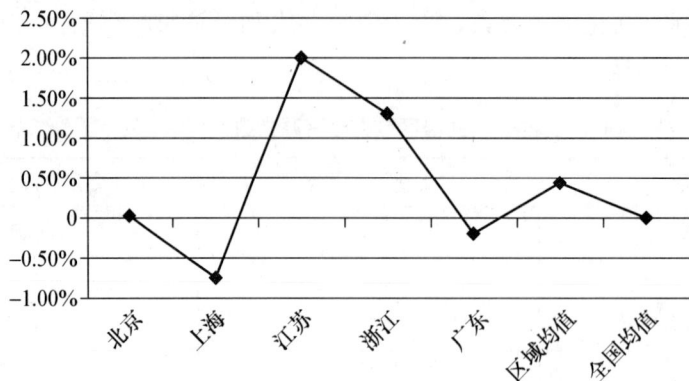

图4—27　强势区域文化资源指数增速

（2）人力资源要素。

表4—10　　　　　　　　　　　　强势区域人力资源指数

地区	人力资源指数	人力资源指数增速
北京	72.3	−3.61％
上海	70.1	−0.36％
江苏	79.9	3.52％
浙江	81.0	−5.75％
广东	100.0	0.00％
区域均值	80.7	−1.27％
全国均值	68.0	−3.13％

1）数值比较。

强势区域人力资源指数整体相对平稳，但也有较大差异，最高值为广东的100.0，最低值为上海的70.1。强势区域指数值在全国平均水平之上，这表明强势区域文化产业从业人员多，人力资源相对丰富，这对区域文化产业发展起到了很大的促进作用。相比之下，全国范围内人力资源还是存在不足的问题（见图4—28）。

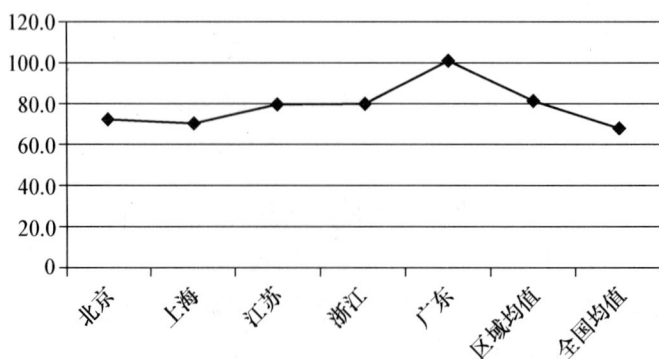

图4—28　强势区域人力资源指数

2）增速比较。

从强势区域来看，江苏人力资源指数增速3.52％为最高值，浙江－5.75％为最低值。从整体来看，强势区域增速均值为－1.27％，呈现下降趋势，全国均值为－3.13％，也呈现下降趋势，且下降速度较快（见图4—29）。

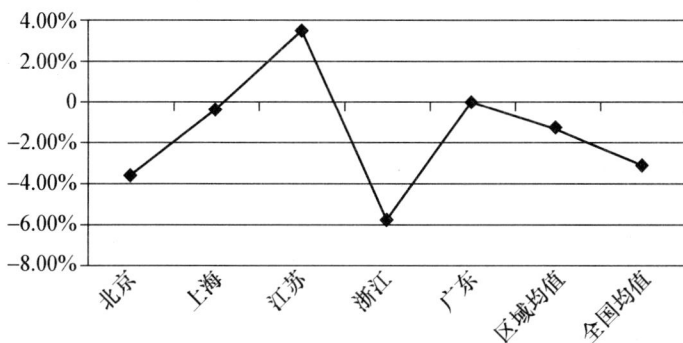

图4—29　强势区域人力资源指数增速

（3）经济影响要素。

表4—11　　　　　　　　　强势区域经济影响指数

地区	经济影响指数	经济影响指数增速
北京	90.9	－1.20％
上海	92.0	－2.92％
江苏	81.6	－10.45％
浙江	80.5	－7.77％
广东	85.6	5.48％
区域均值	86.1	－3.52％
全国均值	74.2	－3.89％

1）数值比较。

强势区域经济影响指数相对趋于平稳，最高值为上海92.0，最低值为浙江80.5，均值为86.1，高于全国均值，全国范围内的文化产业影响力还有待提高（见图4—30）。

2）增速比较。

强势区域的经济影响指数增速没有像指数值那样平稳，差异比较大，其中除广东为5.48％外，其余各省市均为负值，江苏更是达到了－10.45％，区域均值为－3.52％，尽管指数下降，但相对全国3.89％的下降速度来说相对缓慢（见图4—31）。

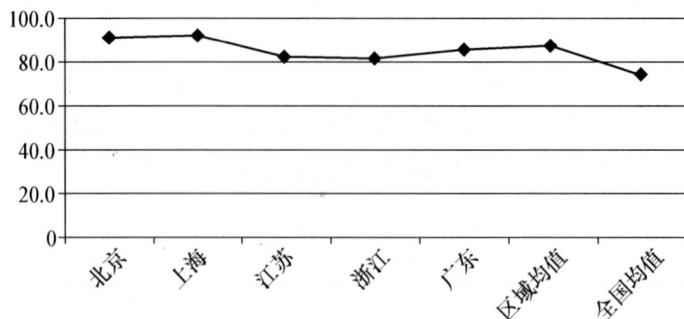

图 4—30　强势区域经济影响指数

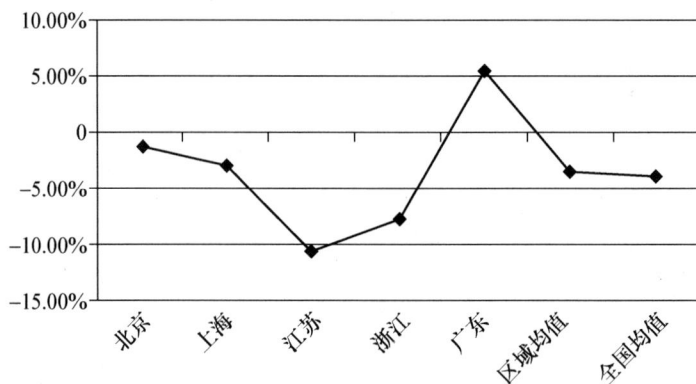

图 4—31　强势区域经济影响指数增速

第二类指标：文化资本要素、社会影响要素、市场环境要素和创新环境要素。

（1）文化资本要素。

表 4—12　　　　　　　　　　　　　　强势区域文化资本指数

地区	文化资本指数	文化资本指数增速
北京	85.9	4.94％
上海	71.6	−5.23％
江苏	75.1	10.63％
浙江	66.5	−0.13％
广东	73.6	5.62％
区域均值	74.6	3.08％
全国均值	74.4	8.14％

1）数值比较。

如图 4—32 所示，从强势区域内部来看，各省市文化资本指数相差不大，北京文化资本指数 85.9 为最高值，浙江 66.5 为最低值。从整体来看，强势区域均值为 74.6，与全国均值 74.4 不相上下，可见，强势区域在文化资本指数上与全国其他省市相比不占优势。

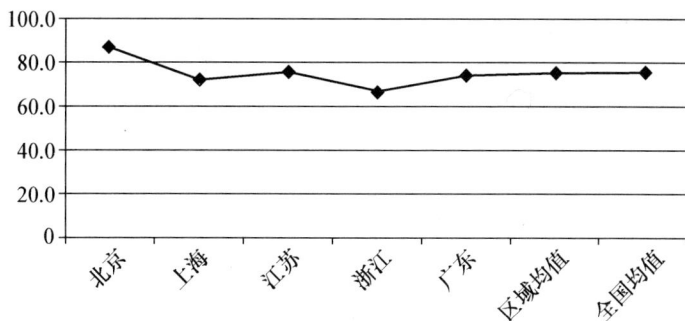

图4—32 强势区域文化资本指数

2）增速比较。

强势区域文化资本指数增速相差较大，最高值为江苏10.63％，显著高于其他省市；最低值为上海－5.23％，显著低于其他省市。强势区域文化资本增速均值为3.08％，明显低于全国均值。可见，强势区域文化资本增速已较大幅度地落后于全国其他省市，全国范围内文化资本呈现良好的增长趋势（见图4—33）。

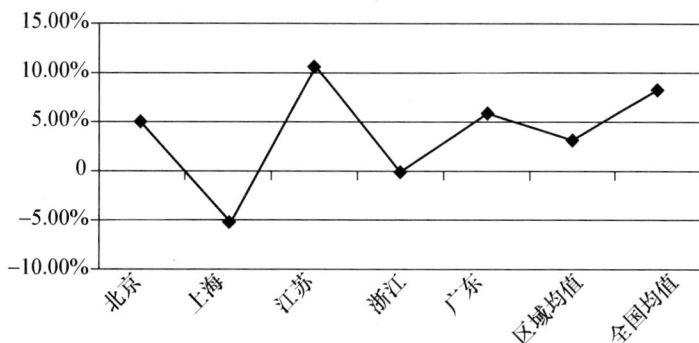

图4—33 强势区域文化资本指数增速

（2）社会影响要素。

表4—13　　　　　　　　强势区域社会影响指数

地区	社会影响指数	社会影响指数增速
北京	75.4	2.63％
上海	74.6	7.71％
江苏	81.0	3.68％
浙江	84.4	7.17％
广东	76.0	－0.77％
区域均值	78.3	4.04％
全国均值	73.6	4.69％

1) 数值比较。

强势区域社会影响指数最高值为浙江84.4，最低值为上海74.6，整体间差异不大，区域均值为78.3，略微高于全国均值，可见强势区域社会影响力略大于全国其他地区社会影响力（见图4—34）。

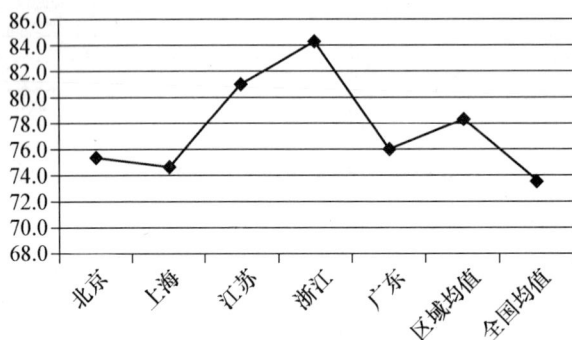

图 4—34　强势区域社会影响指数

2) 增速比较。

强势区域社会影响指数增速呈现不一致的状态，上海和浙江的社会影响指数增速较大，分别为7.71％和7.17％，只有广东省社会影响指数增速为负值。从整体来看，强势区域社会影响指数增速均值为4.04％，略低于全国4.69％的均值，可见强势区域社会影响指数已低于全国平均增速，需要引起重视（见图4—35）。

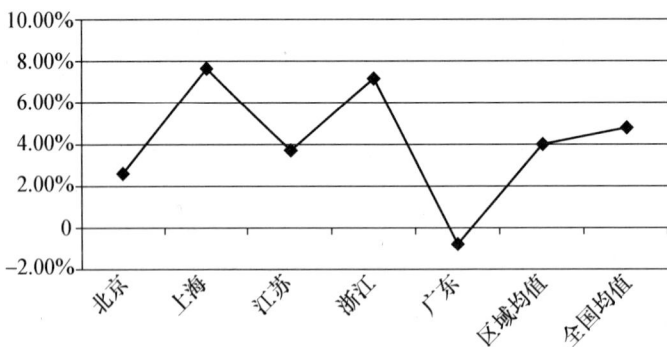

图 4—35　强势区域社会影响指数增速

（3）市场环境要素。

表 4—14　　　　　　　　　　强势区域市场环境指数

地区	市场环境指数	市场环境指数增速
北京	73.1	2.76％

续前表

地区	市场环境指数	市场环境指数增速
上海	72.7	3.05％
江苏	74.2	13.19％
浙江	70.0	12.84％
广东	71.4	14.36％
区域均值	72.3	8.95％
全国均值	71.3	12.46％

1) 数值比较。

强势区域市场环境指数总体平稳，没有太大差异。江苏市场环境指数最高，为74.2；浙江市场环境指数最低，为70.0。强势区域市场环境均值为72.3，而全国均值为71.3，两者差异不大（见图4—36）。

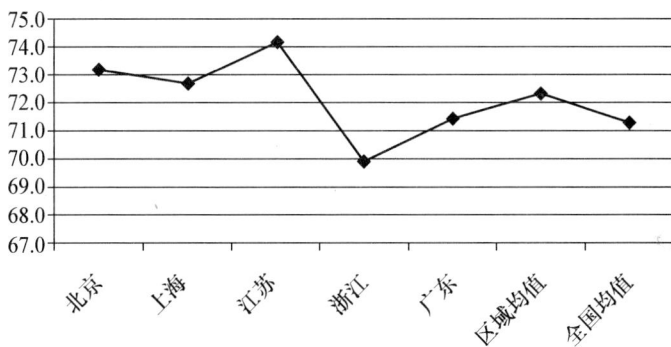

图4—36　强势区域市场环境指数

2) 增速比较。

强势区域市场环境指数增速相差较大，其中江苏、浙江和广东增速明显，均超过10％，而北京、上海市场环境指数增速趋缓，仅为3％左右。强势区域市场环境增速均值为8.95％，显著低于12.46％这一全国平均增速（见图4—37）。

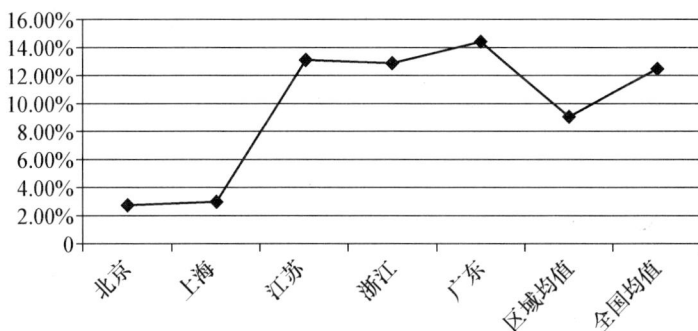

图4—37　强势区域市场环境指数增速

（4）创新环境要素。

表 4—15　　　　　　　　　　　　　　强势区域创新环境指数

地区	创新环境指数	创新环境指数增速
北京	70.7	−0.93%
上海	67.2	−6.14%
江苏	65.8	3.91%
浙江	71.6	2.22%
广东	72.0	−2.82%
区域均值	69.5	−0.89%
全国均值	69.2	4.69%

1）数值比较。

从强势区域内部看，创新环境指数相差不大，浙江和广东较高，为 72 左右，江苏创新环境指数最低，为 65.8。从整体来看，强势区域创新环境指数均值为 69.5，稍微高于全国均值（见图 4—38）。

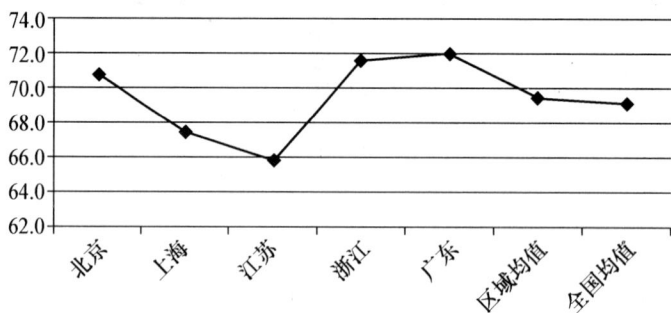

图 4—38　强势区域创新环境指数

2）增速比较。

如图 4—39 所示，强势区域创新环境指数增速明显不一致，最高的为江苏省 3.91%，最低的为上海市−6.14%，显著低于其他省市，需引起重视。从整体来看，强势区域创新环境指数增速均值为−0.89%，较大幅度地低于全国平均增速 4.69%。

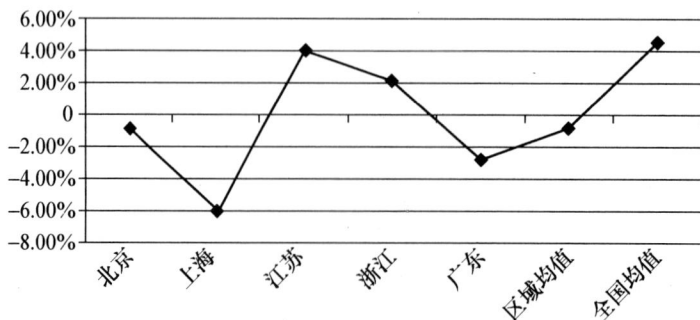

图 4—39　强势区域创新环境指数增速

第三类指标：公共环境要素。

表4—16 强势区域公共环境指数

地区	公共环境指数	公共环境指数增速
北京	67.5	1.91%
上海	66.1	5.03%
江苏	72.4	10.67%
浙江	65.8	6.35%
广东	65.3	−2.61%
区域均值	67.4	4.20%
全国均值	69.9	13.84%

1）数值比较。

从强势区域内部来看，江苏省公共环境指数较为突出，为72.4，明显高于其他省市；其他四省市相差不大。从整体上来看，强势区域公共环境指数均值为67.4，略低于全国均值（见图4—40）。

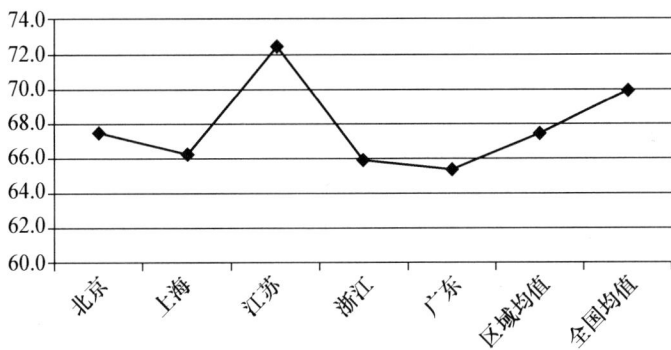

图4—40 强势区域公共环境指数

2）增速比较。

从强势区域内部来看，公共环境指数增速相差较大，江苏省公共环境指数增速高达10.67%，而广东省公共环境指数仅有−2.61%，是唯一为负值的省。从整体来看，强势区域公共环境指数增速为4.20%，远远低于全国均值，需引起高度重视（见图4—41）。

4. 强势区域三级指标分析

（1）文化资源。

在本书中，文化资源包括有形资源和无形资源，在衡量文化资源指标时可分为人文类资源、文化产业基地和文化场馆资源。表4—17反映的是强势区域五省市文化资源要素三级指标指数值及区域均值和全国均值情况。

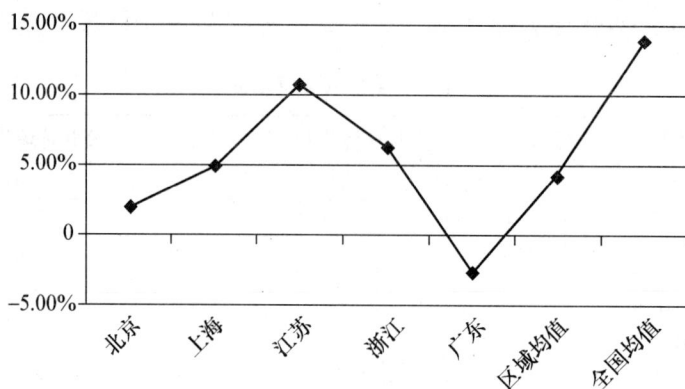

图4—41　强势区域公共环境指数增速

表4—17　　　　　　　强势区域文化资源要素指数值及区域均值和全国均值

文化资源指标	北京	广东	上海	浙江	江苏	区域均值	全国均值
人文类资源	84.0	64.3	80.1	75.5	66.3	74.0	68.9
文化产业基地	100.0	91.1	82.2	77.8	80.0	86.2	70.3
文化场馆资源	74.4	70.2	84.8	80.1	74.9	76.9	75.6

　　为了更直观地描述强势区域文化资源要素指标特征，我们绘制了折线图来展示强势区域文化资源要素指标的属性（见图4—42）。

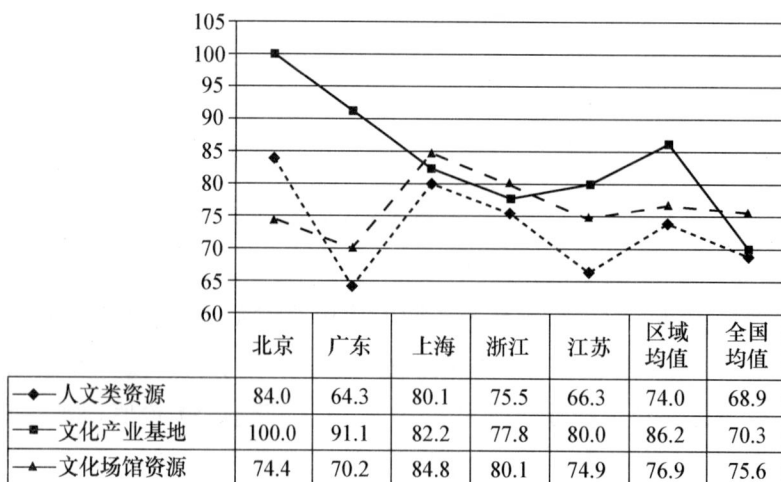

	北京	广东	上海	浙江	江苏	区域均值	全国均值
◆ 人文类资源	84.0	64.3	80.1	75.5	66.3	74.0	68.9
■ 文化产业基地	100.0	91.1	82.2	77.8	80.0	86.2	70.3
▲ 文化场馆资源	74.4	70.2	84.8	80.1	74.9	76.9	75.6

图4—42　强势区域文化资源要素三级指标折线图

　　在人文类资源方面，强势区域指数均值为74.0，高于全国均值68.9，说明总体来说，强势区域的人文类资源比较丰富，反映人文类资源的大学数量、文物藏品量、非物质文化遗产和图书馆藏书量等指标指数相对较高。但就强势区域内部而言，各省市间人文类资源水平并不平衡，北京、上海的人文类资源指数值均超过

80,浙江省的指数略高于全国均值,而广东、江苏的指数值还不到全国平均水平,这说明强势区域人文类资源水平较高并不是区域内各省市的普遍特征,而是靠个别省市的拉动作用。可见,在强势区域内部,仍应该就某些省市增加文化类资源的投入,如加大高校建设力度,兴建或改建图书馆,以改善强势区域人文类资源不平衡的现状,推动文化产业的进一步发展。

在文化产业基地建设方面,强势区域指数均值为86.2,远高于全国均值70.3。虽然强势区域内部各省市产业基地建设水平差异较大,但均远高于全国均值,这说明强势区域在文化产业基地建设方面规模比较大、数量比较多、优势较为明显,是该区域发展文化产业的重要推动力量。

在文化场馆资源方面,强势区域指数均值为76.9,略高于全国平均水平75.6,说明在总体上,强势区域的文化场馆资源数量略高于全国平均水平,但优势并不明显。从强势区域内部各省市情况来看,上海和浙江的指数值超过80,优于全国平均水平,北京、广东、江苏三个地区的指数值均不到75,低于全国平均水平。这说明,在此三个地区还应该加强艺术表演场馆、文化娱乐场所、艺术馆、文化站等文化基础设施建设,这样可以进一步增强强势区域文化产业发展水平。

(2)文化资本。

本书所指的文化资本是指运用于文化产业并对文化产业的发展起到推动作用的,以货币形式表示的固定资本量。为了方便计量和比较,文化资本用人均固定资产投资额来衡量。表4—18反映的是强势区域文化资本要素人均固定资产投资额及区域均值和全国均值情况。

表4—18　　　　强势区域文化资本要素人均固定资产投资额及区域均值和全国均值　　　单位:元

文化资本指标	北京	广东	上海	浙江	江苏	区域均值	全国均值
人均固定资产投资额	4.4	2.2	3.3	1.6	1.8	2.7	2.2

为了更直观地描述强势区域文化资本要素指标特征,我们绘制了直方图来展示强势区域文化资本要素指标指数的属性(见图4—43)。

从图4—43中可以看出,强势区域人均固定资产投资额均值为2.7元,高于全国均值2.2元,说明从总体上看,强势区域的文化资产投资力度比较大,相对较为充足的资金保证了文化产业的快速发展。但从强势区域内部各省市的投入情况来看,人均固定资产投资额差异比较大,北京和上海的人均投资额分别为4.4元和3.3元,远高于全国均值,广东省的投资水平与全国水平相当,而浙江和江苏的人均投资水平在全国均值之下。这说明强势区域内部个别省市仍须加大文化产业的投资力度，否则在一定程度上会制约文化产业的发展。

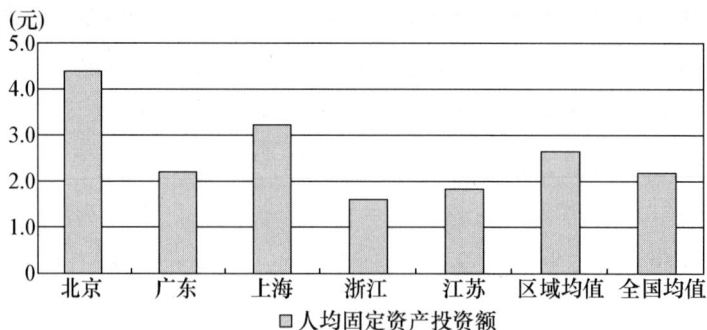

图4—43　强势区域文化资本要素三级指标直方图

（3）人力资源。

本书中人力资源主要衡量的是从事文化产业的人所拥有的能够被文化产业发展所用的，且对价值创造起贡献作用的教育、能力、技能、经验、体力的总称。这里，人力资源用文化产业各行业从业人员数量来体现。表4—19反映的是强势区域人力资源要素从业人员数量及区域均值和全国均值。

表4—19　　　　　　强势区域人力资源要素从业人员数量及区域均值和全国均值　　　　　单位：人

人力资源指标	北京	广东	上海	浙江	江苏	区域均值	全国均值
从业人员数量	487 686	1 261 226	343 941	826 207	553 938	694 600	356 181

为了更直观地描述强势区域人力资源要素指数特征，我们绘制了直方图来展示强势区域人力资源要素指标指数的属性（见图4—44）。

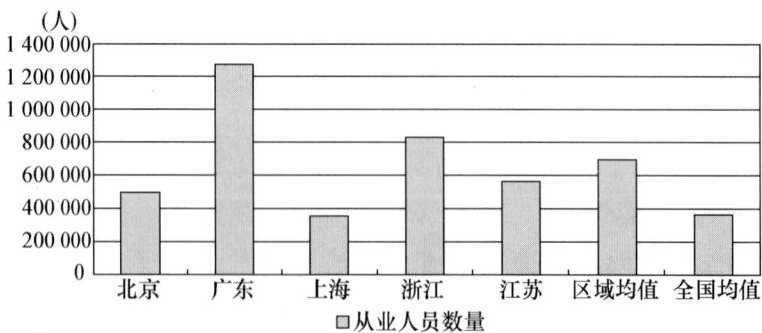

图4—44　强势区域人力资源要素三级指标直方图

从图4—44中可以看出，强势区域平均从业人员数量为694 600人，远高于全国均值356 181人，这说明从总体上来看，强势区域文化产业方面的从业人员较多，人力资源比较丰富，这为发展本区域文化产业奠定了很好的基础，成为推动本区域文化产业发展的优势要素。强势区域内部各省市中，广东省的从业人员最多，达到1 261 226 人，是全国平均水平的 3.5 倍；浙江省的从业人员也比较多，为826 207人，是全国平均水平的 2.3 倍；北京和江苏的从业人员均高于全国平均水平；而上海市的从业人员数量略低于全国均值，这说明上海市的从业人员数量相对较少，人力资源并不丰富，应该是今后加以提高的主要要素指标。

（4）经济影响。

本书中，经济影响主要通过文化产业总产出、人均收入和集聚效应三方面来衡量，表4—20反映的是强势区域经济影响要素三级指标指数值及区域均值和全国均值情况。

表 4—20　　　　　　　强势区域经济影响要素指数值及区域均值和全国均值

经济影响指标	北京	广东	上海	浙江	江苏	区域均值	全国均值
文化产业总产出	80.3	100.0	79.7	83.3	82.3	85.1	68.1
文化产业人均收入	92.5	75.5	100.0	78.3	78.6	85.0	71.7
集聚效应	100.0	81.2	96.3	79.9	83.8	88.2	82.8

为了更直观地描述强势区域经济影响要素指标特征，我们绘制了折线图来展示强势区域经济影响要素指标指数的属性（见图4—45）。

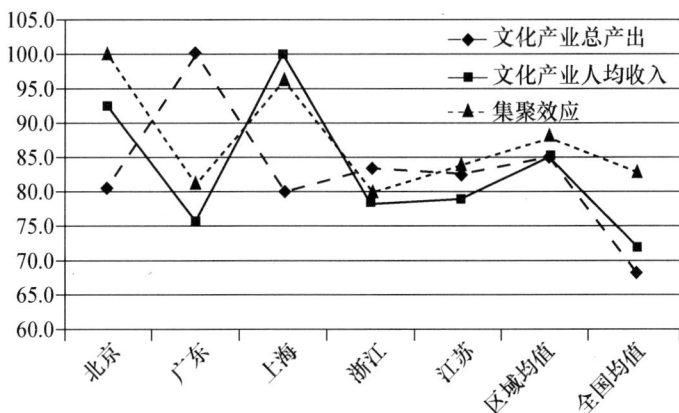

图 4—45　强势区域经济影响要素三级指标折线图

从图 4—45 中可以看出，在文化产业总产出方面，强势区域均值为 85.1，远高于全国平均水平 68.1，这说明与全国平均水平相比，强势区域的文化产业总产出值总量比较大，产出效应高。在强势区域内部各省市中，文化产业总产出指数值大多超过 80（唯一例外的上海其指数值为 79.7，也接近80），各省市指数值比较均衡，其中，广东省的总产出指数值最高，为100.0，上海市的指数值最低，为79.7。由此可以看出，就文化产业总产出指标而言，不论是强势区域整体平均指数值还是内部各个省市的单独指数值，都具有较高的水平，说明产业总产出是强势区域的优势因素，在很大程度上促进了本区域文化产业的发展。

在文化产业人均收入方面，强势区域均值为85.0，高于全国均值71.7，这说明在总体水平上，强势区域文化产业人均收入水平较高。在强势区域内部各省市中，文化产业人均收入指数值差异较大，其中，上海市的指数值最高，为100.0，北京的指数值超过90，其他省份的人均收入水平也高于全国平均水平。

在集聚效应方面，强势区域均值为88.2，高于全国均值82.8。这说明在总体水平上，强势区域集聚水平相对较高。在区域内部各省市中，集聚效应指数值之间差异较小，北京市的指数值最大，为100.0，浙江省的指数值最小，为79.9，指数值在全国均值以上的地区是北京、上海和江苏，指数值在全国均值以下的有广东和浙江。总的来说，强势地区应该进一步加强文化企业间地域上的集聚以及相互之间的交流合作，形成完善的区域文化产业网。

（5）社会影响。

本书中，社会影响主要通过影响人次、文化氛围、文化包容度和文化形象四个三级指标来衡量。表4—21反映的是强势区域社会影响要素三级指标指数值及区域均值和全国均值情况。

表4—21　　　　　　强势区域社会影响要素指数值及区域均值和全国均值

社会影响指标	北京	广东	上海	浙江	江苏	区域均值	全国均值
影响人次	89.5	70.2	89.8	87.8	70.9	81.7	69.8
文化氛围	70.9	79.3	69.3	83.6	86.6	77.9	75.9
文化包容度	63.6	77.4	65.0	80.5	82.7	73.9	74.4
文化形象	77.7	76.9	74.3	85.4	83.7	79.6	74.5

为了更直观地描述强势区域社会影响要素指标特征，我们绘制了折线图来展示强势区域社会影响要素指标指数的属性（见图4—46）。

从图4—46中可以看出，在影响人次方面，强势区域均值为81.7，远高于全国均值69.8，这说明在强势区域，居民对于文化活动的参与度水平较高。参与度水平较高，是强势区域发展文化产业的优势因素，可以促进文化产业的发展。在区域内部各省市中，北京、上海、浙江的影响人次指数值均超过80，广东和江苏指数值高于70，全部五省市的指数均高于全国平均值。

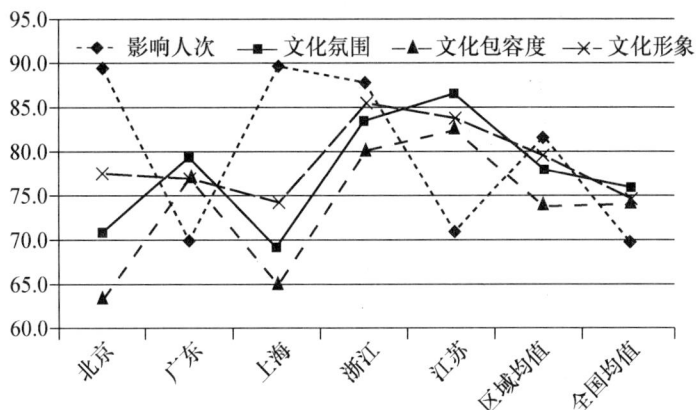

图 4—46 强势区域社会影响要素三级指标折线图

在文化氛围方面，强势区域均值为 77.9，高于全国均值 75.9，这说明总体而言，强势区域文化氛围相对来说比较浓厚，这是本区域发展文化产业的优势因素。在强势区域内部各省市中，江苏和浙江指数值排名前两位，指数值均超过 80，说明两省在开展文体活动的次数、从事文化产业的企事业单位数量以及距居住地最近的文化产品和服务集散地的距离等评价文化氛围的指标方面均表现很好。广东省的文化氛围指数为 79.3；北京和上海的指数值分别为 70.9 和 69.3，均低于全国均值，说明这两个文化产业总体发展较好的城市缺乏良好的文化氛围，文化氛围要素是两市发展文化产业的短板因素，应该着力提高。

在文化包容度方面，强势区域均值为 73.9，低于全国均值 74.4，说明总体而言，我国文化发展强势区域文化包容度较差，该区域对不同文化、不同风俗习惯的理解和尊重度较差，这不利于新兴文化产业在本区域的发展壮大。在强势区域内部各省市中，江苏、浙江、广东的文化包容度指数值均高于全国均值，说明这三个省文化包容度较好；上海、北京的指数值分别为 65.0 和 63.6，远低于全国平均水平，说明这两个城市的文化包容度较差，同时这两个市指数值过低也导致了整个强势区域的文化包容度指数偏低。因此，北京市和上海市应该提高文化包容度，这不仅能促进本市文化产业的发展，也能使整个强势区域的文化产业发展提高到新的水平。

在文化形象方面，强势区域均值为 79.6，高于全国平均水平 74.5，说明社会公众对强势区域在文化产业经营过程中表现出来的印象和评价总体较高，这是强势区域发展文化产业的又一大优势要素。在强势区域内部各省市中，浙江和江苏的文化形象指数分别为 85.4 和 83.7，表现出很高的水平，说明当地居民对该省文化形象的认可度比较高。北京和广东的指数值均在 75 以上，高于全国均值。上海市的文化形象指数值为 74.3，略低于全国平均水平，应采取措施加以提高。

（6）市场环境。

市场环境要素主要指影响文化产业运行的一系列外部因素。市场环境主要通过行业协会作用、市场需求、知识产权保护满意度、文化消费、融资渠道五方面来衡量。表 4—22 反映的是强势区域市场环境要素三级指标指数值及区域均值和全国均值情况。

表 4—22　　　　　　　强势区域市场环境要素指数值及区域均值和全国均值

市场环境指标	北京	广东	上海	浙江	江苏	区域均值	全国均值
行业协会作用	62.2	62.6	44.0	61.1	67.8	59.5	66.2
市场需求	75.0	76.3	75.6	75.7	78.1	76.1	77.4
知识产权保护满意度	70.8	69.4	61.4	69.4	74.4	69.1	72.7
文化消费	92.5	85.0	100.0	80.4	79.2	87.4	70.2
融资渠道	65.2	63.7	82.4	63.2	71.4	69.2	69.8

为了更直观地描述强势区域市场环境要素指标特征，我们绘制了折线图来展示强势区域市场环境要素指标指数的属性（见图 4—47）。

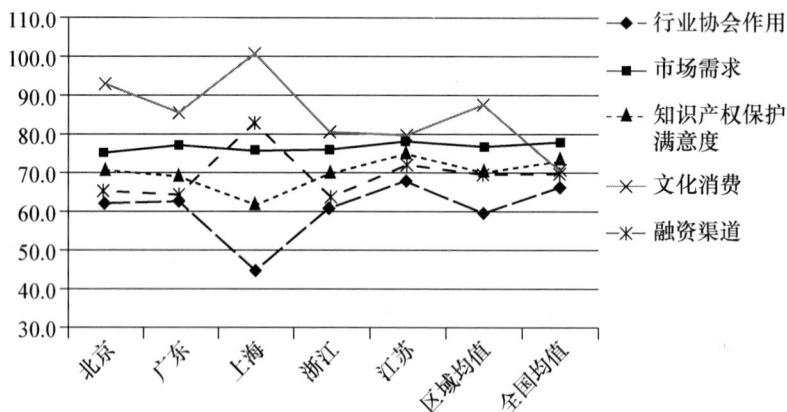

图 4—47　强势区域市场环境要素三级指标折线图

从图 4—47 中可以看出，在行业协会作用方面，强势区域均值为 59.5，低于全国均值 66.2，说明从总体上看，强势区域行业协会对于规范文化行业制度，推动文化产业的稳定、文化企业间的合作所起的作用不大，行业协会的影响力有待改善。在强势区域内部，只有江苏省的指数值超过全国平均水平，其余各省市指数值均低于全国平均水平，这说明行业协会作用较差是强势区域各省市存在的普遍问题，是各省市文化产业发展的劣势因素，要采取相应措施加以改善。

在市场需求、知识产权保护满意度和融资渠道方面，强势区域表现出的特征与在行业协会作用指标中表现出来的特征相似。强势区域市场需求均值为76.1，低于全国均值77.4；知识产权保护满意度区域均值为69.1，低于全国均值72.7；融资渠道区域均值为69.2，低于全国均值69.8，这说明从总体上看，强势区域居民参加文化消费活动的需求程度不足，知识产权保护意识淡薄，融资渠道尤其是外部融资渠道比较少、融资机制不健全，这三个指数值偏低会影响区域文化市场的繁荣程度，削弱企业竞争优势，限制文化企业的发展壮大。在强势区域内部，只有江苏省三者的指数值均高于全国平均水平，这说明三者指数偏低是强势区域内的普遍情况，阻碍了该区域文化产业的快速发展。

在文化消费方面，强势区域均值为87.4，高于全国平均水平70.2，这说明从总体上看，强势区域居民对于文化产品和服务的支出较大，会刺激文化产业的快速发展。然而在强势区域内部各省市中，文化消费指数差异较大，指数值极其不均衡。上海、北京的文化消费指数值很高，分别为100.0和92.5，说明两市市民文化消费水平比较高，这也是拉动整个强势地区文化消费水平的主要因素。广东、浙江、江苏的文化消费指数值，低于区域均值，说明广东、浙江、江苏三省还须采取措施刺激文化消费水平，保证区域文化产业快速发展。

（7）公共环境。

公共环境是指影响文化产业发展的各种产业外部环境的总和，主要通过专项资金支持力度、政策支持、公共服务满意度来衡量。表4—23反映的是强势区域公共环境要素三级指标指数值及区域均值和全国均值情况。

表4—23 强势区域公共环境要素指数值及区域均值和全国均值

公共环境指标	北京	广东	上海	浙江	江苏	区域均值	全国均值
专项资金支持力度	61.2	59.9	59.6	60.6	67.3	61.7	64.7
政策支持	69.2	65.1	70.4	65.9	72.2	68.6	70.4
公共服务满意度	72.2	71.1	68.4	71.0	77.8	72.1	74.6

为了更直观地描述强势区域公共环境要素指数特征，我们绘制了折线图来展示强势区域公共环境要素指标的属性（见图4—48）。

从图4—48中可以看出，在专项资金支持力度方面，强势区域均值为61.7，

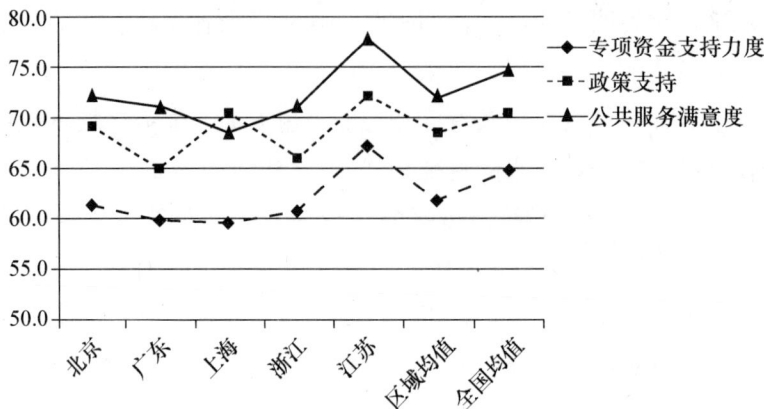

图 4—48 强势区域公共环境要素三级指标折线图

低于全国均值 64.7；在政策支持方面，强势区域均值为 68.6，低于全国均值
70.4；在公共服务满意度方面，强势区域均值为 72.1，低于全国均值 74.6。这
说明强势区域政府对于文化产业的资金支持力度、政策支持力度不够，促进文化
产业发展的公共服务体系不健全，这些要素指数是强势区域发展过程中的短板因
素，会阻碍本地区文化产业的发展。在强势区域内部，除了江苏省在三个指标要
素方面的指数值略高于全国平均水平之外，其他各省市的指数值均低于或等于全
国平均水平，这说明强势区域内各省市在公共环境三个指标要素方面均需要
提高。

（8）创新环境。

创新环境主要通过人均科研经费、高级职称就业人员每百万人拥有量以及国际
交流三个分指标来衡量。表 4—24 反映的是强势区域创新环境要素三级指标指数值
及区域均值和全国均值情况。

表 4—24　　　　　　　　强势区域创新环境要素指数值及区域均值和全国均值

创新环境指标	北京	广东	上海	浙江	江苏	区域均值	全国均值
人均科研经费	78.2	92.3	80.9	79.4	67.7	79.7	69.0
高级职称就业人员每百万人拥有量	67.8	67.3	65.9	80.0	67.4	69.7	76.0
国际交流	66.0	56.3	55.0	55.4	62.3	59.0	62.5

为了更直观地描述强势区域创新环境要素指数特征，我们绘制了折线图来展示
强势区域创新环境要素指标的属性（见图 4—49）。

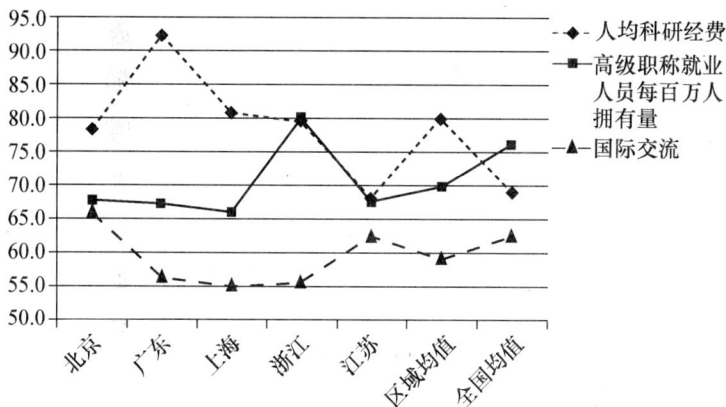

图4—49 强势区域创新环境要素三级指标折线图

从图4—49中可以看出，在人均科研经费方面，强势区域的均值为79.7，远高于全国均值69.0，说明从总体上来说，强势区域人均科研经费投入较大，文化产业发展潜力较大，这是文化产业发展中的优势因素。在强势区域内部，各省市之间指数值差异较大，均衡度较差。其中，广东省的人均科研经费指数值为92.3，说明广东省在文化产业的科研经费投入很多，这有利于当地文化高科技产业的发展，使文化产业更具有竞争力。上海、浙江、北京的指数值在80左右，也高于全国均值，说明这三个地区的人均科研经费水平也比较高，在全国范围内具有优势。江苏省的指数值为67.7，略低于全国平均水平，说明江苏省的科研经费水平还有待提高。

在高级职称就业人员每百万人拥有量方面，强势区域均值为69.7，低于全国均值76.0，说明强势区域在高级人才的拥有量上处于劣势地位，而高级人才对于文化产业的发展创新非常重要，强势区域应该加强对文化高级人才的培养，向高级人才提供更优越的物质条件和更广阔的职业发展前景，吸引更多的人才到本区域来促进本区域文化产业的发展。在强势区域内部，除了浙江省的指数高于全国平均水平外，其他省市的指数值均低于70，低于全国平均水平，说明在强势区域内部，文化产业高级人才短缺问题比较普遍，强势区域应该采取措施增加高级人才的拥有量。

在国际交流方面，强势区域均值为59.0，低于全国均值62.5，说明总体上来说，强势区域与其他国家在文化产业上的交流合作不足，不利于强势区域学习国外文化产业发展中宝贵的经验、科学的产业发展模式。就区域内部各省市而言，只有北京市的国际交流指数略高于全国均值，其他各省市的指数值均低于全国均值，说明国际交流不活跃是强势区域发展文化产业的普遍问题，会限制区域文化产业的发展。

(二) 中国文化产业发展强势区域决定要素

1. 雄厚的文化资源基础

文化资源关乎一个地区发展文化产业的可投入的资源量，是发展文化产业的主要根基。在我国，强势区域的文化资源比较丰富，这在一定程度上决定了其较高的文化产业发展水平。例如，根据《中国统计年鉴2011》，2010年广州、北京、上海的普通高校在校生人数分别约为84.4万、58.7万、51.6万，人数总量均排名全国各大城市的前十位，并且我国的许多著名高校均坐落于这三个城市，如北京有北京大学、清华大学、中国人民大学，上海有复旦大学、上海交通大学、同济大学，广州有中山大学、暨南大学、华南理工大学，这些高校都是其所在地区发展文化产业的宝贵资源。在文化场馆建设方面，强势区域的文化场馆设施比较完善，增加了当地居民参与文化活动的便利性。

2. 人力资源丰富，对人才具有很大吸引力

在发展文化产业的过程中，人力资源要素至关重要，它在很大程度上影响文化产业的发展程度和发展结构。强势区域文化产业的人力资源相对丰富，覆盖产业中各个领域，使得文化产业发展结构比较合理、发展前景比较广阔。例如，截至2011年底，北京市的文化创意产业从业人员已达到120多万，从业规模居全国之首，主要分布在影视出版业、艺术品交易业、动漫业、展会业等多个传统和新兴的文化产业领域，文化市场较为活跃，文化创意产业已经成为北京市最具发展潜力的朝阳行业之一。北京市的人才吸引政策领先全国，据调查，北京市文化创意产业类企业的员工年度薪酬水平在5万元以上的人数高达54%，其中年薪水平在5万至10万元范围内的员工数占到35.38%，年薪水平在10万元以上的员工数占18.46%，还有10.77%的员工年薪高达15万元以上，只有46%的员工年薪在5万元以内，其中年薪不足2万元的员工仅有12.31%。除了较高的薪资水平外，文化创意企业还给员工提供了较大的升值发展空间，这也对文化人才起到了很好的吸纳和激励作用。

3. 文化消费需求潜力巨大

文化产业的发展在很大程度上取决于当地居民对文化产品和服务的消费程度，只要居民有意愿并且有能力扩大对某种文化产品的消费，文化行业就会有动力筹措资金扩大文化产业生产规模。例如，近几年到电影院观看电影的人不断增加，票房

量每年以两位数的速度递增,这使得各地兴建电影院的浪潮高涨,中国的电影银幕量增长很快。可见,居民对文化产品和服务需求的增加是促进当地文化产业继续向前发展的关键动力。我国文化产业发展强势区域经济比较发达,人均可支配收入较多,这使得人们在满足衣食住行等基本的生活需求外还有充足的资金从事其他活动,人们会更加注重自己精神层面的满足度,对文化产业的需求度会增加,因而相应地对旅游、娱乐等文化活动的消费水平提高,这会促进区域文化市场的繁荣发展。

(三)中国文化产业发展强势区域典型省市分析

1. 北京市

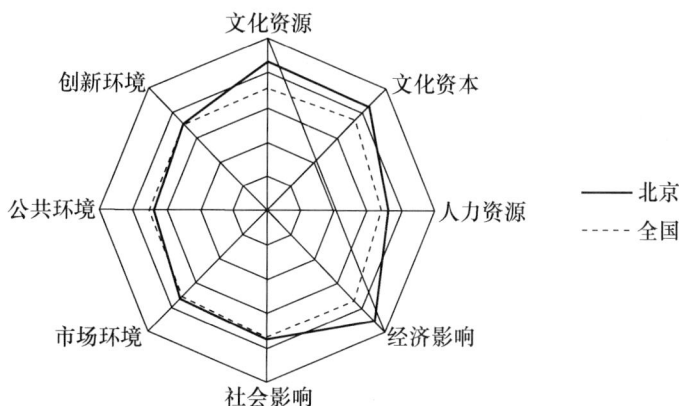

图 4—50 北京市文化产业二级指标雷达图

(1)北京市文化产业发展现状与瓶颈。

近几年,北京市的文化产业发展状况很好,文化资源、文化资本、人力资源、经济影响方面均达到全国前十位的水平。据北京市统计局数据,2011 年北京市文化产业发展增加值为 1 989.9 亿元,占北京地区生产总值的 12.2%,同比增长 14.7%,文化产业已成为北京的支柱产业。

在文化资源方面,北京市指标排名全国第一。根据《北京市 2011 年国民经济和社会发展统计公报》,全市共有公共图书馆 25 个,总藏量 4 650 万册。全市拥有全国重点文物保护单位 98 处,市级文物保护单位 255 处。全市拥有注册博物馆 159 座。全市 17 个国家综合档案馆开放档案 88 万卷。在文化资本方面,人均固定资产的总量和增速都相对具有较高水平,达到了全国第六位的水平。在人力资源方面,北京文化产业从业人员 140.1 万人，大约占北京就业人口的 12%[①]，排名位列全国第五位。

在经济影响方面，由于北京产业经济效益显著，也取得了全国排名第二的好成绩。北京地区 16 条院线 118 家影院（617 块屏幕）共放映电影 97.3 万场，观众 3 206.1 万人次，票房收入 13.5 亿元。北京地区出版报纸 253 种，出版期刊 3 065 种，出版图书 16.6 万种。在动漫产业方面，2011 年北京动漫游戏产业产值达 130 亿元，同比增长 30%，居全国前列；出口 12 亿元，在全国排名第一位。动漫产业正朝着更加多元化的方向发展，并开始努力向国际市场拓展。[②]

但是，由于文化产业仍处于初级发展阶段，北京市在文化产业发展中仍存在一些瓶颈和问题。在社会影响方面，文化消费水平较高，但是企业和居民对文化氛围和包容度主观评价不高。需要更加注重城市文化氛围和形象的塑造。一个城市如果只注重经济建设，忽视文化氛围和形象的营造，经济建设也会成为无源之水、无本之木，失去发展的动力。

在市场环境中，需要加倍努力地完善知识产权保护、中介、投融资等市场要素。没有完善的知识产权保护机制，企业在自主创新方面就会缺乏动力，这会严重限制文化企业的长期发展。在公共环境方面，政策支持、公共服务力度不够，在促进文化和科技融合、推动文化人才集群形成、推动文化国际交流等方面，还需要政府提供更多的鼓励支持政策，来推动北京文化产业诸多环节的进一步发展。在创新环境方面，北京目前缺乏足够的自主创新基础投入，文化类企业缺乏创新的动力和活力，也缺乏足够的国际合作项目，没有充分实现文化产业的"引进来"和"走出去"。

（2）北京市文化产业发展成功的关键因素。

1）人力资源优势。人力资源作为一个地区发展文化产业的关键要素，是发展文化产业的重要基础。北京市作为全国政治、经济、文化中心，聚集了众多著名的社科研究机构、高等学府、品牌公司等，其所拥有的文化资源是其他地区无可比拟的。《北京市 2011 年国民经济和社会发展统计公报》显示，全市共有 52 所普通高校和 78 个科研机构培养研究生，全年研究生教育招生 8.3 万人，在学研究生 24.1 万人，毕业生 6.3 万人。全市 89 所普通高等院校全年招收本专科学生 15.8 万人，在校生 57.9 万人，毕业生 15.1 万人。这些高素质的人才为北京市的文化产业提供

① 参见北京市统计局等：《北京统计年鉴 2012》，见中国统计信息网，2012-09-24。
② 参见北京市统计局：《北京市 2011 年国民经济和社会发展统计公报》，见北京统计信息网，2012-03-04。

了源源不断的人力基础。除此以外，北京市的文化市场比较活跃、文化市场发展态势良好，这就进一步吸引了其他地区文化相关产业的相关人才来到北京发展，并进一步提升了北京的文化产业从业人员的综合素质。

2）文化产业刺激措施优势。近年来，北京市政府为了保证北京市文化产业的高效发展，制定了一系列相应措施。例如，为了鼓励北京市相关企业加大力度从事影视作品的外包加工、承接国外广告制作、开展与国外电视台的合作等工作，北京海关将在通关政策和通关程序等多方面给予指导与支持。通过积极参与首都机场进出境旅客促进会的运作，进一步发挥旅促会的作用，为进出境旅客提供更加优质、便捷的通关服务。通过支持在京举办的大型旅游、文化活动等文化事业，为活动所需器材提供通关便利。通过开展对软件、网络游戏、动漫等无形文化产品进出口情况的监控和数据统计工作，为北京市相关文化产业的发展提供进出口政策分析参考和第一手数据支持。通过对担保金、担保函等方式的有效运用，解决进出境演出器材、道具、物品的通关手续问题，对其中有特殊通关需求的，通过大力协调海关总署及有关部门加以解决等。以上这些有效的措施为当地文化产业的顺利发展扫除了障碍，使得北京市文化产业繁荣发展，取得了丰硕的成果。

3）文化消费水平高。根据国际经验，人均GDP达到3 000美元，标志着这个国家和地区进入了基本现代化的阶段，而人均GDP 1万美元是公认的从"发展中"状态进入"发达"状态的标线。据统计，2011年北京实现地区生产总值16 000.4亿元，比上年增长8.1%。按2011年末常住人口2 018.6万人计算，北京人均地区生产总值80 394元，按年平均汇率折合12 447美元[①]，已经进入了"发达"状态。这说明北京市人民的生活水平普遍很高，在满足基本的生活需求后，还有剩余资金用于满足精神文化需求。目前，北京市民的休闲生活注意力集中在娱乐性、消遣性的活动上，如看电影、旅游等，同时孩子的教育支出也是消费中重要的一部分。根据恩格尔定律，家庭收入越多，食物等基本生活需求的消费支出比重越下降，而娱乐、教育等文化产业的消费支出越上升。这说明随着经济的不断增长，北京市民对文化产品的需求增加，这极大地刺激了文化产业的发展和壮大。

2. 上海市

（1）上海市文化产业发展现状与瓶颈。

2011年，上海的文化资源、人力资源、经济影响、社会影响、市场环境五方面发展情况均良好，超过了全国平均水平。全年文化创意产业实现总产出6 429.18亿

---

① 参见北京市统计局：《北京市2011年国民经济和社会发展统计公报》，见北京统计信息网，2012-03-04。

元，比上年增长 16.9％；实现增加值 1 923.75 亿元，比上年增长 13％，高于全市 GDP 增幅 4.8％；占上海全市生产总值比重为 10.02％，比上年提高 0.27％；对上海经济增长的贡献率达到 15.5％。

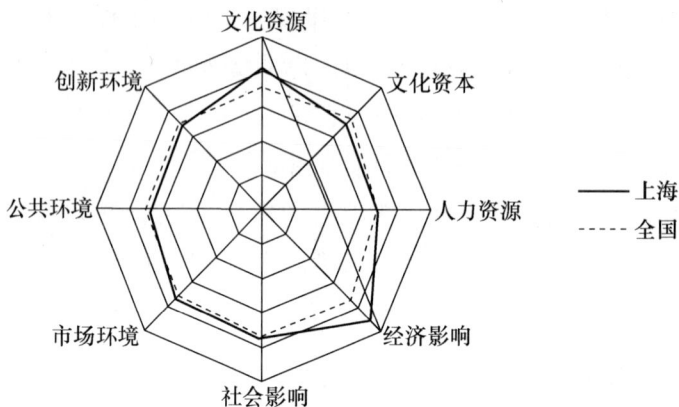

图 4—51　上海市文化产业二级指标雷达图

在文化资源方面，目前上海市文化创意产业园区正从过去的老厂房和老仓库改造，逐步提升到以国家级产业基地为引领的新阶段。截至 2011 年底，上海已拥有 114 家市级文化创意产业园区，规模位居全国前列。园区公共服务平台数量也有显著增长，从房屋租赁、提供物业服务逐渐发展到帮助企业孵化、参与企业发展、提供金融服务等与园区企业共成长等阶段。在人力资源方面，上海文化创意产业从业人员达到 118.02 万人，这方面得益于上海良好的经济发展水平对人才形成了强大的吸引力。

在经济影响方面上海有着突出的表现，在文化创意产业中，文化产业总产出达到 3 798.69 亿元，增加值为 1 098.97 亿元，比上年增长 11.1 个百分点，占上海生产总值的比重为 5.73％。[①] 其中，以艺术业和媒体业为代表的传统文化行业增幅较前几年有明显提升，艺术业和媒体业增加值分别增长了 8.8 个百分点和 14.7 个百分点，比 2010 年提高了 3.2％和 11.2％，成为带动整个文化创意产业发展的新的增长点。在社会影响方面，截至 2011 年底的 10 年来，上海的 64 座博物馆、纪念馆、陈列馆的参观者从 200 万人次跃升至 1 164.61 万人次，群众文化活动量也有不断上升的趋势。[②]

在市场环境方面，"十五"以来上海地区文化消费位列全国三甲，上海世博会丰富多彩的演艺活动进一步激发了上海市民的文化消费欲望，在 2011 年形成了

①②　参见《2012 年上海市文化创意产业发展报告》，2012-08-23。

"世博后效应"。在融资渠道和市场需求方面，上海的表现也位居全国前列。

但是，上海目前在文化资本、公共环境和创新环境方面还存在瓶颈，影响上海市文化产业全面健康发展：文化资本方面，2011年上海地区文化产业人均固定资产投资略低于全国平均水平，需要政府文化产业相关部门给予更多的重视。公共环境方面，在保持专项资金支持力度的同时，更加注重资金使用的实效，切实有效地提高公众服务满意度。创新环境方面，目前上海文化产业基本采用"拿来主义"，仍借鉴一些西方过时的符号、落后的编码，在一定程度上缺乏深刻思考，整体缺乏创新性、前瞻性、自主性。如2010年全国电影故事片产量为400多部，上海约占10%，但在原创故事片的产量方面却出现了颓势。

（2）上海市文化产业发展成功的关键因素。

1）文化基础设施建设比较完善。上海市近几年来大力推进文化基础设施建设，取得显著成效。据《2011年上海市国民经济和社会发展统计公报》，到2011年末，全市有市、区（县）级文化馆、群众艺术馆27个，艺术表演团体95个，市、区（县）级公共图书馆25个，博物馆120个，档案馆41个。全市共有公共电视节目25套，公共广播节目21套，有线电视用户627.2万户，有线数字电视用户285.6万户。2011年末广播、电视综合覆盖率均达到100%。全年生产动画电视4 254分钟，电视剧35部1 189集。全年共出版报纸15.6亿份，各类期刊1.81亿册，图书2.88亿册。全年共组织开展各类群众文化活动和各级各类群众性业余团队活动41万余场次，共有3 600万人次参加。2011年内完成100万户下一代广播电视网（NGB）建设。公共图书馆、美术馆、文化馆、社区文化活动中心的基础服务项目实现免费开放，文化广场、巴金故居、钱学森图书馆等一批重大文化设施相继竣工。[①] 此外，年内成功举办"上海之春"国际音乐节、第十三届中国上海国际艺术节、第十四届上海国际电影节和第七届中国国际动漫游戏博览会等重大文化活动，不仅丰富了市民的文化生活，也使上海市的国际影响力进一步提升。

2）文化产业"走出去"措施顺利推进。上海近年来大力推进文化产业"走出去"措施，积极地投身于国际文化产业贸易中。目前，上海市在新闻出版、广播影视、数字娱乐等领域聚集了一批具有较强"走出去"能力的文化企业。资料显示，2011年上海文化产品和服务贸易进出口总额达到166.2亿美元，同比增长10.9个百分点，实现顺差约达34.5亿美元。世纪出版集团2011年出版的《中国震撼》一书，累计印数超过60万册，繁体版已在香港出版，英文版翻译工作也已经启动。

---

① 参见上海市统计局：《2011年上海市国民经济和社会发展统计公报》，2012-02-24。

《时空之旅》2011年累计演出2 479场，票房收入高达2.6亿元，其中70％为外汇收入，观众人数249万，70％为外国观众。[①] 百视通推动IPTV技术和营利模式向法国、印尼等国家的输出。

3）制定了正确的刺激措施。与北京市相似，在发展本地文化产业的过程中，上海实施了一系列促进产业发展的措施，对上海市文化产业的发展起到了重要的推动作用。例如，上海致力于破除阻碍文化产业发展的体制机制瓶颈，加快培育较为成熟的市场主体。目前，全市已完成市属电影制作发行放映单位和电视剧制作（甲种证）单位转企改制、党报党刊发行体制改革、60多家经营性出版单位转企改制、90多家非时政类报刊出版单位转企改制和6家市属文艺院团的转企改制。随着文化体制改革的深入和国有文化单位转企改制的基本完成，全市文化生产力得到了进一步发展。此外，上海市政府积极建设市级文化产业园区，打造文化园区服务体系，带动文化企业以空间集聚形态发展，形成产业集群效应，使文化产业园区成为产业发展的助推器。目前，上海已拥有114家市级文化创意产业园区，这些园区地域分布广、定位分工清晰，包括：位于浦东新区的动漫谷文化创意产业基地、国家数字出版基地，位于中心城区的徐汇电子艺术创意产业基地、徐汇数字娱乐产业基地、2577创意大院、长宁多媒体产业基地、长宁新十钢视觉文化艺术产业基地、卢湾区田子坊和静安现代戏剧谷，位于郊区的金山中国农民画村、南汇新场民间技艺文化创意基地、松江仓城影视产业基地、普陀天地网络数字内容产业基地、M50艺术品创意基地，以及杨浦五角场800艺术基地。

3. 广东省

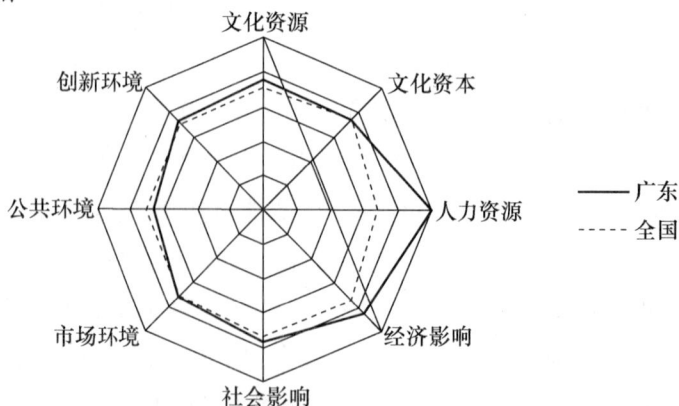

图4—52 广东省文化产业二级指标雷达图

---

① 参见《上海文化产品和服务贸易实现顺差34亿美元》，见东方网，2012-08-23。

（1）广东省文化产业发展现状与瓶颈。

2011年广东省文化产业增加值为2 529亿元，同比增长30%，约占全国的1/4，占全省GDP比重的4.8%，拉动GDP增长超过1个百分点，为本地区经济增长做出了重要的贡献。整体上广东省在文化资源、人力资源、经济影响、社会影响、市场环境、创新环境方面，均好于全国平均水平。

文化资源方面，根据《2011年广东省国民经济和社会发展统计公报》，截至2011年末，全省共有各类专业艺术表演团体117个，群众艺术馆、文化馆144个，县级及以上公共图书馆133个，博物馆、纪念馆160个。全省有广播电台22座，电视台24座。广播综合人口覆盖率和电视综合人口覆盖率均为98.0%。有线广播电视用户1 804万户，有线数字电视用户1 157万户，分别比上年末增长6.0%和22.0%。人力资源方面，广东省表现非常突出，从得分上看，位列全国第一位。作为人口大省的广东，在人才方面本来就具有得天独厚的优势，加上适当的激励措施，使得文化产业人才数量和质量得到显著提高。

经济影响方面，在网络游戏方面，2011年广东省的总产值达到250亿元，基本形成研发、生产、销售一条龙服务的产业群，是全国网络游戏用户最多的省份，约占全国12%。[①] 在动漫产业方面，2011年广东省动漫行业总产值达到223.8亿元，占全国动漫总产值的36%，领先全国。2011年，广东广播电视总收入达198.29亿元，居全国第二位。全年农村电影总放映场次达到296 509场，超额26.7%，完成一村一月一场电影的目标；电视剧制作投资额3.35亿元，动画电视制作投资额2.3亿元。社会影响方面，随着居民文化活动的不断增多，近年来广东地区的文化氛围、文化包容度方面也有了很大提高，调查排在了全国前几名的位置。市场环境方面，排名位居全国前列。2011年，广东地区依靠巨大的人口资源，并开展"文化消费补贴计划"试点，对人民群众看电影、看戏、看有线电视和购买书籍与音像电子产品等基本文化消费进行补贴，使得文化消费水平有了很大提高。

创新环境方面，2011年广东全省研发（R&D）人员38万人年（折合全时当量），比上年增长10.2%。全省R&D经费支出约974.46亿元，增长20.5%；其中基础研究经费支出18.3亿元，增长21.8%。全省高新技术企业5 475家；高新技术产品产值3.4万亿元，增长16.8%。

广东省影响文化发展的瓶颈主要有：文化资本方面，广东省文化产业固定资产投资主要集中在广州、深圳、东莞、佛山等珠三角的大中城市，许多地方仍未起

---

① 参见《2011年广东网络游戏总产值达250亿元　成领军行业》，载《广州日报》，2012-03-12。

步，不少领导干部对文化产业的重要地位、作用认识不足，使得总体上文化产业固定资产投资还处于全国范围内的劣势水平。公共环境方面，公共文化服务体系投入严重不足。广东省八届人大曾出台一个决议：各级财政对文化事业的投入应不低于当地财政总支出的1％。这个数字不仅至今未能达到，而且比例呈逐年递减之势。全省有一半以上的市在0.5％以下，有一些市甚至多年停留在0.2％、0.3％的水平上。全省文化事业经费投入仅相当于教育的1/26、卫生的1/8。

（2）广东省文化产业发展成功的关键因素。

1）文化产业园区建设蓬勃发展。近年来，广东省加大对文化产业园区的建设力度，吸引了一大批文化创意企业在此发展，有效地推动了该地区文化产业的发展。全省由文化部级文化厅认定的文化产业园区超过120家，已拥有国家级文化产业示范园区13个、省级文化产业示范基地38个。此外，省内各地级以上市还创办了一大批市级文化产业园区。以深圳为例，深圳市已经拥有了48家文化产业园区基地，年产值超过500亿元，涵盖了创意设计、文化软件、动漫游戏、新媒体和文化信息服务、数字出版、影视演艺、文化旅游、非物质文化遗产开发、高端印刷、高端工艺美术等文化产业的重点领域。田面设计之都、南海意库、深圳创库等创意园区聚集了大批专业设计师和设计公司，一座园区内集中绘画、雕塑、影像、建筑、平面设计和工业设计等各种门类的创意文化企业，形成包括艺术家、设计师、文化人和一些上下游企业在内的互利互惠、共同发展的创意产业链。例如，田面设计之都作为国内最大的工业设计产业园，2011年的产值达到50.8亿元。产业园区内共有以工业设计为主的创意设计企业221家，包括洛可可、心雷、中世纵横等中国工业设计领军企业以及30多家香港及欧美龙头设计企业中国总部和机构代表处，被业界誉为"中国工业设计第一园"。

2）龙头企业引领文化产业发展。广东省向来不缺少文化产业的龙头企业，有一批在国内有广泛影响力和竞争力的企业集团，如传媒出版业中的南方报业传媒集团、羊城晚报报业集团、广州日报报业集团、深圳报业集团，广电影视业中的南方广播影视传媒集团、深圳广播电影电视集团、广东省广播电视网络股份有限公司、珠江电影集团有限公司，网络文化服务业中的腾讯、网易、南方新闻网、深圳新闻网。在由光明日报社和经济日报社联合举办的第三届"文化企业30强"评选中，广东省有4个企业获此殊荣，分别为广州传媒控股有限公司、深圳华侨城股份有限公司、深圳华强文化科技集团有限公司、广东奥飞动漫文化股份有限公司。这些优质的文化企业对于提升广东省文化产业知名度、增加文化市场活力、促进当地乃至全国文化产业快速发展起到了不可估量的作用。以广东原创动力文化传播有限公司为例，这是一家成立于 2001 年的影视制作公司，目前已推出《喜羊羊与灰太狼》、《小宋当家》、《七色战记》、《宋代足球小将》、《宝贝女儿好妈妈》五部作品，其推出的"喜羊羊"形象已遍及欧美、日韩和东南亚等动漫产业的发达地区，并取得了巨大的成功，提升了中国动漫产业在国际上的地位，为中国动漫走向国际、树立中国动漫品牌做出了突出贡献。此外，该公司创作的"喜羊羊"等一系列动漫形象以及其衍生产品取得了巨大的经济和社会效益，成为中国文化发展的典范。

3）广东省一直坚持以科技创新作为增强核心竞争力的重要途径。拥有国家工程实验室 8 家，省级工程实验室 24 家，国家级工程研究中心 16 家；已建立省级工程研究中心 552 家，国家级企业（集团）技术中心 59 家，省级企业技术中心 600 家（不含深圳）；新增国家高技术产业化示范工程项目 46 项；新建广东省战略性新兴产业基地 23 个；认定技术创新专业镇 326 个。[①] 在文化产业方面，广东省积极提升文化产业的科技水平，每年用于文化产业的科研资金一直居全国前列，2011 年达到人均 84.99 元的新高，这有力地推动广播影视、新闻出版、演艺娱乐以及印刷复制、游戏游艺设备制造等运用数字、网络等高新技术，促进产业升级。此外，广东省大力建设文化产业园区公共技术平台和"产学研"相结合的文化创意研发中心，推动数字出版、动漫游戏、网络新媒体等快速发展。

4．浙江省

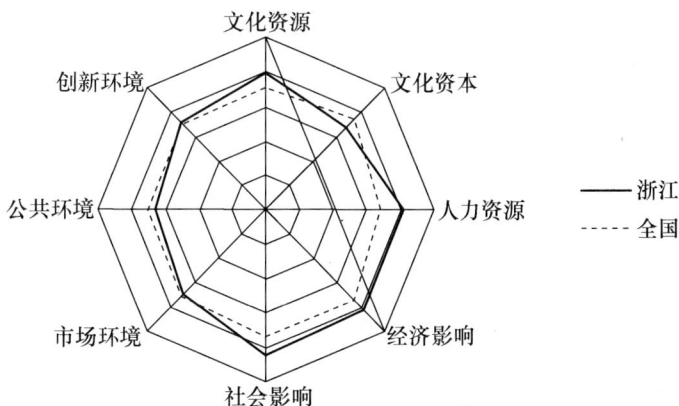

图4—53　浙江省文化产业二级指标雷达图

（1）浙江省文化产业发展现状与瓶颈。

从 2005 年开始，浙江文化产业增加值几乎每年都跨上一个百亿元的"台阶"，文化产业年均增长率达 20%，远远超过同期的 GDP 增幅。据测算，2011 年浙江文

---

① 参见广东省统计局：《广东省 2011 年国民经济和社会发展统计公报》，2012-02-24。

化产业增加值总量超过 1 000 亿元，占全省 GDP 的 4％；文化资源、人力资源、经济影响、社会影响、创新环境方面，均好于全国平均水平。

文化资源方面，《2011 年浙江省国民经济和社会发展统计公报》显示，2011 年末浙江省共有艺术表演团体 70 个，群艺（文化）馆、文化站 1 612 个，公共图书馆 97 个，博物馆 100 个。省市级广播电台、电视台各 12 座，县级广播电视台 67 家。有线电视用户数 1 322.52 万户，比上年增长 11.1％；广播、电视综合覆盖率分别达到 99.20％和 99.38％。农村有线电视入户用户数 721.57 万户。全省已有 21 部影片取得公映许可证，电视剧颁发发行许可证 39 部 1 304 集，动画片颁发发行许可证 38 部 1 181 集 15 404 分钟。人力资源方面，浙江省在 2011 年进一步引进海外人才，并新增人文社科文化艺术领域人才，包括人文社科、文艺创作、文化创意和文化产业经营管理、现代传媒、网络新技术等专业的领军人才，实现文化产业人才数量的大幅增长。

经济影响方面，2011 年广播影视业经营收入 197.07 亿元，比上年增长 12.9％。全年观影 2 600 万人次，票房收入 9.75 亿元，比上年增长 36.5％。共完成 29.95 万场农村电影放映任务。全省 14 家图书出版社，共出版图书 9 958 种，总印数 3.2 亿册；公开发行报纸 71 种，年发行量 34.2 亿份，平均每千人每天拥有 174 份报纸；出版期刊 220 种，年发行量 0.75 亿册。全省共有综合档案馆 98 个，已开放各类档案 11 617 个全宗，共计 284.6 万卷，31.6 万件。[①] 特别在旅游业方面，2011 年，浙江省旅游经济总体呈现平稳较快发展态势。根据抽样调查测算，全省接待国内游客 3.43 亿人次，同比增长 16.25％，实现国内旅游收入 3 785.25 亿元人民币，同比增长 24.29％；接待入境游客 773.69 万人次，同比增长 13％；实现国际旅游（外汇）收入 45.42 亿美元，同比增长 15.56％；全省实现旅游总收入 4 080.33 亿元，同比增长 23.18％，相当于全省地区生产总值的 12.8％，相当于全省服务业增加值的 29.1％，旅游经济综合实力居全国第三。[②] 社会影响方面，近年来在政府的不断支持下，浙江省的群众文化活动得到了较好的发展，使得全社会的文化氛围得到了较大的提高。创新环境方面，政府加大了转向自己支持力度，使得创新环境水平高于全国平均值。在国际合作方面，也取得了不错的成绩。

近几年，浙江省文化创意产业获得了长足进步，同时取得了一定成绩且呈现出迅速发展之势，但也应该看到文化资本、市场环境、公共环境方面还是需要一定的

---

① 参见浙江省统计局：《2011 年浙江省国民经济和社会发展统计公报》，2012-02-23。
② 参见《浙江去年旅游外汇收入 45 亿美元　入境逾 770 万人次》，见中国新闻网，2012-01-31。

改进。文化资本方面，浙江省文化创意产业投资在全省固定资产投资中的比重仍然较低，目前处于产业链核心环节的具有民族性的、特色性的原创作品不足，文化资源优势尚未有效地转化为文化资本，与经济和社会发展还不相协调，与人民群众日益增长的精神文化需求还有较大差距。市场环境方面，从调查结果看，群众对于行业协会的作用和融资渠道两方面主观评价较低。由于产业起步晚，市场化程度低，产业发展资金来源主要是政府资金和政府指定银行贷款，这远远不够，与发达国家地区的产业投融资环境相比差距颇大。公共环境方面，专项资金支持力度、政策支持、公共服务满意度均低于全国平均水平，主要表现为：部门和行业分割依然严重，市场准入受限，市场配置资源的基础性作用未得到充分发挥，相当数量的国有文化经营单位未能成为真正的市场主体；政府职能转变尚未完全落实；政企不分、政事不分现象依然存在；文化政策和法规体系不完善，产业发展缺乏依据和保障。

（2）浙江省文化产业发展成功的关键因素。

1）有一批推动文化产业发展的龙头企业。浙江省在发展文化产业的过程中，培育了一批在全国有影响力的品牌企业，这些企业加快推动了当地文化产业的发展。例如，中国深化文化体制改革、推动文化产业创新发展的一个优秀代表横店影视产业实验区，自2004年挂牌成立以来，连续八年保持了主要指标稳步增长的成绩。2011年实验区入区企业约计435家，实现营业收入33.71亿元，同比增长28个百分点；上交国家税收3.66亿元，同比增长67个百分点；接待游客1 080万人次，名列全国百强景区前茅；接待剧组约计150个，在横店拍摄影视剧达到4 000多部集，占全国古装剧产量的2/3。其中，在横店拍摄的《鸦片战争》、《风声》、《无极》、《潜伏》、《英雄》、《新水浒传》等多部影视作品获得良好的经济效益和社会效益，并获得飞天奖、华表奖、五个一工程奖等海内外大奖。另外，浙江中南集团卡通影视有限公司成立于2003年，是浙江省唯一一家高起点，高品质，大规模从事三维动画原创及制作、电脑教育软件、电视电影数码特技、电脑游戏软件制作及其他三维技术应用的专业公司。公司以动漫制作为核心，并致力于成为国内最大的音像图书发行经销、原创动画制作发行、衍生产品开发营销以及网络游戏开发运营的专业动漫公司之一。近年来，公司还从欧美、日本等地引进世界先进技术，投巨资原创制作了《天眼》和《魔幻仙踪》两部大型电视动画片。

2）业态创新取得新的进展。浙江省在实施建设文化大省、发展文化产业战略过程中，一批国有、民营文化企业借助数字和网络技术的发展，大力推动文化产业与现代营销、旅游、科技、创意的融合发展，发展空间得到了新的拓展，业态创新取得了新的进展，文化产业竞争力得到了新的提升。全省11个市的市区和大部分县城开通了数字电视，积极支持全省移动、车载、楼宇电视等广电新媒体的运营发展，杭州公交移动电视接收终端已覆盖 3 400 多辆公交车、100 艘西湖游船（水上巴士），覆盖率已经超过 70%，终端规模领先全国省会城市。浙江广源传媒已经在全国 300 列空调车上安装近 4 万个液晶电视屏，占全国列车电视份额的 80%。

　　5. 江苏省

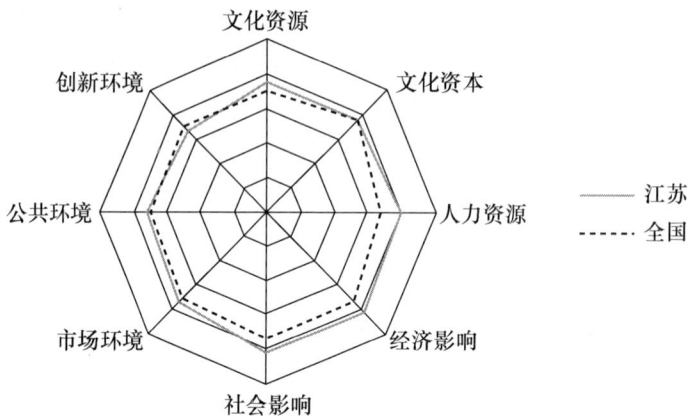

图 4—54　江苏省文化产业二级指标雷达图

（1）江苏省文化产业发展现状与瓶颈。

　　近年来，江苏文化产业总量规模持续扩大，总体继续呈现稳定快速增长的良好势头。2008 年江苏省人均创造增加值达到 7.3 万元，2009 年人均创造增加值达到 8.8 万元，2010 年人均创造增加值达到 10.6 万元；2010 年，文化产业法人单位完成增加值占全国文化及相关产业增加值的 10.74%，比 2006 年提升 2.2%，比 2004 年提升3.22%，文化产业人均创造增加值呈逐年提升态势。在文化资源、文化资本、人力资源、经济影响、社会影响、市场环境、公共环境几方面表现均优于全国平均水平。

　　在文化资源方面，江苏区域文化创意产业尚处于起步阶段，但已经逐步建立了一些发展良好的文化产业基地，其中也不乏引入历史资源的典范，如苏州刺绣文化产业群、1865 晨光文化创意园、1912 文化休闲街区、陶祖圣境风景区、宜兴陶瓷产业园等。

　　在文化资本方面，江苏省文化产业投入 2011 年有大幅度提升，文化项目总投资近 722 亿元，比 2010 年增长 44%。签约的 172 个项目中，投资过亿元的有 29个，其中江苏省文化产业集团申报的"江苏（扬州）影视制作服务外包基地"投资15.4 亿元，常州嬉戏谷申报的"环球数字文化体验"投资 12.8 亿元，南京大明公司申报的"金陵大报恩寺历史文化园区建设项目一期"投资 11.97 亿元，常州"淹城春秋文化产业园"投资 9.58 亿元。

在人力资源方面，2010 年江苏省文化产业法人单位从业人员达到 111.9 万人，文化产业岗位吸纳的从业人员比 2009 年增长了 1.75 个百分点，明显超过全社会从业人员增长 0.6% 的幅度。文化产业从业人员占全社会从业人员的比重为 2.35%，比 2009 年提高 0.02%。

在经济影响方面，以网络、经纪代理、休闲娱乐、广告会展、旅游等新兴文化服务业为主的文化产业，2010 年实现增加值 331.7 亿元，比上年增长 37.7%，占总计的 28%，比上年提升 3%，其中文化休闲娱乐服务业实现增加值 213.2 亿元，比上年增长 34.6 个百分点，网络文化服务业实现增加值 14.6 亿元，比上年增长 42.8 个百分点，其他文化服务业（广告、会展、文化产品出租与拍卖、文化艺术商务代理）实现增加值 103.9 亿元，比上年增长 43.8 个百分点。以广播影视、新闻出版、文化艺术为主的传统意义上的文化产业，2010 年实现增加值 255.6 亿元，比上年增长 23%。其中，广播、电视、电影服务业实现增加值 78.8 亿元，比上年增长 30.6%；出版发行和版权服务业实现增加值 135.4 亿元，比上年增长 11.9%；新闻服务业实现增加值 0.7 亿元，比上年增长 1.5%；文化艺术服务业实现增加值 40.8 亿元，比上年增长 57.8%。[①] 在社会影响方面，江苏省着力于丰富人民群众的精神文化需求，加大文化资源向基础倾斜的力度，通过"送"文化与"种"文化相结合，组织有时代特色、丰富多彩的群众文化活动，活跃社区群众文化生活，在提高人民群众的文化参与积极性的同时，提高了地区的文化氛围。

在市场环境方面，江苏自主知识产权企业众多，知名品牌众多，专利申请注册数量长期位居全国第一。由于较高的经济发展水平，江苏文化消费占消费支出的比重在全国范围内最高，达到 10.1%，文化消费的增速也位居全国前三位。

在公共环境方面，在专项资金支持方面，仅科技厅投入文化产业费用一项就达到 3.2 亿元，带动社会投入约 15 亿元。科技与文化的融合，不但降低了文化产品的成本，还控制了文化消费的成本，拉近了文化产品和普通百姓的距离，产生了良好的社会效益，提高了公众服务满意度。

在优越的成绩背后，江苏省也存在一定的发展瓶颈，有待进一步完善。一方面，文化创意产业的分类缺乏规范性标准。关于文化创意产业的分类标准，目前我国国内没有统一的标准，各省市之间根据自身的地方特色，出台了不同的分类目录，以北京和上海为典型。北京文化创意产业根据部门管理需要和文化创意活动的特点分成 9 个大类、27 个中类、88 个小类。上海市文化创意产业共分为 6 个大类。

---

① 参见江苏省统计局：《江苏文化产业快速发展的主要特征及动因浅析》，2012-03-19。

目前江苏省尚没有文化创意产业相关的分类标准，为了使文化创意产业具有可比性，首先需要在地区达到统一，形成地方标准，再上升为国家标准。另一方面，在创新环境方面，还需更多的投入，同时制定相关政策，增加高水平文化艺术类人才的数量，从而促进文化产业的进一步发展。

（2）江苏省文化产业发展成功的关键因素。

1）政府政策的大力支持。近年来，江苏省政府一直很重视文化产业的发展，为促进文化产业的发展制定了大量的刺激措施。例如，在2012年举办的文化产业推进会上，江苏省提出将从六个方面着手，推进文化产业发展，为建设文化强省提供有力的政策支撑和保障：在加快结构调整和资源整合方面，江苏省拟制定出台省级文化产业园区（基地）的认定和管理办法，对认定的重点园区和基地将加大政策扶持的力度；在打造文化精品和品牌方面，注重文化创意的提升，推出更多具有原创价值的文化产品，江苏省拟加快建设剧本中心，大力度扶持好剧本，大力度培养好编剧，努力形成鼓励推动原创的良好氛围；在实施大企业带动战略方面，推动文化资源与要素适度向优秀企业集中，推动各行业形成一批主导企业、各地区培育一批骨干企业，使其成为文化产业发展的中坚力量；在促进文化与金融对接方面，积极搭建文化产业与金融资本的合作平台，鼓励风投资本进入文化产业，推动形成资本市场上的"江苏文化板块"，打造一批文化领域战略投资者；在推进文化与科技融合方面，江苏省拟制定出台文化科技企业认定和管理办法，大力增强文化产业的科技含量；在健全现代文化市场体系方面，以实施居民收入倍增计划为契机，着力开拓大众性文化消费市场，开发中高端消费市场，培育特色文化消费，引导企业投资兴建更多适合普通群众的文化消费场所，力争到"十二五"末城镇居民文化家庭消费占总消费支出比重达18%以上。

2）公共基础设施完善，居民文化活动参与度较高。根据《2011年江苏省国民经济和社会发展统计公报》，2011年末江苏省共有文化馆、群众艺术馆117个，公共图书馆112个，博物馆239个，美术馆9个，档案馆166个，向社会开放档案370万卷（件、册）；共有广播电台14座，中短波广播发射台和转播台21座，电视台14座，广播综合人口覆盖率和电视综合人口覆盖率分别达99.99%和99.88%。有线电视用户1 970.1万户，比上年增长4.5%。生产故事影剧片19部。全年报纸出版28.4亿份，杂志出版1.1亿册，图书出版5.6亿册。[①] 这说明江苏省已经有了相当完善的文化基础设施，为本省居民参与文化活动提供了便利。

---

① 参见江苏省统计局：《2011年江苏省国民经济和社会发展统计公报》，2012-02-24。

三、中国文化产业发展弱势区域特征及决定要素

本章第二部分中，我们把黑龙江、河南、贵州、海南、甘肃称作文化发展弱势区域，本部分仍从文化产业发展指数体系角度出发，对以上五省的指标因素进行逐一分析，探究其文化发展水平的决定因素，并对典型省份进行具体分析。

（一）中国文化产业发展弱势区域特征

1. 弱势区域总指标分析

弱势区域文化产业发展评价总指数主要由黑龙江、河南、贵州、海南、甘肃五省的文化产业生产力、文化产业影响力和文化产业驱动力三个指标共同构成。表4—25反映的是五省的文化产业总指数数值、总指数增速和总指数变异系数以及五省相关数据的平均值和全国相关数据的平均值。

表 4—25 弱势区域文化产业总指标

地区	总指数数值	总指数增速	总指数变异系数
黑龙江	68.9	8.33%	0.030
河南	67.9	2.26%	0.050
贵州	66.8	1.37%	0.041
海南	64.4	−7.20%	0.108
甘肃	61.3	−4.37%	0.138
区域均值	65.9	−0.03%	0.073
全国均值	71.8	3.91%	0.056

（1）数值比较。

由图4—55可知，弱势区域的文化产业总指数平均值为65.9，低于全国平均水平71.8。在弱势区域内部，黑龙江省得分最高，其总指数数值为68.9，但仍低于全国的平均水平，其他四省的文化产业总指数均更低于全国平均水平，其中，甘肃省得分最低，为61.3，可见弱势区域的文化产业整体发展水平低出全国平均发展水平很多。

（2）增速比较。

由图4—56可知，弱势区域的文化产业总指数增速呈现出不一致的趋势，增速有快有慢，其中，黑龙江的增速为8.33%，而海南却出现了负值−7.20%。弱势区域的增速平均值为−0.03%，相比全国3.91%的平均增速低了3.94%，可见弱势区域文化产业还存在极大的发展和提升空间，目前亟须明确影响其增速的阻力问

题，从根本上推进弱势区域文化产业更好更快地发展。

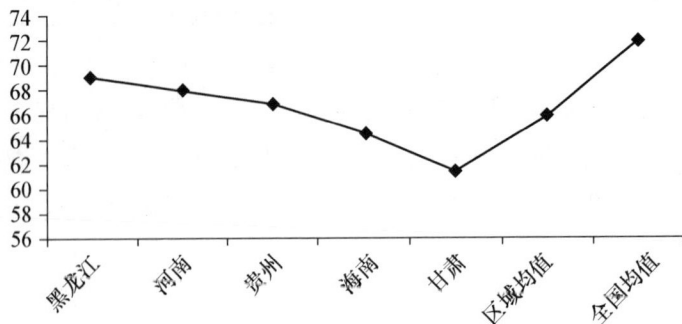

图 4—55　弱势区域文化产业总指数

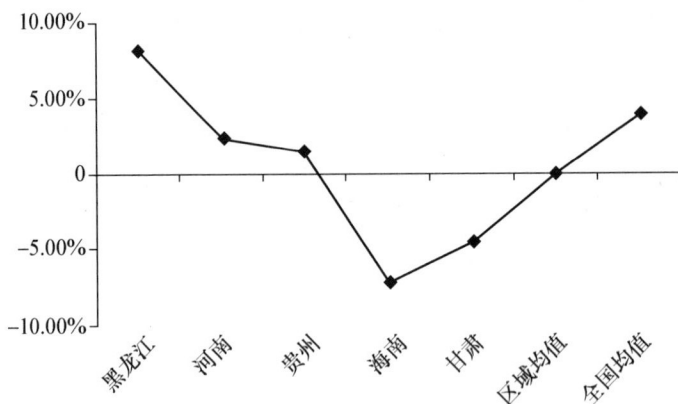

图 4—56　弱势区域文化产业总指数增速

（3）变异系数比较。

由图 4—57 可知，把文化产业生产力、文化产业影响力和文化产业驱动力作为观测值，来衡量文化产业总指数变异程度，根据文化产业总指数变异系数的得分，甘肃省和海南省文化产业总指数变异系数分别为 0.138 和 0.108，远高于全国平均水平 0.056，说明甘肃和海南文化产业发展均衡度与国家平均水平差距还较大。

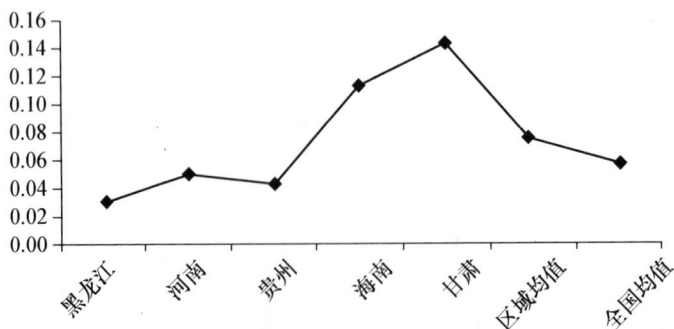

图 4—57　弱势区域文化产业总指数变异系数

2. 弱势区域一级指标分析

根据文化产业发展指数体系，文化产业发展评价体系的三个一级指标分别是产业生产力、产业影响力和产业驱动力，这三个指标分别从文化产业的投入情况、产出状况和产业环境三方面来衡量一个地区的文化产业发展水平。表4—26反映的是弱势区域一级指标的指数值以及区域平均值和全国平均值。

表4—26　　　　弱势区域一级指标指数值及区域平均值和全国平均值

一级指标指数	黑龙江	河南	贵州	海南	甘肃	区域平均值	全国平均值
产业生产力	66.6	67.1	64.9	71.9	67.4	67.6	71.4
产业影响力	70.6	71.7	69.9	63.2	64.9	68.1	73.9
产业驱动力	69.5	65.0	65.6	58.2	51.7	62.0	70.1

为了更直观地描述弱势区域一级指标指数特征，下面我们绘制折线图来展示弱势区域一级要素指标的属性。

（1）产业生产力。

表4—27反映了黑龙江、河南、贵州、海南和甘肃五省产业生产力指数的相关数据。

表4—27　　　　弱势区域一级指标产业生产力指数

地区	产业生产力指数	产业生产力指数增速	产业生产力指数变异系数
黑龙江	66.6	1.37%	0.042
河南	67.1	0.60%	0.031
贵州	64.9	−0.31%	0.064
海南	71.9	−1.51%	0.247
甘肃	67.4	0	0.065
区域均值	67.6	0	0.090
全国均值	71.4	0.85%	0.093

1）数值比较。

由图4—58可见，弱势区域产业生产力的平均值为67.6，低于全国平均水平71.4。这说明从总体上来说，弱势区域的产业生产力水平比较低，可以向文化产业投入的要素资源相对匮乏，这是弱势区域发展文化产业的一大劣势。在弱势区域内部，只有海南省的指数值为71.9，略高于全国的平均水平，其他四省的产业生产力指数均低于全国平均水平，这说明文化产业要素资源匮乏是弱势区域发展文化产业的普遍问题。例如，贵州省文化产业无论从总量还是规模上都远远落后于全国平均水平，一是文化产业单位数量较为匮乏，2010年末全省有艺术表演团体64个、博物馆53个、文化馆95个、公共图书馆93个，而2010年末全国文化系统共有艺术表演团体 2 515 个、博物馆 2 141 个、文化馆 3 258 个、公共图书馆 2 860 个。从以上数据可以看出，贵州省文化产业中艺术表演团体个数仅占全国的 2.5%，博物馆仅占全国的 2.5%，文化馆仅占全国的 2.9%，公共图书馆仅占全国总数的 3.3%。二是文化产业从业人员数量远低于全国水平，截至 2010 年，贵州省文化产业从业人员达到 34.79 万人，而全国当年的从业人员已达到 1 308.99 万人，贵州省文化产业从业人员只占全国的 2.66%。三是人均文化消费情况较弱，2010 年贵州省人均文化消费仅为 760.53 元，相比全国平均水平 910.49 元，相差较大，其中，上海市人均文化消费最高，为 2 195.36 元，贵州仅占其 34.6%。这些都削弱了贵州的文化产业生产力，最终反映在产业生产力指数远远低于全国平均水平。这就要求贵州和甘肃要想提高区域内总体的文化发展水平，必须提高产业生产力水平。

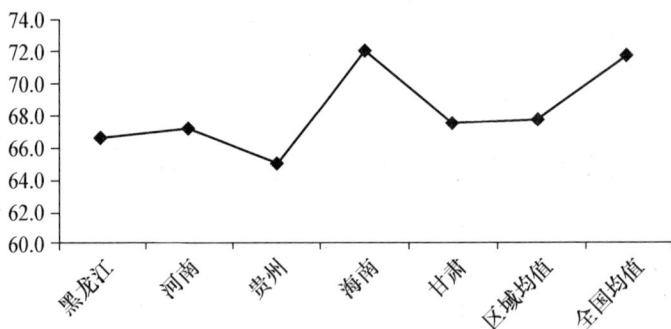

图 4—58　弱势区域产业生产力指数

2）增速比较。

由图 4—59 可见，弱势区域产业生产力指数增速呈现出极不稳定的趋势，黑龙江的产业生产力增速最高，达到 1.37%，海南和贵州的产业生产力增速甚至出现负值，分别为 −1.51% 和 −0.31%，落后于全国平均增速水平 0.85%，整个弱势区域整体产业生产力指数增速为 0，与全国其他区域还有一定差距。这主要是由弱势区域文化及人力资源的匮乏所致。例如，海南省文化产业底子薄、投入少、发展迟缓，从海南省目前文化产业的分布情况来看，文化产业发展较快的市县主要集中在海口、三亚、琼海、万宁等经济相对较发达的地区，但这些地区缺乏专业人才，导致在文化需求、文化产品创意设计、文化产品市场营销、文化品牌的创建等方面都呈现供不应求的态势。另外，目前海南各市县文化资源对文化产业投入不足，开发利用也明显滞后，文化产业还是一头"睡狮"，处于休眠状态，导致了海南地区文化产业发展落后。因此，经济落后地区也应重视文化的继承、发展与创新，找到符合该地区实际情况的文化产业之路，加大文化产业的投入，因地制宜，培育一些强势的文化产业。

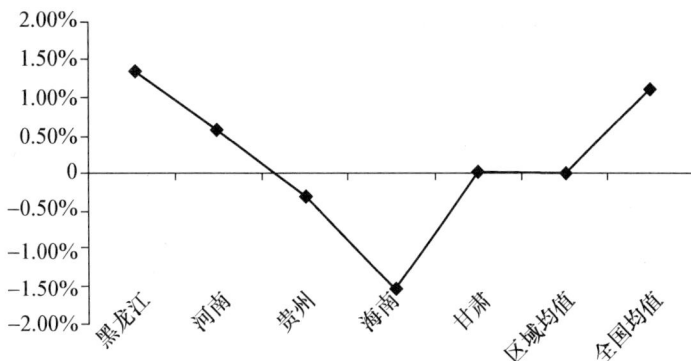

图 4—59　弱势区域产业生产力指数增速

3）变异系数比较。

由图 4—60 可知，把文化资源、文化资本和人力资源作为观测值，来衡量文化产业生产力指数变异程度，河南省和黑龙江省产业生产力指数变异系数值分别为 0.031 和 0.042，相比弱势区域其他省份文化生产力均衡度较好，而海南产业生产力指数变异系数值为 0.247，远远高于全国平均水平 0.093，说明海南文化产业生产力发展均衡度与全国平均水平差距还较大。

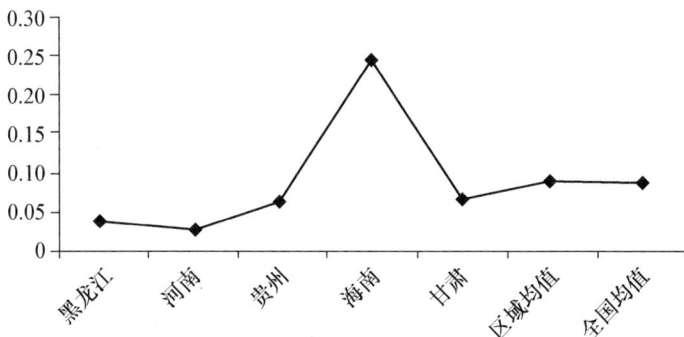

图 4—60　弱势区域产业生产力指数变异系数

（2）产业影响力。

表 4—28　　　　　弱势区域一级指标产业影响力指数

地区	产业影响力指数	产业影响力指数增速	产业影响力指数变异系数
黑龙江	70.6	4.13%	0.076
河南	71.7	−5.16%	0.030
贵州	69.9	−4.90%	0.010
海南	63.2	−8.41%	0.031

续前表

地区	产业影响力指数	产业影响力指数增速	产业影响力指数变异系数
甘肃	64.9	−0.61%	0.099
区域均值	68.1	−3.10%	0.049
全国均值	73.9	0.24%	0.045

1）数值比较。

由图4—61可见，在产业影响力方面，弱势区域中所有省份指数值均低于73.9这一全国均指数值，区域均值仅为68.1，远低于强势区域的指数均值82.2。在弱势区域内部，海南省影响力指数值最低，为63.2，甘肃省影响力指数值为64.9，河南省影响力指数值最高，为71.7，均低于全国水平，说明弱势区域文化产业投入产出效益有待提升。以甘肃省为例，文化产业还处于起步阶段，存在大量问题亟待解决。一是缺少文化产业的重大项目和品牌产品，项目和产品的缺少成为制约甘肃省文化产业发展的主要矛盾。二是文化企业少，特别缺少经济实力雄厚、有竞争力的大中型文化企业，甘肃省文化产业项目和产品少的主要原因，就是缺少文化企业这个产业载体和市场主体。三是文化产业存在体制障碍，各产业门类在相对封闭的环境中运行，各自为政，低层次发展。四是缺乏有操作性的文化产业政策，特别是有吸引力的投融资政策的缺失，使甘肃省文化产业领域的社会资金比重较低，民营文化产业的重大项目难以出现。民营文化产业弱小是影响甘肃省文化产业发展的重要原因。因此，亟须从社会与经济等各方面加强文化产业发展建设，优化社会环境，建设适宜居住的环境，提高人民综合素质，调整优化产业结构，转变经济增长方式，促进经济社会协调发展，全面提高甘肃省文化产业竞争力与影响力，加快甘肃文化产业发展壮大。

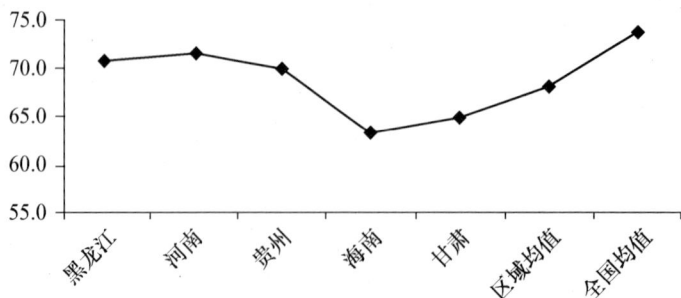

图4—61　弱势区域产业影响力指数

2）增速比较。

由图4—62可见，弱势区域的产业影响力增速存在较大的差异，其中，黑龙江产业影响力指数增速达到4.13%，相比之下，其他省份产业影响力指数均出现负增

速，其中，海南增速数值最小，为－8.41％，而河南和贵州分别只有－5.16％和
－4.90％。弱势区域产业影响力指数增速均值为－3.10％，呈现出负的增长趋势，
相比之下，全国的均值为0.24％，这表明产业影响力增速不足是本区域在发展文化
产业过程中面临的共同问题，当前亟须找出阻碍各地产业影响力增长的核心问题，
例如，近年来河南省各地政府部门都先后制定、出台了一系列鼓励文化产业发展的
政策措施，然而在实践中，许多地方缺乏可操作的发展特色文化产业的政策措施，
在具体实施时也遇到了一些比较突出的问题。首先是政策的普遍供给和文化产业个
性化的需求之间缺乏有效沟通。各级政府发展文化产业的热情很高，但政策的受众
各方因存在个性化的困难而等待观望，这导致了政策实施和资源利用的低效率。其
次，政策实施存在"棚架"问题，即文化产业政策不能得到有效贯彻落实，表现
为：政府投入偏小，文化经济政策执行不力；部分文化产业政策制定脱离实际；部
分部门制定一些文化产业政策出现互相抵触的现象；文化产业政策贯彻实施过程中
出现"上有政策、下有对策"的现象，等等。最后，文化产业相关的辅助政策不够
完善，例如，特色文化产业人才培养政策和特色文化产业经济政策等。只有尽快解
决这些问题，才能令弱势区域摆脱产业影响力负增长的不良状态。

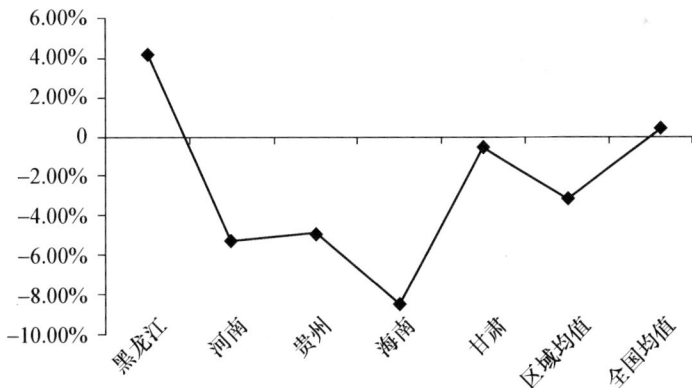

图4—62 弱势区域产业影响力指数增速

3）变异系数比较。

如图4—63所示，把经济影响和社会影响作为观测值，来衡量文化产业影响力
指数变异程度。从得分情况来看，甘肃省文化产业影响力指数变异系数得分最高，
为0.099，其次为黑龙江省，得分为0.076，远远高于全国均值0.045，相比弱势区
域其他省份文化产业影响力均衡度处于劣势，其中，贵州均衡度相对最好，得分为
0.010，河南和海南得分也低于全国均值，分别为0.030和0.031，弱势区域均值为
0.049，说明黑龙江和甘肃文化产业影响力发展均衡度与弱势区域其他省份平均水

平差距还较大。下面以黑龙江为例进行具体分析，一方面，省内文化区域间发展不够均衡，省会城市特有的政治经济、科技教育、社会人文、交通通信等固有优势，使其文化产业发展条件得天独厚。哈尔滨市常住人口占全省总人口的1/4，文化产业经济总量约占全省的1/2；其他12个地市虽然拥有全省常住人口的3/4，文化产业经济总量却与哈尔滨市大体相当。另一方面，省内文化的行业间发展存在较大差距，受政策、气候、传播时效和受用方式等因素制约和影响，文化行业间发展差距明显。2009年文化系统文化产业从业人员人均实现增加值4.9万元，为广播电视系统（含行政和所辖广告单位）的63.5%；文化部门机构人均事业、经营收入0.3万元，为新闻出版企事业单位（含所辖广告单位）人均主营业务收入的2.7%。所有这些都从负面影响了黑龙江省文化产业影响力变异程度，使其均衡度大大降低。

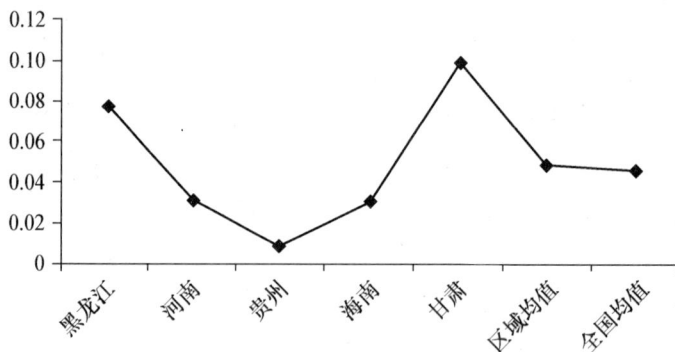

图4—63　弱势区域产业影响力指数变异系数

（3）产业驱动力。

表4—29　　　　　　　　　弱势区域一级指标产业驱动力指数

地区	产业驱动力指数	产业驱动力指数增速	产业驱动力指数变异系数
黑龙江	69.5	21.50%	0.038
河南	65.0	14.04%	0.020
贵州	65.6	10.81%	0.060
海南	58.2	−12.22%	0.030
甘肃	51.7	−13.11%	0.200
区域均值	62.0	3.61%	0.070
全国均值	70.1	11.62%	0.047

1）数值比较。

由图4—64可见，在产业驱动力方面，弱势区域的平均值为62.0，低于70.1这一全国平均值，这说明从总体上来看，弱势区域产业驱动力水平远远落后于国内平均水平，文化产业的刺激政策不足，这极大地制约了本区域文化产业的发展。在弱势区域内部，指数值最高的黑龙江省得分仅为69.5，排名后两位的海南和甘肃的指数值还不到60，这说明弱势区域的产业驱动力不足是区域发展文化产业的短板因素，是亟待解决的问题。地方政府应该加大对文化产业的扶持力度，创造一个更适于文化企业发展的外界环境，这样才能改变区域文化产业落后的局面。

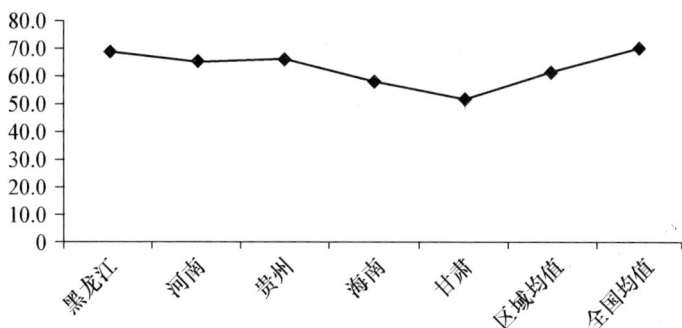

图4—64 弱势区域产业驱动力指数

2）增速比较。

由图4—65可见，在产业驱动力指数增速上，弱势区域的平均值为3.61%，远低于全国平均水平11.62%，这说明从总体上来看，弱势区域的产业驱动力指数增速水平比较低，文化产业的产出规模比较小，投入产出效益不高，这是弱势区域发展文化产业的劣势因素。在弱势区域内部，黑龙江省的指数增速最高，为21.50%，其次是河南和贵州，分别为14.04%和10.81%，甘肃省的指数增速最低，为—13.11%，远低于全国平均水平，另外，海南省驱动力指数增速也为负值—12.22%，这表明产业驱动力指数增速不足仍是本区域大部分省份在发展文化产业中面临的共同问题，区域内各省应该采取相应的措施，提高地区文化产业产出水平，加快文化产业的驱动力指数增速。

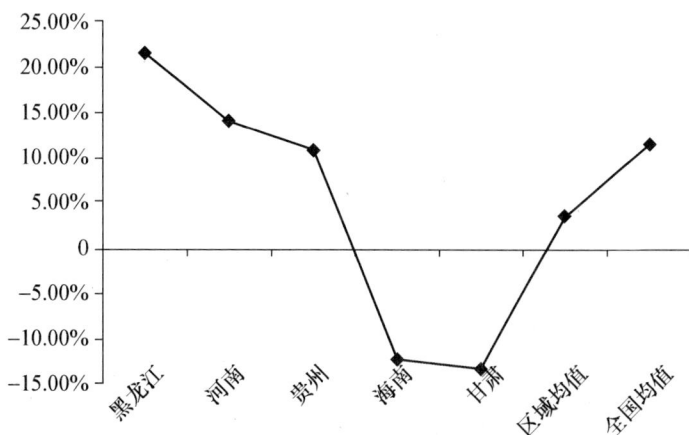

图4—65 弱势区域产业驱动力指数增速

3）变异系数比较。

如图 4—66 所示，把市场环境、公共环境和创新环境作为观测值，来衡量文化产业驱动力指数变异程度。从得分情况来看，甘肃省产业驱动力指数变异系数得分最高，为 0.200，远远高于全国均值 0.047，其次为贵州省，得分也高于全国均值，为 0.060，相比之下，弱势区域其他省份文化产业驱动力均衡度处于优势，其中，河南均衡度相对最好，得分为 0.020，黑龙江和海南的得分也低于全国均值，分别为 0.038 和 0.030，从总体上看，弱势区域均值为 0.070，说明甘肃和贵州亟须调整文化产业相关政策，全面提升产业驱动力均衡度。

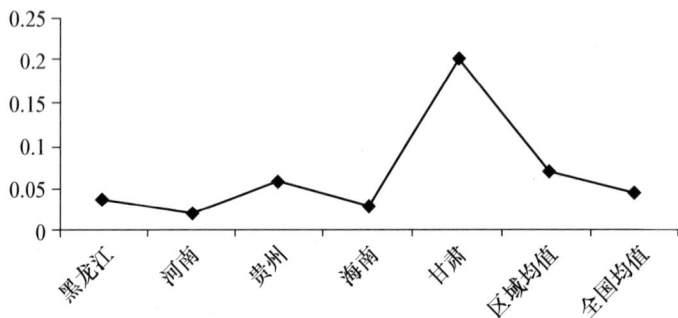

图 4—66　弱势区域产业驱动力指数变异系数

综上，弱势区域的产业生产力指数、产业影响力指数和产业驱动力指数的均值都低于全国均值，存在明显的劣势和不足，这就要求区域内各地政府亟须从根本上解决阻碍区域文化产业发展的各大问题，采取有效措施，提高文化产业产出水平，缩小弱势区域与全国的差距，促进我国文化产业更好更快地发展。

3. 弱势区域二级指标分析

本书中文化产业发展指数体系包括八个二级指标，表 4—30 反映的是弱势区域二级指标指数值及区域平均值和全国平均值情况。

表 4—30　　　　　　弱势区域二级指标指数值及区域平均值和全国平均值

二级指标	黑龙江	河南	贵州	海南	甘肃	区域平均值	全国平均值
文化资源	68.5	65.7	67.7	67.9	70.3	68.0	71.6
文化资本	63.9	69.8	60.0	95.5	63.8	70.6	74.4
人力资源	63.6	68.8	61.7	60.5	62.3	63.4	68.0
经济影响	66.8	70.1	70.3	64.5	60.3	66.4	74.2
社会影响	74.4	73.2	69.4	61.8	69.4	69.6	73.6
市场环境	71.9	66.3	67.0	57.9	52.1	63.0	71.3
公共环境	69.8	63.7	68.6	56.5	41.2	60.0	69.9
创新环境	66.7	65.0	61.1	60.0	61.8	62.9	69.2

为了便于对二级指标进行分析介绍，本书把弱势区域二级指标大体上分为两

类。第一类指标是虽然区域指数平均值小于全国平均值，但在区域内部仍有个别省份的指数值高于全国平均水平，称之为平均要素，这里主要指文化资本要素、人力资源要素、社会影响要素和市场环境要素。第二类是区域内所有省份的指数值均小于全国平均值的指标，包括文化资源要素、经济影响要素、公共环境要素和创新环境要素，称之为劣势要素。下面依据此分类对文化产业发展二级指标进行介绍。

第一类指标：文化资本要素、人力资源要素、社会影响要素和市场环境要素。

（1）文化资本要素。

表4—31　　　　　　　　　　　弱势区域二级指标文化资本

地区	文化资本指数	文化资本指数增速
黑龙江	63.9	4.93%
河南	69.8	5.12%
贵州	60.0	0
海南	95.5	−4.50%
甘肃	63.8	3.07%
区域均值	70.6	1.09%
全国均值	74.4	8.14%

1）数值比较。

由图4—67可见，在第一类指标的文化资本要素方面，弱势区域文化资本平均值为70.6，虽低于全国平均值74.4，但海南省文化资本指数值达到95.5，这说明总体而言，弱势区域文化产业人均固定投资额在全国略低于全国平均水平，但在弱势区域内部，各省间的指标值并不均衡，海南省的文化资本指数值为95.5，远远高于区域内其他省份的指数值，说明海南省在文化产业的人均固定资产投入较多，这是该省的优势因素。其他四省的指数值均低于全国平均水平，说明这四省的文化投入不足，同时也说明弱势区域文化资本指数仅略低于全国平均水平完全是由于海南一个省指数值高造成的，弱势区域其他省要加大文化资本的投入，促进区域内资本投入的均衡。

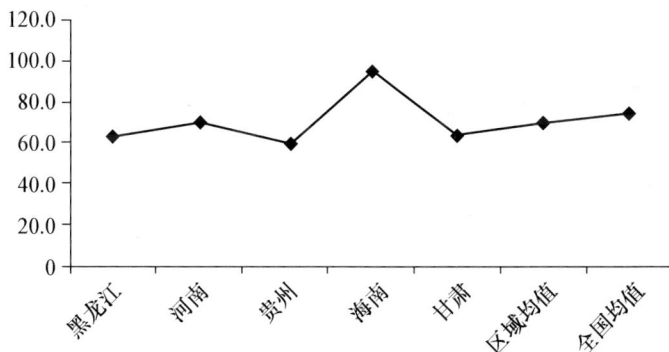

图4—67　弱势区域文化资本指数

2) 增速比较。

由图 4—68 可见，在文化资本指数增速方面，弱势区域的平均增速值为
1.09%，远远低于全国平均值 8.14%，这说明从总体上来看，弱势区域文化资本指
数增速水平远远落后于国内平均水平，文化产业的固定资产投入不足，这极大地制
约了本区域文化产业的发展。在弱势区域内部，指数增速最高的河南省仅为
5.12%，排名后两位的海南和贵州的文化资本指数增速分别为－4.50% 和 0，这说
明弱势区域的文化资本投入不足是制约区域文化资本增速的短板因素，是亟待解决
的问题。地方政府应该加大对文化产业的扶持力度，创造一个更适于文化企业发展
的外界环境，这样才能改变区域文化产业落后的局面。

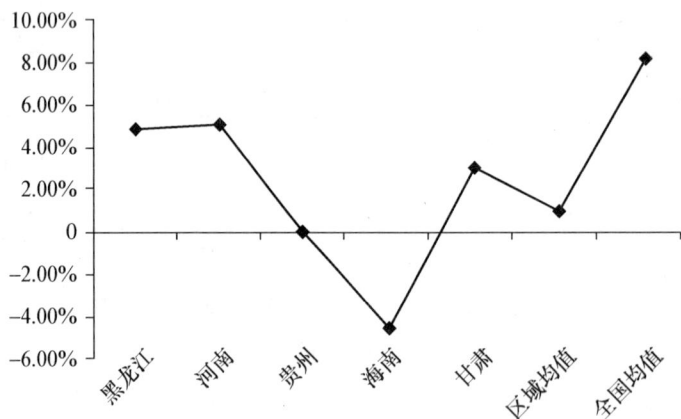

图 4—68 弱势区域文化资本指数增速

（2）人力资源要素。

表 4—32   **弱势区域二级指标人力资源**

地区	人力资源指数	人力资源指数增速
黑龙江	63.6	－0.31%
河南	68.8	－1.71%
贵州	61.7	－0.32%
海南	60.5	－3.20%
甘肃	62.3	－1.42%
区域均值	63.4	－1.40%
全国均值	68.0	－3.13%

1）数值比较。

由图 4—69 可见，在人力资源指数方面，弱势区域的平均值为 63.4，低于全
国平均值 68.0，这说明从总体上来看，弱势区域人力资源水平落后于国内平均水
平，文化产业领域专业技术人才和高端领军人才的匮乏制约了本区域文化产业的总

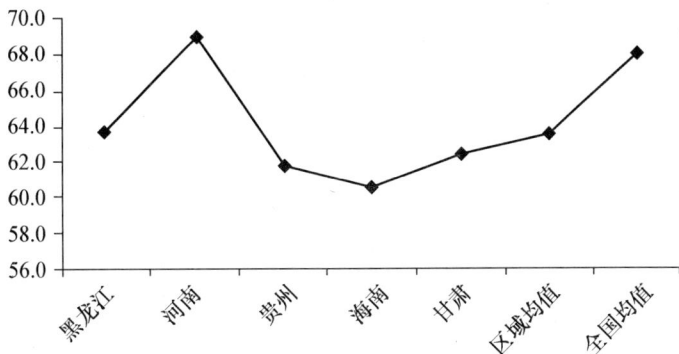

图4—69　弱势区域人力资源指数

体发展。在弱势区域内部，人力资源指数值最高的河南省为68.8，略高于全国水平，这与河南省作为我国的人口大省的优势是相关的，其他四省得分均低于64，其中排名最后的海南省指数值仅为60.5，远低于全国水平，这说明弱势区域的人力资源匮乏是区域发展文化产业的短板因素，是亟待解决的问题。

2）增速比较。

由图4—70可见，弱势区域人力资源指数增速均值为－1.40％，略高于全国平均增速值－3.13％，说明从整体上看，弱势区域文化产业人力资源增速高于全国水平，发展态势良好。在弱势区域内部，黑龙江、河南、贵州和甘肃四省虽然人力资源指数增速均高于全国水平，但仍都是负值，在相对较好的状态下仍要大力加强人力资源的提升。另外，海南省以－3.20％的增速低于全国水平并拉低整体增速，这说明海南省政府应加大对文化产业人才战略的实施，大力引进文化专业技术人才和高端领军人才，全面提升文化产业人力资源竞争力水平。

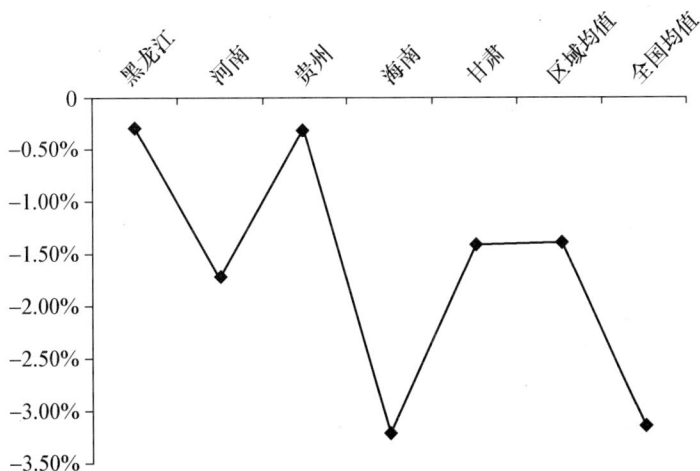

图4—70　弱势区域人力资源指数增速

（3）社会影响要素。

表4—33　　　　　　　　　　　弱势区域二级指标社会影响

地区	社会影响指数	社会影响指数增速
黑龙江	74.4	8.14％
河南	73.2	−0.27％
贵州	69.4	5.31％
海南	61.8	−8.71％
甘肃	69.4	8.78％
区域均值	69.6	2.53％
全国均值	73.6	4.69％

1）数值比较。

由图4—71可见，弱势区域社会影响指数平均值为69.6，低于全国平均水平73.6，说明从总体上看，弱势区域文化产业社会影响力较差，应该在区域内提高居民文化参与度，创造良好的文化氛围。在区域内部，黑龙江指数值为74.4，超过全国平均水平，表现相对良好，而其余四省均远低于全国平均值，社会影响有待进一步提高。

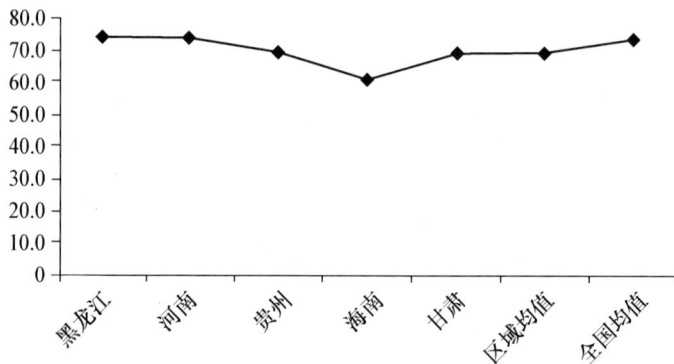

图4—71　弱势区域社会影响指数

2）增速比较。

由图4—72可见，弱势区域社会影响指数增速均值为2.53％，低于全国平均增速值4.69％，说明从整体上看，弱势区域文化产业社会影响增速较慢，还有待进一步提升。在弱势区域内部，甘肃社会影响指数增速最高，为8.78％，其次为黑龙江和贵州，分别为8.14％和5.31％，三省增速均高于全国水平，这说明虽然弱势区域整体表现不佳，但内部仍有部分省份社会影响呈现出良好的增长趋势，同时发展不均衡问题也需要引起有关部门的重视，需加以优化调整，提升整体增长趋势。

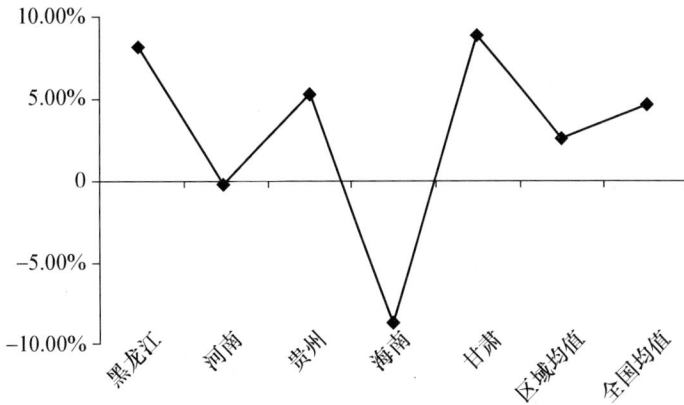

图 4—72　弱势区域社会影响指数增速

（4）市场环境要素。

表 4—34　　　　　　　　　　　　弱势区域二级指标市场环境

地区	市场环境指数	市场环境指数增速
黑龙江	71.9	21.04％
河南	66.3	12.18％
贵州	67.0	8.06％
海南	57.9	−16.45％
甘肃	52.1	−11.99％
区域均值	63.0	2.01％
全国均值	71.3	12.46％

1）数值比较。

由图 4—73 可见，弱势区域市场环境指数均值为 63.0，远低于全国平均水平71.3，说明从总体上看，弱势区域发展文化产业的市场情况很不乐观，应该采取措施改善当前环境状况，促进文化产业发展。在区域内部，除了黑龙江省略高于全国平均水平外，其余四省均在平均水平之下，说明弱势区域市场环境普遍不好，是制约本区域文化发展的重要因素。

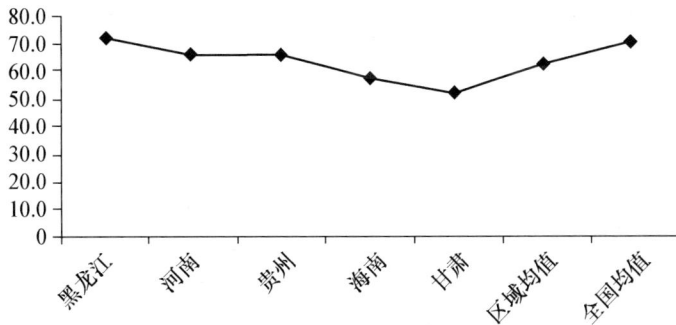

图 4—73　弱势区域市场环境指数

2）增速比较。

由图4—74可见，弱势区域市场环境指数增速均值为2.01％，远远低于全国平均增速值12.46％，说明从整体上看，弱势区域文化产业市场环境增速远远落后于全国水平。在弱势区域内部，黑龙江省市场环境指数增速最高，为21.04％，远高于全国水平，海南省增速却为－16.45％，与黑龙江形成鲜明对比，这说明弱势区域内部市场环境增速呈现出极不均衡的状态，最终导致整体表现不佳，地方政府应该加强相互间的沟通交流并加大对文化产业的扶持力度，创造一个更适于文化企业发展的市场环境，这样才能改变区域文化产业发展落后的局面。

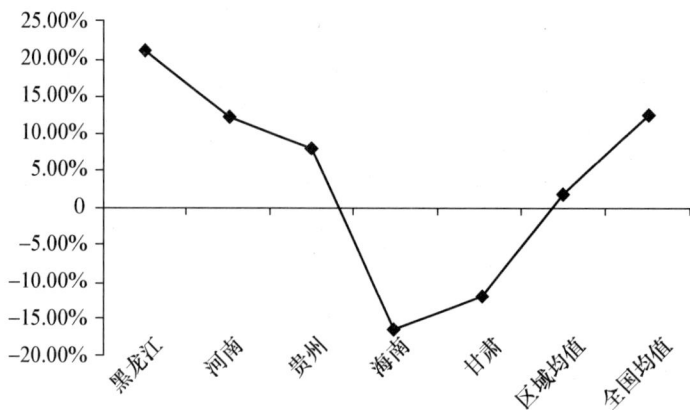

图4—74 弱势区域市场环境指数增速

第二类指标：文化资源要素、经济影响要素、公共环境要素和创新环境要素。

（1）文化资源要素。

表4—35　　　　　　　　　　弱势区域二级指标文化资源

地区	文化资源指数	文化资源指数增速
黑龙江	68.5	0.88％
河南	65.7	－0.15％
贵州	67.7	－0.29％
海南	67.9	0.74％
甘肃	70.3	－0.42％
区域均值	68.0	0.15％
全国均值	71.6	0

1）数值比较。

由图4—75可见，在文化资源指数方面，弱势区域的平均值为68.0，低于全国平均值 71.6，这说明从总体上来看，弱势区域文化资源水平落后于全国平均水平，文化资源的匮乏极大地制约了本区域文化产业的发展。在弱势区域内部，指数值最高的甘肃省指数值仅为 70.3，排名最后的河南省指数值仅为 65.7，均低于全国水平，这说明弱势区域的文化资源匮乏是区域发展文化产业的短板因素，是亟待解决的问题。

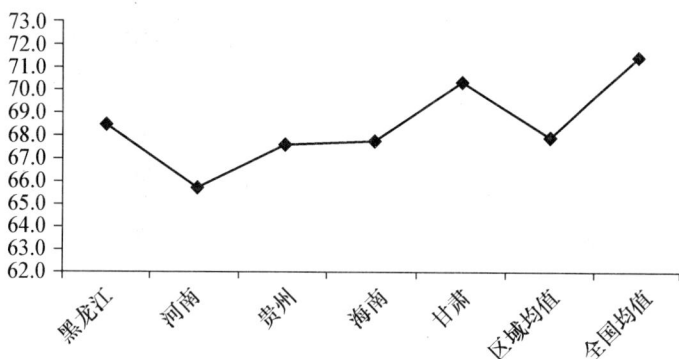

图 4—75 弱势区域文化资源指数

2）增速比较。

由图 4—76 可见，在文化资源指数增速方面，弱势区域均值为 0.15%，略高于全国的零增速，这说明从总体上来看，弱势区域文化资源指数增速水平呈现出良好的发展态势，发展潜力较大。但是从区域内部分析，增速排前两名的是黑龙江省和海南省，分别为 0.88% 和 0.74%，远高于全国平均水平，而其他三省文化资源指数增速均为负值，低于全国平均水平，这说明弱势区域增速均值高于全国均值完全取决于黑龙江省和海南省的拉动作用，其他三省文化资源增长速度仍然是制约文化产业整体发展的因素，需要引起地方政府的重视。其他三省仍需加强文化资源建设，努力缩小与黑龙江省和海南省的差距，从整体上提高弱势区域文化资源增长速度。

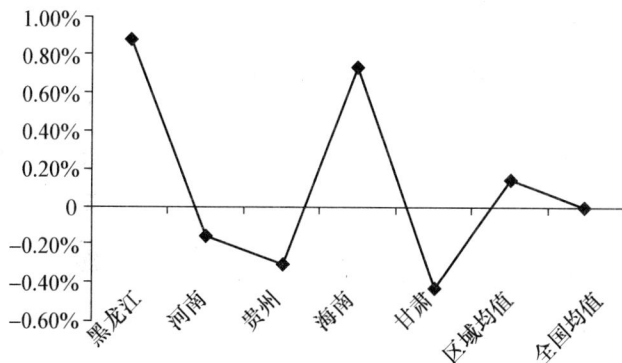

图 4—76 弱势区域文化资源指数增速

（2）经济影响要素。

表 4—36　　　　　　　　　　　弱势区域二级指标经济影响

地区	经济影响指数	经济影响指数增速
黑龙江	66.8	0
河南	70.1	−9.90％
贵州	70.3	−13.32％
海南	64.5	−8.25％
甘肃	60.3	−9.87％
区域均值	66.4	−8.51％
全国均值	74.2	−3.89％

1）数值比较。

由图 4—77 可见，弱势区域经济影响指数均值为 66.4，低于全国均值 74.2，说明从总体上看，弱势区域文化产业的经济影响力不强，经济产出效益不高。在区域内部，排名靠前的贵州和河南的指数值相对较高，分别为 70.3 和 70.1，但仍然低于全国平均水平，黑龙江、海南、甘肃的指数值分别为 66.8、64.5 和 60.3，远低于全国平均水平。

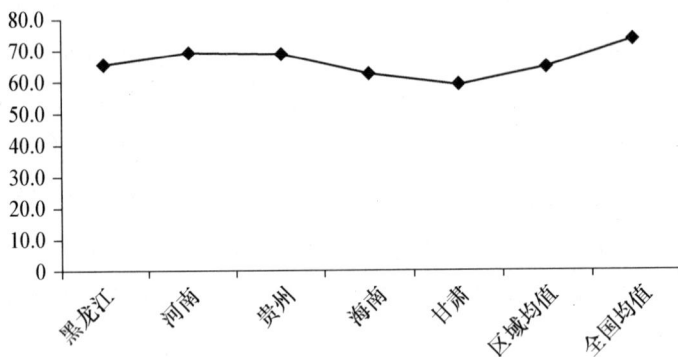

图 4—77　弱势区域经济影响指数

2）增速比较。

由图 4—78 可见，在经济影响指数增速方面，弱势区域均值为 −8.51％，远远落后于全国均值 −3.89％，这说明从总体上来看，弱势区域经济影响指数增速水平呈现出较为危险的发展劣势。从区域内部分析，黑龙江省经济影响指数增速为 0，远高于区域均值，发展趋势拥有较大的比较优势。另外四省均低于 −8％，贵州省甚至为 −13.32％，远低于全国平均水平，这说明尽管黑龙江省拥有相对较高的增长速

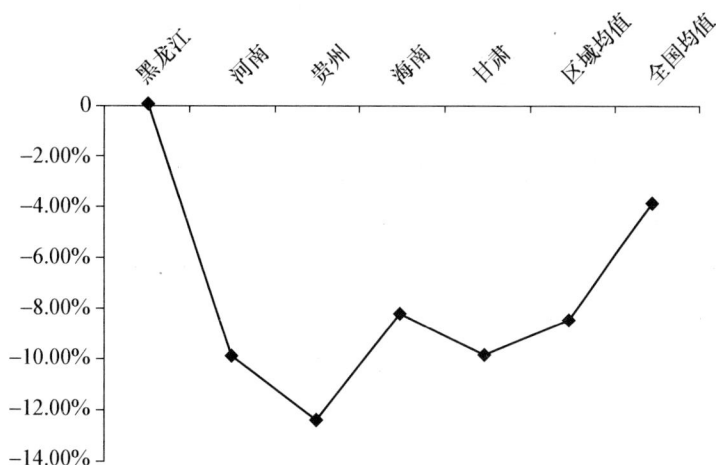

图4—78 弱势区域经济影响指数增速

度，但由于其他四省经济影响指数增速太低，区域水平无法与全国水平达成平衡。这就为弱势区域敲响经济影响力度的警钟，只有弱势区域共同携手发展，才能在最终的均值上缩小与全国的差距。

（3）公共环境要素。

表4—37 弱势区域二级指标公共环境

地区	公共环境指数	公共环境指数增速
黑龙江	69.8	26.91%
河南	63.7	15.82%
贵州	68.6	11.73%
海南	56.5	−17.03%
甘肃	41.2	−27.72%
区域均值	60.0	1.11%
全国均值	69.9	13.84%

1）数值比较。

由图4—79可见，弱势区域公共环境指数均值为60.0，低于全国平均水平69.9，说明从总体上看，弱势区域发展文化产业的公共环境很不乐观，当地政府应该采取措施改进当前环境状况，促进文化产业发展。在区域内部，除排名前两位的黑龙江省和贵州省公共环境指数（分别为69.8和68.6）略低于全国平均水平外，其余三省均远低于全国平均水平，其中甘肃省甚至只有41.2，说明弱势区域公共环境普遍不好是制约本区域文化发展的重要因素。

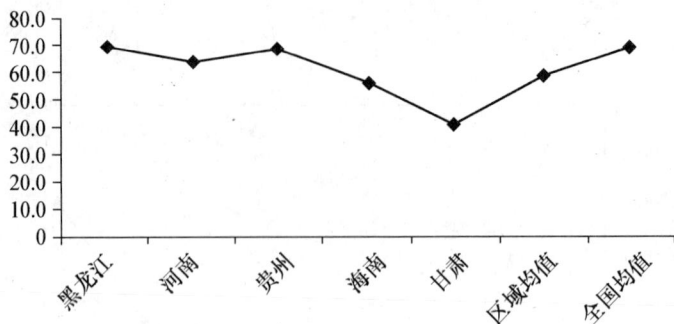

图 4—79 弱势区域公共环境指数

2）增速比较。

由图 4—80 可见，弱势区域创新环境指数增速均值为 1.11％，远远低于全国平均增速值 13.84％，说明从整体上看，弱势区域文化产业公共环境增速远远落后于全国水平。在弱势区域内部，黑龙江省和河南省公共环境指数增速分别为 26.91％和 15.82％，高于全国水平，而增速最低的甘肃省却为－27.72％，与黑龙江形成鲜明对比，这说明弱势区域内部各省公共环境增速呈现出极不均衡的状态，最终导致整体呈现出较差的结果，区域内地方政府应该加强相互间的沟通交流并加大对文化产业公共环境的建设和维持力度，创造一个更适于文化企业发展的公共环境，这样才能改变区域文化产业发展落后的局面。

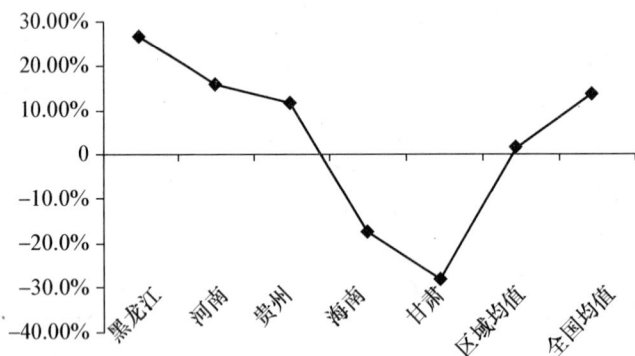

图 4—80 弱势区域公共环境指数增速

（4）创新环境因素。

表 4—38 弱势区域二级指标创新环境

地区	创新环境指数	创新环境指数增速
黑龙江	66.7	7.58％
河南	65.0	6.38％

续前表

地区	创新环境指数	创新环境指数增速
贵州	61.1	7.57％
海南	60.0	−4.91％
甘肃	61.8	−8.04％
区域均值	62.9	1.42％
全国均值	69.2	4.69％

1）数值比较。

由图4—81可见，弱势区域创新环境指数均值为62.9，低于全国平均水平69.2，说明从总体上看，弱势区域发展文化产业的创新环境还不完善，当地政府应该采取措施加大科研支持，优化当前创新环境，促进文化产业发展。从区域内部各省情况来看，五省得分值均在60～67区间，比较均衡，其中，得分最高的是黑龙江省，为66.7，虽然领先其他四省，但相比全国水平仍有欠缺，得分最低的是海南省，为60.0，比全国均值少9.2，这说明弱势区域创新环境普遍不乐观，这也是制约本区域文化发展的重要因素。

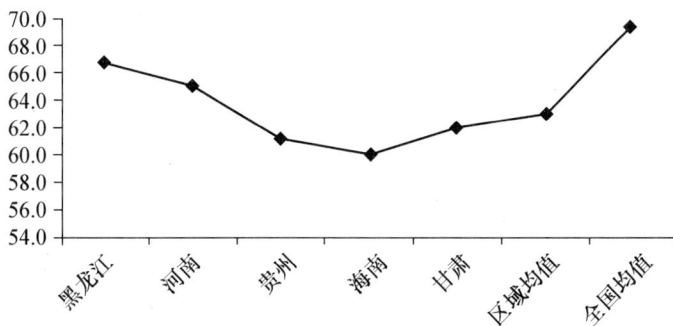

图4—81　弱势区域创新环境指数

2）增速比较。

由图4—82可见，弱势区域创新环境指数增速均值为1.42％，远低于全国平均增速值4.69％，说明从整体上看，弱势区域文化产业创新环境增速远落后于全国水平。从弱势区域内部具体省份来看，黑龙江省、贵州省和河南省创新环境发展态势较好，指数增速分别为7.58％、7.57％和6.38％，均高于全国水平，而另外两省创新环境增长速度却差强人意，海南为−4.91％，甘肃甚至为−8.04％，使整个区域均值急剧下滑，使整体水平远远落后于全国平均水平，这说明弱势区域内部各省创新环境增速呈现出两个极端的状态，最终导致整体呈现出较差的结果，这也要求

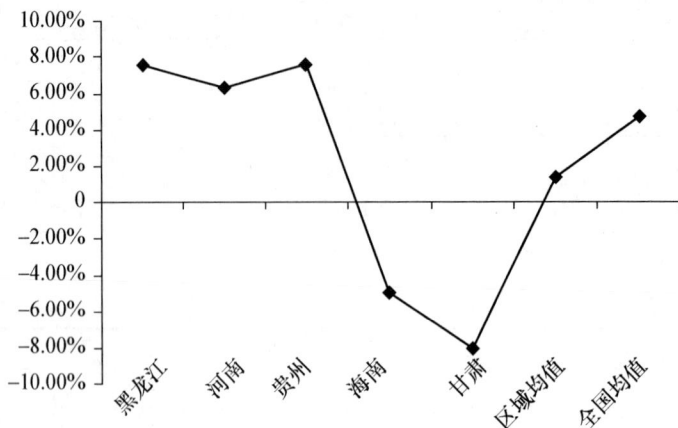

图 4—82   弱势区域创新环境指数增速

各省政府要更加注重内部的合作交流，合力共同优化区域文化产业创新环境，摆脱弱势状态，改变落后的局面。

4. 弱势区域三级指标分析

（1）文化资源。

文化资源主要通过人文类资源、文化产业基地、文化场馆资源来衡量。表4—39 反映的是弱势区域文化资源要素三级指标指数值及区域均值和全国均值情况。

表 4--39   弱势区域文化资源要素指数值及区域均值和全国均值

文化资源指标	黑龙江	河南	贵州	海南	甘肃	区域均值	全国均值
人文类资源	64.1	62.7	68.2	69.7	69.3	66.8	68.9
文化产业基地	64.4	66.7	62.2	60.0	66.7	64.0	70.3
文化场馆资源	75.3	67.9	73.2	72.5	75.8	72.9	75.6

为了更直观地描述弱势区域文化资源要素指标特征，我们绘制了折线图来展示弱势区域文化资源要素指标的属性（见图 4—83）。

在人文类资源方面，弱势区域均值为 66.8，低于全国均值 68.9，说明从总体上来看，弱势区域人文类资源比较匮乏，图书馆藏书量、非物质文化遗产等人文类资源比较少。在区域内部，各省指数值差异不大，海南、甘肃的指数值略高于全国平均水平，黑龙江、河南、贵州的指数值低于全国平均水平。

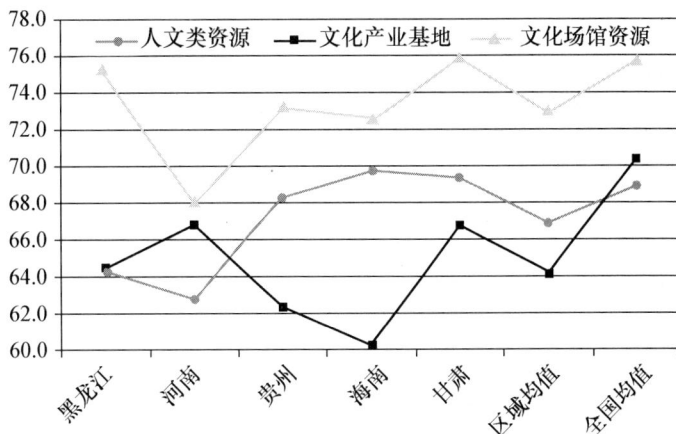

图4—83　弱势区域文化资源要素三级指标折线图

在文化产业基地建设方面，弱势区域均值为64.0，低于全国均值70.3，这说明弱势区域文化产业基地和园区建设规模较小，还没有形成很好的经济优势。在区域内部，五省的指数值均低于70，低于全国平均水平，说明弱势区域各省的文化产业基地和园区建设均存在很大的不足，要加大文化产业建设力度，提高产业基地和园区规模及效益。

在文化场馆资源方面，弱势区域均值为72.9，低于全国平均水平75.6，这说明从总体上来看，弱势区域文化场馆比较少，资源匮乏。在区域内部，除甘肃省的指数值高于全国均值之外，其余均低于全国平均水平，说明弱势区域文化场馆资源匮乏是一个普遍的问题，各省应该增加文化场馆建设，促进文化产业增长。

（2）文化资本。

本书中文化资本用文化产业人均固定资产投资额来衡量。表4—40反映的是弱势区域文化资本要素人均固定资产投资额及区域均值和全国均值情况。

表4—40　　　弱势区域文化资本要素人均固定资产投资额及区域均值和全国均值　　　单位：元

文化资本指标	黑龙江	河南	贵州	海南	甘肃	区域均值	全国均值
人均固定资产投资额	0.6	1.6	0.4	7.7	0.8	2.2	2.2

为了更直观地描述弱势区域文化资本要素三级指标指数的差异，我们绘制直方图来展示弱势区域文化资本要素三级指标指数的属性（见图4—84）。

在文化产业人均固定资产投资额方面，弱势区域均值为2.2元，与全国平均水平相当，这说明从总体上来看，弱势区域人均固定资产投资额处于全国平均水平，既不属于优势因素，也不是劣势因素。在区域内部，各省人均固定资产投资额差异

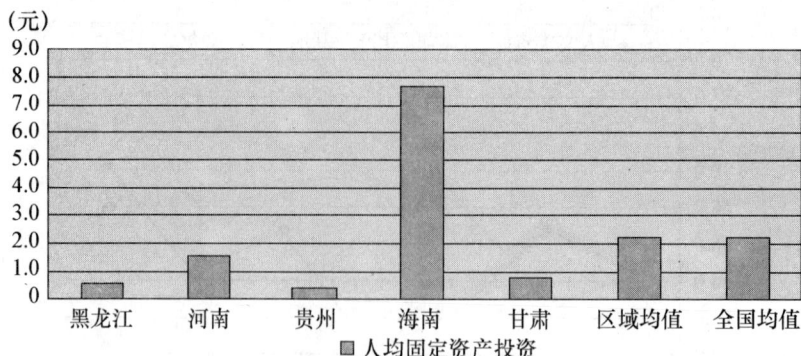

（元）

图4—84　弱势区域文化资本要素三级指标直方图

较大，海南省的人均固定资产投资额为7.7元，远高于全国平均水平，而其他四省均低于全国均值，这说明弱势区域的人均固定资产投资额主要靠海南省拉动，仍需加大文化投资力度，提高其余四省投资水平。

（3）人力资源。

本书中，人力资源指数用文化产业从业人员数量来衡量，表4—41反映的是弱势区域文化产业人力资源要素从业人员数量及区域均值和全国均值情况。

表4—41 　　　　　弱势区域人力资源要素从业人员数量及区域均值和全国均值　　　　　单位：人

人力资源要素指标	黑龙江	河南	海南	贵州	甘肃	区域均值	全国均值
从业人员数量	138 482	330 663	99 900	80 721	122 247	154 403	356 181

为了更直观地描述弱势区域人力资源要素三级指标指数的差异，我们绘制了直方图来展示弱势区域人力资源要素三级指标的属性（见图4—85）。

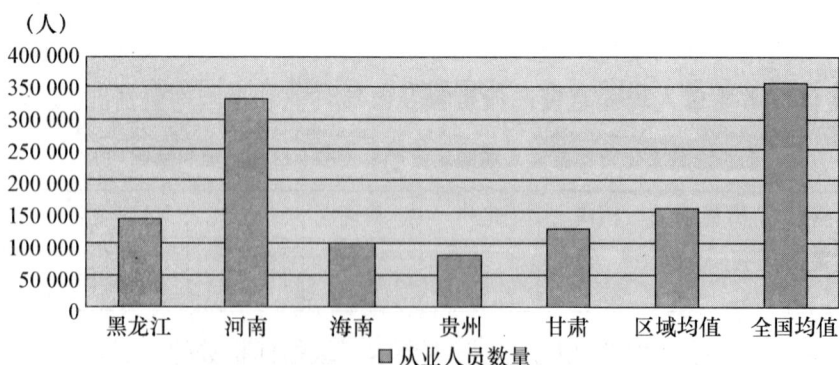

（人）

图4—85　弱势区域人力资源要素三级指标直方图

从图4—85中可以看出，在文化产业从业人员方面，弱势区域均值为154 403，远低于全国均值356 181，这说明从总体上看，弱势区域的文化产业从业人员数量较少，人力资源比较匮乏，这在很大程度上限制了本区域文化产业的发展。在区域内部，各省的从业人员数量均低于全国平均水平，说明在弱势区域，文化产业人力资源匮乏是普遍存在的问题，各省要加大对文化产业从业人员的吸引力度，促进本区域文化产业发展。

（4）经济影响。

本书中，经济影响指标通过产业产出、从业人员收入及集聚效应三方面来体现。表4—42反映的是弱势区域经济影响要素三级指标指数值及区域均值和全国均值情况。

表4—42　　　　　　　弱势区域经济影响要素指数值及区域均值和全国均值

经济影响指标	黑龙江	河南	贵州	海南	甘肃	区域均值	全国均值
文化产业总产出	61.9	65.7	61.5	60.4	61.0	62.1	68.1
文化产业人均收入	62.3	65.5	70.3	64.9	60.0	64.6	71.7
集聚效应	76.2	79.2	79.2	68.4	60.0	72.6	82.8

为了更直观地描述弱势区域经济影响三级指标指数之间的差异，我们绘制了折线图来展示弱势区域经济影响要素三级指标指数的属性（见图4—86）。

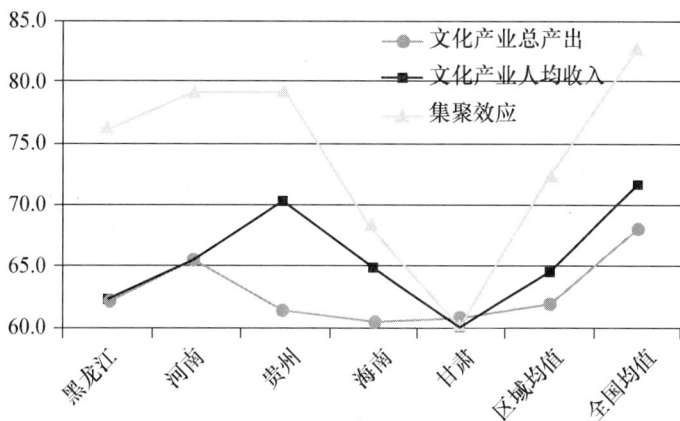

图4—86　弱势区域经济影响要素三级指标折线图

从图4—86中可以看出，在文化产业总产出方面，弱势区域均值为62.1，低于全国平均水平68.1，这说明从总体上来看，弱势区域文化总产出水平比较低，产出效益不好。在区域内部，河南省的指数值最高，为65.7，超过区域平均水平，其余四省的指数值均不到70，并且低于区域平均水平。这说明弱势区域文化产业总产出水平普遍较低，这是该区域发展文化产业的弱势因素，区域内部应该加大文化产业产出效益，促进文化产业快速发展。

在文化产业人均收入方面，弱势区域均值为64.6，低于全国均值71.7，这说明从总体上来看，弱势区域在文化产业人均收入方面处于全国平均水平之下。在区域内部，贵州、河南、海南省的指数值相对较高，分别为 70.3、65.5 和 64.9，说明此三省份值得区域内其他省份学习和借鉴。黑龙江、甘肃的指数值在区域均值之下，说明这两省的文化产业人均收入还有待提高。

在集聚效应方面，弱势区域均值为 72.6，低于全国平均水平 82.8，这说明弱势区域文化集聚水平较低，没有形成较为成熟的产业链。在区域内部，各省集聚效应指数均低于全国平均水平，这说明集聚效应差是弱势区域各省在发展文化产业过程中一致存在的问题，各省应该加强文化企业间地域上的集聚和相互之间的交流合作，提高区域内的集聚效应，促进文化产业的快速发展。

（5）社会影响。

本书中，社会影响指标从影响人次、文化氛围、文化包容度、文化形象四方面来衡量。表 4—43 反映的是弱势区域社会影响要素三级指标指数值及区域均值和全国均值情况。

表 4—43　　　　　　　弱势区域社会影响要素指数值及区域均值和全国均值

社会影响指标	黑龙江	河南	贵州	海南	甘肃	区域均值	全国均值
影响人次	64.0	66.6	60.5	67.2	68.0	65.3	69.8
文化氛围	79.4	77.5	74.1	60.0	72.7	72.7	75.9
文化包容度	77.6	75.6	73.3	60.6	72.1	71.8	74.4
文化形象	76.6	73.1	69.6	59.4	65.0	68.7	74.5

为了更直观地描述弱势区域社会影响三级指标指数之间的差异，我们绘制了折线图来展示弱势区域社会影响要素三级指标的属性（见图 4—87）。

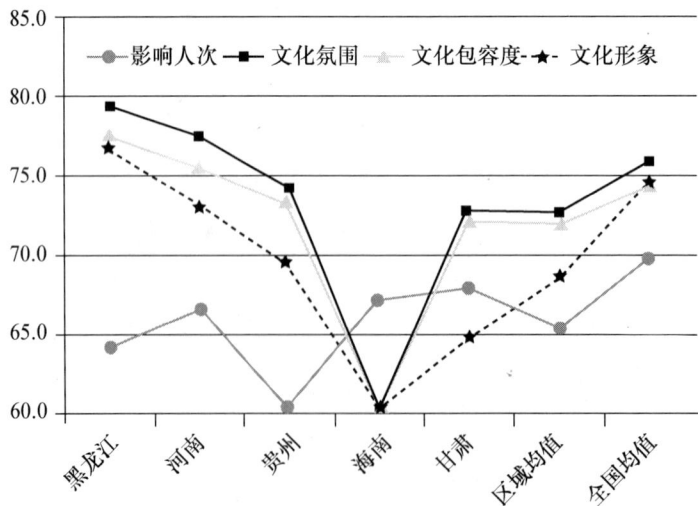

图 4—87　弱势区域社会影响要素三级指标折线图

从图 4—87 中可以看出，在影响人次方面，弱势区域均值为 65.3，低于全国均值 69.8，说明弱势区域居民对于文化产业的参与度较低，这不利于文化产业的快速发展。

在文化氛围方面，弱势区域均值为 72.7，低于全国均值 75.9，说明弱势区域从总体上看文化氛围并不浓重，和全国平均水平还有差距，这是本区域发展文化产业的短板因素。在区域内部，黑龙江省和河南省的文化氛围指数分别为 79.4 和 77.5，均高于全国平均水平，说明两省在本地区文化氛围的构建上表现相对良好。其余三省的文化氛围指数均低于全国平均水平，文化氛围发展状况不好，尤其是海南省的文化氛围指数值仅为 60.0，说明海南省应着力培养本地区的文化氛围，促进文化产业的发展。

在文化包容度方面，弱势区域均值为 71.8，低于全国平均水平 74.4，说明弱势区域对其他文化传统或风俗习惯的接受程度低，不利于区域文化产业尤其是新兴文化产业的发展。在区域内部，黑龙江和河南的文化包容度指数分别为 77.6 和 75.6，高于全国均值，其他三省的指数值均低于全国平均水平。值得注意的是，海南省的指数值仅为 60.6，远低于全国平均水平，说明海南省的文化包容度极差，这也是拉低区域平均水平的主要因素。

在文化形象方面，弱势区域均值为 68.7，全国均值为 74.5，说明从总体上来说，社会公众对弱势区域文化形象评价比较差，与全国平均水平差距很大，这是限制本区域文化产业发展的劣势因素。在区域内部，黑龙江省的指数值为 76.6，略高于全国平均水平，其余四省的指数值均低于全国均值，尤其是海南省，指数值还不到 60，这说明文化形象差是区域内各省存在的普遍问题，应该采取措施加以提高。

（6）市场环境。

本书中，市场环境指数从行业协会作用、市场需求、知识产权保护满意度、文化消费、融资渠道五个方面来衡量。表 4—44 反映的是弱势区域市场环境要素三级指标指数值及区域均值和全国均值。

表 4—44　　　　　　弱势区域市场环境要素指数值及区域均值和全国均值

市场环境指标	黑龙江	河南	贵州	海南	甘肃	区域均值	全国均值
行业协会作用	72.8	58.8	67.4	54.3	36.4	57.9	66.2
市场需求	77.4	76.4	73.9	61.9	65.5	71.0	77.4
知识产权保护满意度	74.5	66.1	65.8	57.1	50.9	62.9	72.7
文化消费	60.0	66.2	66.7	61.2	64.3	63.7	70.2
融资渠道	74.9	63.7	61.3	55.2	43.6	59.8	69.8

为了更直观地描述弱势区域市场环境三级指标指数之间的差异，我们绘制了折线图来展示弱势区域市场环境要素三级指标指数的属性（见图4—88）。

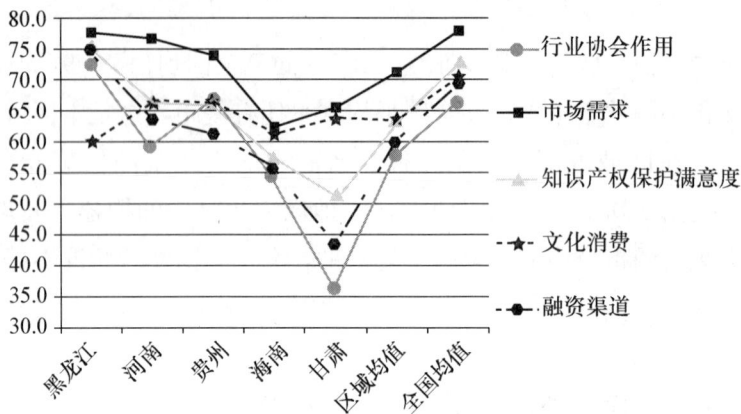

图4—88　弱势区域市场环境要素三级指标折线图

从图4—88中可以看出，在行业协会作用方面，弱势区域均值为57.9，低于全国均值66.2，这说明从总体上来看，弱势区域文化产业相关的行业协会在推动文化产业发展和合作方面发挥的作用比较小，这不利于文化产业健康发展。在区域内部，黑龙江省和贵州省的指数值为72.8和67.4，略高于全国均值，说明黑龙江省和贵州省行业协会所起的作用在全国平均水平以上。其余三省的指数值均小于60，在全国平均水平以下，说明这三个省行业协会在文化产业发展中所起的作用不足，需要加强。

在市场需求、知识产权保护满意度和融资渠道方面，弱势区域表现出相似的特征。弱势区域市场需求指数均值为71.0，低于全国均值77.4；弱势区域知识产权保护满意度指数均值为62.9，低于全国均值72.7；弱势区域融资渠道指数均值为59.8，低于全国均值69.8。这说明从总体上来说弱势区域的文化市场需求不足，对文化知识产权的保护意识淡薄，文化企业对融资渠道的满意度较低，这些不利因素都会制约该区域文化产业的发展。在区域内部，黑龙江省在以上三方面的指数值均不低于全国均值，而其余四省的指数值都低于全国平均水平，说明市场需求、知识产权保护满意度和融资渠道指数值低是该区域普遍存在的问题，该区域各省应该采取措施扩大市场需求，出台保护知识产权的政策，拓宽企业融资渠道，促进弱势区域文化产业快速发展。

在文化消费方面，弱势区域均值为63.7，低于全国均值70.2，说明从总体上来看，弱势区域居民对文化产品和服务的消费不足，这在很大程度上会抑制文化企业扩张的积极性，不利于文化产业的总体发展。

（7）公共环境。

本书中，公共环境主要从专项资金支持力度、政策支持、公共服务满意度三方面来衡量。表4—45反映的是弱势区域公共环境要素三级指标指数值及区域均值和全国均值情况。

表4—45　　　　　弱势区域公共环境要素指数值及区域均值和全国均值

公共环境指标	黑龙江	河南	贵州	海南	甘肃	区域均值	全国均值
专项资金支持力度	61.7	59.7	64.5	49.5	31.8	53.5	64.7
政策支持	69.8	63.6	69.4	55.2	36.4	58.9	70.4
公共服务满意度	77.9	67.8	71.9	64.8	55.5	67.6	74.6

为了更直观地描述弱势区域公共环境三级指标指数之间的差异，我们绘制了折线图来展示弱势区域公共环境要素三级指标指数的属性（见图4—89）。

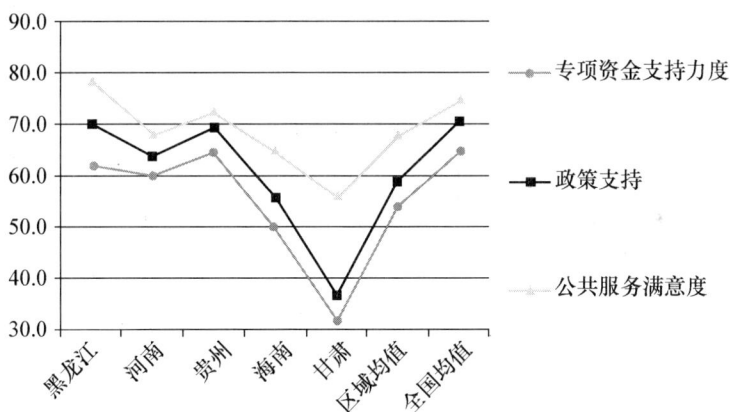

图4—89　弱势区域公共环境要素三级指标折线图

从图4—89中可以看出，在专项资金支持力度方面，弱势区域均值为53.5，全国均值为64.7，这说明从总体上说弱势区域政府对于文化产业投入的专项资金不足，在一定程度上制约了文化产业的发展。在区域内部，五省的指数值均低于全国平均水平，说明专项资金支持力度不够是弱势区域所有省份都存在的问题，各地方政府应该加大对文化产业的资金支持力度，推动文化产业快速发展。

在政策支持方面，弱势区域均值为58.9，全国均值为70.4，这说明从总体上来说，弱势区域各地政府对文化产业的政策支持力度不够，是制约该区域文化产业发展的短板因素。在区域内部，各省的指数值均低于全国平均水平，说明这些地方政府应该制定更多有利于文化产业发展的有效的政策措施，促进文化产业进一步发展。

在公共服务满意度方面，弱势区域的均值为 67.6，全国均值为 74.6，说明从总体上来看，弱势区域的公共文化服务体系还不完善，促进文化产业发展的基础设施、行政服务效率还需加强。在区域内部，黑龙江省的指数值为 77.9，略高于全国均值，说明黑龙江省的公共服务满意度在全国平均水平以上。其余四省的指数值均低于全国均值，说明这四个省应该进一步改善公共服务环境，为文化产业发展创造良好的外部环境。

（8）创新环境。

本书中，创新环境指标主要从人均科研经费、高级职称就业人员每百万人拥有量以及国际交流三方面来衡量。表 4—46 反映的是弱势区域创新环境要素三级指标指数值及区域均值和全国均值情况。

表 4—46　　　　　弱势区域创新环境要素指数值及区域均值和全国均值

创新环境指标	黑龙江	河南	贵州	海南	甘肃	区域均值	全国均值
人均科研经费	60.0	64.5	60.0	67.7	60.0	62.4	69.0
高级职称就业人员每百万人拥有量	75.4	74.8	65.6	60.0	94.6	74.1	76.0
国际交流	64.7	55.6	57.7	52.4	30.9	52.3	62.5

为了更直观地描述弱势区域创新环境三级指标指数之间的差异，我们绘制了折线图来展示弱势区域创新环境要素三级指标的属性（见图 4—90）。

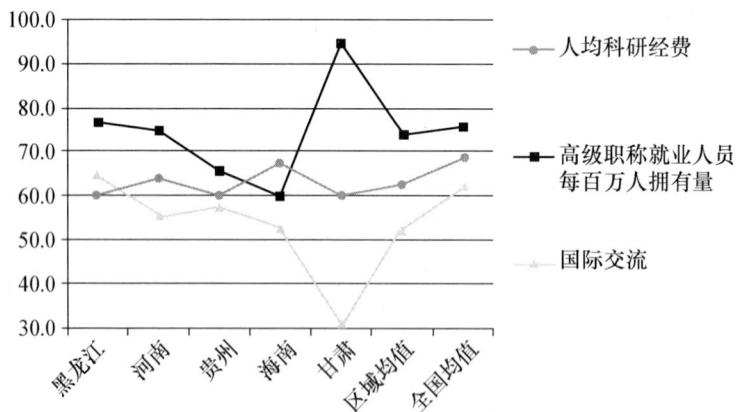

图 4—90　弱势区域创新环境要素三级指标折线图

从图 4—90 中可以看出，在人均科研经费方面，弱势区域均值为 62.4，全国均值为 69.0，说明与全国平均水平相比，弱势区域人均科研投入明显不足，这在很大程度上会限制文化产业的发展潜力。在区域内部，五个省的指数值均小于全国均值，说明人均科研经费投入不足是弱势区域面临的一致问题，应该加大该区域文化科研经费的投入量，增强本地区文化产业的竞争力。

在高级职称就业人员每百万人拥有量方面，弱势区域均值为74.1，全国均值为76.0，这说明与全国平均水平相比，弱势区域文化产业高级人才短缺，这会限制文化产业尤其是高科技文化产业的发展水平。在区域内部，甘肃省的指数值为94.6，远高于全国平均水平，说明甘肃省的文化产业人才资源比较丰富，这会加快文化产业的发展速度。其余四省的指数值均低于全国平均水平，说明这四个省的人才资源短缺，应该加大文化产业人才培养力度，采取激励措施增加本地区文化产业的吸引力。

在国际交流方面，弱势区域均值为52.3，全国均值为62.5，说明总体上看弱势区域与其他国家的文化交流并不频繁，这不利于本区域吸收国外成功发展文化产业的经验，是文化产业发展的短板因素。在区域内部，黑龙江省的指数值为64.7，略高于全国均值，其他各省指数值均低于全国平均水平，这说明弱势区域应该在总体上提高文化产业国际交流积极性，借鉴成功的发展经验，增强文化产业的竞争力。

（二）中国文化产业发展弱势区域决定要素

1. 文化产业人力资源匮乏

由于弱势区域文化产业发展水平落后，文化产业从业人员的工资待遇和职业发展前景等与文化产业发达地区差距很大，这导致该区域对文化产业人才的吸引力较差。文化产业发达地区的从业人员不愿到弱势区域工作，该区域优秀的文化产业人才流向了文化产业发达的地区，这使得区域内人力资源严重不足，一些文化产业领域尤其是高科技文化产业由于缺少专业人才，导致发展缓慢，文化产业结构不平衡。人力资源短缺不能为文化产业的发展提供有力的人才支撑和智力保障，成为制约文化产业发展的瓶颈。例如，文化产业发达的省市从业人员已达到100万以上，相比之下，甘肃省的人力资源极其匮乏，缺少发展文化产业的核心竞争力量，文化市场并不活跃。此外，甘肃省的文化从业人员分布状况不合理，从业人员在传统文化产业的比重过大，新兴行业的比重较小，相应地，地区文化产业结构主要以新闻业和出版业等传统行业为主，而一些具有广阔前景和较高盈利水平的新兴文化产业所占的比重较小。甘肃省的情况是弱势区域文化发展中的普遍现象，该区域应该采取措施，加大文化人才培养和吸引力度，使人力资源丰富起来，这样才能更好地促进文化产业的发展。

2. 文化科研投入和创新能力不足，文化发展缺乏有力的内动力

党的十七届六中全会指出，"要充分发挥科技创新的重要引擎作用，加强文化与科技融合，深入实施科技带动战略，增强自主创新能力"。科技在促进文化产业发展中起到极为关键的作用，科技的进步会更好地推动文化产业发展。例如，语言文字、声音、网络检索、图形图像处理等共性技术，提升了文化产业发展水平；声、光、电等现代科技，变革了文化产品生产方式；无线、光缆、微波等科研成果，改变了文化产品传播途径；新材料、信息技术、数字技术等现代新兴技术，开启了文化产品保护与传承的新时代。然而，文化产业弱势区域人均科研投入出现严重不足，企业缺乏对创新产品核心技术的掌握和控制，发展大多依靠内容的复制、模仿，设计产品还处于低端，自主创新产品数量不多等问题都制约着创业产业的全面发展。此外，文化产业发展缺乏创新性，没有形成自己的核心竞争力。例如，河南省虽是我国的戏剧大省，但是由于在创作过程中缺少创新性，很难适应现在市场的发展趋势，使得戏剧对人们尤其是年轻人的吸引力越来越小。我国戏剧艺术的发展不容乐观，在将来如果不加以改进，甚至将面临灭绝的危险。

3. 文化产业基础薄弱

我国文化产业发展的弱势区域一般来说经济发展水平落后，这些地区受制于经济发展状况，文化产业起步较晚，文化基础设施建设相应滞后。这几年，虽然各地加大了文化基础设施的建设，但是由于资金不足，后续投入不足，建设期缓慢。以贵州省为例，贵州省 2011 年末共有博物馆、纪念馆 62 个，公共图书馆 93 个，档案馆 107 个，文化馆和群众艺术馆 94 个，乡镇文化站 1 448 个；文化艺术服务单位 1 692 个，其中艺术表演团体 50 个，艺术表演场所 7 个。年末有线电视用户 396.57 万户，比上年增长 18.3%，其中数字电视用户 331.51 万户，增长 41.4%；广播综合人口覆盖率、电视综合人口覆盖率分别为 88.0% 和 92.8%，比上年提高 0.4 和 0.3 个百分点。全年共出版全国性和省级报纸 3.56 亿份，杂志 1 301.77 万份，图书 9 100.58 万册，比上年增长 12.8%。[1] 这些充分说明贵州省的文化产业基础薄弱，在文化产业总量和规模上都比较小。其他弱势区域省份也存在同样的问题。

---

[1] 参见贵州省统计局：《2011 年贵州省国民经济和社会发展统计公报》，2012-02-16。

（三）中国文化产业发展弱势区域典型省份分析

1. 贵州省

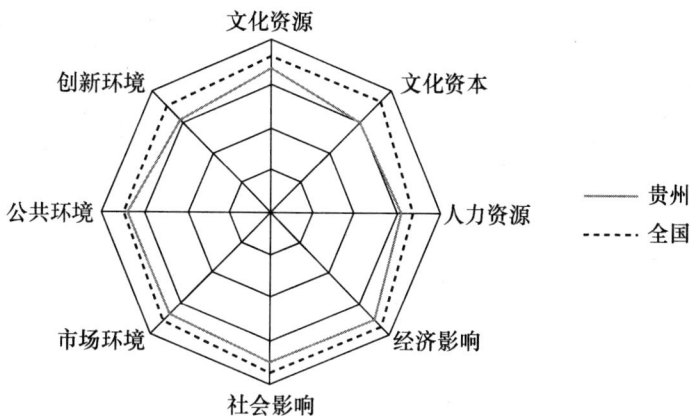

图 4—91 贵州省文化产业二级指标雷达图

（1）文化产业发展现状与优势。

据初步统计，2011 年贵州省文化产业总收入 394 亿元，文化产业增加值 140 亿元，占全省 GDP 比重为 2.46%，与 2009 年、2010 年相比，年均增速达到 30%，远高于全国和全省的 GDP 增速。

虽然和国家总体水平还有一定差距，但是在文化资源方面和社会影响方面还是有比较好的表现。在文化资源方面，目前贵州省动漫企业已达 30 余家，其中 6 家外地企业成为贵阳数字内容产业园的新成员。2009 年，贵阳数字内容产业园被国家科技部认定为"国家现代服务业产业化基地"。2011 年，该园区完成产值共计 3.6 亿元，比 2010 年增长 51%。[①] 社会影响方面，近年来，贵州省优秀民族舞台艺术的演出场次和观众人次逐年增加，大型花灯剧《月照枫林渡》、大型话剧《天地文通》、大型民族舞剧《天婵地傩》、黔剧《大学生村官》以及适应文化旅游推出的民族歌舞《多彩贵州·黔印象》等广受省内外观众好评，全省演艺市场结构逐步得到优化。尤其是多彩贵州文化艺术有限公司具体运营的大型民族歌舞《多彩贵州风》，自 2005 年公演以来，在海内外持续演出 1 700 余场，观众逾 150 万人次，很好地提高了人民群众的艺术欣赏水平和文化活力。

（2）文化产业发展中存在的主要问题。

文化资本方面，投入水平较低。国有文化产业比重偏高、精品缺乏、行业结构

---

① 参见《30 家动漫企业汇聚贵阳数字内容产业园》，载《贵州日报》，2012-11-05。

偏重传统产业。

人力资源方面，截至 2009 年，贵州省文化产业从业人员达到 21 万人，而全国当年的从业人员已达到 1 182 万人，贵州省文化产业从业人员只占全国的 1.78%。人才相对其他要素容易流动，一旦综合竞争力削弱，很容易导致本来已经比较缺乏的人才外流，并形成恶性循环。

经济影响方面，贵州各项指标虽然在近期增长较快，但国民经济总产值、人均收入、居民消费水平等远远低于周边同类省市，这势必影响人才、资金等的进入。

市场环境主要影响外来资本投入，相对于周边省市，这仍然是弱点，是影响贵州文化产业发展的重要因素之一。

公共环境方面，作为西部省份和多民族地区，国家给予巨大支持和投入，极大地改变了贵州地区的社会环境，但公共投入有限，社会资本用于公共投入较少，整体基础仍然较差。

创新环境方面，发展上很多依靠内容的复制、模仿与传播，文化产业核心竞争力差。在高新技术的运用上存在两个重要的缺憾：一是现有行业高新技术的应用明显不足，二是新兴高新技术如动漫产业、文化信息业、网络文化业发展不足。

2. 甘肃省

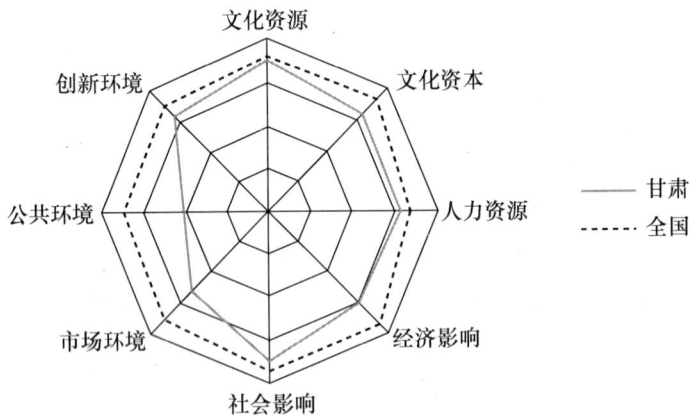

图 4—92 甘肃省文化产业二级指标雷达图

（1）文化产业发展现状与优势。

2011 年甘肃省文化产业实现增加值 18.2 亿元，增速达到 28% 以上，实现了较快的增长。

目前，在文化资源方面，甘肃省依靠本身的地区优势和自身的努力，有着不错的表现。《2011 年甘肃省国民经济和社会发展统计公报》显示，截至 2011 年末，全省共有文化馆 103 个，公共图书馆 100 个，博物馆（含纪念馆）125 个，艺术表演团体

83个,广播电台5座,电视台8座,档案馆101个。近年来,甘肃省在发展文化产业的过程中,利用自己已有的资源优势,推进特色文化大省建设,打造出了一系列独具特色的、推动本土文化发展的品牌。敦煌文化作为甘肃省的文化品牌之一,几十年来被投入巨资进行挖掘整理和研究保护。经过艰苦努力,敦煌文化目前已经成为世界性的文化经典,敦煌市也因此成为中国文化名城。在社会影响方面,甘肃省依靠自己得天独厚的文化资源,积极开发相关艺术表演活动和旅游文化活动,取得了不错的成绩。以敦煌舞蹈为例,继大型民族舞剧《丝路花雨》之后,《大梦敦煌》、《敦煌古乐》、《敦煌韵》连续获得成功,丝绸之路也成为文艺演出界的著名品牌;丝绸之路文化,如古老的壁画、石窟、彩陶、汉简,折射出中华民族文化的博大与悠久,丝绸之路也成为文化旅游经典线路;民族民间文化,如砖雕、石刻、香包、木雕、纸织画及民间曲艺、民间舞蹈等陇上民族民间文化和产品成为甘肃省的文化名片。

(2)文化产业发展中存在的主要问题。

虽然甘肃省的文化产业取得了一定成绩,但我们也应看到其存在的问题。

文化资本方面,缺少一定的文化类固定资产投资,企业投资多以自筹资金为主,中小企业占据着主体,主要分布在娱乐、文化旅游和文化产品销售等领域。个别民营企业参与文化领域的投资,建设了一些文化产业项目,但没有形成以文化产业为主业的经营业态。

人力资源方面,由于经济本身活力不够,对人才的吸引力不足,使得培养出的文化人才有外流的趋势。文化企业的人才流动性较高,本身也不利于企业的发展。

经济影响方面,主要是文化产业聚集度比较低。甘肃省作为文化资源大省,却没有与之匹配的成规模的文化产业聚集区。建立区域性的文化产业中心是解决问题的有效途径,区域性的中心会集中所有需要的资源,如人才、信息和资本等,来为文化产业的发展提供强有力的支持。并且这一区域性的中心一旦形成,便会对这些资源产生巨大的吸引力,从而形成极具优势的文化产业中心。

市场环境方面,由于本身的消费水平比较低,导致文化消费水平欠佳。由于本身金融发展情况有限,使得文化类企业更加缺少相关的融资渠道。长时间的积累会产生恶性循环,反过来更加影响市场环境。

公共环境方面,缺乏有操作性的文化产业政策,特别是有吸引力的投融资政策的缺失,使文化产业领域社会资金比重较低,民营文化产业的重大项目难以出现。民营文化产业弱小是影响甘肃省文化产业发展的重要原因。

创新环境方面,由于缺乏吸引人才的相关政策和本身文化产业人才的缺乏,使得高端艺术人才更是少之又少。作为文化资源大省,甘肃省缺少文化产业的研究机构，缺少多学科的研究人员和研究成果，缺少有吸引力的文化产业开发项目。

3. 海南省

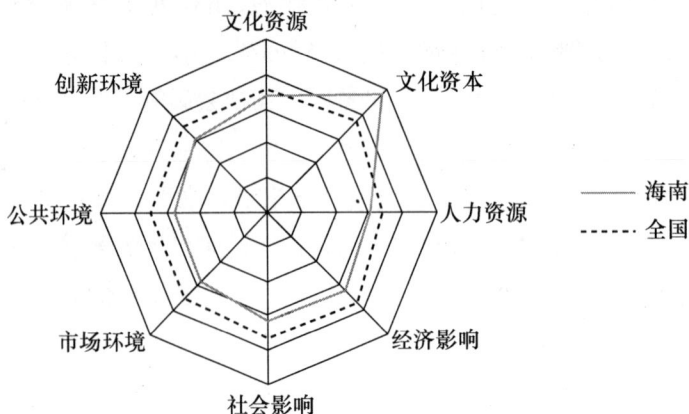

图4—93 海南省文化产业二级指标雷达图

（1）文化产业发展现状与优势。

海南省统计局发布的海南文化产业统计分析报告显示，海南省文化产业增加值自2006年以来，连续5年实现两位数的增长，2011年的增加值为71.15亿元，占GDP的比重为2.8%，比上年增长55.5%，比前一年的增长率高出35.8个百分点，增长幅度位居全国前列。

非常值得一提的是在文化资本方面，海南的文化资本投资远远高于全国平均水平，接近最高水平。海南省以开放的胸襟，实施"大企业进入、大项目带动、高科技支撑"的文化产业发展战略，引进了一批知名文化产业集团，迄今已动工建设的项目包括投资30亿元的文昌航天文化主题公园、投资150亿元的陵水智慧网络文化产业园等。据海南省文化体制改革与文化产业发展领导小组办公室的数字，截至2010年9月，海南省各市县和相关单位共立项重点文化产业项目77个，投资总额达3 121.84亿元。到2015年底，大部分项目将建成投入运营。在文化资源的利用上，海南省旅游业发展呈增长态势，2011年全年接待国内外游客突破3 000万人次，其中入境游客突破80万人次，旅游收入突破300亿元。公共文体服务设施建设扎实推进，保亭、陵水、屯昌等一批县级文化馆、图书馆建成投入使用。六大文化惠民工程进展顺利。全省204个乡镇综合文化站，已建成202个，在建2个；完成全省文化信息资源共享工程建设任务，全省22个共享工程市县支中心、204个乡镇和2 556个行政村基层服务点全面投入使用。

（2）文化产业发展中存在的主要问题。

人力资源方面，人才缺乏。海南文化经营领军管理人才和科技创新技术人才十分匮乏，难以适应文化产业新发展的要求，成为制约文化产业快速发展的瓶颈。在出版、新闻、文化系统，经营管理人才比较少，特别是高层次的经营管理和科技人才更是稀缺，远远满足不了文化产业领域的高科技迅速发展和现代化管理的需要。

经济影响方面，海南文化产业的发展规模明显偏小，产业链不长，产业之间的有机联结不密切，产业群体没有很好地形成，产品的规模优势没有得到发挥，产业结构层次很低，集聚效应水平也较低。

社会影响方面，需要更加努力地刺激文化消费需求，改善消费结构，带动相关产业发展，并且丰富精神文化生活，从而提高人民群众的文化参与积极性。

创新环境方面，文化产品生产从总体上说还是以传统工艺技术为主，创新能力较弱和技术水平较低等问题比较突出，特别是高新技术和先进装备引入文化产业还十分有限，从而导致产品质量档次、科技含量不高，经济效益不明显，在国内外市场上缺乏竞争力。

4. 河南省

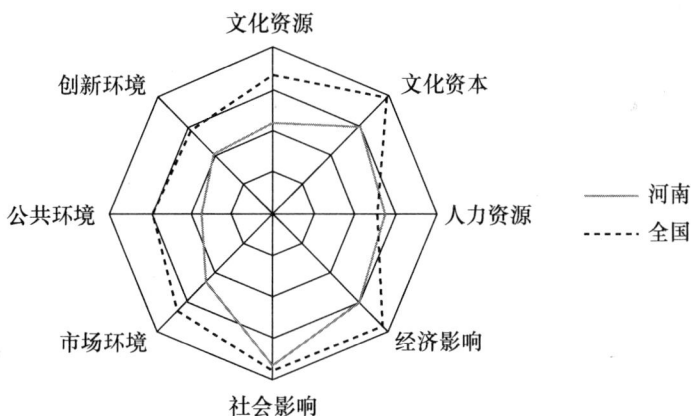

图4—94　河南省文化产业二级指标雷达图

（1）文化产业发展现状与优势。

2010年河南省文化产业法人单位实现增加值367.13亿元，同比增长15.9%。河南省文化产业年增速高出同期GDP增速3.7个百分点，高出第三产业增速5.4个百分点。在河南省文化产业的核心层和外围层中，发展速度最快的是文化艺术服务，全年实现增加值22.69亿元，增长32.9%；排在最后的是广播、电视、电影服务，实现增加值30.06亿元，增长1.0%。从九大类文化产业的比重看，从业人员、增加值占比最高的均为相关层的文化用品、设备及相关文化产品的生产，分别为40.8%和43.2%。

　　人力资源方面，河南发展还是比较好的。依靠自身强大的人口资源，截至 2010 年底，河南省文化产业从业人员总数达到 46.03 万人，比 2008 年增加 4.22 万人。文化产业法人单位从业人员年增长 4.97％，高于全社会从业人员 1.3％的增长速度；占全社会从业人员的比重为 0.76％，比 2008 年提高了 0.06 个百分点。[①]

　　在社会影响方面，河南省发展水平也与全国平均水平持平，全省各地积极组织群众文化活动，文化工作者创作出了一系列精品类文化演艺作品，如开封的歌舞剧《清明上河图》、由郑州歌舞剧院推出的大型原创舞剧《风中少林》、河南歌舞剧院创作的大型情景交响音乐《木兰诗篇》、洛阳的舞蹈诗《河洛风》、河南豫剧二团的《程婴救孤》等都是近年来涌现出来的艺术精品。这些作品的演出不仅将河南省的特色文化推向了全国，更为世界了解河南创造了平台，同时也催生一批文化产业集团，使得公共文化服务体系不断健全。

　　(2) 文化产业发展中存在的主要问题。

　　文化资源方面，共享程度不高。河南的特色文化资源散布在全省各地，并且具有多元化的特征。这样的特点导致各地在特色文化资源的开发和利用过程中，出现了以行政区划代替文化区划的现象，不少地市对自身的利益考虑过多，对文化一体化考虑相对较少，在文化资源的整合、利用和共享等方面还处在无序状态。例如，安阳申报殷墟，如果能联合商丘、郑州等地实行"捆绑式申报"，将会产生更大的效益。但因为过于强调地方因素和技术因素，从而错过了整体申报的良机。出现这样的结果主要是因为：行政区划促使资源管理者变成了资源拥有者，造成了特色文化资源的开发与规划严重脱节的现象。每个地区都力图在各自的区域内从各方面开发各地的特色文化资源，却忽视了联合不同地区拥有的比较优势带来的整体溢出效应。同时，由于各地同一项目的低水平重复建设，资源共享程度不高，造成了大量的资源浪费，各地特色文化资源难以实现最有效率、最合理的配置。经济影响方面，产业聚集度低、文化企业规模相对较小。河南特色文化资源分布较为广泛，形态较为多样，每一种特色文化都蕴含着丰富的内涵和价值，但是这样的特点也导致了各地在开发特有的文化资源时处于一种各自为政、自我开发利用的状态，从而产生了众多经营分散、规模较小的企业和团体，不利于企业核心竞争力的培育和加强，也不利于最大化地挖掘这些特色文化资源本身具有的潜在文化价值和经济价值。一方面，由于缺乏整体的发展规划，多而散的小企业一般极少从长远的角度考虑自身的发展，也就更谈不上从更高的视角来把握特色文化产业的发展方向和发展

---

　　① 参见河南省统计局：《河南：文化产业成经济增长新亮点》，2011-08-24。

路径了。另一方面，分散的小企业受规模和经济实力的制约，也没有能力去担当起深度挖掘特色文化价值和带动整个产业进步的职责。

5. 黑龙江省

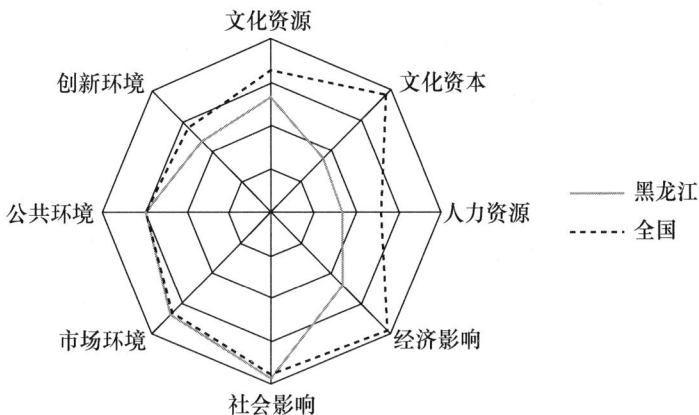

图4—95 黑龙江省文化产业二级指标雷达图

（1）文化产业发展现状与优势。

2011年黑龙江省文化产业实现增加值285亿元，增长率达36%，增速是全省GDP同期增速的3倍。黑龙江文化产业机构达到6.59万个，从业人员36万人，实现增加值285亿元。

黑龙江省在社会影响、市场环境、公共环境方面还是取得了不错的成绩。社会影响方面，2011年，黑龙江以纪念中国共产党成立90周年为核心，组织开展系列大型主题性、示范性文化活动，举办"火热时代 多彩龙江"——黑龙江省"八大经济区"、"十大工程"建设专题采风创作活动，全省700多名文学艺术工作者深入生活、深入群众、深入实际，通过慰问演出、书画笔会、交流辅导、参观写生等形式，创作了文学、美术、书法、摄影和音乐、舞蹈、曲艺等3 000多件文艺作品，通过这些形式，提高了地区的文化氛围和整个省的文化形象。市场环境方面，黑龙江总体上已迈进文化消费需求旺盛阶段，为文化产业快速发展打下了坚实基础。2011年，城镇居民人均文化娱乐服务支出483元，农村居民人均文化教育娱乐用品及服务支出569元，分别占全省城镇和农村居民家庭人均生活消费支出的9.37%和12.77%。公共环境方面，政府出台了《黑龙江省加快推进文化体制改革工作实施方案》、《关于推进文化行政管理体制改革的实施意见》、《关于理顺全省电影管理体制的通知》等多项政策和措施，文化体制改革由试点向全面、纵深领域推进，包括大力推进省出版总社、哈尔滨出版社等转企改制，推动省出版集团、省图书音像发行集团等完善法人治理结构，建立现代企业制度，推进艺术表演院团结构调整和资源整合，优化报业资源配置，成立省、市两级报业战略联盟，组建生活报传媒集团，壮大省、市两级报业规模与实力，探索推进以省电视台《都市频道》为试点的广播电视制播分离改革，为广电系统制播分离改革奠定基础，各级广电部门对电影制作、发行、放映工作进行归口管理。这一系列的举措都提高了人民群众对于政府文化产业公共服务的满意度。

（2）文化产业发展中存在的主要问题。

黑龙江省的文化产业虽然在一些方面取得了不错的成绩，但是也存在一些问题。具体表现为：在文化资源方面，分布不尽合理，文化发展不够均衡。由于在经济、社会、科技、人才、交通和通信等方面长期处于劣势，农村文化发展相对于城市明显落后。主要表现为：农村文化设施少，基本为乡（村）文化站（室或书屋）以及个体经营的游戏厅、彩票、歌厅和网吧，没有专门的艺术表演场馆，文化发展规模小、人员少、装备差、力量弱，产业化水平低；农村居民的文化设施受到限制，文化活动明显偏少。在文化资本方面，2009年全省城镇用于文化、体育和娱乐业的固定资产投资占固定资产总投资的比重为0.5%，比2004年有所下降；地方财政用于文化体育与传媒的支出所占比重为1.6%，比2004年下降0.5个百分点。作为文化产品和服务的消费主体，百姓把收入优先用于满足教育和医疗支出，认为文化消费无关紧要，造成文化支出总量小、比重低，总体需求和投入不足。

第五章　中国省市文化产业发展问题与建议

根据前四章有关中国省市文化产业发展指数的多角度深入分析，本章对当前中国省市文化产业发展过程中存在的一些普遍问题做出详尽的阐述，并在此基础上提出具针对性、实践性、前瞻性的发展建议。

一、中国省市文化产业发展存在的现实问题

（一）文化资源无序开发

1. 盲目开发文化资源

在开发利用文化资源时，一定要清醒地认识到，并不是所有的文化资源都能够转化为文化产品或者文化服务。例如，部分宗教文化、历史名人以及一些概念性的地域文化等，更多的是承载一种教化价值、形象价值和宣传价值，要想开发成为具体的包含着经济价值的文化产品有很大困难。然而在文化产业发展热潮的鼓舞之下，有的地区却丧失了原本的清醒，好像恨不得在一夜之间把一切与文化沾边的东西都开发成为能够立足市场的文化产品，因此不惜财力、人力，忙于做一些不切实际的规划，盲目上一些很难看到市场前景的项目。其结果是得不偿失，不但导致人力、财力、物力等资源的浪费，而且在很大程度上破坏了文化资源，更为严重的是对人们发展文化产业的积极性造成了大大的伤害。

2. 低效粗放开发文化资源

这是目前很多地区文化资源开发过程中存在的最普遍、最突出的一个问题。尤其是在西部地区，目前经济社会发展水平还较低，现代文化产业发展的基础和条件

还不成熟，只能先走传统的资源依赖型道路。在这种缺乏现代化生产技术和手段、创意能力不足的条件下，生产出来的文化产品必然大多属于附加值较低的初级产品，导致浪费、破坏一些市场潜力很大的文化资源，甚至失去再次开发的可能性。倘若这一局面不改变，文化产业发展的整体实力就很难有实质性的提高。因此，对于一些极具市场潜力的文化资源而言，宁可等基础和条件发展成熟时再开发，也绝不能因贪图一时的蝇头小利而急于求成、低效粗放开发。

3. 开发和保护不协调

在文化产业发展中，存在着普遍的文化资源开发利用的短期行为，导致对文化资源的不同程度的破坏。例如，很多文物古迹被重新包装、改头换面，丧失了文物古迹的原貌；很多民间风俗习惯、舞蹈、仪式被简单化、庸俗化，丧失了其原本的神韵；甚至有些地方，在开发利用的名义下严重破坏或是毁灭性地破坏一些文物、古迹和古建筑等。这些都是在开发利用过程中必须从根本上杜绝的。没有保护的掠夺式开发，无异于竭泽而渔，最终必然会导致文化资源的枯竭。

(二) 文化产业融资困难

1. 文化产业融资受约束

由于消费市场的不确定性和投入产出的不对称性，文化产业具有典型的"高投入、高风险、高回报"的特征，不管是在直接融资方面，还是在间接融资方面，都面临着严重的融资约束问题。

从直接融资来看，由于绝大部分文化企业的财务业绩和商业模式很难达到上市融资的要求，因而上市直接融资并不是文化企业融资普遍适合的路径。更为重要的是，如果文化企业真的能够达到上市融资的要求，那么上市后就必须定期公布其盈利模式、运营业绩以及利润来源，而这对于依靠商业模式的创新、商业秘密的保守和商业价值的挖掘的文化企业而言是不可思议的。

从间接融资来看，一方面，一般企业在享受信贷服务时必然相应地提供可供抵押的资产，而绝大部分文化企业的资产是以知识产权等为主的无形资产，没有能够作为银行贷款担保的固定资产，并且文化企业无形资产价值的评估也很不完善。另一方面，为文化产业项目或文化企业提供贷款是银行等金融机构的全新的业务领域，能够借鉴的风险参考体系和业务经验很少，并且文化企业本身绝大部分就是中小型企业，拥有的市场风险抵御能力很有限，无形之中更增加了银行等金融机构面临的信贷风险。

2. 文化产业版权资产体系不完善

版权资产是文化产业及其产品的核心资产和价值载体，并且与物权、股权以及债权等财产权利相联系，拥有典型的所有权属性、财富属性以及高附加值属性，而这些属性恰恰是版权资产成为文化企业重要生产要素和财富来源的原因。但是，国内很多文化企业更多地把拥有的版权等无形资产看做是一种资源，而不是一般意义上的资产，并且不论是文化企业还是银行等金融机构对于版权等无形资产都缺乏有效的认识以及管理。要想实现文化产业与金融的有效融合，就必须不断推进版权等无形资产的资本化进程，但是如何将版权等无形资产资本化，包括无形资产权的归属和流转如何严格与明确地保护、版权等无形资产价值的商业价值如何评估等，都是文化产业版权等无形资产开发和运用中亟须解决的重要问题。

3. 文化企业信用建设不足

文化企业的信用建设问题是文化金融融合发展的另一个难题，其中既有缺乏现代企业制度所导致的文化企业自身素质问题，又有民营作坊式工作室、国有文化企业和文化产业内高层人员对融资信用的态度问题，并且在文化企业内部同一项目的经营主体众多、利润不集中、财务信息虚假以及经营联系性差等问题也普遍存在。此外，对于国内的文化企业而言，单纯依靠企业家的自身觉悟和企业的自我建设远远不够，还需要国家大力构建有效的信用管理体系，建设功能完备的投融资服务平台和文化产权交易服务平台等，为文化产业的融资活动提供完善的公共服务。

(三) 文化产业人才队伍有待加强

1. 文化产业人才供需矛盾和结构性失衡

文化产业人才队伍不仅需要数量大、质量高，而且需要结构优化合理。如果文化产业人才质量不高，就很难保障文化产业建设的质量；如果文化产业人才队伍结构失衡，就很容易导致文化人才的大材小用或过度浪费。我们既需要拥有一支规模宏大的文化人才队伍，更需要其质量能够满足文化强国建设的多层次需求；既需要拥有一批文化产业专家、大师级人物，又需要一批与之配套的专业人才，更需要集聚一大批民间人才以及能工巧匠。然而，目前我国文化产业人才的培养和社会需求严重脱节：一方面，大量的文化产业人才找不到工作；另一方面，社会需求的文化人才供应不足。因此，在文化人才的培养方面，文化产业快速发展和文化产业人才队伍总量、结构失衡之间的矛盾如何解决，文化产业各类人才的科学培养计划如何制定，尤其是文化产业各类高层次复合型专门人才以及领军人物的培养等问题，都是目前我国文化产业人才队伍建设中亟须解决的问题。

2. 缺乏高层次复合型文化产业人才

目前我国最为紧缺的高层次复合型文化人才主要有以下四种：一是经营管理人才。目前我国经营管理人才不仅数量少，而且专业化程度较低，既懂文化艺术又擅长市场营销以及经营管理的人更是少之又少，在文化经纪、资本运作和项目策划等方面的专业人才很少，很难满足文化产业持续迅速发展的需要。二是文化创意人才。文化经营管理人才的创新能力以及开拓能力都有待加强，要想做到既拥有文化产业知识，又能够创造财务业绩很难。三是国际化人才。现有经营人才不仅对国际的惯例和规则、媒介市场的运作以及外向性的战略思维不够熟悉，而且对金融领域的掌控和文化产业投融资的能力都不高。四是文化经营管理的后备人才。目前我国尤其缺少既拥有成熟的文化产业运作与经营管理经验，又深谙市场经济规律，具有很高专业素养的高素质、高层次的文化产业管理人才。

3. 文化产业人才培养机制不完善

一是文化产业学校教育和文化产业市场需求脱节。从国家层面来看，国家教育主管部门对国家文化产业调整政策把握不够，而且也没有及时跟上其节奏，导致与文化产业发展相适应的文化产业人才培养体系至今还没有完全建立。从学校层面来看，尽管很多学校开设文化产业相关专业，招生也有一定的规模，却没能够对文化产业人才市场进行很好的研究，多数是受经济利益驱使而招生。二是文化产业学校教学要求和师资脱节。由于文化产业是一个新兴产业，文化产业专业出身以及具备文化产业背景、拥有相关知识的专业师资队伍至今尚未形成。此外，由于各个学校对教师的评价考核机制还不完善，很多教师都是重学术、轻运用，重科研、轻教学。

（四）文化产业集群发展不够成熟

1. 文化产业集群协同性不强

由于文化产业集群内还不具备完善的相关支撑机构和服务，尚未形成良性的集群生态，使得文化产业集群内部的企业间彼此联系不紧密，分工合作网络还没能形成。协作原本是文化产业集群自组织存在的动力，但是事实上在集群内部存在过度竞争，而正是过度竞争的存在导致我国文化产业集群内部协作性不强，资源共享无法实现，尤其是技术创新和研发成果都不能实现共享。

2. 文化产业集群创新能力不足

文化产业是一种需要知识、创意和技术的产业，而在我国文化产业的形成发展过程中，存在着专业人才不足、原创能力不高以及技术不发达等问题，并且不具备良好的创新环境和企业创新机制以及完善的创新成果保护制度等。近年来，尽管我国文化产业集群的创新能力有所提高，但是与国外成熟的文化产业集群相比还有较大差距。以深圳市的文化产业集群为例：原创能力很不足，主要从事加工，即集群内绝大部分民营文化企业的原创能力较低，主要依赖"代工"生存，处于价值链的低端，产业链条短，利润很少。如深圳怡景动漫基地就是主要以迪士尼等国外动画企业巨头的动画加工业务为主，原创动画比例不高。

3. 文化产业集群没有形成完整的产业链

第一，虽然很多地方的文化产业形成了一定规模，但是还仅仅是同种类产品以及单个行业的发展，对旅游衍生品、工业衍生品等衍生品没能进行有效的挖掘和开发，文化产业的巨大潜力和市场价值没能够充分发挥。第二，价值链整合度低，产品结构单一，产业关联度不高，很难形成依赖各自具有的核心竞争力的关键环节相链接起来的专业化分工协作体系。第三，尚未真正形成文化产品的研发、生产和推广一体化体系，绝大部分文化产业集群还仅仅是产业链的一个层次，其中的经营者和企业更多的是关注文化产品或服务，还没有意识到产业链集群优势。

（五）文化产业结构不佳

1. 投入结构同质化、低端化

目前我国文化产业投资绝大部分集中在传统文化产业以及低端文化产业，并且存在较严重的同质化问题。近年来，各地纷纷建设文化创意产业园区、文化交流中心、动漫产业园区以及文化商业街区等，但是这些文化产业园区缺少自己的特色，没有明确的定位以及正确的评价体系，大都功能雷同、主导产业类似、产品结构单一、文化服务同质化等，并且政府、社会以及文化企业等对技术进步的投入远远不够。事实上，文化产业发展的同质性很大一部分原因在于规划缺乏前瞻性和系统性。较低的文化产业技术投入，不仅直接制约着积累文化产业技术和经验，而且在更深层次上影响培育自主创新能力，从而影响打造文化产业品牌，更不利于我国文化产品和服务"走出去"。

2. 文化企业所有制结构失衡

从文化产业的所有制结构来看，国有文化企业强势发展，而民营文化企业发展滞后。虽然有的地方如广东省，民营文化企业快速发展，民营文化企业数量及其从业人员数量在全省文化企业总数及从业人员总数中占有较大比重，但是在很多其他地区，除电子音像发行业和图书外，其他行业的民营文化企业不仅数量少、规模小，而且创新能力不强。实际上，目前我国还存在不少民营文化企业进入壁垒以及政策约束，导致民营文化企业竞争能力不强。要想实现文化产业的跨越式发展，没有各类社会资本和民间力量的充分参与很难做到。

3. 文化产业技术结构失衡

从文化产业的技术结构来看，目前我国文化产业的科技含量还不高。绝大部分文化企业仍然是运用传统技术，而利用现代高科技手段开发利用文化资源、创新文化载体以及改造传统文化产业的能力却不高，尤其是运用现代网络技术、计算机技术等现代数字技术手段的新兴文化企业起步晚、规模小，造成高科技含量的文化产业占比太小，文化产业发展中科技的贡献率亟须提高。不合理的文化产业技术结构严重影响着文化产业的演进升级。

4. 文化产业内部结构失衡

目前我国文化产业的相关层、核心层和外围层的占比还不够合理优化。尽管在有的文化产业大省，外围层和核心层的比例在不断提高，但仍然占比不到一半，尚未成为真正的文化产业主体。另外，文化制造业增加值仍然在文化产业增加值中占有较大比重，这些都说明我国文化产业内部还存在较严重的结构性问题。

（六）文化产业区域发展失衡

1. 东西部文化产业发展失衡

与我国的经济发展格局类似，"东高西低"的区域发展失衡问题在文化产业发展中也存在。相较东部地区，西部地区的文化产业不管是在资本、人才、技术以及产业规模方面，还是在市场、价值创造、品牌和品质上，由于自然条件、观念意识、经济水平、人才积累、技术创新和管理体制等因素，导致产生的问题在短期内还很难得到实质性的解决。

2. 特色、差异化发展的区域文化产业发展格局尚未形成

由于行政体制条块分割，在文化产业发展过程中各个省市各自为战、缺乏有效的沟通协调，直接导致产业结构类似、发展思路单一；并且由于缺乏差异化的特色发展战略、盲目开发，导致重复建设和文化资源浪费现象普遍存在，在文化产业园区建设、旅游演艺、节庆会展以及一些与当地文化资源禀赋没有紧密联系的新兴文化产业如动漫等领域尤为突出。随着各省市纷纷建立功能完备的文化企业集团，这一现状不仅没有改变，反而恶化。行政体制条块分割下文化产业发展带来的区域布

局失衡问题已经成为我国文化产业实现跨越式发展亟须解决的问题。

(七) 文化市场体系不健全

1. 文化市场体系建设滞后

现代文化市场体系，就是指各类文化产品市场、文化服务市场以及文化生产要素市场在相互联系和相互作用中形成的文化市场有机整体。但是，目前我国还尚未形成成熟的文化市场体系，文化产品市场和文化服务市场还不发达，文化要素市场发展滞后。具体来说：

一是文化产品市场。目前我国文化产品的生产规模仍较小，且质量较低，其与人民群众日益增长的文化消费需求之间的矛盾仍然是我国文化市场的主要矛盾。并且文化产品生产还尚未形成明晰严格的产销渠道以及完善的信息反馈系统，盗版书刊和软件充斥文化市场，偷税漏税现象严重。

二是文化要素市场。最突出的问题表现在文化人才市场，文化人才还不能够合理流动、优化配置，计划经济体制下形成的文化人才管理体制至今还严重影响着文化人才市场的发展。

三是文化市场的管理体制。目前我国文化市场中存在国务院新闻办、文化部、中宣部、国家新闻出版广电总局、中国文联、作家协会、工业和信息化部以及公安部门、工商和税务等管理主体，事实上仍然是按照计划经济体制下将文化作为事业的管理体制来运作的，因此很难形成统一、开放、竞争、有序的现代文化市场体系。

2. 受行政体制条块分割影响，文化市场不统一

由于行政体制条块分割、行业垄断和地区封闭等因素的影响，我国还没有形成统一的文化市场。现代文化市场需要建立公平、公正和公开的竞争机制，反对各种形式的行业垄断和地方保护。然而，我国传统文化事业单位的设立方式是按照"条块"——地方和行业一纵一横进行的，目前虽然开始在一定程度上从行政主管部门分离出来，但是与真正的文化市场还有较大的差距，甚至还有一些文化企业利用与行政机构的传统联系，操纵市场，牟取暴利。我国的文化市场中仍旧存在着很多阻碍文化产品和服务自由流通、平等竞争的桎梏。我国现有的文化产业各个主体分属于文化、新闻出版以及广播电视等行政部门，各种文化资源被行政条块分割，就地生产，就地流通，想要通过市场方式进行资源优化配置以及联合开发非常困难。行政事业型管理体制严重影响着文化资源的合理流动和整合优化配置。

（八）公共服务与政策支持有待提升

1. 文化产业公共服务平台建设有待完善

一是平台建设多头管理，缺乏统一规划与整体布局。受行政管理体制的制约，目前平台建设涉及多个部门，包括科技、教育、文化、新闻出版、经贸光电等。其中各个部门都有平台建设职能，由此导致在不同程度上存在着投资分散、使用效率不高、重复建设的问题。以北京市为例，虽然已成立创意产业领导小组，并在市委宣传部下设文化创意产业促进中心，两者相互协调支撑，但文化创意产业平台的建设仍然缺乏长远规划。北京市各产业聚集区和各企事业单位仍然存在各自为政、单位所有、区域封闭以及低水平重复建设等问题。从各产业聚集区公共服务平台的建设规划上看，一方面存在动漫网游业及新媒体领域的公共服务平台同质同构、重复投资和共享不足的问题，另一方面又存在缺乏文化旅游和会展广告等领域的公共服务项目的缺陷。二是产业平台建设资金来源渠道单一，后续运行经费保障性低。平台的建设资金主要来源于文化创意产业的专项资金拨款，其后续运行的费用必须通过平台经营才能加以解决。但是，各个产业聚集区和企事业单位在申报公共服务平台项目时，往往未充分论证其盈利模式的可行性，并且通过夸大预期经营收益和社会效益来获取政府支持。公共服务平台本身就是保本微利，其主要目的在于满足行业的公共需求，特别是满足中小企业的需求以及创意人才的创业需求。若服务价格过高，必将因为用户无法支付而导致平台资源闲置的问题；若服务价格过低，又不能维持日常的运营支出。因此，仅仅依靠政府的资金支持，平台的长效机制难以形成。因此，平台还需将市场化作为发展方向，通过创新渠道寻找合适的经营模式，变政府"输血"为自身"造血"。

2. 政策保障有待完善

我国自20世纪80年代以来开始进行文化体制改革，90年代开始确立社会主义市场经济体制的改革目标。至今，由一系列行政法规和规章制度构筑的文化产业政策系统已经初步确立。这个系统也较为完善地涵盖了各种文化管理机制，其中包括《娱乐场所管理条例》、《电影管理条例》、《营业性演出管理条例》、《广播电视管理条例》、《出版管理条例》等。但是，由于我国当前各种领域里的文化管理以及各项文化产业政策主要是由政府的不同行政主管部门制定，并通过政府的名义发布的，因此，各个行业和部门的利益保护色彩较为浓厚，在整个政策的属性规定、功能导向以及政府对社会文化资源的权威性分配中，缺乏应有的公平性、公正性和公共性。虽然我国文化产业管理部门"大文化管理"的改革思路已提出，但是，由于缺乏政策系统的支持等原因，预期的改革效果并未显现。

（九）文化科技融合力度不够

1. 文化产业关键技术应用有待加强

新兴文化产业与传统产业不同，具有高知识性、高附加值、强融合性的产业特征，它通过多种方式将文化与技术紧密结合，例如电影、电视等产品的创作是通过与光电技术、计算机仿真技术、传媒等结合而完成的。在文化产品价值中，科技和文化的附加值比重明显高于其他类型的产品和服务。因此，在文化产业发展中引进先进适用技术，对于整个产业的发展尤为重要。当前，由于缺乏对于部分先进技术以及关键技术的掌握，在文化产品的生产、测试、普及推广等环节仍然缺乏必要的支撑，由此使得部分创意成果仍然滞留在实验室，难以走向市场化。

以动漫行业为例，由于电脑绘图技术、渲染技术等关键技术长期被国外厂商所垄断、国内应用水平较低，使得我国动漫产业开发始终处于产业链的低端，即使拥有好的创意，也无法利用先进技术手段将创意转换为优质的可视化产品，故我国动漫产业无法与国外动漫产业抗衡。

2. 科技背景文化人才规模和结构亟须优化

文化创意产业的发展需要一批具有国际知名度、高素质、高层次的文化创意人才，一批兼具创意与技术背景、实现创意内容产业化的高级经理人。以动漫游戏产业为例，尽管国内几百个高校都开设了动漫游戏专业，但培养的人才往往两极分化，以低端制作人员和高端纯研究人员为主，人才结构失衡，创意、创作型人才存在巨大缺口。

3. 文化产业知识产权保护有待完善

首先，文化产业知识产权保护的法律法规尚未完善。现行法律法规在对侵权行为的处罚上较轻，并且执法力度不够。在地方出台的扶持文化产业的政策上，仅仅注重税收优惠、资金扶持等经济支持，在产权保护方面仍存在法律空白或缺乏实施细节。部分行业由于设计作品同质性强，对剽窃、抄袭较难定义，在如何界定侵权等方面仍存在争议。其次，缺乏知识产权服务平台。企业因维权成本过高，致使被侵权方不得不放任他人侵权的行为比比皆是。另外，中介服务机构尚不成熟，缺乏专业人员，由此造成知识产权交易和代理的渠道不够畅通，难以为中小企业提供规范全面的服务。

二、中国省市文化产业的发展建议

（一）规划先行，梳理文化资源，确定内容主题

1. 制定科学规划和管理体制

一是在调查研究的基础上制定科学规划。在对文化资源的开发、利用、保护，基础设施建设，景点与景区的沟通，综合性和专题性的旅游形式，特色旅游产品的开发，客源构成和接待能力等各个方面都要进行周密考虑，妥善安排、协调发展。二是理顺管理体制。就地方而言，各部门应紧紧围绕总负责人的部署安排，在明确职责、合理分工的前提下，统一步调，各司其职，充分协作，在旅游、文化、文物、园林、宗教等各个方面开展工作。在文化资源密集的地区可专设管理区，由主管领导牵头，相关部门派员参加，组建共同管理委员会，由此加强领导，协调关系，完善管理。

2. 科学梳理文化资源

对文化资源进行科学梳理和归类，准确把握各类文化资源的特性，是合理开发文化资源的前提。在对文化资源进行梳理和归类时，应从市场与经济的角度来审视文化资源，既不能似是而非，又不能空想臆断。一方面，需分析哪些资源具备产业化开发的价值，其可持续发展空间有多大，产品市场半径和容量有多大，并且据此确定其开发投入力度以及预期发展规模；另一方面，需分析哪些资源本身并不具备产业化开发的价值，其价值仅仅在于维系一个地区的文化形象。对于这样的文化资源，更多的是要重视保护，而不是勉强开发。否则，最终只能生产出一些没有市场的文化废品，浪费已有的人力、财力和物力。

3. 坚持开发与保护并重

文化资源在很大程度上存在可循环利用、反复开发的特点，尽管如此，保护的问题同样重要。首先，确立科学开发的观念。所谓科学开发，就是要尊重文化的发展规律，不破坏文化资源，谋求文化资源的可持续发展。通过科学的开发，文化资源能够以文化产品为载体，在大范围内快速传播，引起人们的关注，为文化资源的保护创造更为良好的社会氛围。其次，保护与开发两者相结合，正确处理保护与开发的关系，做到在保护中开发、在开发中保护，形成保护与开发并举、以保护为重的良好局面。同时，还要在文化资源开发过程中强调"谁开发、谁受益、谁保护"

的原则，将部分开发收益应用到资源的保护上。

（二）拓展渠道，动员全社会加大文化产业投资

1. 适当降低资本市场准入门槛，鼓励创新多种投融资方式

资本市场对文化产业的发展具有巨大的推动作用。纵观世界文化产业较为发达的国家可知，其强大完备的资本市场正是文化产业得以成长壮大的孵化器。例如，美国的纳斯达克市场孕育了微软、英特尔、戴尔、雅虎等全球知名的高科技企业。资本市场除了提供文化企业资金来源渠道，其对打造行业龙头，实现资源优化配置、产业结构升级、风险投资的进出以及规范现代企业制度的建立都具有重要意义。就我国而言，我国创业板市场的存在本应为文化企业的上市融资提供一个平台，但是创业板市场对于上市企业的资质要求对于大多数的文化企业而言依然过高。因此，考虑适当降低对上市企业规模、营业收入等的硬性要求，增加对企业成长性、科技含量等方面的考量，有利于助推一些高成长性、高科技含量的文化企业在创业板市场融资。此外，债券市场也是企业直接进行融资的重要媒介，应鼓励文化企业利用短期债券、中期票据、集合票据等多种债券融资工具，扩大资金来源渠道。除上述融资手段外，资产证券化也是当今各国文化产业融资的一个重要手段，它是以特定资产组合或特定现金流为支持，发行可交易证券的一种融资形式。知识资产证券化的核心资产是知识产权的未来收益，因此该途径适应文化产业前期投资大、回收期长的特征，应予以探索和推广。

2. 鼓励银行迎合文化产业特征，创新金融产品

银行贷款是我国文化产业融资的基本途径。但是商业银行作为文化产业主要融资来源，却因为经验不足、金融产品缺乏创新而放弃了许多高收益的投资机会，这对双方而言无疑都造成了损失。因此，银行业应从自身出发，积极转变经营方式、提升管理理念。对文化产业的资信评估应转变理念，由原来"物权控制"的传统理念，转向"未来现金流"的控制，积极探索并开发各种知识产权、收益权质押等融资工具，设计多元化、多层次的信贷产品，拓宽对文化产业的信贷范围。在利息率设计上，政府可以针对不同企业的实际情况给予不同程度的贴息、减息、补息等优惠政策，以鼓励银行资金向文化产业倾斜。

3. 吸引多方资金进入文化产业

在发达国家，风险投资（VC）和私募股权投资（PE）已经成为一种非常成熟的投融资模式。美国文化产业的发展一度借力于其高度发达的 VC 业和 PE 业。举

例而言，硅谷两大著名风险投资公司克莱那·巴金斯和美湘杉公司联手缔造了谷歌公司的成长神话。一方面，VC业和PE业可以通过多样化的组合投资大力分散投资风险；另一方面，其高额的投资回报会吸引社会各方的资金涌入文化产业。虽然近几年我国VC业和PE业取得了迅速发展，但总的来说，其发展程度、投资规模仍然较低，与欧美和日韩等国家或地区相比还有一定的差距。对此，就本国而言，应继续鼓励我国VC业和PE业投资文化产业。此外，可以在保证本国文化和信息安全的基础上，逐步引入国外优质的VC和PE公司投资我国文化企业。同时，从欧美和日韩的文化产业发展历程来看，来自私人、企业界等社会各界的资金捐赠也是文化产业的重要资金来源。因此，我国还应深入思考并积极探讨对文化产业捐赠的减免税政策，鼓励社会各界向文化产业进行捐赠。除此之外，还可以以政府部门为主导，吸引和鼓励民间资本、社会资本成立各种文化产业专项基金、文化产业创投基金，通过基金的注资改善文化企业的资产状况，增强其融资能力。

(三) 优化机制，加强文化产业人才培养

1. 制定和实施文化产业人才培养科学规划

当前，文化人才出现紧缺的类型主要有以下四种：第一，高素质的文化创意人才；第二，文化产业的经营管理人才；第三，复合型的文化专业人才；第四，国际性的文化人才。这四种人才的开发与培养将是未来需着力解决的问题。造成这四种人才缺乏的主要原因，是我国文化产业发展的历程较短，没有受到足够的重视，文化人才的培养尚未形成规模，培养模式缺乏科学性与专业性。因此，必须发挥政府的引导作用，制定文化产业人才培养的科学规划，建设一支德才兼备、锐意创新、结构合理、规模宏大的文化产业人才队伍，使文化产业人才与市场需求相适应。有关部门应在政府的领导下，按照加快发展文化产业的要求，制定与文化产业发展战略规划相适应、各层次人才培养相结合、远中近期培养相协调的培养规划。应通过科学制定和实施规划，培养与造就一批具有战略思维和国际视野、综合素质强、迎合市场需求的文化创意产业人才队伍。

2. 建立产学研用相结合的文化产业人才培养培训机制

首先，文化产业人才是一种应用型很强的人才，这就要求文化产业人才的培养必须将生产、教学、科研三者有机结合起来，将学校教育与企业需要、市场需求有机统一起来。党的十七届六中全会《关于深化文化体制改革、推动社会主义文化大发展大繁荣若干重大问题的决定》提出，"鼓励和扶持高等学校和中等职业学校优化专业结构，与文化企事业单位共建培养基地"，这为解决我国文化产业人才培养中

现存的重理论轻实践问题，从而形成产学研用相结合的培养机制指明了方向。其次，应立足于文化产业的特点，积极构建开放、共赢、互补、高效的文化产业产学研相结合模式，培养既拥有理论知识又具备实践经验的文化产业人才。为此，我国可以号召各高校组织开展"产学研用联合培养应用型人才改革试点"，探索建立高等学校与科研院所、企业、行业三方联合培养文化创意产业人才的新机制，推动校企共同制定人才培养标准，共同设计培养目标，共同制定培养方案，共同开展专业、课程、"双师型"教师队伍和实习实训基地建设，努力建设好一批文化创意类国家级精品课程、精品教材和教学创新团队。

3. 优化文化产业人才成长环境

首先，政府是创意人才培养的第一推动力。因此，政府需出台一些鼓励性、扶持性的政策，引导并支持创意人才的培养。特别是在文化创意产业还在"襁褓期"时，政府要着力于建设创意人才培养平台，在政策方面给予优惠与倾斜。在发达国家，文化创意相关专业毕业的学生，能够得到国家提供的各种补贴和支持，毕业生能够利用官方提供的资源解决最基本的问题，因此，许多毕业生能够在维持基本生活的基础之上，成立自己的个人工作室或公司，充分发展其文化创意。但是在我国，对于毕业生的支持过于贫乏，毕业生只能通过在各种创意或者设计公司打工维持生活，无法真正进行创作，从而抑制了新兴文化产业的发展。因此，给文化创意人才必要的支持是下一步需重点落实的。

其次，加强文化创意人才培养的平台建设。为适应建设创意产业园区（基地）需要，应大力支持高等学校与产业园区开展合作办学的发展模式，建立一批高水平的文化创意人才培养培训基地，直接为国家级、省级的创意产业园区（基地）文化创意研发设计、产品生产、推广销售等输送高素质、高层次的创新型人才。同时，鼓励高等学校面向重点创意企业开展各项培训工作，为创意企业高级管理和营销人员接触创意产业国际前沿理论、掌握国内外创意经济发展动态以及现代企业管理和营销技巧等进行课程培训，增强企业创意人才的综合素质。

（四）筑巢引凤，科学建设园区，引导产业集聚

1. 对文化产业园区进行准确定位

从微观层面上看，文化产业园区需要根据自身拥有的文化资源现状，并结合国内外文化产业园区的发展现状，进行差异化、个性化的园区定位，包括文化定位和产业定位。文化定位是指园区文化的内涵和外延，即消费者在园区内消费时可以感知的文化意义。例如，开封宋都古城文化产业园展现了"七朝都会"开封的文化遗

存，消费者可以通过园区的旅游、演艺、工艺美术展览、会展收藏、休闲娱乐等方式感受宋文化在建筑、书法、绘画等领域的外在表现形式以及文化内涵，进而理解并领悟宋文化的意义。产业定位是指园区主营业务的定位和产业价值链的组建，以及由此确立的园区发展方向和盈利模式。例如，北京的798创意产业区是典型的艺术类园区，涉及了艺术工作室、画廊、会展、休闲、餐饮等多个经营领域。园区为主营艺术类的业务以及服务构建了一条龙商业服务配套设施，这既对文化艺术进行了集聚与扶持，又拓展了北京市的城市功能，带动了文化艺术消费。

从宏观层面上看，各地政府相关部门需要结合本地发展文化产业的现有条件，并参考全国文化产业园区发展的实际情况，分析当地建立文化产业园区的必要性和可行性，针对当前发展较热的文化产业门类进行差异化与个性化定位，避免不合实际的盲目跟风。园区建立后，相关部门还需重视园区的监管工作，确保园区发展与审批时的定位相一致，如果因现实运营需要而修改原定位，相关管理部门和园区需要对园区新的定位进行严格论证，不断完善园区发展方案。

2. 整合特色文化资源，优化资源配置

文化资源是发展文化产业的基础和依托。我国历史悠久，拥有深厚的文化底蕴，在每一个区域都基本形成了具有区域特色的文化。但是，在这些特色文化中，有些是可以进行市场化运作的，有些只能作为非物质文化遗产进行开发和保护。因此，要对现有文化产业进行分类型、有差别的规范运作，完善其文化功能，不断做大做强。应在充分尊重企业自主权的前提下，坚持按经济规律办事，以资本为纽带，通过兼、购、并等形式，帮助条件成熟的文化企业实现战略重组，推动文化产业向集团化、规模化方向发展；此外，对发展中的中小文化企业进行鼓励、支持和扶持，形成大中小文化企业相互促进、相得益彰的格局，满足不同消费群体对不同层次文化产品的需求。

整合文化资源，使各种文化产业集群相互促进、共同发展。可以按照文化、经济、旅游三结合的新思路，搞好多种文化产品的研究与开发。例如，陕西西安曲江新区以闻名中外的大雁塔和曲江皇家园林遗址为中心，建设成为了国家级文化产业示范区，直接推动了西安国际化大都市的建设。2011年，曲江全区大口径财政收入突破100亿元大关，接待海内外游客累计超过3 500万人次，旅游综合收入突破50亿元，带动了旅游、会展、文博、节庆、服务、信息、交通等产业的全面快速发展，间接经济效益十分可观。

3. 加强文化产业园区基础设施建设

健全的配套文化基础设施是发展文化产业以及构建文化产业集聚区的基本条

件，因此必须切实保障。一般情况下，拥有良好的基础设施建设的集聚区文化产业发展劲头强劲，反之，基础设施不完善，则会阻碍发展。政府部门应将文化产业基础设施建设纳入城市建设的总体规划，优化资源配置，完善基础设施建设，例如，加快完善文化产业集聚区周边高速公路等交通网络，文化产业公共服务平台以及文化艺术中心、展览馆、博物馆等展销中心和配套的酒店餐饮、休闲娱乐设施等。

（五）因地制宜，构建现代产业体系

1. 引导企业和社会各方加大对文化产业的高端投入

应完善现有政策，由此推动企业尤其是社会资本投向高端文化产业、新兴文化产业领域，同时增强对文化产业的技术投入，突破企业停留在利用传统技术阶段的现状；加强应用网络、数字等现代信息技术改造传统文化企业，打造新兴文化产业。通过以上两个方面，推动文化产业发展同质化问题的有效解决，克服重复投资，走差异化特色发展道路，提高文化资源的使用配置效率。为此，我国应建立文化产业园区、文化企业集群、文化产业带的差异化特色发展评价体系，以推动文化产业向差异化特色发展迈进。

2. 调整所有制结构，推动国有文化企业和民营文化企业共同发展

当前在文化领域，存在着某些文化领域民营文化资本尚未准入，有些文化领域有所进入但是发展不足的现状。为此，要在不断解放思想中坚持文化产业的市场化取向，放宽准入条件和准入领域，扩大准入空间，创造发展环境，带动社会资本更多地进入文化领域。从政府角度看，可考虑制定系统的扶持民营文化企业发展的财政、税收、融资、人才培养与引进、表彰奖励等政策，通过政策支持引导民营文化企业更好更快地发展，为文化产业的跨越发展注入动力和活力，推动多种所有制文化企业共同发展格局的形成。现实地看，推动国有文化事业单位改制转企以及推动民营文化企业的快速发展，都需要深化文化体制改革，使文化体制能够吸引不同所有制文化企业进入市场开展良性竞争，提高文化产业的发展活力。

3. 调整内容产业、传媒和平台产业、文化制造业结构

发展我国内容产业，重点是推进设计、娱乐、新闻传播、音像传播等产业的发展，同时也应做强传媒和平台产业、文化制造业等，形成多个产业链。做大做强内容产业，需要重点解决资金缺乏的瓶颈问题，为其融资创造条件，并由此积累知识、技术和经验，培育出做内容产业的创新能力。

（六）统筹规划，优化文化产业区域布局

1. 加强文化产业区域布局的统筹规划

实施差异化的区域文化产业发展战略，加强分类指导，鼓励和引导各地在推动文化产业发展上凸显地方特色、体现文化差异，避免重复建设和同质竞争，努力形成东中西部优势互补、相互促进、共同发展的良好局面。就三个区域而言，鼓励东部地区优化产业结构，倡导文化创新，提升文化品质，实现跨越发展。东部地区加快发展动漫游戏、创意设计、网络文化、数字文化服务等行业，培育科技型文化产业集群。支持中部地区完善产业政策，扩大文化消费，规范市场秩序，加快产业崛起。引导西部地区发挥资源优势，突出区域特色，培育消费市场，带动产业发展。中西部地区及限制开发的主体功能区，重点发展文化旅游、演艺、工艺美术、艺术品、节庆会展等文化产业。就城乡地区而言，应统筹城乡文化产业发展，形成一批具有国际影响力的文化创意中心城市和城市群，支持中小城市利用当地特色资源打造文化产业亮点，鼓励资源城市转型过程中将文化产业作为产业结构调整的重要着力点，培育一批特色文化产业乡镇和文化产业特色村。

2. 搭建东西部地区文化交流平台，推动文化大繁荣、大发展

我国历史悠久，文化底蕴深厚，并且每一个区域都有很多区别于其他区域的特色文化。因此，实现文化产业区域平衡发展，关键的一个环节在于建立东、中、西部地区文化交流平台，通过该文化交流平台实现文化资源的充分流动与优化配置，最终推动东、中、西部地区文化产业的共同繁荣发展。以中国西部文化产业博览会为例，2012年第六届西部文博会在陕西西安曲江会展中心成功举办，共征集签约项目68个，总签约额约825亿元，项目涉及广播电影电视制作、文艺作品创作、文化旅游等多个领域。作为全国四大文化产业博览会之一，西部文博会对促进东西部文化交流、加快文化产业发展、吸引国内外投资起到了巨大的推动作用，现已成为促进东西部文化大繁荣、产业大发展的重要平台。

（七）深化改革，构建现代文化市场体系

1. 大力营造激励文化创新的市场环境

加快形成以公有制为主体、多种所有制共同发展的文化产业格局，培育一批跨地区跨行业经营、有较强市场竞争力的骨干文化企业，营造公平参与市场竞争的体制环境以及同等受到法律保护的法制氛围。其中，要更加重视以网络技术、软件技

术等为代表的数字技术研发，推动高新技术与文化产业的融合，促进新兴文化产业发展。特别要注重建立健全有利于新兴文化产业发展的激励机制，鼓励包括各类文化企业和个体在内的文化主体，以创造和创新为根本手段，创作生产出思想性、艺术性、观赏性相统一，人民喜闻乐见的优秀文艺作品。鼓励具有创新思维的文化企业为社会公众提供更多创新文化成果，不断增强文化企业的活力和创新力。

2. 大力发展文化产品市场

文化产品市场是消费者选择和购买文化产品的重要窗口与平台，是扩大文化消费的关键环节。只有大力发展文化产品市场，才能把群众喜闻乐见的文化产品快速、通畅地送达消费者。第一，要重点发展图书报刊、电子音像制品、演出娱乐、影视剧等传统文化产品市场，以及动漫游戏、网络游戏等网络文化产品市场。第二，要大力发展城镇各类书店和农村各类发行点，拓展城乡出版物市场，弥补部分地区的市场空白。第三，要着力规范和发展演艺演出市场，推广票务连锁服务，形成覆盖全国的票务连锁服务网络。要着力繁荣电影、广播电视节目交易市场，推动影视剧作品的快速流通。要着力促进动漫游戏同互联网的融合与对接，培育以网络为载体的新兴文化市场。第四，要注重打造以博览和交易为核心的综合市场平台，以办好中国国际文化产业博览交易会等博览会为契机，推动我国文化产品走向世界。

3. 积极发展现代文化产品流通组织和流通形式

流通组织和流通形式是文化产品从生产领域转移向消费领域的主要载体和重要渠道。只有发展完善连锁经营、物流配送、电子商务等现代流通组织和流通形式，文化产品才能实现低成本、高效率的流通配送。发展文化产品连锁经营，鼓励文化企业发展特许经营网络，使连锁业形态成为文化产品流通业的主要发展方向；培育全国和区域性的大型现代流通组织，加强以跨地区连锁经营、信息化管理和现代物流为特征的大型现代文化流通企业的建设；建设若干辐射全国的区域文化产品物流基地，加快文化产品流通产业布局及结构调整；发展电子商务，充分利用通信、计算机等数字技术，构建网络文化产品交易平台，最终建成以大城市为中心、中小城市相配套、贯通城乡的文化产品流通网络。

4. 加快培育文化要素市场

文化要素市场是文化生产所必需的技术、产权、版权、信息等要素进行交易的场所，是文化产业大发展的必要条件。应规范文化资产和产权交易，建立和完善专利权、著作权等无形资产登记、评估、质押、托管、流转和变现制度，办好重点文化产权交易所，为文化企业的著作权、商标权和专利技术交易等提供专业化服务；完善资本、人才、技术等要素市场，引导和规范各类文化要素合理配置和有序流动；完善文化信息交易市场，提升服务水平。

5. 加强文化行业组织和中介机构建设

文化行业组织和中介机构在文化市场中具有自律、服务、协调和监督等重要功能，是文化产业大发展不可或缺的重要支撑。一方面，要鼓励各类文化行业协会等行业组织严格依照法律和章程，履行行业自律、市场协调、监督服务与维权等职能，促进行业健康有序发展；另一方面，要制定和完善文化中介机构管理办法，积极推动文化经纪代理、评估鉴定、推介咨询、技术交易、担保拍卖等各类中介服务机构的发展，引导其规范运作，向专业化、品牌化方向发展，不断提高其服务质量。

(八) 加大创新力度，构建功能丰富的文化产业公共服务体系

1. 坚持政府主导

一是要以不断提高人民群众的文明素质为着眼点，引导人民群众树立和弘扬社会主义核心价值观，充分发挥文化引导社会、教育人民、推动发展的重要功能。二是要制定公共文化发展的法律、政策，完善各项建设、管理制度和服务方式，通过公共文化服务机构向公民提供制度化的公共服务。三是要发挥公共财政的作用，为公共文化服务体系建设提供必要的资金保障，为公益性文化事业的发展创造条件。各级党委、政府应当把公共文化事业纳入经济社会发展总体规划，纳入科学发展考核评价体系，真正做到思想上高度重视、组织上加强领导、工作上强力推进、政策上全力支持、考核上有硬指标，使文化工作在"四位一体"的布局中凸显应有的作用。

2. 创新服务方式

加强公共文化服务体系建设，必须把内容创新、机制创新、管理创新、服务创新渗透到每一个领域，不断为公共文化服务注入新的理念、内涵和方式。要以文化共享工程、公共电子阅览室建设计划和数字图书馆推广工程三大数字文化惠民工程为着力点，以现代信息技术为支撑，以打造基于新媒体的服务新业态为目标，努力构建内容丰富、技术先进、传播快捷、覆盖城乡的一套公共数字文化服务体系。探索建设"流动图书馆"、"流动博物馆"和"流动演出服务网"为主体的公共文化流动服务网络，以充分激活现有文化资源。随着网络建设的完善，可在全市范围推行网络图书馆，通过"一卡通"积极构建城乡一体化的公共图书馆。

3. 促进社会参与

公共文化服务体系建设在政府主导的同时离不开全社会的广泛积极参与。要进

一步推进财政、税收等激励政策的执行与推广，引导企业、社会组织和个人积极参与公共文化设施建设和服务。合理使用财政补贴、政府采购、委托生产等手段，扶持社会各界力量参与公共文化服务产品生产。通过合理的政策、制度设计，吸引社会力量，尤其是广大民营企业投资捐助公益文化设施，加强对民办文化机构和团体的支持力度，打破体制界限，对民办文化机构和国办文化机构一视同仁、同等对待，特别是在资金扶持、队伍培训、行业评估等各方面，努力形成多元互补、广泛参与的公共文化服务体系建设的发展格局。

(九) 强化研究，大力推进文化科技融合

1. 重视文化科技发展的战略研究与顶层设计

加强对重点文化领域及其产品开发相关的基础性、系统性、规律性科学问题的研究；加强对有利于提升重点文化产品创作力、表现力、传播力、影响力和感染力的重大科技需求问题的梳理和凝练；加强对我国与他国在同类技术和产品等方面的对比分析，遵循市场发展规律，选准机遇和突破口，制定切实有效的发展战略。

2. 加强对文化发展重大科技问题的攻关

围绕文化产业各重点领域，重点抓住一批全局性、战略性重大科技问题，加强核心技术、关键技术、共性技术攻关和应用推动；以先进技术支撑文化装备、软件、系统研制和自主发展；重视相关技术标准制定，加快科技创新成果转化；提高我国传媒、影视、演艺、出版、印刷、网络、动漫等领域技术装备水平，增强文化产业的核心竞争力，提高公共文化服务能力。

3. 促进文化与科技融合创新能力建设

通过依托国家高新技术园区、国家可持续发展实验区等，建立国家级文化与科技融合示范基地；促进有利于文化与科技创新资源和要素互动衔接、协同创新的创新环境的形成，推动具有文化与科技融合特点的产学研战略联盟和公共服务平台建设；发展一批特色鲜明、创新能力强的文化科技企业，培育一批具有科技与文化融合创新能力的复合型人才队伍；重视科技与文化融合的商业模式创新。

4. 重视对文化产品的科学评价与知识产权保护

加强对于文化产业评价标准的制定，提高文化管理和创新的科学性，促进新兴文化产业健康发展；促进有关法律法规的建立完善，加强文化产品知识产权保护技术的开发；重视文化产品，特别是数字文化产品等各类新型文化产品的知识产权保护。

附件一 《国家"十二五"时期文化改革发展规划纲要》

　　"十二五"时期是全面建设小康社会的关键时期，也是促进文化又好又快发展的关键阶段。为深入贯彻落实党的十七届六中全会精神，深化文化体制改革、推动社会主义文化大发展大繁荣，进一步兴起社会主义文化建设新高潮，努力建设社会主义文化强国，根据《中共中央关于深化文化体制改革、推动社会主义文化大发展大繁荣若干重大问题的决定》和《中华人民共和国国民经济和社会发展第十二个五年规划纲要》，编制本纲要。

序　言

　　文化是民族的血脉，是人民的精神家园。当今世界，文化地位和作用更加凸显，越来越成为民族凝聚力和创造力的重要源泉、越来越成为综合国力竞争的重要因素、越来越成为经济社会发展的重要支撑，丰富精神文化生活越来越成为我国人民的热切愿望。在新的历史起点上深化文化体制改革、推动社会主义文化大发展大繁荣，关系实现全面建设小康社会奋斗目标，关系坚持和发展中国特色社会主义，关系实现中华民族伟大复兴。

　　"十一五"时期是我国文化建设的创新发展期。各地区各部门认真贯彻中央决策部署，解放思想、实事求是、与时俱进、改革创新，推动文化建设不断取得新成就，走出了中国特色社会主义文化发展道路。中国特色社会主义理论体系广泛普及，全党全国各族人民团结奋斗的共同思想基础不断巩固。社会主义核心价值体系建设扎实推进，全社会思想道德水平进一步提升。文化体制改革取得实质性进展，有利于文化科学发展的体制机制初步形成。公共文化服务体系框架基本建立，服务能力和水平显著提高。文化产业蓬勃发展，整体规模和实力快速提升。文化产品创作生产十分活跃，精品不断涌现、市场日益繁荣。文化遗产保护力度不断加大，优秀民族传统文化进一步弘扬。文化走出去步伐加快，中华文化的国际竞争力和影响力明显增强。

当前和今后一段时期，我国发展仍处于可以大有作为的重要战略机遇期。文化领域正在发生广泛而深刻的变革，推动文化大发展大繁荣既具备许多有利条件，也面临一系列新情况新问题。我国经济持续快速发展、综合国力日益增强，为文化建设奠定了坚实的物质基础；中国特色社会主义理论和实践的丰硕成果，为文化建设提供了宝贵的精神文化资源；全社会重视、参与文化建设的热情日益高涨，为文化建设营造了良好的社会氛围；人民群众快速增长的精神文化需求，为文化发展拓展了巨大空间；我国的国际地位和影响力显著提高，为中华文化走出去提供了重要契机。文化改革发展面临难得的历史机遇。同时，我国文化发展的质量和水平还不高，文化建设的布局和结构不尽合理，制约文化科学发展的体制机制障碍尚未完全破除。面对人民群众精神文化需求快速增长的新形势，我国文化产品无论是数量还是质量，都还不能很好满足人民群众多方面、多层次、多样化的精神文化需求，进一步解放和发展文化生产力、提高文化产品和服务供给能力的任务更加紧迫。面对经济发展方式加快转变、社会结构深刻调整的新形势，推动全民族文明素质提高，发挥文化引领风尚、教育人民、服务社会、推动发展的任务更加紧迫。面对现代信息科技和传播手段快速发展的新形势，加快建立文化创新体系、推进文化创新的任务更加紧迫。面对世界范围内各种思想文化交流交融交锋更加明显、斗争尖锐复杂的新形势，增强我国文化整体实力和国际竞争力，抵御国际敌对势力的文化渗透，维护国家文化安全的任务更加紧迫。我们要准确把握我国经济社会发展新要求，准确把握当今时代文化发展新趋势，准确把握各族人民精神文化生活新期待，牢牢抓住发展的重要战略机遇期，顺应时代发展要求，遵循文化发展规律，加快文化改革创新，在全面建设小康社会进程中、在科学发展道路上奋力开创社会主义文化建设新局面。

一、指导思想、重要方针和主要目标

（一）指导思想

高举中国特色社会主义伟大旗帜，以马克思列宁主义、毛泽东思想、邓小平理论和"三个代表"重要思想为指导，深入贯彻落实科学发展观，坚持社会主义先进文化前进方向，以科学发展为主题，以建设社会主义核心价值体系为根本任务，以满足人民精神文化需求为出发点和落脚点，以改革创新为动力，发展面向现代化、面向世界、面向未来的，民族的科学的大众的社会主义文化，培养高度的文化自觉和文化自信，提高全民族文明素质，增强国家文化软实力，弘扬中华文化，坚持中国特色社会主义文化发展道路，努力建设社会主义文化强国。

（二）重要方针

——坚持以马克思主义为指导，推进马克思主义中国化、时代化、大众化，用中国特色社会主义理论体系武装头脑、指导实践、推动工作，确保文化改革发展沿着正确道路前进。

——坚持社会主义先进文化前进方向，坚持为人民服务、为社会主义服务，坚持百花齐放、百家争鸣，坚持继承和创新相统一，弘扬主旋律、提倡多样化，以科学的理论武装人，以正确的舆论引导人，以高尚的精神塑造人，以优秀的作品鼓舞人，在全社会形成积极向上的精神追求和健康文明的生活方式。

——坚持以人为本，贴近实际、贴近生活、贴近群众，发挥人民在文化建设中的主体作用，坚持文化发展为了人民、文化发展依靠人民、文化发展成果由人民共享，促进人的全面发展，培育有理想、有道德、有文化、有纪律的社会主义公民。

——坚持把社会效益放在首位，坚持社会效益和经济效益有机统一，遵循文化发展规律，适应社会主义市场经济发展要求，加强文化法制建设，一手抓繁荣、一手抓管理，推动文化事业和文化产业全面协调可持续发展。

——坚持改革开放，着力推进文化体制机制创新，以改革促发展、促繁荣，不断解放和发展文化生产力，提高文化开放水平，推动中华文化走向世界，积极吸收各国优秀文明成果，切实维护国家文化安全。

（三）主要目标

围绕建设社会主义文化强国的宏伟目标，全面落实到2020年文化改革发展的总体部署，到2015年，我国文化改革发展的主要目标是：社会主义核心价值体系建设不断推进，全党全国各族人民团结奋斗的共同思想道德基础进一步巩固；文化体制改革重点任务基本完成，文化体制机制充满活力、富有效率，有力促进文化科学发展；覆盖全社会的公共文化服务体系基本建立，城乡居民能够较为便捷地享受公共文化服务，基本文化权益得到更好保障；现代文化产业体系和文化市场体系基本建立，文化产业增加值占国民经济比重显著提升，文化产业推动经济发展方式转变的作用明显增强，逐步成长为国民经济支柱性产业；文化产品创作生产体系不断完善，高素质文化人才队伍发展壮大，内容创新和传播能力大大增强，精神文化产品和社会文化生活丰富多彩，更好地满足人民群众的精神文化需求；公有制为主体、多种所有制共同发展的文化产业格局逐步形成；技术先进、传输快捷、覆盖广泛的文化传播体系更加完善，以大城市为中心、中小城市相配套、贯通城乡的现代文化产品流通网络逐渐形成；重点媒体国际传播能力不断增强，与我国经济社会发展水平和国际地位相匹配的媒体国际传播能力逐步形成；主要文化产品进出口严重逆差的局面逐步改善，形成以民族文化为主体、吸收外来有益文化、推动中华文化走向世界的文化开放格局；全民族文明素质明显提高，国家文化软实力和国际竞争力显著提升。

二、加强社会主义核心价值体系建设

（一）深入推进中国特色社会主义理论体系的学习研究宣传。坚持不懈用中国特色社会主义理论体系武装全党、教育人民，推动学习实践科学发展观向深度和广度拓展。建立健全党员干部理论学习制度，丰富拓展面向群众的理论学习途径，扎实推进学习型党组织和学习型社会建设。紧密联系改革开放和社会主义现代化建设实际，坚持以重大现实问题为主攻方向，深入研究关系党和国家事业发展的全局性、战略性、前瞻性问题，推出一批有深度、有价值的理论研究成果，进一步推动马克思主义中国化、时代化、大众化。围绕深层次思想理论问题和社会热点难点问题，推出更多更好的通俗理论作品，深入开展面向基层的党的理论创新成果宣讲活动。深入实施马克思主义理论研究和建设工程，实施中国特色社会主义理论体系普及计划，抓好研究成果的转化应用，推动中国特色社会主义理论体系进教材、进课堂、进头脑，增强科学理论教育引导群众作用。

（二）繁荣发展哲学社会科学。巩固和发展马克思主义理论学科，坚持基础研究和应用研究并重，传统学科和新兴学科、交叉学科并重，大力推进学科体系、学术观点、科研方法创新，建设具有中国特色、中国风格、中国气派的哲学社会科学，实施哲学社会科学创新工程，推进哲学社会科学创新体系建设，充分发挥哲学社会科学认识世界、传承文明、创新理论、咨政育人、服务社会的重要功能。加强学科和教材建设，全面完成高校哲学社会科学重点教材编写规划，推动社会科学和自然科学的交叉融合，不断提高理论研究整体水平。发挥国家哲学社会科学基金示范引导作用，推出一批有价值、有广泛社会影响的研究成果。有计划地组织对外翻译一批优秀哲学社会科学成果。整合哲学社会科学研究力量，建设一批社会科学研究基地和国家重点实验室，建设一批具有专业优势的思想库，加强哲学社会科学信息化建设。

（三）加强思想道德建设。扎实推进社会主义核心价值体系建设，深入开展走中国特色社会主义道路和实现中华民族伟大复兴的理想信念教育，大力弘扬以爱国主义为核心的民族精神和以改革创新为核心的时代精神，深入开展社会主义荣辱观宣传教育，积极探索用社会主义核心价值体系引领社会思潮的有效途径，形成扶正祛邪、惩恶扬善的社会风气。制定社会主义核心价值体系建设实施纲要。推进公民道德建设工程，拓展各类道德实践活动，加强社会公德、职业道德、家庭美德、个人品德教育，构建传承中华传统美德、符合社会主义精神文明要求、适应社会主义市场经济的道德和行为规范。深入开展学雷锋活动，采取措施推动学习活动常态化。做好深入细致的思想政治工作，在全社会弘扬和践行劳动最光荣、劳动者最伟大的思想观念，在各行各业着力构建和谐劳动关系。深化政风、行风建设，开展道德领域突出问题专项教育和治理。广泛开展形势政策和民族团结进步宣传教育。加强人文关怀，注重心理疏导，培育自尊自信、理性平和、积极向上的社会心态。提倡修身律己、尊老爱幼、勤勉做事、平实做人，推动形成我为人人、人人为我的社会氛围。加强未成年人思想道德建设和大学生思想政治教育，净化社会文化环境，促进青少年身心健康，为青少年营造健康成长的空间。加强青少年文化活动场所建设，创造出更多青少年喜闻乐见、益智益德的文化作品，广泛开展面向青少年的各类文化体育活动。大力弘扬中华民族优秀传统文化，深入挖掘中华传统节日、重大纪念日思想内涵，进行思想道德教育。加强爱国主义教育基地建设，积极发展红色旅游。深化文明城市、文明村镇、文明单位创建，整合现有城市评选项目。广泛开展军民警民共建精神文明活动，推进"讲文明、树新风"活动。把诚信建设摆在突出位置，加强诚信教育，大力推进政务诚信、商务诚信、社会诚信和司法公信建设，抓紧建立健全覆盖全社会的征信系统。认真实施"六五"普法规划，加强法制宣传教育，弘扬社会主义法治精神。深入开展反腐倡廉教育，大力加强廉政文化建设，形成以廉为荣、以贪为耻的良好社会风尚。广泛开展志愿服务活动，建立完善社会志愿服务体系。大力发展社会慈善事业。继续深入研究提炼社会主义核心价值观。

三、加快构建公共文化服务体系

（一）构建公共文化服务体系。按照公益性、基本性、均等性、便利性的要求，以公共财政为支撑，以公益性文化单位为骨干，以全体人民为服务对象，以保障人民群众看电视、听广播、读书看报、进行公共文化鉴赏、参与公共文化活动等基本文化权益为主要内容，完善覆盖城乡、结构合理、功能健全、实用高效的公共文化服务体系。推动跨部门项目合作，统筹规划和建设基层公共文化服务设施，坚持项目建设和运行管理并重，实现资源整合、共建共享。加强社区公共文化设施建设，把社区文化中心建设纳入城乡规划和设计，拓展投资渠道。完善面向妇女、未成年人、老年人、残疾人的公共文化服务设施。推进国家公共文化服务体系示范区创建。制定公共文化服务指标体系和绩效考核办法，明确服务标准和服务规范，加强评估考核。

（二）加强公共文化产品和服务供给。加强文化馆、博物馆、图书馆、美术馆、科技馆、纪念馆、工人文化宫、青少年宫等公共文化服务设施和爱国主义教育示范基地建设并完善向社会免费开放服务。鼓励其他国有文化单位、教育机构等开展公益性文化活动，各类公共场所要为群众性文化活动提供便利。加快现代科技应用步伐，提高公共文化服务的数字化、网络化水平。以公共图书馆、学校电子阅览室、社区文化中心为依托，建立和完善未成年人公益性上网场所。鼓励扶持少数民族文化产品的创作生产，提高优秀汉语广播影视节目、出版物等的民族语言译制量，开展少数民族文字书报刊赠送活动。扩大盲人读物出版规模，有条件的地区可以公共图书馆为依托，建立盲人电子阅览室。把主要公共文化产品和服务项目、公益性文化活动纳入公共财政经常性支出预算。采取政府采购、项目补贴、定向资助、贷款贴息、税收减免等政策措施鼓励各类文化企业参与公共文化服务。鼓励国家投资、资助或拥有版权的文化产品无偿用于公共文化服务。

（三）加快城乡文化一体化发展。增加农村文化服务总量，缩小城乡文化发展差距，以农村和中西部地区为重点，加强县级文化馆和图书馆、乡镇综合文化站、村文化室建设，深入实施广播电视村村通、文化信息资源共享、农村电影放映和农家书屋等重点文化惠民工程，扩大覆盖、消除盲点、提高标准、完善服务、改进管理。大力推进农民体育健身工程。加大对革命老区、民族地区、边疆地区、贫困地区文化服务网络建设支持和帮扶力度。引导企业、社区积极开展面向农民工的公益性文化活动，尽快把农民工纳入城市公共文化服务体系，努力丰富农民工精神文化生活。建立以城带乡联动机制，合理配置城乡文化资源，鼓励城市对农村进行文化帮扶，把支持农村文化建设作为创建文明城市基本指标。鼓励文化单位面向农村提供流动服务、网点服务，推动媒体办好农村版和农村频率频道，做好主要党报党刊在农村基层发行和赠阅工作。扶持文化企业以连锁方式加强基层和农村文化网点建设，推动电影院线、演出院线向市县延伸，支持演艺团体深入基层和农村演出。

（四）广泛开展群众性文化活动。以社区文化、企业文化、村镇文化、校园文化建设为载体，积极搭建公益性文化活动平台，依托重大节庆活动和民族民间文化资源，组织开展群众乐于参与、便于参与的文化活动。深入开展全民阅读、全民健身活动，推动文化科技卫生"三下乡"、科教文体法律卫生"四进社区"、"送欢乐下基层"等活动经常化。支持群众依法兴办文化团体，精心培育植根群众、服务群众的文化载体和文化样式。鼓励文艺工作者、艺术院校学生和热心文化公益事业的各界人士开展文化志愿服务。

四、加快发展文化产业

（一）构建现代文化产业体系。构建结构合理、门类齐全、科技含量高、富有创意、竞争力强的现代文化产业体系，推动文化产业跨越式发展，使之成为新的经济增长点、经济结构战略性调整的重要支点、转变经济发展方式的重要着力点，为推动科学发展提供重要支撑。加快转变文化产业发展方式，促进从粗放型向集约型、质量效益型转变，增强文化产业整体实力和竞争力。实施一批重大项目，推进文化产业结构调整，发展壮大出版发行、影视制作、印刷、广告、演艺、娱乐、会展等传统文化产业，加快发展文化创意、数字出版、移动多媒体、动漫游戏等新兴文化产业。培育骨干企业，扶持中小企业，完善文化产业分工协作体系。鼓励有实力的文化企业跨地区、跨行业、跨所有制兼并重组，推动文化资源和生产要素向优势企业适度集中，培育文化产业领域战略投资者。规划建设各具特色的文化创业创意园区，支持中小文化企业发展。优化文化产业布局，发挥东中西部地区各自优势，加强文化产业基地规划和建设，规范建设一批全国文化产业示范区，发展文化产业集群，提高文化产业规模化、集约化、专业化水平。加大对拥有自主知识产权、弘扬民族优秀文化的产业支持力度，打造知名品牌。发掘城市文化资源，发展特色文化产业，建设特色文化城市。发挥首都全国文化中心示范作用。推动文化产业与旅游、体育、信息、物流、建筑等产业融合发展，提升品牌价值，增加物质产品和现代服务业的附加值和文化含量。

（二）形成公有制为主体、多种所有制共同发展的文化产业格局。培育一批核心竞争力强的国有或国有控股大型文化企业或企业集团，在发展产业和繁荣市场方面发挥主导作用。在国家许可范围内，引导社会资本以多种形式投资文化产业，参与国有经营性文化单位转企改制，参与重大文化产业项目实施和文化产业园区建设，在投资核准、信用贷款、土地使用、税收优惠、上市融资、发行债券、对外贸易和申请专项资金等方面给予支持，营造公平参与市场竞争、同等受到法律保护的体制和法制环境。加强和改进对非公有制文化企业的服务和管理，引导他们自觉履行社会责任。建立健全文化产业投融资体系，鼓励和引导文化企业面向资本市场融资，促进金融资本、社会资本和文化资源的对接。推动条件成熟的文化企业上市融资，鼓励已上市公司通过并购重组做大做强。

（三）推进文化科技创新。发挥文化和科技相互促进的作用，深入实施科技带动战略，增强自主创新能力。抓住一批全局性、战略性重大科技课题，研发一批具有自主知识产权的核心技术、关键技术、共性技术，加快发展文化装备制造业，以先进技术支撑文化装备、软件、系统研制和自主发展，加快科技创新成果转化，提高我国出版、印刷、传媒、影视、演艺、网络、动漫游戏等领域技术装备水平，增强文化产业核心竞争力。依托国家高新技术园区、国家可持续发展实验区等建立国家级文化和科技融合示范基地，把重大文化科技项目纳入国家相关科技发展规划和计划。健全以企业为主体、市场为导向、产学研相结合的文化技术创新体系，培育一批特色鲜明、创新能力强的文化科技企业，支持产学研战略联盟和公共服务平台建设。研发制定文化产业技术标准，加快建立文化产品和服务质量管理体系。实施文化数字化建设工程，改造提升传统文化产业，培育发展新兴文化产业。支持电子信息产业研究开发内容制作、传输和使用的各类电子装备、软件和终端产品，支撑文化产业发展。

（四）扩大文化消费。增加文化消费总量，提高文化消费水平。创新商业模式，拓展大众文化消费市场，开发特色文化消费，扩大文化服务消费，提供个性化、分众化的文化产品和服务，培育新的文化消费增长点。提高基层文化消费水平，引导文化企业投资兴建更多适合群众需求的文化消费场所，鼓励出版适应群众购买能力的图书报刊，鼓励在商业演出和电影放映中安排一定数量的低价场次或门票，鼓励网络文化运营商开发更多低收费业务，有条件的地方要为困难群众和农民工文化消费提供适当补贴。积极发展文化旅游，促进非物质文化遗产保护传承与旅游相结合，提升旅游的文化内涵，发挥旅游对文化消费的促进作用，支持海南等重点旅游区建设。

五、加快文化体制机制改革创新

（一）培育文化市场主体。以建立现代企业制度为重点，加快推进经营性文化单位改革，培育合格市场主体。完成一般国有文艺院团、非时政类报刊社、新闻网站转企改制，拓展出版、发行、影视企业改革成果，加快公司制股份制改造，完善法人治理结构，形成符合现代企业制度要求、体现文化企业特点的资产组织形式和经营管理模式。推动国有文化企业积极参与市场竞争、自觉承担社会责任。把改革、改组、改造与创新管理结合起来，把深化改革与调整结构、整合资源结合起来，把建立现代企业制度与推进政企分开、转变政府职能结合起来，在政府引导下发挥市场机制的积极作用，充分发挥国有文化资本的控制力、影响力和带动力。

（二）深化文化事业单位改革。按照国家分类推进事业单位改革的总体要求，科学界定文化事业单位的性质和功能，突出公益属性、强化服务功能、增强发展活力，全面推进人事、收入分配和社会保障制度改革，明确服务规范，加强绩效评估考核。国家兴办的图书馆、博物馆、文化馆（站）、群众艺术馆、美术馆等公益性文化事业单位，要创新公共文化服务设施运行机制，探索建立事业单位法人治理结构，吸纳有代表性的社会人士、专业人士、基层群众参与管理。深入推进党报党刊发行体制改革和电台电视台制播分离改革，进一步完善管理和运行机制，不断扩大主流媒体的覆盖面和影响力。推动一般时政类报刊社、公益性出版社、代表民族特色和国家水准的文艺院团等事业单位实行企业化管理，增强面向市场、面向群众提供服务能力。

（三）健全现代文化市场体系。加快发展各类文化产品和要素市场，打破条块分割、地区封锁、城乡分离的市场格局，构建统一开放竞争有序的现代文化市场体系，促进文化产品和要素在全国范围内合理流动。重点发展图书报刊、电子音像制品、演出娱乐、影视剧、动漫游戏等产品市场，进一步完善中国国际文化产业博览交易会等综合交易平台。发展连锁经营、物流配送、电子商务等现代流通组织和流通形式，加快建设大型文化流通企业和文化产品物流基地，构建以大城市为中心、中小城市相配套、贯通城乡的文化产品流通网络。加快培育产权、版权、技术、信息等要素市场，办好重点文化产权交易所，规范文化资产和艺术品交易。健全文化经纪代理、评估鉴定、投资、保险、担保、拍卖等中介服务机构，引导行业组织更好地履行协调、监督、服务、维权等职能。

（四）创新文化管理体制。深化文化行政管理体制改革，加快政府职能转变，强化政策调节、市场监管、社会管理、公共服务职能，推动政企分开、政事分开，理顺政府和文化企事业单位关系。完善管人管事管资产管导向相结合的国有文化资产管理体制，坚持社会效益优先，努力实现社会效益和经济效益的统一，建立和完善国有文化企业评估、监测、考核体系，加强国有文化资产监管，确保国有资产保值增值。探索建立适应三网融合业务发展的管理体制和工作机制。健全文化市场综合行政执法机构，推动副省级以下城市完善综合文化行政责任主体。坚持主管主办制度，落实谁主管谁负责和属地管理原则，严格执行文化资本、文化企业、文化产品市场准入和退出政策，综合运用法律、行政、经济、科技等手段提高管理效能。深入开展"扫黄打非"，完善文化市场管理，坚决扫除毒害人们心灵的腐朽文化垃圾，切实营造确保国家文化安全的市场秩序。加强文化及相关产业统计工作，完善分类标准和统计指标，规范统计方法，增强统计数据的科学性和可比性。

六、加强文化产品创作生产的引导

（一）坚持正确创作方向。坚持以人民为中心的创作导向，热情讴歌改革开放和社会主义现代化建设伟大实践，生动展示我国人民奋发有为的精神风貌和创造历史的辉煌业绩。要引导文化工作者牢记为人民服务、为社会主义服务的神圣职责，坚持正确文化立场，认真对待和积极追求文化产品社会效果，弘扬真善美，贬斥假恶丑，把学术探索和艺术创作融入实现中华民族伟大复兴的事业之中。坚持发扬学术民主、艺术民主，营造积极健康、宽松和谐的氛围，提倡不同观点和学派充分讨论，提倡体裁、题材、形式、手段充分发展，推动观念、内容、风格、流派积极创新。把创新精神贯穿文化创作生产全过程，弘扬民族优秀文化传统和五四运动以来形成的革命文化传统，学习借鉴国外文化创新有益成果，兼收并蓄、博采众长，增强文化产品时代感和吸引力。

（二）推出更多优秀文艺作品。文学、戏剧、电影、电视、音乐、舞蹈、美术、摄影、书法、曲艺、杂技以及民间文艺、群众文艺等各领域文艺工作者都要积极投身到讴歌时代和人民的文艺创造活动之中，在社会生活中汲取素材、提炼主题，以充沛的激情、生动的笔触、优美的旋律、感人的形象，创作生产出思想性艺术性观赏性相统一、人民喜闻乐见的优秀文艺作品。实施精品战略，组织好"五个一工程"、重大革命和历史题材创作工程、重点文学艺术作品扶持工程、优秀少儿作品创作工程，鼓励原创和现实题材创作，不断推出文艺精品。扶持代表国家水准、具有民族特色和地方特色的优秀艺术品种，积极发展新的艺术样式。鼓励一切有利于陶冶情操、愉悦身心、寓教于乐的文艺创作，坚决抵制低俗之风。

（三）建立健全文化创新机制。建立健全有利于文化工作者深入实际、深入生活、深入群众的体制机制，充分调动文化工作者的积极性和创造性，努力营造有利于文化创新的良好环境。建立以文化生产单位和个人为主体、以优秀文艺作品的市场化开发为重点、以完备的产业链和完整的价值链为依托、以版权保护为保障的文化创新机制。敏锐反映社会实践的新领域、表现主体的新变化和受众的新要求，积极运用高新技术手段推动形式创新，催生新的文艺品种，增强文化产品的表现力、感染力和传播力。

（四）完善文化产品评价体系和激励机制。坚持把遵循社会主义先进文化前进方向、人民群众满意作为评价作品最高标准，把群众评价、专家评价和市场检验统一起来，形成科学的评价标准。建立公开、公平、公正评奖机制，精简评奖种类，改进评奖办法，提高权威性和公信度。加强文艺理论建设，培养高素质文艺评论队伍，开展积极健康的文艺批评，深入开展形式多样的影评、戏评、书评、乐评等活动，倡导主流价值取向，引导群众审美鉴赏，坚决抵制低俗之风，着力净化文化市场，努力营造文化发展良好环境。加强文艺评论阵地建设，扶持重点文艺评论媒体。加大优秀文化产品推广力度，运用主流媒体、公共文化场所等资源，在资金、频道、版面、场地等方面为展演展映展播展览弘扬主流价值的精品力作提供条件。设立专项艺术基金，支持收藏和推介优秀文化作品。加大知识产权保护力度，积极开展版权保护及相关服务，维护著作权人合法权益。

七、加强传播体系建设

（一）加强重要新闻媒体建设。坚持马克思主义新闻观，牢牢把握正确导向。以党报党刊、通讯社、电台电视台为主，整合都市类媒体、网络媒体等宣传资源，调整和完善媒体的布局和结构，构建统筹协调、责任明确、功能互补、覆盖广泛、富有效率的舆论引导格局，不断壮大主流舆论，提高舆论引导的及时性、权威性和公信力、影响力。建立健全自律和他律机制，引导新闻媒体和新闻工作者秉持社会责任和职业道德，真实准确传播新闻信息，自觉抵制错误观点，坚决杜绝虚假新闻。深入推进"走基层、转作风、改文风"活动，形成长效机制。推进重点媒体扩大信息采集和产品营销网络。

（二）加强新兴媒体建设。认真贯彻积极利用、科学发展、依法管理、确保安全的方针，加强互联网等新兴媒体建设，鼓励支持国有资本进入新兴媒体，做强重点新闻网站，形成一批在国内外有较强影响力的综合性网站和特色网站，发挥主要商业网站建设性作用，培育一批网络内容生产和服务骨干企业。打造一批具有中国气派、体现时代精神的网络文化品牌。引导网络文化发展，实施网络内容建设工程，推动优秀传统文化瑰宝和当代文化精品网络传播，制作适合互联网和手机等新兴媒体传播的精品佳作，鼓励网民创作格调健康的网络文化作品。广泛开展文明网站创建，推动文明办网、文明上网，督促网络运营服务企业履行法律义务和社会责任。加强对社交网络和即时通信工具等的引导和管理，规范网上信息传播秩序，培育文明理性的网络环境。依法惩处传播有害信息行为，深入推进整治网络淫秽色情和低俗信息专项行动，严厉打击网络违法犯罪。加大网上个人信息保护力度，建立网络安全评估机制，维护公共利益和国家信息安全。加强外文网站及海外本土化网站建设，增强对外展示传播中华文化的能力。推动下一代互联网建设，积极发展与三网融合相关的新技术新业务。

（三）加强文化传播渠道建设。积极推进下一代广播电视网、新一代移动通信网络、宽带光纤接入网络等网络基础设施建设，推进三网融合，创新业务形态，发挥各类信息网络设施的文化传播作用，实现互联互通、有序运行。在确保播出安全的前提下，广播电视播出机构与电信企业可探索多种合资、合作经营模式。整合全国有线电视网络，基本实现全程全网，跨部门集成文化资源、产品和服务。加快电影院线建设，大力发展跨区域规模院线、特色院线和数字院线。加快文艺演出院线建设，推动大中城市演出场所连锁经营。加快大型骨干企业出版物发行跨地区整合和农村销售网点建设，建设以大城市为基础、中小城市相配套、贯通城乡的出版物发行网络。

八、加强文化遗产保护传承与利用

（一）提高物质文化遗产保护水平。健全文物普查、登记、建档、认定制度，开展可移动文物普查，编制国家珍贵文物名录。加强世界文化遗产、大遗址和文物保护单位的保护维修、巡察养护及管理机构建设，开展工业遗产、元代以前木构建筑、乡土建筑、文化线路、文化景观等文化遗产的调查与保护，加强基本建设中的考古和文物保护，加大馆藏文物、水下文物的保护力度，提升科技创新能力。加强中华文明起源研究和成果宣传，在考古研究中积极应用高新技术。加强历史文化名城名镇名村保护建设，编制保护规划，完善基础设施，改善群众的居住条件和居住环境。加强文物市场法规体系建设，建立文物鉴定准入和资格管理制度，引导规范民间收藏。强化文物安全防范设施，提高文物安全防范能力。

（二）加强非物质文化遗产保护传承。健全非物质文化遗产普查、建档制度和代表性传承人认定制度，编制非物质文化遗产分布图集，完善非物质文化遗产名录保护体系，制定非物质文化遗产项目分类保护标准和规划。对濒危项目和年老体弱的代表性传承人实施抢救性保护，对具有一定市场前景的非物质文化遗产项目实施生产性保护，对非物质文化遗产集聚区实施整体性保护。加大西部地区和少数民族非物质文化遗产保护力度。统筹国家级文化生态保护区建设。建设非物质文化遗产保护利用设施，不断提高非物质文化遗产保护的科学化水平。

（三）拓展文化遗产传承利用途径。正确处理保护与利用、传承与发展的关系，促进文化遗产资源在与产业和市场的结合中实现传承和可持续发展。鼓励各地积极发展依托文化遗产的旅游及相关产业，发展特色文化服务，打造特色民族文化活动品牌。推动文化遗产信息资源、数字资源开发利用，提升中华文明展示水平和传播能力。鼓励对工业遗产、文化景观、考古遗址公园进行综合开发利用。加强文化遗产保护宣传，深入实施国家通用语言文字法，大力推广和规范使用国家通用语言文字，依法保护各民族语言文字，推动文化遗产教育与国民教育紧密结合。深入挖掘民族传统节日的文化内涵，广泛开展优秀传统文化教育普及活动，传承中华民族优秀传统文化。

九、加强对外文化交流与合作

（一）加强对外文化交流。整合社会科学、文学艺术、新闻、广播电视、电影、出版、版权、民族、侨务、体育、旅游等资源，充分利用多边和双边机制，开展国家文化年、中国文化节、"感知中国"等品牌活动，推广中华春节文化，打造"欢乐春节"等文化交流新品牌。实施对外文化合作及援助，扶持和加强边疆地区与周边国家和区域的文化交流与合作。加快推进海外中国文化中心和孔子学院建设，形成展示、体验并举的综合平台。制定我国哲学社会科学优秀成果和优秀人才走出去规划。鼓励代表国家水平的各类学术团体、艺术机构在相应国际组织中发挥建设性作用，组织对外翻译优秀学术成果和文化精品。构建人文交流机制，把政府交流和民间交流结合起来，发挥非公有制文化企业、文化非营利机构在对外文化交流中的作用，支持海外侨胞积极开展中外人文交流。建立面向外国青年的文化交流机制，设立中华文化国际传播贡献奖和国际性文化奖项。积极吸收借鉴国外优秀文化成果，坚持以我为主、为我所用，学习借鉴一切有利于加强我国社会主义文化建设的有益经验、一切有利于丰富我国人民文化生活的积极成果、一切有利于发展我国文化事业和文化产业的经营管理理念和机制。

（二）推动文化产品和服务出口。实施文化走出去工程，完善支持文化产品和服务走出去政策措施，进一步扶持文化出口重点企业和重点项目，完善《文化产品和服务出口指导目录》，培育一批具有国际竞争力的外向型文化企业和中介机构，形成一批有实力的文化跨国企业和著名品牌。扶持文化企业开展跨境服务和国际服务外包，生产制作以外需为取向的文化产品。扩大版权贸易，保持图书、报纸、期刊、音像制品、电子出版物等出口持续快速增长，支持电影、电视剧、纪录片、动画片等出口，扩大印刷外贸加工规模。扶持优秀国产影片进入国外主流院线，国产游戏进入国际主流市场，数字出版拓展海外市场，开发一批在境外长期驻场或巡回演出的演艺产品，逐步改变主要文化产品进出口严重逆差的局面。积极扩大文化产品和服务出口规模，推动开拓国际市场。深入挖掘民族文化资源，充分运用高新技术手段提升我国文化产品的表现形式和质量，开发国外受众易于接受的文化产品和服务。加强国际文化产品和服务交易平台及国际营销网络建设，办好重点国际性展会。发展对外文化中介机构，培育专业贸易公司和代理公司，构建完整有效的投资信息平台和文化贸易统计分析体系。积极参与国际文化贸易规则的制定。充分利用香港、澳门区位优势，推动文化产品和服务出口。

（三）扩大文化企业对外投资和跨国经营。鼓励具有竞争优势和经营管理能力的文化企业对外投资，兴办文化企业，经营影院、出版社、剧场、书店和报刊、广播电台电视台等。鼓励从事具有中国特色的影视作品、出版物、音乐舞蹈、戏曲曲艺、武术杂技和演出展览等领域的文化企业采用多种形式开拓海外市场。吸收外资进入法律法规许可的文化产业领域。鼓励文化单位同国外有实力的文化机构进行项目合作，学习先进制作技术和管理经验。

十、加强文化人才队伍建设

（一）造就高层次领军人物和高素质文化人才队伍。遵循文化发展规律和人才成长规律，建立和完善有利于优秀人才健康成长和脱颖而出的体制机制，加快构建一支门类齐全、结构合理、梯次分明、素质优良的宣传思想文化工作者队伍。继续实施"四个一批"人才培养工程和文化名家工程，建立重大文化项目首席专家制度，造就一批人民喜爱、有国际影响的名家大师和民族文化代表人物。加强专业文化工作队伍、文化企业家队伍建设，扶持资助优秀中青年文化人才主持重大课题、领衔重点项目，抓紧培养善于开拓文化新领域的拔尖创新人才、掌握现代传媒技术的专门人才、懂经营善管理的复合型人才、适应文化走出去需要的国际化人才。完善相关政策措施，多渠道吸引海外优秀文化人才。积极支持高层次人才创办文化企业，完善实施知识产权作为资本参股的措施，实施扶持创业优惠政策。落实国家荣誉制度，抓紧设立国家级文化荣誉称号，表彰奖励成就卓著的文化工作者。

（二）加强基层文化人才队伍建设。制定实施基层文化人才队伍建设规划，完善机构编制、学习培训、待遇保障等方面的政策措施，吸引优秀文化人才服务基层。完善基层优秀人才发现培养机制，配好配齐乡镇、街道党委宣传委员、宣传干事和乡镇综合文化站专职人员，提高队伍建设科学化水平。积极推进大学生"村官"计划，鼓励到基层从事宣传文化事业。设立城乡社区公共文化服务岗位，对服务期满高校毕业生报考文化部门公务员、相关专业研究生实行定向招录。重视发现和培养扎根基层的乡土文化能人、民族民间文化传承人特别是非物质文化遗产项目代表性传承人，鼓励和扶持群众中涌现出的各类文化人才和文化活动积极分子，促进他们健康成长、发挥积极作用。制定西部地区基层宣传文化人才队伍支持计划，对西部地区、革命老区、民族地区、边疆地区、贫困地区人才队伍建设予以重点扶持。

（三）建立完善文化人才培训机制。建立健全分类培训的宣传思想文化人才培训体制机制，制定实施各类人才培训计划。创新人才培养模式，实施高端紧缺文化人才培养计划，搭建文化人才终身学习平台。依托党校、行政学院、干部学院、高等学校、职业院校、定点大型企业，发挥人民团体的作用，加强文化人才政治素养和道德素质教育，开展任职培训、岗位培训、业务培训、技能培训。完善人才挂职锻炼、调研采风、国情考察制度。完善人才培养开发、评价发现、选拔任用、流动配置、激励保障机制，深化职称评审改革，为优秀人才脱颖而出、施展才干创造有利制度环境。重视发现和培养社会文化人才。对非公有制文化单位人员评定职称、参与培训、申报项目、表彰奖励同等对待，纳入相应人才培养工程。建立完善文化领域职业资格制度。

（四）加强职业道德建设和作风建设。引导广大文化工作者加强自身修养，做道德品行和人格操守的示范者，努力成为优秀文化的生产者和传播者。引导文化工作者特别是名家名人自觉践行社会主义核心价值体系，增强社会责任感，弘扬科学精神和职业道德，发扬严谨笃学、潜心钻研、淡泊名利、自尊自律的风尚，努力追求德艺双馨，坚决抵制学术不端、情趣低俗等不良风气。积极支持文化工作者特别是文化名家、中青年骨干深入实际、深入生活、深入群众，拜人民为师，增强国情了解，增加基层体验，增进群众感情。

十一、政策措施

（一）政府投入保障政策。加大政府投入力度，建立健全同国力相匹配、同人民群众文化需求相适应的政府投入保障机制。保证公共财政对文化建设投入的增长幅度高于财政经常性收入增长幅度，提高文化支出占财政支出比例。增加公共文化服务体系建设资金和经费保障投入。以农村和基层、边疆民族地区、贫困地区为重点，优先安排涉及广大人民群众切身利益的文化项目，重点保障基层公共文化机构正常运转和开展基本公共文化服务活动所需经费，扶持公共文化机构的技术改造和设备投入。依法保障公共文化设施用地。中央、省、市三级设立农村文化建设专项资金，保证一定数量的中央转移支付资金用于乡镇和村文化建设。转变投入方式，通过政府购买服务、项目补贴、以奖代补等方式，鼓励和引导社会力量提供公共文化产品和服务，促进文化产业发展。设立国家文化发展基金，扩大有关文化基金和专项资金规模，提高各级彩票公益金用于文化事业比重。增加文化遗产保护经费投入。支持政府间文化交流和中华文化走出去。支持战略性、先导性、带动性文化产业项目建设，支持文化科技研发应用和提高文化企业技术装备水平。

（二）文化经济政策。对已有支持文化体制改革、支持文化事业和文化产业发展的经济政策进行修订或延续。进一步落实鼓励社会组织、机构和个人捐赠以及兴办公益性文化事业的税收优惠政策，促进企业及民间对文化的投入明显增加。加大财政、税收、金融、用地等方面对文化产业的政策扶持力度，对文化内容创意生产、非物质文化遗产项目经营实行税收优惠。继续征收文化事业建设费和国家电影发展专项资金。落实和完善金融支持文化产业发展政策，加强和改善对文化企业的金融服务。发挥文化产业投资基金的引导作用，吸引金融资本和其他社会资本进入文化产业。完善文化市场准入政策，吸引社会资本投资文化产业。加强对原创性作品的政策扶持和创新型人才的培养。把文化科技研发纳入国家科技创新体系，制定文化产业支撑技术的类别和范围，运用产业政策鼓励文化企业集成应用高新技术，支持文化装备业与文化产业协调发展。继续执行文化体制改革配套政策，对转企改制国有文化单位扶持政策执行期限再延长 5 年。

（三）文化贸易促进政策。加大已有支持对外文化贸易各项优惠政策的落实力度，进一步完善有关财税政策，支持文化企业走出去。支持文化企业在海外投资、投标、营销、参展和宣传等市场开拓活动，为文化企业走出去提供通关便利。对符合条件的文化企业发展海外业务给予账户开立、资金汇兑方面的政策便利。加强文化企业和文化产品在进出口环节的知识产权保护，维护权利人的合法权益。

（四）版权保护政策。建设涵盖文学艺术、广播影视、新闻出版等领域的版权公共服务平台和版权交易平台，扶持版权代理、版权价值评估、版权质押登记、版权投融资活动，推动版权贸易常态化。加强版权行政执法和司法保护的有效衔接，严厉打击各类侵权盗版行为，增强全社会的版权保护意识。发展版权相关产业。

（五）法制保障。建立健全文化法律法规体系，加快文化立法，制定和完善公共文化服务保障、文化产业振兴、文化市场管理等方面法律法规，将文化建设的重大政策措施适时上升为法律法规，加强地方文化立法，提高文化建设法制化水平。

十二、组织实施

各级党委和政府要从全局和战略高度，充分认识文化建设的重要地位和作用，切实把文化改革发展摆在全局工作的重要位置，纳入重要议事日程，纳入经济社会发展全局，纳入评价地区发展水平、发展质量和领导干部工作业绩的重要内容，推动文化建设与经济建设、政治建设、社会建设协调发展。进一步增强政治意识、大局意识、责任意识，牢牢把握文化改革发展的主动权。

坚持和完善党委统一领导、党政齐抓共管、宣传部门组织协调、有关部门分工负责、社会力量积极参与的工作体制和工作格局，形成推进文化改革发展强大合力。将文化体制改革工作领导小组调整为文化体制改革和发展工作领导小组，切实发挥统筹领导作用。党委宣传部门要加强协调指导，有关文化行政管理部门要尽快制定落实本纲要的实施方案，报中央文化体制改革和发展工作领导小组批准后组织实施；国家发展改革委、财政部、商务部、税务总局等要尽快制定落实政府投入和相关政策的实施细则，加快重点工程和项目的立项，落实资金投入、经费保障和各项政策；各有关部门要按照职责分工，发挥各自优势，为文化改革发展提供强有力的支持。将文化改革发展纳入各级党校、行政学院、干部学院教学培训的内容。各省、自治区、直辖市人民政府和新疆生产建设兵团要结合本地实际，认真贯彻落实本纲要。各地区各部门要加强对纲要实施情况的跟踪分析，做好中期评估。将纲要中确定的约束性指标纳入经济社会发展综合评价和绩效考核体系。

组织实施中要以科学发展观为指导，正确把握文化改革发展的重大关系，促进文化又好又快发展。要正确把握文化产品的意识形态属性和产业属性，正确处理社会效益和经济效益的关系，始终把社会效益放在首位，努力实现社会效益与经济效益的有机统一。要正确处理东部地区和中西部地区、城乡之间均衡发展的关系，切实加大对中西部地区和广大农村公共文化服务体系建设的支持力度，促进基本公共文化服务均等化。要正确处理繁荣市场和加强监管的关系，更加注重依法管理，综合运用法律、经济、行政、科技等手段，提高管理效能，确保文化健康有序发展。要正确处理坚持对外开放和维护文化安全的关系，在不断扩大对外开放、努力吸收世界各国优秀文明成果的同时，切实维护国家文化安全，形成以民族文化为主体、积极吸收外来有益文化的对外开放格局。要正确处理加强管理和营造良好创作环境的关系，进一步创新管理理念，强化服务意识，寓管理于服务之中，建立和完善有利于优秀人才健康成长和脱颖而出的体制机制，最大限度地调动广大文化工作者的积极性、主动性和创造性。在全社会营造鼓励文化创造的良好氛围，为广大群众成为社会主义文化建设者提供广阔舞台，让蕴藏于人民中的文化创造活力得到充分发挥。

附件二　《中共中央关于深化文化体制改革推动社会主义文化大发展大繁荣若干重大问题的决定》

中国共产党第十七届中央委员会第六次全体会议全面分析形势和任务，认为总结我国文化改革发展的丰富实践和宝贵经验，研究部署深化文化体制改革、推动社会主义文化大发展大繁荣，进一步兴起社会主义文化建设新高潮，对夺取全面建设小康社会新胜利、开创中国特色社会主义事业新局面、实现中华民族伟大复兴具有重大而深远的意义。全会作出如下决定。

一、充分认识推进文化改革发展的重要性和紧迫性，更加自觉、更加主动地推动社会主义文化大发展大繁荣

文化是民族的血脉，是人民的精神家园。在我国五千多年文明发展历程中，各族人民紧密团结、自强不息，共同创造出源远流长、博大精深的中华文化，为中华民族发展壮大提供了强大精神力量，为人类文明进步作出了不可磨灭的重大贡献。

中国共产党从成立之日起，就既是中华优秀传统文化的忠实传承者和弘扬者，又是中国先进文化的积极倡导者和发展者。我们党历来高度重视运用文化引领前进方向、凝聚奋斗力量，团结带领全国各族人民不断以思想文化新觉醒、理论创造新成果、文化建设新成就推动党和人民事业向前发展，文化工作在革命、建设、改革各个历史时期都发挥了不可替代的重大作用。

改革开放特别是党的十六大以来，我们党始终把文化建设放在党和国家全局工作重要战略地位，坚持物质文明和精神文明两手抓，实行依法治国和以德治国相结合，促进文化事业和文化产业同发展，推动文化建设不断取得新成就，走出了中国特色社会主义文化发展道路。我们坚持解放思想、实事求是、与时俱进，不断推进

马克思主义中国化时代化大众化，形成和发展了中国特色社会主义理论体系，为开辟和拓展中国特色社会主义道路、确立和完善中国特色社会主义制度提供了科学理论指导；坚持推进社会主义核心价值体系建设，用马克思主义中国化最新成果武装全党、教育人民，用中国特色社会主义共同理想凝聚力量，用以爱国主义为核心的民族精神和以改革创新为核心的时代精神鼓舞斗志，用社会主义荣辱观引领风尚，巩固了全党全国各族人民团结奋斗的共同思想道德基础；坚持为人民服务、为社会主义服务的方向和百花齐放、百家争鸣的方针，发扬广大人民群众和文化工作者的创造精神，推动优秀文化产品大量涌现，丰富了人民精神文化生活；坚持推进文化体制改革，创新文化发展理念，解放和发展文化生产力，推动文化事业全面繁荣、文化产业健康发展，大幅度提高了人民基本文化权益保障水平，大幅度提高了文化在经济社会发展中的地位和作用；坚持发展多层次、宽领域对外文化交流格局，借鉴吸收人类优秀文明成果，实施文化走出去战略，不断增强中华文化国际影响力，向世界展示了我国改革开放的崭新形象和我国人民昂扬向上的精神风貌。我国文化改革发展，显著提高了全民族思想道德素质和科学文化素质、促进了人的全面发展，显著增强了国家文化软实力，为坚持和发展中国特色社会主义提供了强大精神力量。

当今世界正处在大发展大变革大调整时期，世界多极化、经济全球化深入发展，科学技术日新月异，各种思想文化交流交融交锋更加频繁，文化在综合国力竞争中的地位和作用更加凸显，维护国家文化安全任务更加艰巨，增强国家文化软实力、中华文化国际影响力要求更加紧迫。当代中国进入了全面建设小康社会的关键时期和深化改革开放、加快转变经济发展方式的攻坚时期，文化越来越成为民族凝聚力和创造力的重要源泉、越来越成为综合国力竞争的重要因素、越来越成为经济社会发展的重要支撑，丰富精神文化生活越来越成为我国人民的热切愿望。我国仍处于并将长期处于社会主义初级阶段，人民日益增长的物质文化需要同落后的社会生产之间的矛盾仍然是社会主要矛盾。全面建成惠及十几亿人口的更高水平的小康社会，既要让人民过上殷实富足的物质生活，又要让人民享有健康丰富的文化生活。我们必须抓住和用好我国发展的重要战略机遇期，在坚持以经济建设为中心的同时，自觉把文化繁荣发展作为坚持发展是硬道理、发展是党执政兴国第一要务的重要内容，作为深入贯彻落实科学发展观的一个基本要求，进一步推动文化建设与经济建设、政治建设、社会建设以及生态文明建设协调发展，更好满足人民精神需求、丰富人民精神世界、增强人民精神力量，为继续解放思想、坚持改革开放、推动科学发展、促进社会和谐提供坚强思想保证、强大精神动力、有力舆论支持、良好文化条件。

我国文化领域正在发生广泛而深刻的变革，推动文化大发展大繁荣既具备许多有利条件，也面临一系列新情况新问题。我国文化发展同经济社会发展和人民日益增长的精神文化需求还不完全适应，突出矛盾和问题主要是：一些地方和单位对文化建设重要性、必要性、紧迫性认识不够，文化在推动全民族文明素质提高中的作用亟待加强；一些领域道德失范、诚信缺失，一些社会成员人生观、价值观扭曲，用社会主义核心价值体系引领社会思潮更为紧迫，巩固全党全国各族人民团结奋斗的共同思想道德基础任务繁重；舆论引导能力需要提高，网络建设和管理亟待加强和改进；有影响的精品力作还不够多，文化产品创作生产引导力度需要加大；公共文化服务体系不健全，城乡、区域文化发展不平衡；文化产业规模不大、结构不合理，束缚文化生产力发展的体制机制问题尚未根本解决；文化走出去较为薄弱，中华文化国际影响力需要进一步增强；文化人才队伍建设急需加强。推进文化改革发展，必须抓紧解决这些矛盾和问题。

全党必须深刻认识到，社会主义先进文化是马克思主义政党思想精神上的旗帜，文化建设是中国特色社会主义事业总体布局的重要组成部分。没有文化的积极引领，没有人民精神世界的极大丰富，没有全民族精神力量的充分发挥，一个国家、一个民族不可能屹立于世界民族之林。物质贫乏不是社会主义，精神空虚也不是社会主义。没有社会主义文化繁荣发展，就没有社会主义现代化。在新的历史起点上深化文化体制改革、推动社会主义文化大发展大繁荣，关系实现全面建设小康社会奋斗目标，关系坚持和发展中国特色社会主义，关系实现中华民族伟大复兴。我们要准确把握我国经济社会发展新要求，准确把握当今时代文化发展新趋势，准确把握各族人民精神文化生活新期待，增强责任感和紧迫感，解放思想，转变观念，抓住机遇，乘势而上，在全面建设小康社会进程中、在科学发展道路上奋力开创社会主义文化建设新局面。

二、坚持中国特色社会主义文化发展道路，努力建设社会主义文化强国

坚持中国特色社会主义文化发展道路，深化文化体制改革，推动社会主义文化大发展大繁荣，必须全面贯彻党的十七大精神，高举中国特色社会主义伟大旗帜，以马克思列宁主义、毛泽东思想、邓小平理论和"三个代表"重要思想为指导，深入贯彻落实科学发展观，坚持社会主义先进文化前进方向，以科学发展为主题，以

建设社会主义核心价值体系为根本任务，以满足人民精神文化需求为出发点和落脚点，以改革创新为动力，发展面向现代化、面向世界、面向未来的，民族的科学的大众的社会主义文化，培养高度的文化自觉和文化自信，提高全民族文明素质，增强国家文化软实力，弘扬中华文化，努力建设社会主义文化强国。

建设社会主义文化强国，就是要着力推动社会主义先进文化更加深入人心，推动社会主义精神文明和物质文明全面发展，不断开创全民族文化创造活力持续进发、社会文化生活更加丰富多彩、人民基本文化权益得到更好保障、人民思想道德素质和科学文化素质全面提高的新局面，建设中华民族共有精神家园，为人类文明进步作出更大贡献。

按照实现全面建设小康社会奋斗目标新要求，到二〇二〇年，文化改革发展奋斗目标是：社会主义核心价值体系建设深入推进，良好思想道德风尚进一步弘扬，公民素质明显提高；适应人民需要的文化产品更加丰富，精品力作不断涌现；文化事业全面繁荣，覆盖全社会的公共文化服务体系基本建立，努力实现基本公共文化服务均等化；文化产业成为国民经济支柱性产业，整体实力和国际竞争力显著增强，公有制为主体、多种所有制共同发展的文化产业格局全面形成；文化管理体制和文化产品生产经营机制充满活力、富有效率，以民族文化为主体、吸收外来有益文化、推动中华文化走向世界的文化开放格局进一步完善；高素质文化人才队伍发展壮大，文化繁荣发展的人才保障更加有力。全党全国要为实现这些目标共同努力，不断提高文化建设科学化水平，为把我国建设成为社会主义文化强国打下坚实基础。

实现上述奋斗目标，必须遵循以下重要方针。

——坚持以马克思主义为指导，推进马克思主义中国化时代化大众化，用中国特色社会主义理论体系武装头脑、指导实践、推动工作，确保文化改革发展沿着正确道路前进。

——坚持社会主义先进文化前进方向，坚持为人民服务、为社会主义服务，坚持百花齐放、百家争鸣，坚持继承和创新相统一，弘扬主旋律、提倡多样化，以科学的理论武装人，以正确的舆论引导人，以高尚的精神塑造人，以优秀的作品鼓舞人，在全社会形成积极向上的精神追求和健康文明的生活方式。

——坚持以人为本，贴近实际、贴近生活、贴近群众，发挥人民在文化建设中的主体作用，坚持文化发展为了人民、文化发展依靠人民、文化发展成果由人民共享，促进人的全面发展，培育有理想、有道德、有文化、有纪律的社会主义公民。

——坚持把社会效益放在首位，坚持社会效益和经济效益有机统一，遵循文化发展规律，适应社会主义市场经济发展要求，加强文化法制建设，一手抓繁荣、一手抓管理，推动文化事业和文化产业全面协调可持续发展。

——坚持改革开放，着力推进文化体制机制创新，以改革促发展、促繁荣，不断解放和发展文化生产力，提高文化开放水平，推动中华文化走向世界，积极吸收各国优秀文明成果，切实维护国家文化安全。

三、推进社会主义核心价值体系建设，巩固全党全国各族人民团结奋斗的共同思想道德基础

社会主义核心价值体系是兴国之魂，是社会主义先进文化的精髓，决定着中国特色社会主义发展方向。必须强化教育引导，增进社会共识，创新方式方法，健全制度保障，把社会主义核心价值体系融入国民教育、精神文明建设和党的建设全过程，贯穿改革开放和社会主义现代化建设各领域，体现到精神文化产品创作生产传播各方面，坚持用社会主义核心价值体系引领社会思潮，在全党全社会形成统一指导思想、共同理想信念、强大精神力量、基本道德规范。

（一）坚持马克思主义指导地位。马克思主义深刻揭示了人类社会发展规律，坚定维护和发展最广大人民根本利益，是指引人民推动社会进步、创造美好生活的科学理论。要毫不动摇地坚持马克思主义基本原理，紧密结合中国实际、时代特征、人民愿望，用发展着的马克思主义指导新的实践。坚持不懈用中国特色社会主义理论体系武装全党、教育人民，推动学习实践科学发展观向深度和广度拓展，引导党员、干部深入学习贯彻党的基本理论、基本路线、基本纲领、基本经验，学习马克思主义经典著作，系统掌握马克思主义立场、观点、方法。科学分析世情、国情、党情新变化，深入研究解决改革开放和社会主义现代化建设新课题，不断深化对共产党执政规律、社会主义建设规律、人类社会发展规律的认识，不断把党带领人民创造的成功经验上升为理论，不断赋予当代中国马克思主义鲜明的实践特色、民族特色、时代特色。坚持以领导班子和领导干部为重点，以提高思想政治素养为根本，以建设学习型党组织为抓手，大力推进马克思主义学习型政党建设。深入推进马克思主义理论研究和建设工程，实施中国特色社会主义理论体系普及计划，加强重点学科体系和教材体系建设，推动中国特色社会主义理论体系进教材、进课堂、进头脑，加强和改进学校思想政治教育。

（二）坚定中国特色社会主义共同理想。中国特色社会主义是当代中国发展进步的根本方向，集中体现了最广大人民根本利益和共同愿望。要深入开展理想信念

教育，引导干部群众深刻认识中国共产党领导和中国特色社会主义制度的历史必然性和优越性，深刻认识中国特色社会主义道路既是实现社会主义现代化和中华民族伟大复兴的必由之路，也是创造人民美好生活的必由之路，自觉把个人理想融入中国特色社会主义共同理想之中，最大限度把广大人民团结和凝聚在中国特色社会主义伟大旗帜之下。紧密结合中国特色社会主义成功实践，联系干部群众思想实际，针对社会热点难点问题，从理论和实践结合上作出有说服力的回答，引导干部群众在重大思想理论问题上划清是非界限、澄清模糊认识，有力抵制各种错误和腐朽思想影响。深入开展形势政策教育、国情教育、革命传统教育、改革开放教育、国防教育，组织学习中国近现代史特别是党领导人民进行革命、建设、改革的历史，坚定广大干部群众对中国特色社会主义的信心和信念。

（三）弘扬以爱国主义为核心的民族精神和以改革创新为核心的时代精神。爱国主义是中华民族最深厚的思想传统，最能感召中华儿女团结奋斗；改革创新是当代中国最鲜明的时代特征，最能激励中华儿女锐意进取。要广泛开展民族精神教育，大力弘扬爱国主义、集体主义、社会主义思想，增强民族自尊心、自信心、自豪感，激励人民把爱国热情化作振兴中华的实际行动，以热爱祖国和贡献自己全部力量建设祖国为最大光荣、以损害祖国利益和尊严为最大耻辱。广泛开展时代精神教育，引导干部群众始终保持与时俱进、开拓创新的精神状态，永不自满、永不僵化、永不停滞，以思想不断解放推动事业持续发展。大力弘扬一切有利于国家富强、民族振兴、人民幸福、社会和谐的思想和精神，大力发扬艰苦奋斗、劳动光荣、勤俭节约的优良传统。加强民族团结进步教育，增进对伟大祖国和中华民族的认同，促进各民族共同团结奋斗、共同繁荣发展。加强爱国主义教育基地建设，用好红色旅游资源，使之成为弘扬培育民族精神和时代精神的重要课堂。

（四）树立和践行社会主义荣辱观。社会主义荣辱观体现了社会主义道德的根本要求。要深入开展社会主义荣辱观宣传教育，弘扬中华传统美德，推进公民道德建设工程，加强社会公德、职业道德、家庭美德、个人品德教育，评选表彰道德模范，学习宣传先进典型，引导人民增强道德判断力和道德荣誉感，自觉履行法定义务、社会责任、家庭责任，在全社会形成知荣辱、讲正气、作奉献、促和谐的良好风尚。深化群众性精神文明创建活动，广泛开展志愿服务，拓展各类道德实践活动，倡导爱国、敬业、诚信、友善等道德规范，形成男女平等、尊老爱幼、扶贫济困、扶弱助残、礼让宽容的人际关系。全面加强学校德育体系建设，构建学校、家庭、社会紧密协作的教育网络，动员社会各方面共同做好青少年思想道德教育工作。深入开展学雷锋活动，采取措施推动学习活动常态化。深化政风、行风建设，开展道德领域突出问题专项教育和治理，坚决反对拜金主义、享乐主义、极端个人主义，坚决纠正以权谋私、造假欺诈、见利忘义、损人利己的歪风邪气。把诚信建设摆在突出位置，大力推进政务诚信、商务诚信、社会诚信和司法公信建设，抓紧建立健全覆盖全社会的征信系统，加大对失信行为惩戒力度，在全社会广泛形成守信光荣、失信可耻的氛围。加强法制宣传教育，弘扬社会主义法治精神，树立社会主义法治理念，提高全民法律素质，推动人人学法尊法守法用法，维护法律权威和社会公平正义。加强人文关怀和心理疏导，培育自尊自信、理性平和、积极向上的社会心态。弘扬科学精神，普及科学知识，倡导移风易俗、抵制封建迷信。深入开展反腐倡廉教育，推进廉政文化建设。

四、全面贯彻"二为"方向和"双百"方针，为人民提供更好更多的精神食粮

创作生产更多无愧于历史、无愧于时代、无愧于人民的优秀作品，是文化繁荣发展的重要标志。必须全面贯彻为人民服务、为社会主义服务的方向和百花齐放、百家争鸣的方针，立足发展先进文化、建设和谐文化，激发文化创作生产活力，提高文化产品质量，发挥文化引领风尚、教育人民、服务社会、推动发展的作用。

（一）坚持正确创作方向。正确创作方向是文化创作生产的根本性问题，一切进步的文化创作生产都源于人民、为了人民、属于人民。必须牢固树立人民是历史创造者的观点，坚持以人民为中心的创作导向，热情讴歌改革开放和社会主义现代化建设伟大实践，生动展示我国人民奋发有为的精神风貌和创造历史的辉煌业绩。要引导文化工作者牢记为人民服务、为社会主义服务的神圣职责，坚持正确文化立场，认真对待和积极追求文化产品社会效果，弘扬真善美，贬斥假恶丑，把学术探索和艺术创作融入实现中华民族伟大复兴的事业之中。坚持发扬学术民主、艺术民主，营造积极健康、宽松和谐的氛围，提倡不同观点和学派充分讨论，提倡体裁、题材、形式、手段充分发展，推动观念、内容、风格、流派积极创新。把创新精神贯穿文化创作生产全过程，弘扬民族优秀文化传统和五四运动以来形成的革命文化传统，学习借鉴国外文化创新有益成果，兼收并蓄、博采众长，增强文化产品时代感和吸引力。

（二）繁荣发展哲学社会科学。坚持和发展中国特色社会主义，必须大力发展哲学社会科学，使之更好发挥认识世界、传承文明、创新理论、咨政育人、服务社会的重要功能。要巩固发展马克思主义理论学科，坚持基础研究和应用研究并重，

传统学科和新兴学科、交叉学科并重，结合我国实际和时代特点，建设具有中国特色、中国风格、中国气派的哲学社会科学。坚持以重大现实问题为主攻方向，加强对全局性、战略性、前瞻性问题研究，加快哲学社会科学成果转化，更好服务经济社会发展。实施哲学社会科学创新工程，发挥国家哲学社会科学基金示范引导作用，推进学科体系、学术观点、科研方法创新，重点扶持立足中国特色社会主义实践的研究项目，着力推出代表国家水准、具有世界影响、经得起实践和历史检验的优秀成果。整合哲学社会科学研究力量，建设一批社会科学研究基地和国家重点实验室，建设一批具有专业优势的思想库，加强哲学社会科学信息化建设。

（三）加强和改进新闻舆论工作。舆论导向正确是党和人民之福，舆论导向错误是党和人民之祸。要坚持马克思主义新闻观，牢牢把握正确导向，坚持团结稳定鼓劲、正面宣传为主，壮大主流舆论，提高舆论引导的及时性、权威性和公信力、影响力，发挥宣传党的主张、弘扬社会正气、通达社情民意、引导社会热点、疏导公众情绪、搞好舆论监督的重要作用，保障人民知情权、参与权、表达权、监督权。以党报党刊、通讯社、电台电视台为主，整合都市类媒体、网络媒体等宣传资源，构建统筹协调、责任明确、功能互补、覆盖广泛、富有效率的舆论引导格局。加强和改进正面宣传，加强社会主义核心价值体系宣传，加强舆情分析研判，加强社会热点难点问题引导，从群众关注点入手，科学解疑释惑，有效凝聚共识。做好重大突发事件新闻报道，完善新闻发布制度，健全应急报道和舆论引导机制，提高时效性，增加透明度。加强和改进舆论监督，推动解决党和政府高度重视、群众反映强烈的实际问题，维护人民利益，密切党群关系，促进社会和谐。新闻媒体和新闻工作者要秉持社会责任和职业道德，真实准确传播新闻信息，自觉抵制错误观点，坚决杜绝虚假新闻。

（四）推出更多优秀文艺作品。文学、戏剧、电影、电视、音乐、舞蹈、美术、摄影、书法、曲艺、杂技以及民间文艺、群众文艺等各领域文艺工作者都要积极投身到讴歌时代和人民的文艺创造活动之中，在社会生活中汲取素材、提炼主题，以充沛的激情、生动的笔触、优美的旋律、感人的形象，创作生产出思想性艺术性观赏性相统一、人民喜闻乐见的优秀文艺作品。实施精品战略，组织好"五个一工程"、重大革命和历史题材创作工程、重点文学艺术作品扶持工程、优秀少儿作品创作工程，鼓励原创和现实题材创作，不断推出文艺精品。扶持代表国家水准、具有民族特色和地方特色的优秀艺术品种，积极发展新的艺术样式。鼓励一切有利于陶冶情操、愉悦身心、寓教于乐的文艺创作，抵制低俗之风。

（五）发展健康向上的网络文化。加强网上思想文化阵地建设，是社会主义文化建设的迫切任务。要认真贯彻积极利用、科学发展、依法管理、确保安全的方针，加强和改进网络文化建设和管理，加强网上舆论引导，唱响网上思想文化主旋律。实施网络内容建设工程，推动优秀传统文化瑰宝和当代文化精品网络传播，制作适合互联网和手机等新兴媒体传播的精品佳作，鼓励网民创作格调健康的网络文化作品。支持重点新闻网站加快发展，打造一批在国内外有较强影响力的综合性网站和特色网站，发挥主要商业网站建设性作用，培育一批网络内容生产和服务骨干企业。发展网络新技术新业态，占领网络信息传播制高点。广泛开展文明网站创建，推动文明办网、文明上网，督促网络运营服务企业履行法律义务和社会责任，不为有害信息提供传播渠道。加强网络法制建设，加快形成法律规范、行政监管、行业自律、技术保障、公众监督、社会教育相结合的互联网管理体系。加强对社交网络和即时通信工具等的引导和管理，规范网上信息传播秩序，培育文明理性的网络环境。依法惩处传播有害信息行为，深入推进整治网络淫秽色情和低俗信息专项行动，严厉打击网络违法犯罪。加大网上个人信息保护力度，建立网络安全评估机制，维护公共利益和国家信息安全。

（六）完善文化产品评价体系和激励机制。坚持把遵循社会主义先进文化前进方向、人民群众满意作为评价作品最高标准，把群众评价、专家评价和市场检验统一起来，形成科学的评价标准。要建立公开、公平、公正评奖机制，精简评奖种类，改进评奖办法，提高权威性和公信度。加强文艺理论建设，培养高素质文艺评论队伍，开展积极健康的文艺批评，褒优贬劣，激浊扬清。加大优秀文化产品推广力度，运用主流媒体、公共文化场所等资源，在资金、频道、版面、场地等方面为展演展映展播展览弘扬主流价值的精品力作提供条件。设立专项艺术基金，支持收藏和推介优秀文化作品。加大知识产权保护力度，依法惩处侵权行为，维护著作权人合法权益。

五、大力发展公益性文化事业，保障人民基本文化权益

满足人民基本文化需求是社会主义文化建设的基本任务。必须坚持政府主导，按照公益性、基本性、均等性、便利性的要求，加强文化基础设施建设，完善公共文化服务网络，让群众广泛享有免费或优惠的基本公共文化服务。

（一）构建公共文化服务体系。加强公共文化服务是实现人民基本文化权益的主要途径。要以公共财政为支撑，以公益性文化单位为骨干，以全体人民为服务对象，以保障人民群众看电视、听广播、读书看报、进行公共文化鉴赏、参与公共文

化活动等基本文化权益为主要内容，完善覆盖城乡、结构合理、功能健全、实用高效的公共文化服务体系。把主要公共文化产品和服务项目、公益性文化活动纳入公共财政经常性支出预算。采取政府采购、项目补贴、定向资助、贷款贴息、税收减免等政策措施鼓励各类文化企业参与公共文化服务。鼓励国家投资、资助或拥有版权的文化产品无偿用于公共文化服务。加强文化馆、博物馆、图书馆、美术馆、科技馆、纪念馆、工人文化宫、青少年宫等公共文化服务设施和爱国主义教育示范基地建设并完善向社会免费开放服务，鼓励其他国有文化单位、教育机构等开展公益性文化活动，各类公共场所要为群众性文化活动提供便利。统筹规划和建设基层公共文化服务设施，坚持项目建设和运行管理并重，实现资源整合、共建共享。加强社区公共文化设施建设，把社区文化中心建设纳入城乡规划和设计，拓展投资渠道。完善面向妇女、未成年人、老年人、残疾人的公共文化服务设施。引导和鼓励社会力量通过兴办实体、资助项目、赞助活动、提供设施等形式参与公共文化服务。推进国家公共文化服务体系示范区创建。制定公共文化服务指标体系和绩效考核办法。

（二）发展现代传播体系。提高社会主义先进文化辐射力和影响力，必须加快构建技术先进、传输快捷、覆盖广泛的现代传播体系。要加强党报党刊、通讯社、电台电视台和重要出版社建设，进一步完善采编、发行、播发系统，加快数字化转型，扩大有效覆盖面。加强国际传播能力建设，打造国际一流媒体，提高新闻信息原创率、首发率、落地率。建立统一联动、安全可靠的国家应急广播体系。完善国家数字图书馆建设。整合有线电视网络，组建国家级广播电视网络公司。推进电信网、广电网、互联网三网融合，建设国家新媒体集成播控平台，创新业务形态，发挥各类信息网络设施的文化传播作用，实现互联互通、有序运行。

（三）建设优秀传统文化传承体系。优秀传统文化凝聚着中华民族自强不息的精神追求和历久弥新的精神财富，是发展社会主义先进文化的深厚基础，是建设中华民族共有精神家园的重要支撑。要全面认识祖国传统文化，取其精华、去其糟粕，古为今用、推陈出新，坚持保护利用、普及弘扬并重，加强对优秀传统文化思想价值的挖掘和阐发，维护民族文化基本元素，使优秀传统文化成为新时代鼓舞人民前进的精神力量。加强文化典籍整理和出版工作，推进文化典籍资源数字化。加强国家重大文化和自然遗产地、重点文物保护单位、历史文化名城名镇名村保护建设，抓好非物质文化遗产保护传承。深入挖掘民族传统节日文化内涵，广泛开展优秀传统文化教育普及活动。发挥国民教育在文化传承创新中的基础性作用，增加优秀传统文化课程内容，加强优秀传统文化教学研究基地建设。大力推广和规范使用国家通用语言文字，科学保护各民族语言文字。繁荣发展少数民族文化事业，开展少数民族特色文化保护工作，加强少数民族语言文字党报党刊、广播影视节目、出版物等译制播出出版。加强同香港、澳门的文化交流合作，加强同台湾的各种形式文化交流，共同弘扬中华优秀传统文化。

（四）加快城乡文化一体化发展。增加农村文化服务总量，缩小城乡文化发展差距，对推进社会主义新农村建设、形成城乡经济社会发展一体化新格局具有重大意义。要以农村和中西部地区为重点，加强县级文化馆和图书馆、乡镇综合文化站、村文化室建设，深入实施广播电视村村通、文化信息资源共享、农村电影放映、农家书屋等文化惠民工程，扩大覆盖、消除盲点、提高标准、完善服务、改进管理。加大对革命老区、民族地区、边疆地区、贫困地区文化服务网络建设支持和帮扶力度。深入开展全民阅读、全民健身活动，推动文化科技卫生"三下乡"、科教文体法律卫生"四进社区"、"送欢乐下基层"等活动经常化。引导企业、社区积极开展面向农民工的公益性文化活动，尽快把农民工纳入城市公共文化服务体系。建立以城带乡联动机制，合理配置城乡文化资源，鼓励城市对农村进行文化帮扶，把支持农村文化建设作为创建文明城市基本指标。鼓励文化单位面向农村提供流动服务、网点服务，推动媒体办好农村版和农村频率频道，做好主要党报党刊在农村基层发行和赠阅工作。扶持文化企业以连锁方式加强基层和农村文化网点建设，推动电影院线、演出院线向市县延伸，支持演艺团体深入基层和农村演出。中央、省、市三级设立农村文化建设专项资金，保证一定数量的中央转移支付资金用于乡镇和村文化建设。

六、加快发展文化产业，推动文化产业成为国民经济支柱性产业

发展文化产业是社会主义市场经济条件下满足人民多样化精神文化需求的重要途径。必须坚持社会主义先进文化前进方向，坚持把社会效益放在首位、社会效益和经济效益相统一，按照全面协调可持续的要求，推动文化产业跨越式发展，使之成为新的经济增长点、经济结构战略性调整的重要支点、转变经济发展方式的重要着力点，为推动科学发展提供重要支撑。

（一）构建现代文化产业体系。加快发展文化产业，必须构建结构合理、门类齐全、科技含量高、富有创意、竞争力强的现代文化产业体系。要在重点领域实施一批重大项目，推进文化产业结构调整，发展壮大出版发行、影视制作、印刷、广

告、演艺、娱乐、会展等传统文化产业，加快发展文化创意、数字出版、移动多媒体、动漫游戏等新兴文化产业。鼓励有实力的文化企业跨地区、跨行业、跨所有制兼并重组，培育文化产业领域战略投资者。优化文化产业布局，发挥东中西部地区各自优势，加强文化产业基地规划和建设，发展文化产业集群，提高文化产业规模化、集约化、专业化水平。加大对拥有自主知识产权、弘扬民族优秀文化的产业支持力度，打造知名品牌。发掘城市文化资源，发展特色文化产业，建设特色文化城市。发挥首都全国文化中心示范作用。规划建设各具特色的文化创业创意园区，支持中小文化企业发展。推动文化产业与旅游、体育、信息、物流、建筑等产业融合发展，增加相关产业文化含量，延伸文化产业链，提高附加值。

（二）形成公有制为主体、多种所有制共同发展的文化产业格局。加快发展文化产业，必须毫不动摇地支持和壮大国有或国有控股文化企业，毫不动摇地鼓励和引导各种非公有制文化企业健康发展。要培育一批核心竞争力强的国有或国有控股大型文化企业或企业集团，在发展产业和繁荣市场方面发挥主导作用。在国家许可范围内，引导社会资本以多种形式投资文化产业，参与国有经营性文化单位转企改制，参与重大文化产业项目实施和文化产业园区建设，在投资核准、信用贷款、土地使用、税收优惠、上市融资、发行债券、对外贸易和申请专项资金等方面给予支持，营造公平参与市场竞争、同等受到法律保护的体制和法制环境。加强和改进对非公有制文化企业的服务和管理，引导他们自觉履行社会责任。

（三）推进文化科技创新。科技创新是文化发展的重要引擎。要发挥文化和科技相互促进的作用，深入实施科技带动战略，增强自主创新能力。抓住一批全局性、战略性重大科技课题，加强核心技术、关键技术、共性技术攻关，以先进技术支撑文化装备、软件、系统研制和自主发展，重视相关技术标准制定，加快科技创新成果转化，提高我国出版、印刷、传媒、影视、演艺、网络、动漫等领域技术装备水平，增强文化产业核心竞争力。依托国家高新技术园区、国家可持续发展实验区等建立国家级文化和科技融合示范基地，把重大文化科技项目纳入国家相关科技发展规划和计划。健全以企业为主体、市场为导向、产学研相结合的文化技术创新体系，培育一批特色鲜明、创新能力强的文化科技企业，支持产学研战略联盟和公共服务平台建设。

（四）扩大文化消费。增加文化消费总量，提高文化消费水平，是文化产业发展的内生动力。要创新商业模式，拓展大众文化消费市场，开发特色文化消费，扩大文化服务消费，提供个性化、分众化的文化产品和服务，培育新的文化消费增长点。提高基层文化消费水平，引导文化企业投资兴建更多适合群众需求的文化消费场所，鼓励出版适应群众购买能力的图书报刊，鼓励在商业演出和电影放映中安排一定数量的低价场次或门票，鼓励网络文化运营商开发更多低收费业务，有条件的地方要为困难群众和农民工文化消费提供适当补贴。积极发展文化旅游，促进非物质文化遗产保护传承与旅游相结合，发挥旅游对文化消费的促进作用。

七、进一步深化改革开放，加快构建有利于
文化繁荣发展的体制机制

文化引领时代风气之先，是最需要创新的领域。必须牢牢把握正确方向，加快推进文化体制改革，建立健全党委领导、政府管理、行业自律、社会监督、企事业单位依法运营的文化管理体制和富有活力的文化产品生产经营机制，发挥市场在文化资源配置中的积极作用，创新文化走出去模式，为文化繁荣发展提供强大动力。

（一）深化国有文化单位改革。以建立现代企业制度为重点，加快推进经营性文化单位改革，培育合格市场主体。科学界定文化单位性质和功能，区别对待、分类指导，循序渐进、逐步推开，推进一般国有文艺院团、非时政类报刊社、新闻网站转企改制，拓展出版、发行、影视企业改革成果，加快公司制股份制改造，完善法人治理结构，形成符合现代企业制度要求、体现文化企业特点的资产组织形式和经营管理模式。创新投融资体制，支持国有文化企业面向资本市场融资，支持其吸引社会资本进行股份制改造。着眼于突出公益属性、强化服务功能、增强发展活力，全面推进文化事业单位人事、收入分配、社会保障制度改革，明确服务规范，加强绩效评估考核。创新公共文化服务设施运行机制，吸纳有代表性的社会人士、专业人士、基层群众参与管理。推动党报党刊、电台电视台进一步完善管理和运行机制。推动一般时政类报刊社、公益性出版社、代表民族特色和国家水准的文艺院团等事业单位实行企业化管理，增强面向市场、面向群众提供服务能力。

（二）健全现代文化市场体系。促进文化产品和要素在全国范围内合理流动，必须构建统一开放竞争有序的现代文化市场体系。要重点发展图书报刊、电子音像制品、演出娱乐、影视剧、动漫游戏等产品市场，进一步完善中国国际文化产业博览交易会等综合交易平台。发展连锁经营、物流配送、电子商务等现代流通组织和流通形式，加快建设大型文化流通企业和文化产品物流基地，构建以大城市为中心、中小城市相配套、贯通城乡的文化产品流通网络。加快培育产权、版权、技术、信息等要素市场，办好重点文化产权交易所，规范文化资产和艺术品交易。加强行业组织建设，健全中介机构。

（三）创新文化管理体制。深化文化行政管理体制改革，加快政府职能转变，强化政策调节、市场监管、社会管理、公共服务职能，推动政企分开、政事分开，理顺政府和文化企事业单位关系。完善管人管事管资产管导向相结合的国有文化资产管理体制。健全文化市场综合行政执法机构，推动副省级以下城市完善综合文化行政责任主体。加快文化立法，制定和完善公共文化服务保障、文化产业振兴、文化市场管理等方面法律法规，提高文化建设法制化水平。坚持主管主办制度，落实谁主管谁负责和属地管理原则，严格执行文化资本、文化企业、文化产品市场准入和退出政策，综合运用法律、行政、经济、科技等手段提高管理效能。深入开展"扫黄打非"，完善文化市场管理，坚决扫除毒害人们心灵的腐朽文化垃圾，切实营造确保国家文化安全的市场秩序。

（四）完善政策保障机制。保证公共财政对文化建设投入的增长幅度高于财政经常性收入增长幅度，提高文化支出占财政支出比例。扩大公共财政覆盖范围，完善投入方式，加强资金管理，提高资金使用效益，保障公共文化服务体系建设和运行。落实和完善文化经济政策，支持社会组织、机构、个人捐赠和兴办公益性文化事业，引导文化非营利机构提供公共文化产品和服务。加大财政、税收、金融、用地等方面对文化产业的政策扶持力度，鼓励文化企业和社会资本对接，对文化内容创意生产、非物质文化遗产项目经营实行税收优惠。设立国家文化发展基金，扩大有关文化基金和专项资金规模，提高各级彩票公益金用于文化事业比重。继续执行文化体制改革配套政策，对转企改制国有文化单位扶持政策执行期限再延长五年。

（五）推动中华文化走向世界。开展多渠道多形式多层次对外文化交流，广泛参与世界文明对话，促进文化相互借鉴，增强中华文化在世界上的感召力和影响力，共同维护文化多样性。创新对外宣传方式方法，增强国际话语权，妥善回应外部关切，增进国际社会对我国基本国情、价值观念、发展道路、内外政策的了解和认识，展现我国文明、民主、开放、进步的形象。实施文化走出去工程，完善支持文化产品和服务走出去政策措施，支持重点主流媒体在海外设立分支机构，培育一批具有国际竞争力的外向型文化企业和中介机构，完善译制、推介、咨询等方面扶持机制，开拓国际文化市场。加强海外中国文化中心和孔子学院建设，鼓励代表国家水平的各类学术团体、艺术机构在相应国际组织中发挥建设性作用，组织对外翻译优秀学术成果和文化精品。构建人文交流机制，把政府交流和民间交流结合起来，发挥非公有制文化企业、文化非营利机构在对外文化交流中的作用，支持海外侨胞积极开展中外人文交流。建立面向外国青年的文化交流机制，设立中华文化国际传播贡献奖和国际性文化奖项。

（六）积极吸收借鉴国外优秀文化成果。坚持以我为主、为我所用，学习借鉴一切有利于加强我国社会主义文化建设的有益经验、一切有利于丰富我国人民文化生活的积极成果、一切有利于发展我国文化事业和文化产业的经营管理理念和机制。加强文化领域智力、人才、技术引进工作。吸收外资进入法律法规许可的文化产业领域，保障投资者合法权益。鼓励文化单位同国外有实力的文化机构进行项目合作，学习先进制作技术和管理经验。鼓励外资企业在华进行文化科技研发，发展服务外包。开展知识产权保护国际合作。

八、建设宏大文化人才队伍，为社会主义文化大发展大繁荣提供有力人才支撑

推动社会主义文化大发展大繁荣，队伍是基础，人才是关键。要坚持尊重劳动、尊重知识、尊重人才、尊重创造，深入实施人才强国战略，牢固树立人才是第一资源思想，全面贯彻党管人才原则，加快培养造就德才兼备、锐意创新、结构合理、规模宏大的文化人才队伍。

（一）造就高层次领军人物和高素质文化人才队伍。高层次领军人物和专业文化工作者是社会主义文化建设的中坚力量。要继续实施"四个一批"人才培养工程和文化名家工程，建立重大文化项目首席专家制度，造就一批人民喜爱、有国际影响的名家大师和民族文化代表人物。加强专业文化工作队伍、文化企业家队伍建设，扶持资助优秀中青年文化人才主持重大课题、领衔重点项目，抓紧培养善于开拓文化新领域的拔尖创新人才、掌握现代传媒技术的专门人才、懂经营善管理的复合型人才、适应文化走出去需要的国际化人才。创新人才培养模式，实施高端紧缺文化人才培养计划，搭建文化人才终身学习平台。鼓励和扶持高等学校和中等职业学校优化专业结构，与文化企事业单位共建培养基地。完善人才培养开发、评价发现、选拔任用、流动配置、激励保障机制，深化职称评审改革，为优秀人才脱颖而出、施展才干创造有利制度环境。重视发现和培养社会文化人才。对非公有制文化单位人员评定职称、参与培训、申报项目、表彰奖励同等对待。完善相关政策措施，多渠道吸引海外优秀文化人才。落实国家荣誉制度，抓紧设立国家级文化荣誉称号，表彰奖励成就卓著的文化工作者。

（二）加强基层文化人才队伍建设。基层文化人才队伍是文化改革发展的基础力量。要制定实施基层文化人才队伍建设规划，完善机构编制、学习培训、待遇保障等方面的政策措施，吸引优秀文化人才服务基层。配好配齐乡镇、街道党委宣传

委员、宣传干事和乡镇综合文化站专职人员。设立城乡社区公共文化服务岗位，对服务期满高校毕业生报考文化部门公务员、相关专业研究生实行定向招录。重视发现和培养扎根基层的乡土文化能人、民族民间文化传承人特别是非物质文化遗产项目代表性传承人，鼓励和扶持群众中涌现出的各类文化人才和文化活动积极分子，促进他们健康成长、发挥作用。壮大文化志愿者队伍，鼓励专业文化工作者和社会各界人士参与基层文化建设和群众文化活动，形成专兼结合的基层文化工作队伍。

（三）加强职业道德建设和作风建设。文化工作者要成为优秀文化的生产者和传播者，必须加强自身修养，做道德品行和人格操守的示范者。要引导广大文化工作者特别是名家名人自觉践行社会主义核心价值体系，增强社会责任感，弘扬科学精神和职业道德，发扬严谨笃学、潜心钻研、淡泊名利、自尊自律的风尚，努力追求德艺双馨，坚决抵制学术不端、情趣低俗等不良风气。鼓励文化工作者特别是文化名家、中青年骨干深入实际、深入生活、深入群众，拜人民为师，增强国情了解，增加基层体验，增进群众感情。文化工作者要相互尊重、平等交流、取长补短，共同营造风清气正、和谐奋进的良好氛围。

九、加强和改进党对文化工作的领导，
提高推进文化改革发展科学化水平

加强和改进党对文化工作的领导，是推进文化改革发展的根本保证，也是加强党的执政能力建设和先进性建设的内在要求。必须从战略和全局出发，把握文化发展规律，健全领导体制机制，改进工作方式方法，增强领导文化建设本领。

（一）切实担负起推进文化改革发展的政治责任。各级党委和政府要把文化建设摆在全局工作重要位置，深入研究意识形态和宣传文化工作新情况新特点，及时研究文化改革发展重大问题，加强和改进思想政治工作，牢牢把握意识形态工作主导权，掌握文化改革发展领导权。把文化建设纳入经济社会发展总体规划，与经济社会发展一同研究部署、一同组织实施、一同督促检查。把文化改革发展成效纳入科学发展考核评价体系，作为衡量领导班子和领导干部工作业绩的重要依据。制定社会主义核心价值体系建设实施纲要。在全党深入开展社会主义核心价值体系学习教育，使广大党员、干部成为实践社会主义核心价值体系的模范，做共产主义远大理想和中国特色社会主义共同理想的坚定信仰者。深入做好文化领域知识分子工作，充分尊重知识分子创造性劳动，善于同知识分子特别是有影响的代表人士交朋友，把广大知识分子紧紧团结在党的周围。

（二）加强文化领域领导班子和党组织建设。坚持德才兼备、以德为先用人标准，选好配强文化领域各级领导班子，把政治立场坚定、思想理论水平高、熟悉文化工作、善于驾驭意识形态领域复杂局面的干部充实到领导岗位上来，把文化领域各级领导班子建设成为坚强领导集体。加强领导班子思想政治建设，增强政治敏锐性和政治鉴别力，筑牢思想防线，确保文化阵地导向正确。各级领导干部要高度重视并切实抓好文化工作，加强文化理论学习和文化问题研究，提高文化素养，努力成为领导文化建设的行家里手。把文化建设内容纳入干部培训计划和各级党校、行政学院、干部学院教学体系。结合文化单位特点加强和创新基层党的工作，发挥文化事业单位、国有和国有控股文化企业党组织的领导核心和政治核心作用，重视文化领域非公有制经济组织、新社会组织党的组织建设。注重在文化领域优秀人才、先进青年、业务骨干中发展党员。文化战线全体共产党员要牢固树立党的观念、党员意识，讲党性、重品行、作表率，在推进文化改革发展中创先争优、发挥先锋模范作用。

（三）健全共同推进文化建设工作机制。推动社会主义文化大发展大繁荣是全党全社会的共同责任。要建立健全党委统一领导、党政齐抓共管、宣传部门组织协调、有关部门分工负责、社会力量积极参与的工作体制和工作格局，形成文化建设强大合力。文化领域各部门各单位要自觉贯彻中央决策部署，落实文化改革发展目标任务，发挥文化建设主力军作用。支持人大、政协履行职能，调动各部门积极性，支持民主党派、无党派人士和人民团体发挥作用，共同推进文化改革发展。推动文联、作协、记协等文化领域人民团体创新管理体制、组织形式、活动方式，履行好联络协调服务职能，加强行业自律，依法维护文化工作者权益。全面贯彻党的宗教工作基本方针，发挥宗教界人士和信教群众在促进文化繁荣发展中的积极作用。

（四）发挥人民群众文化创造积极性。人民是推动社会主义文化大发展大繁荣最深厚的力量源泉。要牢固树立马克思主义群众观点，自觉贯彻党的群众路线，为广大群众成为社会主义文化建设者提供广阔舞台。广泛开展群众性文化活动，提高社区文化、村镇文化、企业文化、校园文化等建设水平，引导群众在文化建设中自我表现、自我教育、自我服务。积极搭建公益性文化活动平台，依托重大节庆和民族民间文化资源，组织开展群众乐于参与、便于参与的文化活动。支持群众依法兴办文化团体，精心培育植根群众、服务群众的文化载体和文化样式。及时总结来自群众、生动鲜活的文化创新经验，推广大众文化优秀成果，在全社会营造鼓励文化创造的良好氛围，让蕴藏于人民中的文化创造活力得到充分发挥。

中国人民解放军和中国人民武装警察部队文化建设工作，由中央军委根据本决定精神作出部署。

中华民族伟大复兴必然伴随着中华文化繁荣兴盛。全党要紧密团结在以胡锦涛同志为总书记的党中央周围，满怀信心带领全国各族人民在坚持和发展中国特色社会主义的伟大实践中进行文化创造，为把我国建设成为社会主义文化强国而努力奋斗！

附件三　文化及相关产业分类（2012）

一、目的和作用

（一）为深入贯彻落实党的十七届六中全会关于深化文化体制改革、推动社会主义文化大发展大繁荣的精神，建立科学可行的文化及相关产业统计制度，制定本分类。

（二）本分类为界定我国文化及相关单位的生产活动提供依据，为当前的社会主义文化建设、文化宏观管理提供参考，为文化及相关产业统计提供统一的定义和范围。

二、定义和范围

（一）定义

本分类规定的文化及相关产业是指为社会公众提供文化产品和文化相关产品的生产活动的集合。

（二）范围

根据以上定义，我国文化及相关产业的范围包括：

1. 以文化为核心内容，为直接满足人们的精神需要而进行的创作、制造、传播、展示等文化产品（包括货物和服务）的生产活动；

2. 为实现文化产品生产所必需的辅助生产活动；

3. 作为文化产品实物载体或制作（使用、传播、展示）工具的文化用品的生产活动（包括制造和销售）；

4. 为实现文化产品生产所需专用设备的生产活动（包括制造和销售）。

三、分类原则

（一）以《国民经济行业分类》为基础

本分类以《国民经济行业分类》（GB/T 4754—2011）为基础，根据文化及相关单位生产活动的特点，将行业分类中相关的类别重新组合，是《国民经济行业分类》的派生分类。

（二）兼顾部门管理需要和可操作性

根据我国文化体制改革和发展的实际，本分类在考虑文化生产活动特点的同时，兼顾政府部门管理的需要；立足于现行的统计制度和方法，充分考虑分类的可操作性。

（三）与国际分类标准相衔接

本分类借鉴了联合国教科文组织的《文化统计框架—2009》的分类方法，在定义和覆盖范围上可与其衔接。

四、分类方法

本分类依据上述分类原则，将文化及相关产业分为五层。

第一层包括文化产品的生产、文化相关产品的生产两部分，用"第一部分"、"第二部分"表示；

第二层根据管理需要和文化生产活动的自身特点分为 10 个大类，用"一"、"二"……"十"表示；

第三层依照文化生产活动的相近性分为 50 个中类，在每个大类下分别用"（一）"、"（二）"、"（三）"……表示；

第四层共有 120 个小类，是文化及相关产业的具体活动类别，直接用《国民经济行业分类》（GB/T 4754—2011）相对应行业小类的名称和代码表示。对于含有部分文化生产活动的小类，在其名称后用"＊"标出。

第五层为带"＊"小类下设置的延伸层。通过在类别名称前加"—"表示，不设代码和顺序号，其包含的活动内容在表2中加以说明。

五、文化及相关产业分类表

表1 　　　　　　　　　　文化及相关产业的类别名称和行业代码

类别名称	国民经济行业代码
第一部分　　文化产品的生产	
一、新闻出版发行服务	
（一）新闻服务	
新闻业	8510
（二）出版服务	
图书出版	8521
报纸出版	8522
期刊出版	8523
音像制品出版	8524
电子出版物出版	8525
其他出版业	8529
（三）发行服务	
图书批发	5143
报刊批发	5144
音像制品及电子出版物批发	5145
图书、报刊零售	5243
音像制品及电子出版物零售	5244
二、广播电视电影服务	
（一）广播电视服务	
广播	8610
电视	8620
（二）电影和影视录音服务	
电影和影视节目制作	8630
电影和影视节目发行	8640
电影放映	8650
录音制作	8660
三、文化艺术服务	
（一）文艺创作与表演服务	
文艺创作与表演	8710
艺术表演场馆	8720

续前表

类别名称	国民经济行业代码
（二）图书馆与档案馆服务	
图书馆	8731
档案馆	8732
（三）文化遗产保护服务	
文物及非物质文化遗产保护	8740
博物馆	8750
烈士陵园、纪念馆	8760
（四）群众文化服务	
群众文化活动	8770
（五）文化研究和社团服务	
社会人文科学研究	7350
专业性团体（的服务）＊	9421
一学术理论社会团体的服务	
一文化团体的服务	
（六）文化艺术培训服务	
文化艺术培训	8293
其他未列明教育＊	8299
一美术、舞蹈、音乐辅导服务	
（七）其他文化艺术服务	
其他文化艺术业	8790
四、文化信息传输服务	
（一）互联网信息服务	
互联网信息服务	6420
（二）增值电信服务（文化部分）	
其他电信服务＊	6319
一增值电信服务（文化部分）	
（三）广播电视传输服务	
有线广播电视传输服务	6321
无线广播电视传输服务	6322
卫星传输服务＊	6330
一传输、覆盖与接收服务	
一设计、安装、调试、测试、监测等服务	
五、文化创意和设计服务	
（一）广告服务	
广告业	7240
（二）文化软件服务	
软件开发＊	6510
一多媒体、动漫游戏软件开发	
数字内容服务＊	6591
一数字动漫、游戏设计制作	

续前表

类别名称	国民经济行业代码
（三）建筑设计服务	
工程勘察设计 *	7482
—房屋建筑工程设计服务	
—室内装饰设计服务	
—风景园林工程专项设计服务	
（四）专业设计服务	
专业化设计服务	7491
六、文化休闲娱乐服务	
（一）景区游览服务	
公园管理	7851
游览景区管理	7852
野生动物保护 *	7712
—动物园和海洋馆、水族馆管理服务	
野生植物保护 *	7713
—植物园管理服务	
（二）娱乐休闲服务	
歌舞厅娱乐活动	8911
电子游艺厅娱乐活动	8912
网吧活动	8913
其他室内娱乐活动	8919
游乐园	8920
其他娱乐业	8990
（三）摄影扩印服务	
摄影扩印服务	7492
七、工艺美术品的生产	
（一）工艺美术品的制造	
雕塑工艺品制造	2431
金属工艺品制造	2432
漆器工艺品制造	2433
花画工艺品制造	2434
天然植物纤维编织工艺品制造	2435
抽纱刺绣工艺品制造	2436
地毯、挂毯制造	2437
珠宝首饰及有关物品制造	2438
其他工艺美术品制造	2439
（二）园林、陈设艺术及其他陶瓷制品的制造	
园林、陈设艺术及其他陶瓷制品制造 *	3079
—陈设艺术陶瓷制品制造	
（三）工艺美术品的销售	

续前表

类别名称	国民经济行业代码
首饰、工艺品及收藏品批发	5146
珠宝首饰零售	5245
工艺美术品及收藏品零售	5246
第二部分　文化相关产品的生产	
八、文化产品生产的辅助生产	
（一）版权服务	
知识产权服务 *	7250
—版权和文化软件服务	
（二）印刷复制服务	
书、报刊印刷	2311
本册印制	2312
包装装潢及其他印刷	2319
装订及印刷相关服务	2320
记录媒介复制	2330
（三）文化经纪代理服务	
文化娱乐经纪人	8941
其他文化艺术经纪代理	8949
（四）文化贸易代理与拍卖服务	
贸易代理 *	5181
—文化贸易代理服务	
拍卖 *	5182
—艺（美）术品、文物、古董、字画拍卖服务	
（五）文化出租服务	
娱乐及体育设备出租 *	7121
—视频设备、照相器材和娱乐设备的出租服务	
图书出租	7122
音像制品出租	7123
（六）会展服务	
会议及展览服务	7292
（七）其他文化辅助生产	
其他未列明商务服务业 *	7299
—公司礼仪和模特服务	
—大型活动组织服务	
—票务服务	
九、文化用品的生产	
（一）办公用品的制造	
文具制造	2411
笔的制造	2412
墨水、墨汁制造	2414

续前表

类别名称	国民经济行业代码
（二）乐器的制造	
中乐器制造	2421
西乐器制造	2422
电子乐器制造	2423
其他乐器及零件制造	2429
（三）玩具的制造	
玩具制造	2450
（四）游艺器材及娱乐用品的制造	
露天游乐场所游乐设备制造	2461
游艺用品及室内游艺器材制造	2462
其他娱乐用品制造	2469
（五）视听设备的制造	
电视机制造	3951
音响设备制造	3952
影视录放设备制造	3953
（六）焰火、鞭炮产品的制造	
焰火、鞭炮产品制造	2672
（七）文化用纸的制造	
机制纸及纸板制造 *	2221
—文化用机制纸及纸板制造	
手工纸制造	2222
（八）文化用油墨颜料的制造	
油墨及类似产品制造	2642
颜料制造 *	2643
—文化用颜料制造	
（九）文化用化学品的制造	
信息化学品制造 *	2664
—文化用信息化学品的制造	
（十）其他文化用品的制造	
照明灯具制造 *	3872
—装饰用灯和影视舞台灯制造	
其他电子设备制造 *	3990
—电子快译通、电子记事本、电子词典等制造	
（十一）文具乐器照相器材的销售	
文具用品批发	5141
文具用品零售	5241
乐器零售	5247
照相器材零售	5248
（十二）文化用家电的销售	
家用电器批发 *	5137

续前表

类别名称	国民经济行业代码
一文化用家用电器批发	
家用视听设备零售	5271
（十三）其他文化用品的销售	
其他文化用品批发	5149
其他文化用品零售	5249
十、文化专用设备的生产	
（一）印刷专用设备的制造	
印刷专用设备制造	3542
（二）广播电视电影专用设备的制造	
广播电视节目制作及发射设备制造	3931
广播电视接收设备及器材制造	3932
应用电视设备及其他广播电视设备制造	3939
电影机械制造	3471
（三）其他文化专用设备的制造	
幻灯及投影设备制造	3472
照相机及器材制造	3473
复印和胶印设备制造	3474
（四）广播电视电影专用设备的批发	
通讯及广播电视设备批发＊	5178
一广播电视电影专用设备批发	
（五）舞台照明设备的批发	
电气设备批发＊	5176
一舞台照明设备的批发	

表 2　　　　　　　　　对延伸层文化生产活动内容的说明

序号	类别名称及代码		文化生产活动的内容
	小类	延伸层	
1	专业性团体（的服务） （9421）	学术理论社会团体的服务	包括党的理论研究、史学研究、思想工作研究、社会人文科学研究等团体的服务。
		文化团体的服务	包括新闻、图书、报刊、音像、版权、广播、电视、电影、演员、作家、文学艺术、美术家、摄影家、文物、博物馆、图书馆、文化馆、游乐园、公园、文艺理论研究、民族文化等团体的服务。
2	其他未列明教育 （8299）	美术、舞蹈、音乐辅导服务	包括美术、舞蹈和音乐等辅导服务。

续前表

序号	类别名称及代码		文化生产活动的内容
	小类	延伸层	
3	其他电信服务 （6319）	增值电信服务 （文化部分）	包括手机报、个性化铃音、网络广告等业务服务。
4	卫星传输服务 （6330）	传输、覆盖与接收服务	包括卫星广播电视信号的传输、覆盖与接收服务。
		设计、安装、调试、测试、监测等服务	包括卫星广播电视传输、覆盖、接收系统的设计、安装、调试、测试、监测等服务。
5	软件开发 （6510）	多媒体、动漫游戏软件开发	包括应用软件开发及经营中的多媒体软件和动漫游戏软件开发及经营活动。
6	数字内容服务 （6591）	数字动漫、游戏设计制作	包括数字动漫制作和游戏设计制作等服务。
7	工程勘察设计 （7482）	房屋建筑工程设计服务	包括房屋（住宅、商业用房、公用事业用房、其他房屋）建筑工程设计服务。
		室内装饰设计服务	包括住宅室内装饰设计服务和其他室内装饰设计服务。
		风景园林工程专项设计服务	包括各类风景园林工程专项设计服务。
8	野生动物保护 （7712）	动物园和海洋馆、水族馆管理服务	包括动物园管理服务，放养动物园管理服务，鸟类动物园管理服务，海洋馆、水族馆管理服务。
9	野生植物保护 （7713）	植物园管理服务	包括各类植物园管理服务。
10	园林、陈设艺术及其他陶瓷制品制造 （3079）	陈设艺术陶瓷制品制造	包括室内陈设艺术陶瓷制品、工艺陶瓷制品、陶瓷壁画、陶瓷制塑像和其他陈设艺术陶瓷制品的制造。
11	知识产权服务 （7250）	版权和文化软件服务	版权服务包括版权代理服务，版权鉴定服务，版权咨询服务，海外作品登记服务，涉外音像合同认证服务，著作权使用报酬收转服务，版权贸易服务和其他版权服务。文化软件服务指与文化有关的软件服务，包括软件代理、软件著作权登记、软件鉴定等服务。
12	贸易代理 （5181）	文化贸易代理服务	包括文化用品、图书、音像、文化用家用电器和广播电视器材等国际国内贸易代理服务。
13	拍卖 （5182）	艺（美）术品、文物、古董、字画拍卖服务	包括艺（美）术品拍卖服务，文物拍卖服务，古董、字画拍卖服务。

续前表

序号	类别名称及代码		文化生产活动的内容
	小类	延伸层	
14	娱乐及体育设备出租（7121）	视频设备、照相器材和娱乐设备的出租服务	包括视频设备出租服务，照相器材出租服务，娱乐设备出租服务。
15	其他未列明商务服务业（7299）	公司礼仪和模特服务	公司礼仪服务包括开业典礼、庆典及其他重大活动的礼仪服务。模特服务包括服装模特、艺术模特和其他模特等服务。
		大型活动组织服务	包括文艺晚会策划组织服务，大型庆典活动策划组织服务，艺术、模特大赛策划组织服务，艺术节、电影节等策划组织服务，民间活动策划组织服务，公益演出、展览等活动的策划组织服务，其他大型活动的策划组织服务。
		票务服务	包括电影票务服务，文艺演出票务服务，展览、博览会票务服务。
16	机制纸及纸板制造（2221）	文化用机制纸及纸板制造	包括未涂布印刷书写用纸制造，涂布类印刷用纸制造，感应纸及纸板制造。
17	颜料制造（2643）	文化用颜料制造	包括水彩颜料、水粉颜料、油画颜料、国画颜料、调色料、其他艺术用颜料、美工塑型用膏等制造。
18	信息化学品制造（2664）	文化用信息化学品的制造	包括感光胶片的制造，摄影感光纸、纸板及纺织物制造，摄影用化学制剂、复印机用化学制剂制造，空白磁带、空白磁盘、空盘制造。
19	照明灯具制造（3872）	装饰用灯和影视舞台灯制造	包括装饰用灯（圣诞树用成套灯具、其他装饰用灯）和影视舞台灯的制造。
20	其他电子设备制造（3990）	电子快译通、电子记事本、电子词典等制造	包括电子快译通、电子记事本、电子词典等电子设备的制造。
21	家用电器批发（5137）	文化用家用电器批发	包括电视机、摄录像设备、便携式收录放设备、音响设备等的批发。
22	通讯及广播电视设备批发（5178）	广播电视电影专用设备批发	包括广播设备、电视设备、电影设备、广播电视卫星设备等的批发。
23	电气设备批发（5176）	舞台照明设备的批发	包括各类舞台照明设备的批发。

附件四　省市文化产业
发展水平调查问卷

（一）省市文化产业发展水平调查问卷（居民）

致受访者

您好！这里是中国人民大学文化产业研究院，我们正在进行一项中国城市文化产业发展水平的调查，请您对所在城市的以下生活现象给以评价，您的回答无所谓对错。谢谢您的合作！

甄别题

S1. 您目前居住在_____省_____市。（抽样市加"其他"选项，若选"其他"则终止访问）

S2. 请问您是否在所在城市居住一年以上？_____

①……是（继续访问）　　　　②……否（终止访问）

S3. 您是否知道文化产业的概念？_____

①……是　　　　　　　　　②……否

（注：文化产业可以被理解为向消费者提供精神产品或服务的行业，包括新闻出版、广播电影电视服务、文化艺术服务、网络服务、休闲娱乐服务等。）

S4. 您的年龄_____

①16～20岁　　②21～29岁　　③30～39岁　　④40～49岁　　⑤50～65岁

问卷主体

1. 您每年用于文化产品和服务的相关支出（指每一年用于文化产品或者文化娱乐服务消费的支出，包括非工作需要的上网、买书、看电影、去剧院等）占总支出（每一年生活、工作、消费、娱乐等所有消费总支出）的_____％。

2. 您平均每天看电视（也包括上网看电视的有效时间）_____小时，看书（也包括看电子书的时间）_____小时，上网（除去看网络电视、电子书）_____小时。（注：请填确切的小时数，不能填"几小时"、"很多"、"很少"之类的无效数据；如果电视、电脑同时打开，只需要统计个人使用的有效时间。）

	①小于1	②1～3	③4～6	④7～10	⑤11～12	⑥12小时以上（不包括12小时，需填确切数据）
看电视						
看书						
上网						

3. 您平均每年去电影院、剧院_____次，去休闲娱乐场所（包括 KTV、迪厅、健身中心，不包括每天的晨练、公园锻炼）_____次。（注：次数不可出现小数。）

	次数
每年去电影院、剧院	
每年去休闲娱乐场所（KTV、迪厅、健身中心等）	

4. 据您所知，您身边的人进行文化消费活动（包括教育、文化娱乐、体育健身、旅游观光等方面）是否频繁？请您评分：_____分。

几乎没有	1	2	3	4	5	6	7	8	9	10	十分频繁

5. 距您居住地最近的文化产品和服务集散地离您有多远？_____公里。（1公里＝1千米。注：不可出现很远很近之类的模糊概念，不能以公交站数计算，尽量确认以公里为单位，可以用小数。）

①小于1公里　　　②1～3公里　　　③4～6公里　　　④7～10公里

⑤10公里以上_____（请填确切数据）

6. 请您为本市的文化氛围打分（注：文化氛围是指对居民所在地区开展文体活动的次数、从事文化产业的企事业单位数量、文化产品和服务集散地与居民居住地间的距离以及当地文化底蕴、文化环境、居民精神文化状况、文化产业参与度等能反映一个城市文化氛围的一些因素的综合评价）。请您评分：_____分。

几乎没有	1	2	3	4	5	6	7	8	9	10	非常浓厚

7. 一个城市应该包容多种文化，请您对这种说法的认同度打分。请您评分：_____分。

| 非常不同意 | 1 | 2 | 3 | 4 | 5 | 6 | 7 | 8 | 9 | 10 | 非常同意 |

8. 请您为本市文化包容度打分（注：一个城市的文化包容度就是一个城市是否包容多种文化元素、是否尊重和理解他人习惯传统、价值观等）。请您评分：_____分。

| 非常不满意 | 1 | 2 | 3 | 4 | 5 | 6 | 7 | 8 | 9 | 10 | 非常满意 |

9. 据您所知，本市是否有象征性的文化符号（如雕塑、建筑、文化景观等能代表该城市文化形象的文化符号）？_____

①……是　　　　　　②……否　　　　　　③……不知道

10. 与全国其他城市相比，请您为本市的文化形象打分（注：城市文化形象，指一个城市文化环境、城市行为方式以及从中所反映出的城市思想观念、价值体系、意识形态等文化现状在社会公众心目中所产生的综合印象）。请您评分：_____分。

| 几乎没有 | 1 | 2 | 3 | 4 | 5 | 6 | 7 | 8 | 9 | 10 | 非常浓厚 |

11. 您认为当前本市文化产业的发展状况如何？请您评分：_____分。

| 市场不成熟，举步维艰 | 1 | 2 | 3 | 4 | 5 | 6 | 7 | 8 | 9 | 10 | 发展迅速，潜力巨大 |

基本信息

H1. 您的性别_____

①男　　　②女

H2. 您的文化程度_____

①小学及以下　②初中　③高中及中专

④大学专科　⑤大学本科　⑥研究生及以上

H3. 您的邮箱_____（必填）

H4. 您的联系电话_____（选填）

（二）省市文化产业发展水平调查问卷（企业）

导　语

您好！这里是中国人民大学文化产业研究院，我们正在进行一项中国城市文化产业发展水平的研究，想了解一下贵公司的意见，我们的访问仅作统计研究之用，我们承诺对您公司的资料绝对保密，所有资料只用作统计分析。谢谢您的支持和配合！

致受访者的话（经理及以上级别）

您好！这里是中国人民大学文化产业研究院，我们正在进行一项中国城市文化产业发展水平的研究，想了解一下您的意见，关于您的一些见解我们仅用于统计研究之用，我们承诺对您及您公司的资料绝对保密，所有资料只用作统计分析。能否占用您几分钟时间，完成一份调查问卷？谢谢您的支持和配合！

甄别题

S1. 贵公司是否从事文化产业相关业务？（注：文化产业可以被理解为向消费者提供精神产品或服务的行业，如生产与销售图书、报刊、雕塑、影视、音像制品的行业，戏剧舞蹈的演出、体育、娱乐、策划、经纪业，装潢、装饰、形象设计、文化旅游）＿＿＿＿＿

①……是（继续访问）　　②……否（终止访问）

S2. 贵公司的主要产品大致属于下列哪一类型？（单选）＿＿＿＿＿

①新闻服务　　②出版发行和版权贸易　　③广播、电视、电影服务

④文化艺术服务　　⑤网络文化服务　　⑥文化休闲娱乐服务

⑦其他文化服务　　⑧文化用品、设备及相关文化产品的生产

⑨文化用品、设备及相关文化产品的销售

问卷主体

1. 您认为当前本市文化产业的发展状况如何？请您评分：＿＿＿＿＿分。

市场不成熟，举步维艰	1	2	3	4	5	6	7	8	9	10	发展迅速，潜力巨大

2. 本市文化产业集聚效应如何（注：集聚效应包括两个方面的内容，一是在地域上的集聚，如形成一定规模的文化产业园区；二是企业间相互合作，资源共享，形成成熟的产业链或产业网）？请您评分：＿＿＿＿＿分。

产业分散，规模效应非常差	1	2	3	4	5	6	7	8	9	10	规模效应很强

3. 本市文化产品和服务的市场需求情况如何？请您评分：＿＿＿＿＿分。

需求很小	1	2	3	4	5	6	7	8	9	10	需求巨大

4. 本市文化产业发展融资渠道是否满意？请您评分：＿＿＿＿＿分。

渠道单一	1	2	3	4	5	6	7	8	9	10	渠道多样

5. 本市针对文化产业的专项基金支持力度如何？请您评分：_____分。

力度非常小	1	2	3	4	5	6	7	8	9	10	力度非常大

6. 对本市文化产业政策支持的满意度，请您评分：_____分。

非常不满意	1	2	3	4	5	6	7	8	9	10	非常满意

7. 对本市知识产权保护的满意度，请您评分：_____分。

非常不满意	1	2	3	4	5	6	7	8	9	10	非常满意

8. 本市为文化产业提供服务的行业协会组织起到了多大作用？请您评分：_____分。

作用非常小	1	2	3	4	5	6	7	8	9	10	作用非常大

9. 总体而言，贵公司对文化产业公共服务的满意度如何？请您评分：_____分。

非常不满意	1	2	3	4	5	6	7	8	9	10	非常满意

10. 请为本市文化企事业单位的创新能力评分：_____分。

创新能力弱	1	2	3	4	5	6	7	8	9	10	创新能力强

11. 本市文化企业与国外交流（包括对外贸易、项目合作、出国培训等）是否频繁？请您评分：_____分。

交流很少	1	2	3	4	5	6	7	8	9	10	交流频繁

基本信息

H1. 贵公司资产规模为_____

①10万～100万元（含100万元）　　②100万～500万元（含500万元）

③500万～1000万元（含1000万元）　　④1000万～5000万元（含5000万元）

⑤5000万～1亿元（含1亿元）　　⑥1亿元以上

H2. 贵公司员工规模为_____人（范围）

联络人：_____　　　　电话：_____

职务：_____　　（经理以下级别判断无效）

E-mail：_____

H3. 公司所在城市为_____

参考文献

国家统计局设管司. 文化及相关产业分类（2012），2012-07-31

中华人民共和国文化部编. 中国文化文物统计年鉴（2012）. 北京：国家图书馆出版社，2012

吉林构建现代文化产业体系. 中国吉林网，2011-12-14

广西地税局落实税收优惠政策促文化产业繁荣发展. 广西新闻网，2011-12-07

福建出台具体财政扶持政策支持文化产业发展. 福建省人民政府网站，2009-12-16

关于命名第五批国家级文化产业示范（试验）园区的决定. 中国网"中国国情"栏目，2012-09-05

北京市文化事业单位转企改制对策建议. 中国经济网，2012-07-02

科技部、文化部将制定联合行动计划构建文化创新体系. 人民网，2011-07-26

北京市2011年动漫游戏产业产值130亿元. 中国动漫产业新闻网，2012-06-27

2011年湖南动漫游戏产值统计情况. 中国行业研究网，2012-05-10

期望不一致、游客情绪和游客满意度的关系研究述评. 重庆工商大学学报，2011-02-08

文化消费：让文化产品人见人爱. 吉林日报，2012-07-25

2011年中国人均GDP按平均汇率折算达5 432美元. 中国网，2012-08-15

文化消费：让文化产品人见人爱. 吉林日报，2012-07-25

我国文化产业发展情况. 文资网，2011-12-30

广东打造全产业链 构建现代文化产业体系. 新华网，2011-10-22

长沙全力创建国家公共文化服务体系示范区. 长沙晚报，2011-09-08

宝鸡加快推进公共文化服务体系示范区建设突破难点形成亮点. 中国文化报，2012-08-01

鄂尔多斯市公共文化服务体系建设成就综述. 鄂尔多斯日报，2012-04-18

大连市创建国家公共文化服务体系示范区建设规划. 大连市政府网站，2012-02-08

高波，张志鹏. 文化资本：经济增长源泉的一种解释. 南京大学学报，2004（5）

贵州省统计局. 2011年贵州省国民经济和社会发展统计公报，2012-02-16

30家动漫企业汇聚贵阳数字内容产业园. 贵州日报，2012-11-05

河南省统计局. 河南：文化产业成为经济增长新亮点，2011-08-24

图书在版编目（CIP）数据

中国省市文化产业发展指数报告 2012/彭翊主编. —北京：中国人民大学出版社，2013.4
（中国人民大学研究报告系列）
ISBN 978-7-300-17208-8

Ⅰ.①中… Ⅱ.①彭… Ⅲ.①文化产业-产业发展-研究报告-中国 Ⅳ.①G124

中国版本图书馆 CIP 数据核字（2013）第 059925 号

中国人民大学研究报告系列
中国省市文化产业发展指数报告 2012
主 编 彭 翊
Zhongguo Shengshi Wenhua Chanye Fazhan Zhishu Baogao

出版发行	中国人民大学出版社				
社　　址	北京中关村大街 31 号		**邮政编码**	100080	
电　　话	010 - 62511242（总编室）		010 - 62511398（质管部）		
	010 - 82501766（邮购部）		010 - 62514148（门市部）		
	010 - 62515195（发行公司）		010 - 62515275（盗版举报）		
网　　址	http://www.crup.com.cn				
	http://www.ttrnet.com（人大教研网）				
经　　销	新华书店				
印　　刷	北京宏伟双华印刷有限公司				
规　　格	185 mm×260 mm　16 开本		**版　　次**	2013 年 6 月第 1 版	
印　　张	19.25 插页 1		**印　　次**	2013 年 6 月第 1 次印刷	
字　　数	336 000		**定　　价**	58.00 元	